조선전기 지방사족과 국가

최선혜

景仁文化社

▫ 책을 내며

이 연구의 목적은 조선 전기 국가와 향촌의 사족, 그리고 民 사이의 상호 관계를 다각적으로 분석하여 조선 전기 사회의 구조를 이해하는 데 있다. 이를 위해 조선 전기 향촌에서 사족의 중심을 이룬 유향품관을 연구 대상으로 삼았다. 유향품관은 중앙권력과 민 사이에서 일정한 지위와 역할을 가지고 조선 전기 사회의 틀을 세워나갔다. 흔히 사대부 사회로 말하는 조선에서는 중앙의 사대부만이 아니라 지방의 유향품관들까지도 사대부 주도의 사회에 참여하였다. 국가의 권력은 대개 유향품관을 비롯한 지방의 유력자 및 백성들과의 상호관계 속에서 행사되었다. 즉 조선시대 중앙과 지방의 관계는 크게 보아 서로 의존하며 조화를 이루어 공생하는 관계였다. 조선시대에도 지방세력은 건재하였지만, 중앙에 적대적이거나 위협적인 성향은 찾아보기 힘들다는 것이 저자의 생각이다. 그렇게 된 가장 큰 이유 가운데 하나는 중앙의 관료와 지방의 사대부와의 동질성 내지 일체성이라고 생각한다. 이러한 관점에서 조선 전기 지방 사회를 주도한 사족으로서의 유향품관을 연구하여 조선 전기 사회의 구조를 그려나가고자 하였다.

지방의 품관에 대한 관심은 저자의 석사학위 논문「고려 말·조선 초 지방 세력의 동향과 관찰사의 파견」(1993, 서강대 대학원)에서 처음으로 구체화되었다. 이 문제에 대한 관심으로 줄곧 관련 사료를 검토 연구하면서『조선 초기 유향품관 연구』(1998, 서강대 대학원)로 박사학위 논문을 제출하게 되었다. 이 책은 저자의 박사학위 논문을 근간으로 하고, 새로 집필한 '유향품관의 제사와 기복 민속의식'을 추가하여 구성하였다. 여러 면에서 부족한 연구서를 출간한다고 생각하니 부끄럽고 두려움이 앞선다. 하지만 저자가 새로운 다짐을 하는 분발의 계기를 갖고자 용기를 내었다. 또한 이 책의 내용이 한국사 연구의 빈자리를 조금이라도 메울 수 있다면 더 바랄 것이 없다.

한국사 연구의 길로 들어서기는 했지만 턱없이 부족한 능력을 절감하며 수없이 좌절해 왔다. 그럴 때마다 저자를 학문적으로 격려해 주고 인간적으로 아껴 준 많은 분들이 계셔서 오늘이 있을 수 있었다. 정두희 선생님은 많은 가르침을 베풀어 주시며 학위논문을 지도해 주셨을 뿐만 아니라 언제나 따뜻하게 저자에게 용기를 북돋아 주셨다. 특히 조선시대를 폭 넓게 조망할 수 있는 안목이 필요함을 일깨워 주셨다. 홍승기 선생님이 베풀어 주신 엄격한 학문적 가르침이 없었다면 저자의 연구는 마치 모래 위에 세운 허술한 구조물이 되어버리고 말았을 것이다. 이성무 선생님은 저자의 박사학위 청구논문을 세심하게 검토하시고 귀중한 조언과 함께 격려를 아끼지 않으셨다. 대학원 수련과정에서 이종욱 선생님, 최기영 선생님, 윤병남 선생님과 지금은 고인이 되신 이광린 선생님이 베풀어 주신 가르침의 은혜도 너무 크게 입었다.

저자가 조선 초기에 관심을 가지게 된 것은 가톨릭대 국사학과 재학 시절 유승원 선생님의 가르침을 접하게 되면서부였다. 선생님의 조선시대에 대한 생경한 듯 신선한 강의를 들으며 받은 학문적 감동은 저자를 지금까지 조선시대 연구에 머물게 만들었다. 학부시절부터 지금까지 안병욱 선생님과 이순근 선생님, 그리고 박광용 선생님의 따뜻한 격려와 폭넓은 가르침에 깊은 감사를 드린다. 미국 로스앤젤레스 소재 캘리포니아 주립대 UCLA의 덩컨 John B. Duncan 교수는 저자가 한국학연구소 Center for Korean Studies 객원연구원으로 머무는 2년 동안 분에 넘치는 배려를 베풀어 주셨다. 덩컨 교수를 통해 미국에서의 한국사 연구성과와 다양한 역사 이론에 관한 연구를 폭넓게 접할 수 있었다. 번거로움을 마다 않으시고 한남대학교의 최이돈 선생님은 저자의 박사후 연구과정을 세심하게 이끌어 주셨다. 어려운 학문의 길에 고락을 나누며 날카로운 비판과 따뜻한 조언을 아끼지 않은 三史會의 동학들에게 감사의 마음을 전한다.

편안한 직장에서 좋은 분들과 함께 하는 것은 커다란 행운이다. 저자가 재직하는 동안 강의와 연구 수행에 불편이 없도록 헤아려 주신 가톨릭대학교 인간학 교육원 장동하 원장신부님과 따뜻한 격려를 아끼지 않으신 조정환 신부님께 감사드린다. 현재 몸담고 있는 한국교회사연구소의 소장 김성태 신부님과 부소장 변우찬 신부님, 그리고 함께 하는 모든 분들에게도 감사드린다. 한편으로는 저자가 학문의 한 가닥을 잡고 있기 위해 펴내는 이 책의 내용이 여러 선생께서 베풀어주신 가르침에 미치지 못함을 부끄러이 여긴다. 어려운 시기에 출판에 선뜻 나서 주신 경인문화사의 한정희 사장님, 아울러 신학태 편집부장님께 감사드린다.

지금까지 살아오면서 가족으로, 동학으로, 친구로, 그저 知人으로라도 만나고 인연을 맺은 분들께 너무나 큰 빚을 졌다. 부족한 저자를 향한 모든 가족의 이해와 사랑은 말로 표현할 수 없다. 이 자리를 빌려 삶의 울타리가 되어준 남편 김정중에게 고마움을 전한다. 이 모든 분들의 격려와 도움이 있었기에 연구자로 지금까지 버텨 올 수 있었다. 이 책이 이러한 모든 분들께 저자의 감사한 마음을 전하는 길이기를 바랄 뿐이다. 그리하여 지금까지 공부한답시고 책상 앞을 떠나지 못한 것이 아주 의미없는 삶은 아니었다는 위안을 스스로 삼고자 하는 작은 소망을 담아 본다.

하느님께 감사드리고, 늘 다정한 말벗이 되어주는 아들 김재홍에게 사랑을 전한다.

2008년 10월
최 선 혜

목 차

□ 책을 내며

서 론 □ 1
  1. 연구의 중요성 ·· 3
  2. 연구사적 검토 ·· 5
  3. 연구의 방법과 내용 ·· 22

제1장 留鄕品官의 성장과 地方統治體制의 정비 □ 29

제1절 高麗末 李成桂勢力의 士族 우위정책의 추구 ············ 31
  1. 유항품관의 동향 ··· 32
  2. 鄕吏政策의 내용과 의도 ··· 42
  3. 유항품관에 대한 정책과 유항품관의 지위 ············· 52

제2절 留鄕品官의 지위와 觀察使制度의 시행 ······················ 65
  1. 유항품관과 觀察使의 설치 ··· 67
  2. 유항품관과 守令制의 개혁 ··· 84
  3. 觀察使制度와 유항품관과 地方民 ····························· 90

제2장 留鄕品官의 역할과 鄕任의 활성화 □ 99

제1절 유항품관의 지방행정 참여와 面里任·申明色 ·········· 101
  1. 유항품관의 정치적 역량 활용정책 ························· 102
  2. 面里任과 유항품관 ··· 110

3. 申明色의 치폐와 유향품관의 역할에 대한 갈등 ················ 117
  4. 유향품관과 鄕吏 ·· 127

제2절 留鄕所와 국가지배체제의 정비 ·· 137
  1. 유향소의 기능과 지방통치의 안정 ······································ 139
  2. 유향소를 통한 국가와 지방의 연결 ···································· 146

제3절 성종대 유향소 복설론과 향촌교화론 ···································· 157
  1. 유향소 복설을 둘러싼 왕과 관료의 갈등 ·························· 159
  2. 유향소복설론과 외관제강화론의 마찰과 절충 ·················· 163
  3. 유향소 복설과 향촌교화 ·· 169

제3장 留鄕品官을 통한 儒敎的 理念과 儀禮의 확산 — 193

제1절 三綱理念에 의한 향촌교화정책 ·· 195
  1. 三綱理念의 수용과 君主權의 옹호 ····································· 197
  2. 유향품관을 통한 三綱理念의 확산 ···································· 201
  3. 유향품관과 『三綱行實圖』 ·· 215

제2절 山川祭를 통한 향촌통치정책 ·· 225
  1. 儒敎的 祭禮의 수용과 山川祭의 변화 ······························· 227
  2. 山川祭의 개편과 國王의 권위 ·· 233
  3. 유향품관과 地方民과 山川祭 ·· 247

제3절 유향품관의 기복 민속의식 ·· 256
　1. 국가의 제사정책과 음사·기복 민속의식 ·· 258
　2. 지방의 제사와 유향품관의 역할 ··· 269
　3. 유향품관의 기복 민속의식 설행과 향촌사회 ································· 276

결　　론 ▫ 291
참고문헌 ▫ 309
영문초록 ▫ 315
찾아보기 ▫ 327

표 목 차

〈표 1〉 太祖 4년 9월 丁未에 각 道에서 보고된 孝子·節婦 ·············· 206

〈표 2〉 태종 13년 2월 병진에 충청도·경상도에서 보고된 孝子·節婦 ····· 207

〈표 3〉 태종 15년 1월 을묘에 慶尙道·永吉道에서 보고된 孝子·節婦 ······ 207

〈표 4〉 세종 2년 1월 庚申에 보고 된 孝子·節婦 ·············· 208

〈표 5〉 세종 13년 6월 정사에 강원도에서 보고된 孝子·節婦 ··············· 212

〈표 6〉 『三綱行實圖』「烈女圖」- 조선시대편 ··· 218

〈표 7〉 『三綱行實圖』「孝子圖」- 조선시대편 ··· 218

〈표 8〉 『三綱行實圖』「忠臣圖」- 고려시대편 ··· 219

〈표 9〉 『高麗史』 121, 忠義傳 ·· 221

〈표 10〉 『묵재일기』에 보이는 기복 민속의식에 관한 기록표 ············ 277

序 論

1. 연구의 중요성

　유향품관은 고려후기 이래 향리들이 자리잡고 있던 지방 사회에서 두각을 드러내기 시작하여 조선시대에 들어와 지방을 대표하는 세력가로 성장한 사람들이다. 그들은 지방에 거주하고는 있지만 實職이건 散職이건 중앙의 官界와 관련을 맺고 있는 사람들이었다. 고려후기 이래 유향품관의 성장은 지방사회에 커다란 변화를 예고하는 일이었고, 사회구조에 중요한 변화를 일으킨 요인이었다. 향리에게 크게 의존하여 지방을 통치하던 방식은 달라져야만 하였다. 국가는 당연히 유향품관을 고려한 새로운 통치체제를 세워나갔다.

　유향품관의 성장에 따라 사회구조에서 그들이 차지하는 비중과 역할도 커질 수밖에 없었다. 국가의 집권자들은 지방통치의 안정·강화를 위해 지방에서 일정한 영향력을 행사하고 있는 유향품관의 협조를 이끌어 내야 하였다. 물론 국가가 지방통치에서 기대하는 일은 지방민의 대다수를 차지하고 있는 일반 백성을 효과적으로 통치하는 것이었다. 그들을 효과적으로 통치함으로써 국가는 사회의 안정을 도모하고 재정을 확보할 수가 있는 것이다. 그런데 이러한 일에 지방 세력가인 유향품관의 협조가 없이는 기대하는 성과를 얻기가 어려웠다. 이 점에서 유향품관에 대하여 검토하는 것은 조선의 사회구조를 이해하기 위하여 매우 긴요한 문제이다.

　유향품관 연구의 필요성이 여기에 그치는 것이 아니다. 조선사회는 흔히 士大夫로 불리는 지배층에 의해 주도되었다. 사대부란 비단 중앙의 사대부만 해당되는 것은 아니다. 지방에 널리 깊게 뿌리를 내리고 있던 유향품관들까지도 사대부 주도의 정치에 참여하였다.[1] 유향품관은 향촌에서 영향력을 행사하면서, 동시에 국가의 정치나 정책에 대한 일정한 견해를 피력하였다. 그들은 과거나 천거 등의 여러 경로를 통하여 관계에 직접 나아가기도 하였고, 다시 벼슬자리를 내놓고 유향품관이 되기도 하였다. 따라서 조선사회에서 국가의 관료와 지방의 사대부 사이에는 공통점이 많았다. 이들은 최고의 사회적 지위를 지닌 사람들이라는 점에서는 큰 차이가 없었다. 또한 이들은 기본적으로 유교적인 이념을 따르는 사람들이었다. 다만 지역적으로 국가의 관료와 지방의 사대부로 대표되는 각 집단의 이해관계가 부딪히는 경우가 있었다. 국가의 관료는 국가의 이익을 보다 중시할 수밖에 없었다. 지방의 사대부들은 지방 사회의 이해관계를 저버릴 수가 없었다. 그러므로 국가의 관료와 지방의 사대부는 갈등을 겪기도 하고 타협을 이루기도 하며 조선 사회를 이끌어갔다. 따라서 국가의 관료와 유향품관의 관계가 지니는 내용과 특징을 분석하는 일은 사대부에 바탕을 둔 조선사회의 구조를 밝히는 데 있어서 매우 중요한 일이다.

이와 같이 조선전기 유향품관에 관한 연구는 고려에서 조선으로 왕조가 교체되면서 일어난 중요한 정치·사회적 여러 특징을 밝히는 길이다. 유향품관에 관한 연구는 조선전기 지방통치체제와 사회 구조를 이해하게 해준다. 국가를 대표하는 관료와 지방 사회를 대표하는 세력가인 유향품관과의 관계 즉 국가와 지방 사회의 관계도 알 수 있게 해준다. 유향품관에 대하여 학계가 주목하기 시작한 것도 대체로 이러한 까닭에서였을 것이다.

---

1) 사대부, 사족 등의 용어는 당시의 지배계층을 통칭하는 것이기 때문에, 지방에 사는 이들 전체를 연구의 대상으로 삼을 수는 없다. 따라서 실제로 관직세계에 발을 들여놓았던 사람이면서 지방에 거주하는 사람인 유향품관에게 연구의 초점을 맞추었다.

2. 연구사적 검토

조선전기의 유향품관과 관련된 지금까지의 연구 성과는 대략 다음 몇 가지 방향에서 검토할 수 있다. 지방 세력에 관한 연구, 지방통치체제의 정비에 관한 연구, 그리고 향촌사회에 마련된 여러 직임과 기구에 관한 연구 등이 그것이다.

먼저 유향품관에 관한 연구의 기초를 마련한 것은 高麗末·朝鮮初의 閑良에 관한 연구들이다. 閑良에 대해서는 千寬宇·浜中昇·韓永愚 등이 주목했다. 이 연구를 통해 한량은 前銜品官 즉 전직관료라는 사실이 밝혀졌다. 또한 여기에는 檢校官과 添設官 등을 받은 사람도 포함된다고 지적되었다. 특히 고려말·조선초에 한량이 지방사회에서 상당한 영향력을 가진 사람일 것이라는 점도 알게 되었다.[2] 이와 같은 사

---

2) 고려 후기 이래 성장하기 시작하여 조선 전기에 지방 세력가로 자리 잡은 유향품관 내지 재지품관, 전함품관, 그리고 거경품관 등에 관한 연구는 일찍이 한량에 관한 연구에서부터 시작되었다.
千寬宇, 1956,「麗末·鮮初의 閑良」『李丙燾博士華甲紀念論叢』; 1979,『近世朝鮮史研究』, 일조각.
浜中昇, 1967,「麗末·鮮初의 閑良について」『朝鮮學報』42.
韓永愚, 1969,「麗末·鮮初의 閑良과 그 地位」『韓國史研究』4 ; 1983『朝鮮前期社會經濟研究』, 乙酉文化社.
위에 보인 것과 같이 이 시기의 閑良에 관하여 처음으로 주목한 사람은 千寬宇였다. 그는 閑良·閑良官·閑良品官 등은 前銜品官 즉 전직관료라고 파악하였다. 또한 한량품관은 품관 당대뿐만이 아니라 그 자손으로 품관의 신분을 계승하는 층까지도 포함된다고 설명하였다. 특히 천관우는 한량이 지방에 생활근거를 둔 유력자로서 향촌에서 상당한 지배력을 가졌을 것이라는 점을 지적하였다. 그런데 천관우는 한량은 현직자가 아닐 뿐만 아니라 산직자와도 구별된다고 하였다 (천관우, 위의 논문, 특히 46·49쪽). 濱中陞은 이와 같은 천관우의 연구를 비판·수정하였다. 그는 한량이 전함관 및 그와 같은 신분에 속하는 사람인 것에는 동의하였다. 그러나 한량은 전함관 전체가 아니라 奉翊大夫(3품)이하의 전함관만을 지칭하는 것이라고 하였다. 또한 전함관 뿐만이 아니라 添設官을 받은 사람도 여기에 포함된다고 하였다(浜中昇, 위의 논문, 88~96쪽). 韓永愚는 한량을 두 계층

실은 첨설직에 주목한 鄭杜熙의 연구를 통해서도 밝혀졌다. 그는 고려 말 지방사회에 이미 향리와는 다른 유력한 계층인 士人(또는 良家子弟)이 있었고, 그들이 첨설직을 받아 새로운 세력가로 성장하였다는 사실을 분석하였다.3) 이러한 연구성과를 통해 전직관료이거나 檢校官과 添設

> 으로 분류하여 파악하였다. 그는 한량에는 前銜官・添設官・檢校官 등 職牒은 있지만 職事官이 없는 無職事官으로서의 한량과, 士族 내지 부유한 양인 자제로서 군역을 기피하여 호적과 군적에 등재되지 않은 無役子弟로서의 한량이 있다고 하였다(한영우, 위의 논문, 256~273쪽). 이러한 연구들에 힙입어 필자는 고려 말에서 조선 초에 이르는 시기에 전직관료로서 한량의 사회・경제적인 지위나 동향 등에 관하여 이해할 수 있었다. 또한 한량에는 실직을 역임한 일이 있는 사람들뿐만이 아니라 검교관이나 첨설직을 받은 사람도 포함된다는 점도 알게 되었다.
> 閑良・閑良官과 前銜品官・居京品官・留鄕品官 등의 명칭에 관하여서는 閔賢九와 李泰鎭의 지적도 참고가 된다. 이성무도 閑良・閑官 등의 뜻에 대하여 검토하였다.
> 閔賢九, 1968,「近世朝鮮前期 軍事制度의 成立」『韓國軍制史-近世朝鮮前期篇』, 陸士 韓國軍事研究室 編, 30쪽 주 58).
> 李成茂, 1980,『朝鮮初期兩班研究』, 일조각, 121쪽 주 329).
> 李泰鎭, 1986,「士林派의 留鄕所 復立運動」『韓國社會史研究-農業技術 발달과 社會變動-』, 지식산업사, 142~143쪽 주 63).
> 또한 박은경은 고려후기 이래 지방에 거주하는 전직관・파직자나 유배자・동정관・첨설관・기타 진사 등의 유형이 유향품관에 포함된다고 분석하여 이들에 대한 총칭으로 재지품관을 사용하였다(박은경,『고려시대 향촌사회연구』일조각, 1996).
> 이와 같이 유향품관에는 실직을 지냈던 사람들과 지방에서 관품만 받은 사람들 등 다양한 부류의 사람들이 포함된다. 필자도 이미 지방에 거주하는 이러한 다양한 부류의 사람들을 유향품관 또는 재지품관이라 부를 수 있을 것이라 지적하였다(최선혜, 1998,『조선초기 유향품관 연구』, 서강대학교 박사학위논문). 지방에 거주하는 사람들 가운데 국가의 문무 관직에 종사했던 사람과 그 지방인으로 국가의 관품만 지닌 사람들은 여러 가지 측면에서 구분되는 사람들이었다. 그러나 그들 모두는 국가의 관품을 지닌 품관이었고, 지방에 거주하고 있다는 점에서는 유향품관이라는 공통의 특징을 가진 사람들이었다. 따라서 이 책에서는 이러한 부류의 사람들 모두를 유향품관으로 통칭하였다.
> 3) 鄭杜熙, 1978,「高麗末期의 添設職」『震檀學報』44 ; 1990,「高麗末 新興武人勢力의 成長과 添設職의 設置」『李載龒博士還曆紀念韓國史學論叢』.

官 등을 지니고 지방사회의 세력가로 부상한 유향품관에 대한 이해의 실마리를 얻을 수 있었다.

이러한 사람들이 한량으로 불린 것에서도 알 수 있듯이 이른바 品官으로 불린 사람들이 모두 실직을 역임한 것은 아니었다. 품관의 범위나 개념은 李成茂의 연구를 통해 얻을 수 있다. 그는 實職 뿐만이 아니라 檢校職·同正職·添設職·影職 등과 같은 閑職과 散職도 포함하여 어떠한 형태이든 간에 국가로부터 관품을 받은 사람들은 모두 품관이라고 설명하였다. 그런데 품관으로 불린 사람들은 크게 보아 세 가지 부류가 있었다. 첫째는 문·무산계를 받은 문·무 양반, 둘째는 문·무산계를 받은 기술관, 셋째는 문음출신의 京衙前(문음출신 상급서리-錄事)이다. 또한 이성무는 품관군에는 관품을 가진 품관만이 아니라 그러한 직을 받을 수 있는 散官을 가진 사람들과 더 나아가 그들의 가족이나 친족도 포함된다고 지적하였다. 그리고 이러한 品官群이 조선 초기 양반의 기층을 이룬 사람들이라고 하였다.[4]

따라서 유향품관에는 지방에 거주하지만 실직을 역임하였던 사람과 檢校職이나 添設職을 지닌 사람 및 同正職 등을 지닌 사람들도 포함된다. 검교직에 관하여서는 韓㳓劤의 선구적인 연구가 있으며, 金東洙도 이 문제를 다루었다.[5] 첨설직에 관하여서는 앞에서도 언급한 것과 같이 鄭杜熙가 주목하였다.[6] 동정직에 대해서는 金光洙가 일찍이 검토하였다.[7] 李成茂도 조선초기 양반에 관한 연구에서 同正職·檢校職·

---

4) 李成茂, 1980, 『朝鮮初期兩班硏究』, 일조각, 40·124·220쪽 및 1995, 『朝鮮兩班社會硏究』, 일조각, 29쪽.
5) 韓㳓劤, 1966, 「勳官 '檢校'考-그 淵源에서 起論하여 鮮初 整備過程에 미침-」 『震檀學報』 29·30합호 ; 「朝鮮初期以後의 檢職과 影職-'勳官 檢校考' 補遺-」 『震檀學報』 71·72합호.
   金東洙, 1981, 「朝鮮初期의 檢校職」 『震檀學報』 51.
6) 앞의 주 3)에 보인 鄭杜熙의 논문.
7) 金光洙, 1969, 「高麗時代의 同正職」 『歷史敎育』 11·12합집. 그런데 김광수의

添設職 등에 관해 분석하였다.[8] 이러한 연구에 따르면 검교·동정직 등은 職事가 없는 散職이었다. 첨설직도 軍功을 세운 사람들에게 포상으로 주어진 산직이었다.[9] 이와 같은 검교직·동정직·첨설직 등을 가진 사람으로서 지방에 거주하는 사람들도 유향품관의 주요한 부류를 형성하였다.

즉 실직을 가졌다가 散官(=散階)만을 가진 채 지방에 살게 된 사람들과 더불어 검교직·동정직·첨설직 등을 가졌던 사람들도 조선이 건국된 뒤에는 모두 품관 내지는 한량에 속하는 사람들이었다. 그러므로 유향품관은 실직이건 산직이건 국가로부터 관직이나 관품을 받았지만 지방에 거주하는 사람으로 설명할 수 있다.

유향품관과 관련하여 李樹健의 土姓에 관한 연구도 참고가 된다. 이수건은 각 군현의 토성이 그 사회적 진출에 따라 在京官人과 在地勢力으로 나뉘어졌고, 재지의 토성은 士族과 吏族으로 분화되었다고 하였다. 재지의 사족이 바로 토성품관·유향품관이라는 것이다.[10] 사실 고려말·조선초의 한량 및 첨설직을 비롯한 여러 가지의 산직을 지닌 사람들이나 土姓 등에 주목한 연구에서 이들이 지방의 유력층이라는 점은 이미 지적되었다.[11] 최근에 고려후기 지방의 품관을 검토한 사람은 朴恩卿이다. 박은경은 고려후기 지방의 품관을 지방사회의 변화와 관련지어 분석하였다. 그는 유향품관은 고려후기의 향촌사회를 변화시킨 주요한 요인이라고 지적하였다.[12] 이 연구로 말미암아 고려말에서 조선초에

    분석에 따르면 본래 검교직과 동정직은 상하로 연결되어 하나의 산직체계를 이루는 것이었지만, 고려후기에 접어들면서 이러한 구분이 무너지게 되었다고 한다. 동정직만이 설정되어 있던 하급관직에도 검교직이 나타나게 되었다는 것이다(173~174쪽).

8) 李成茂, 1980,『朝鮮初期兩班硏究』, 一潮閣, 137~151쪽.
9) 鄭杜熙, 위의 논문, 283 및 294쪽.
10) 李樹健, 1984,『韓國中世社會史硏究』, 일조각, 4~7쪽.
11) 앞의 주 2) 참조.

이르는 시기의 향촌사회의 변화와 관련하여 유향품관에 관하여 좀더 이해할 수 있게 되었다.13) 그런데 논의가 고려후기에 집중되었기 때문에

---

12) 朴恩卿, 1984, 「高麗後期 地方品官勢力에 관한 研究」『韓國史研究』44 ; 1996,『高麗時代鄕村社會硏究』, 일조각.
13) 고려후기 재지품관에 관한 박은경의 연구는 유향품관의 범위나 유형·역할 등에 대하여 달리 이해해야 할 몇 가지 점들이 있다고 생각한다. 첫째, 재지품관으로 중앙관직에 있다가 자신의 기반이 있는 향촌사회로 낙향한 경우만을 상정한 점이다(박은경, 위의 책, 167쪽). 그는 재지품관에 본래 지방에 거주하던 사람으로서 중앙의 관직을 받게 된 사람들을 포함시키지 않았다. 그러나 한량이나 검교직·동정직·첨설직 등에 관한 先學의 연구에서 이미 지방민 가운데 국가로부터 이러한 관직을 받은 사람들이 매우 많았다는 사실이 밝혀진 상태이다. 그 밖에도 고려후기 지배세력이나 土姓·향리 등에 관한 연구를 보아도 지방인으로서 중앙의 산직이나 산계를 갖게 되는 경우는 흔히 있었던 것을 알 수 있다. 그들을 돌려놓는다면 재지품관에 관한 올바른 이해가 이루어지기 어려울 것이다.
둘째 재지품관을 가르는 기준이 적당하지 않았다. 박은경은 재지품관의 유형으로 전직관/파직자·유배자/동정관/첨설관/기타 進士 등을 들었다(박은경, 위의 책, 167~178쪽). 그러나 파직당하거나 유배되어 지방에 거주하게 된 사람도 전직관리이기는 마찬가지이다. 따라서 전직관과 파직·유배자가 유형을 달리하는 사람들이라고는 하기 어렵다. 이 때문에 중앙의 관직에 있다가 스스로 원하여 낙향한 사람들과 파직되거나 유배되어 내려온 사람들이 자연스럽게 서로 교유하였던 것이다(이 책 36~37쪽 참조). 또한 고려후기에 관직명이 中郞將同正·別同正·散員同正으로 나타나는 사람들도 있는데(이 책 40쪽 참조), 이들은 첨설관이면서 동정관이기도 한 것이다.
필자의 생각으로는 재지품관의 유형을 가르는 기준으로 당사자의 출신을 중시하여 중앙에서 벼슬하다가 내려온 사람인가, 아니면 중앙정계에 진출한 일이 없는 지방인 인가가 좀더 적당하지 않을까 한다. 또한 재지품관이라 하더라도 그 출신이 향리인가, 아니면 사족에 속하는 부류인가도 유형을 구분하기에 적당하다고 생각한다.
셋째 재지품관이 향촌사회에 혼란을 가져왔다고 분석하였고(박은경, 위의 책, 180~181쪽) 그 결과 중앙의 집권자들이 재지품관에 관해 추진한 정책도 통제라는 측면에 다소 치우쳐 이해하였다(박은경, 위의 책, 190~193쪽). 이러한 관점에서 그는 조선시대에 들어가서도 재지품관의 세력이 커지는 것을 불합리한 현상이라고 지적하였고 중앙은 더 강하게 재지품관을 통제하고자 하였다고 설명하였다. 이 문제는 본문에서 보다 자세하게 밝혔다. 다만 여기에서는 그가 고려말에 재지품관에 대한 대표적인 통제책으로 파악한 宮城宿衛事 문제도 첨설관에 대한 통

조선시대에 접어들어서 그들의 성장이나 그에 따른 정치·사회적 변화를 깊이 있게 다루지는 않았다.

그의 연구에 따르면 고려후기 이래 조선시대 이르면 유향품관에 대한 통제가 보다 더 심해졌다고 하였다. 또한 유향품관은 수령의 일을 가로막고 방해하여 중앙의 지방통치를 어렵게 만들었다고 지적하였다.[14] 하지만 국가가 유향품관을 통제하려는 조처를 취하였어도, 다른 한편으로는 이들에게 여러 가지 이익과 혜택을 보장·제공하는 정책도 꾸준하게 추진해 나갔다. 국가는 유향품관을 국가의 통제아래 두려고 노력하였지만, 그들의 입장을 헤아려주고 배려를 베푸는 일을 결코 소홀히 할 수 없었다. 그 까닭은 지방에서 영향력을 행사하던 유향품관의 협조가 없이는 국가의 지방통치를 안정·강화시켜 새로운 왕조의 체제를 수립해 나가기 어려웠기 때문이다. 이러한 측면이 매우 비중있게 다루어져야 할 것이다. 국가의 향촌에 대한 양면 정책이 시행되는 과정 속에서 유향품관도 지방관이 수행하는 여러 가지 일에 협력하여 국가의 지방통치에 협조하였던 사실도 주목할 필요가 있다.

최종택도 지방의 품관에 대해 검토하였다.[15] 그런데 그는 고려후기에서 조선중기에까지 이르는 사료를 시기를 구분하지 않고 이용하였다. 따라서 유향품관의 시기별 특징이나 국가의 정책의 변화에 관한 분석은 미흡한 실정이다. 이러한 연구에 이어 최선혜가 유향품관에 관한 일련의 연구를 발표하였다.[16]

제와 더불어 많은 혜택을 제공하는 양면성을 가진 정책이었다는 점을(이 책 74~77쪽 참조) 지적해 두고 싶다.
14) 박은경, 위의 책, 191~192쪽.
15) 최종택, 1993,「麗末鮮初 地方品官의 成長 過程」,『學林』15.
16) 최선혜, 1994,「高麗末·朝鮮初 地方勢力의 動向과 觀察使의 派遣」,『震檀學報』78 ; 2002.9,「조선초기 유향소와 국가지배체제의 정비」,『조선시대사학보』22 ; 2003.12,「조선전기 지방의 산천제와 재지품관」,『민속학연구』13 ; 2004.6,「조선전기 재지품관의 제사와 기복 민속의식」,『조선시대사학보』29. 이와 관련하

그런데 유향품관을 이해하기 위해 역시 중요하게 짚고 넘어가야 할 문제는 그들의 사회적 성격이 무엇인가 하는 점이다. 지금까지의 연구를 참고하면 유향품관의 중심을 이룬 사람들은 士族으로 불러도 좋은 사람들이었다. 실직을 역임한 사람들은 물론 검교·동정직 및 첨설직을 받은 사람들도 여기에 해당된다. 고려후기에 접어들어서 산직을 받은 사람들은 대개 兩班·鄕吏·百姓 또는 士人(또는 良家子弟)·鄕吏 등으로 나타난다.17) 검교·동정직은 말할 것도 없지만 특히 濫設이 문제가 되었던 첨설직에서도 그 지급대상이 원칙적으로 工商賤隷나 農民과 같은 피지배층은 아니었다. 첨설직의 지급대상은 士人(또는 良家子弟)과 鄕吏였다.18) 정두희의 분석에 따르면 첨설직 수직자의 경우에 항상 향리보다는 士人이 순서상 먼저 거론되고 있다고 한다. 그 까닭은 士人이

여 최선혜의 1997,「高麗末·朝鮮初 觀察使論의 전개와 中央集權體制의 정비」 『國史館論叢』 76, 4~8쪽도 참고 된다.
17) 예컨대 아래의 기록을 보도록 하자.
① 州府郡縣鄕吏百姓 依投權勢 多授軍不領散員 或入仕上典 侵漁百姓 陵冒官員宜令按廉使 及所在官 收職牒 充本役 (『高麗史』 84, 刑法 1 職制 忠宣王卽位下敎)
② 內外兩班鄕吏百姓 冒受金印檢校職 結銜避役 甚爲淆濫 司憲府·各道存撫提察使 竝皆收職 各從本役 (『高麗史』 35, 忠肅王 12년 10월 乙未)
양반·향리·백성 등이 산원을 제수받거나 검교직을 가지게 된 사람들로 지목되고 있는 것이다. 검교·동정직은 산직과 더불어 勳職의 성격도 지니는 것으로서, 실직과 관계없이 훈직으로 승급이 가능하였다(이성무, 1980, 앞의 책, 140쪽). 고려시대 지방사회의 百姓에 관하여는 李佑成, 1991,「高麗時代의 村落과 百姓」 『韓國中世社會硏究』, 一潮閣이 참고된다. 이 연구에 따르면 고려시대의 '백성'은 향리와 더불어 지방의 유력자라고 한다. 이우성은 '백성'들이 고려후기에 관료로 상당히 진출하였을 것이라고 언급하였다(38~39쪽, 55쪽).
18) 鄭杜熙, 1990, 앞의 논문, 284~290쪽. 향리가 동정직·검교직 및 첨설직 등에 진출한 사실과 관련하여서 羅恪淳, 1987,『高麗 鄕吏의 身分變化에 관한 硏究』, 성균관대학교 박사학위논문, 58~62쪽 및 85~97쪽도 참고된다. 특히 여기에 실린 鄕吏世系圖에 따르면 향리집안의 사람으로서 동정직이나 검교직 및 첨설직으로 여겨지는 郎將 등에 진출한 경우가 보인다.

향리보다 우월한 지위에 있는 사람들이기 때문이라고 한다.[19] 검교직을 갖게 된 사람에 있어서도 향리보다 앞서 언급되던 外方의 '兩班'이 향리보다 높은 계층의 사람인 것은 마찬가지일 것이다.[20] 즉 향리보다는 사인이나 양반으로 불리던 사람들이 지방에 있어서 좀 더 높은 지위를 갖고 있었다고 보아야 마땅하다. 더욱이 고려 말 이성계 세력이 집권한 뒤부터 향리들은 더 이상 실직이건 산직이건 중앙의 관품이나 관직을 가질 수 없었으며 이미 가졌다 할지라도 다시 향리로 돌아가야 하는 처지에 속하게 되었다.[21]

사정이 이러하므로 유향품관 가운데에서 향리출신이 차지하는 비중은 줄어들게 되었을 것이다. 百姓 출신의 수도 그다지 많지는 않았다고 본다. 이와 달리 양반이나 士人 등으로 표현된 사람들이 차지하는 비중은 상대적으로 커졌을 것이다. 결국 조선시대에 접어들면 실직을 지냈거나 산직을 받아 유향품관의 중심을 이루었던 사람들은 士族[22]으로 불러

---

19) 정두희, 1990, 위의 논문, 286~287쪽.
20) 예컨대 앞의 주 17)의 ②에 보인 기록 참조.
21) 이와 같은 이성계 세력의 향리정책에 관하여서는 이 책의 제1장 제1절의 2항인 '鄕吏政策의 내용과 의도' 참조.
22) 유향품관은 지방에 거주하지만 실직이건 산직이건 중앙의 관품이나 관직을 가진 사람들을 가리킨다. 따라서 유향품관은 대개가 사족으로 불리울 수 있는 사람들이었겠지만, 고려후기나 조선초기에 있어서는 향리 출신도 적지 않았을 것이라고 생각된다. 따라서 재지사족과 유향품관이 반드시 일치하지는 않을 것이다. 그러나 고려후기에서 조선초기에 이르는 시기에 유향품관의 중심을 이룬 것은 사족이라고 보아도 좋다고 생각한다.
그런데 '士族'의 용례를 검토한 李成茂나 宋俊浩의 연구에 따르면 조선초기에 있어서 '士族'은 관인 뿐만이 아니라 관인의 가족원까지 포괄하는 의미로 사용되었다고 한다. 따라서 이성무는 사족은 兩班身分層을 지칭하는 일반적인 용어로서 쓰였다고 설명하였다. 송준호도 사족은 治者집단으로서 上流 特權身分層이었다고 하였다. 최근에 金塘澤도 사족은 문무관리와 그 가족을 지칭하는 용어로서 양반으로 표기되기도 했다고 지적하였다. 그런데 김당택은 특히 사족은 관리가 되는 데 있어서 아무런 하자가 없는 신분층으로서 천계출신과 구분되는 사람들이라는 점을 강조하였다. 송준호는 사족의 범위 내지 한계에 관한 객관적인 기

도 좋은 사람들이었다고 여겨진다. 사족들을 중심으로 하여 유향품관이 성장해 나갔다고 이해된다.

지방사회에서 유향품관이 성장하게 됨에 따라 종래의 사회구조는 크게 변화하게 되었다. 지방사회의 세력가가 향리에서 유향품관으로 변화하였고, 국가와 지방을 대표하는 세력의 관계에도 변화가 일어났다. 그에 따라 국가는 지방을 통치하기 위한 제도를 새롭게 마련해야 하였다. 이 점에서 유향품관과 지방통치체제의 정비는 긴밀한 관련 속에 검토해야 한다. 그런데 지금까지의 연구에서는 이 점이 그다지 주목되지 않았다. 국가가 지방세력가들을 통제하기 위한 방안으로 守令의 권한을 강화하였다는 점이 지적된 실정이다.23) 조선시대의 지방통치제도인 관찰

준 같은 것이 官에 의해서 공식적으로 지정된 일은 없지만, 그것은 신분 내지 관직은 세습제가 전제된 고려나 조선의 사회에서는 처음부터 있을 수 없는 일이라고 지적하였다. 김당택도 사족의 개념이나 범위 등이 법제적으로 규정된 것은 아니었던 것같다고 파악하였다. 이러한 사실을 아래의 연구에 있다.
李成茂, 1980, 위의 책, 14~17쪽.
宋俊浩, 1983,「朝鮮兩班考－朝鮮朝 社會의 階級構造에 관한 한 試論－」『韓國史學』4, 314~322, 343~357 ; 1987,『朝鮮社會史研究－朝鮮社會의 構造와 性格 및 그 變遷에 관한 연구－』, 일조각, 242~259쪽 참조.
金塘澤, 1998,「고려 후기의 士族과 士大夫」『元干涉下의 高麗政治史』, 일조각, 190~193쪽.
劉承源은 사족을 독립적인 신분층으로 보는 이성무나 송준호의 견해를 부정하였다. 사족이 관인과 관인의 가족원까지 포괄하는 용어였다고 해서 그것이 곧 양인 안에 사족이라는 독립된 신분층이 존재한 것으로 해석하는 것은 위험한 일이라고 하였다. 이에 '사족은 세습적인 법제적 차등 관계 속에서 설정된 집단이기보다는 현실적으로 높은 사회적 지위를 차지하고 있는 집단에 지나지 않는다'고 해석하였다. 劉承源, 1987,『朝鮮初期身分制研究』, 을유문화사, 64쪽.
23) 李存熙, 1982,「朝鮮初期의 守令制度」『歷史教育』30·31합집, 61~62쪽.
朴恩卿, 1984, 위의 논문, 61~62, 72쪽.
吳宗祿·朴鎭愚, 1990,「고려말 조선초 향촌사회질서의 재편」『역사와 현실』3, 93쪽.
任先彬, 1990,「朝鮮初期 守令制運營과 地方統制」『淸溪史學』7, 142쪽.
최종택, 위의 논문, 84쪽.

사-수령제도의 시행과 운용이 유향품관과 관련되어 연구되지는 못하였다.[24] 관찰사의 설치·파견은 국가의 지방통치를 위해 새롭게 마련된 제도였다. 수령의 권한을 강화하는 것만으로는 문제를 해결할 수 없었다. 국가는 지방통치를 위해 관찰사를 파견하고 그에게 각별히 기대한 점이 있었다. 그것은 지방에서 세력가로 성장하는 유향품관과 긴밀한 관계를 이루는 일이었다고 본다. 연구자는 이러한 점을 특히 주목해야 한다고 생각한다. 그런데 지금까지의 연구는 이러한 점을 주의 깊게 분석하지 않았다.

유향품관은 기본적으로 관직을 역임한 일이 있는 사람이었다. 또한 산직을 얻게 된 사람도 대개 관료로서의 자격을 갖추고 있다는 점을 공인받은 셈이다. 그들은 비록 산직을 지녔다 하더라도 治者가 될 만하다고 인정받은 사람들이었다. 이 점에서 유향품관은 관료로서의 경험과 능력을 지닌 사람들이었다. 그런데 지금까지는 유향품관의 이러한 특징이 조선 건국이후 왕조의 통치체제를 수립하는 일에 부정적인 요인으로 해석되었다. 따라서 상대적으로 유향품관에 대한 국가의 통제정책이 강조되어 왔다.

---

24) 高麗末·朝鮮初의 觀察使에 관한 연구를 보이면 대략 다음과 같다.
邊太燮, 1968,「高麗 按察使考」『歷史學報』40 ; 1971,『高麗政治制度史研究』.
河炫綱, 1977,「後期 道制에의 轉成過程」『高麗地方制度의 研究』.
張炳仁, 1978,「朝鮮初期의 觀察使」『韓國史論』4.
金潤坤, 1985,「麗代의 按察使制度成立과 그 背景」『嶠南史學』창간호.
李存熙, 1990,「觀察使制와 그 運營」『朝鮮時代地方行政制度研究』.
이와 같은 연구를 통하여 필자는 지방제도의 정비와 관련한 관찰사 제도의 성립과 그 임무 및 관계규정 등에 대한 구체적인 지식을 얻을 수 있었다. 그런데 지금까지 관찰사에 관한 연구는 고려 말 趙浚 등에 의하여 파견된 관찰사에 각별히 주목하거나 그 역사적인 의미에 유의하여 이루어지지는 못하고 있는 실정이다. 유향품관 등의 지방세력의 동향과 관련하여서는 더욱 그러하다. 유향품관의 동향을 주목하면서 관찰사제도의 시행과 운용에 관한 역사적 의의를 검토한 연구는 앞의 주 16)에 소개한 崔先惠의 것이 있다.

하지만 국가의 집권자들은 유향품관을 새 왕조의 새로운 질서 안으로 적극 끌어들이는 정책을 보다 비중 있게 추진하였다고 짐작된다. 조선왕조의 새로운 통치체제가 안정되고 유향품관도 성장한 것은 그러한 정책이 보다 비중있게 추진된 결과일 것이다. 유향품관도 대개의 경우는 국가의 정책에 동조하였다고 여겨진다. 지방에서 행하여지는 여러 가지 행정에 유향품관이 참여하고 나선 것이 그러한 점을 반영한다.

이 점에서 먼저 조선시대에 접어들어 활성화된 面里任이 주목된다. 지금까지 면리임은 면리제도의 시행이 조선시대에 들어와 중앙의 지방통치를 강화하기 위해 촌락을 재편성하려는 노력이었다는 측면으로 연구되었다. 이러한 면리제도에 대한 기본적인 이해는 李成茂의 연구에서 얻을 수 있다. 그는 조선 초기에 들어와 屬縣・鄕・所・部曲 등의 任內가 혁파되는 대신에 군현의 하부행정단위로 면리제도가 실시되었다고 하였다. 그의 연구를 통해 里는 자연촌을 그대로 행정촌으로 편성한 것이며, 面은 이러한 몇 개의 자연촌을 합한 것이라는 점이 밝혀졌다. 그리고 여기에는 里正이나 勸農官 등의 직임이 설치되었고, 원칙적으로 사족이 담당하게 되어 있었다는 점을 알게 되었다.[25]

朴鎭愚는 조선초기의 면리제를 본격적으로 다루었다.[26] 박진우는 조선시대에 들어와 지방세력의 자율적인 지방사회 운영체제를 인정하고 그 지배질서를 통해 민을 파악하였던 고려의 지방통치방식이 변질・붕괴되었다고 하였다. 이에 조선초기에는 지방세력에 대한 일련의 제재조치를 통해 일방적으로 중앙집권적 입장이 우위를 확보해 나가게 되었다고 하였다. 면리제도 중앙집권적 촌락지배를 강화하기 위해 강구된 것이라고 하였다. 그러나 15세기 후반부터 이와 같은 관권 일변도적인 국가의 지방사회 통제방식이 취약성을 드러내게 되었다고 결론지었다.[27]

---

25) 李成茂, 1970,「朝鮮初期의 鄕吏」『韓國史硏究』5, 특히 70~71쪽.
26) 朴鎭愚, 1988,「朝鮮初期 面里制와 村落支配의 강화」『韓國史論』20.

그런데 조선 초기에 국가는 지방세력을 그토록 강력하게 제재·통제하였는가? 그렇다면 새 왕조의 새로운 질서는 국가의 일방적인 입장이 관철되어 형성되어진 것일까? 또한 지방세력은 그러한 상황에 숨죽이고 있었는가? 면리임이 과연 국가의 일방적인 지방사회 통제책이었는가? 그렇다면 때로는 그것의 시행을 건의하기도 하고 그 일을 담당한 유향품관의 뜻은 어떻게 설명되어야 하는가? 지금까지의 연구만으로는 이러한 문제들이 풀어지지 않는다.

필자는 국가와 지방의 품관들은 때로는 대립하고 갈등하였지만, 대개는 조화와 협력의 관계를 이루어 나갔다고 생각한다. 물론 양 측의 관계는 사안에 따라, 또는 시기에 따라 다르겠지만 크게 보아 협력의 관계에 초점을 맞추어 분석해 나가야 한다는 생각이다. 즉 국가는 지방의 품관들에게 국가의 뜻을 일방적으로 관철시키고자 하는 측면도 있었지만, 그들의 뜻을 들어주고 적절한 혜택을 베푸는 회유책을 보다 비중 있게 추진하였다고 생각한다. 면리제가 시행되고 지방의 품관들이 성장한 것도 그러한 측면의 정책이 시행된 결과물로 이해된다.

결국 지금까지의 연구에서는 면리임을 놓고 국가와 유향품관이 각기 기대하였고 실제 얻게 된 득실 따위가 자세하게 분석되지 않아왔다. 특히 국가의 의도를 파악하는 일에 상대적으로 주목하고, 유향품관의 입장은 제대로 분석되지 않았다. 전직 관리가 스스로 각 지방에 권농관을 설치하자는 요청을 하고 나섰다. 면리임을 맡는 것이 유향품관에게 어떠한 유익을 주었는가 하는 점을 생각해 볼 필요가 있는 것이다. 또한 지금까지는 관찰사와 면리임자가 직접 연결되는 점에도 주의를 기울이지 않았다. 이 문제는 지방에서 면리임을 담당하는 유향품관의 지위나 역할 등을 이해하고 조선 전기에 수립된 지방사회의 구조를 파악하는데 있어서 중요한 일이다.

---

27) 박진우, 위의 논문, 159, 198~199쪽.

유향품관이 지방행정에 참여하는 문제와 관련하여 申明色이 주목된다. 신명색은 태종대에 유향소가 혁파된 지 얼마 되지 않아 설치된 점으로 미루어, 유향소의 뒤를 이은 것이라는 점 등이 지적되었다.28) 그러나 신명색이 왜 설치되었고 구체적으로 수행한 역할은 무엇이었으며 국가가 신명색에게 기대한 것은 무엇이었는가 등의 문제는 자세하게 분석되지 않았다. 또한 신명색은 설치된 뒤 그리 오래가지 않아 혁파되었다. 그 까닭도 헤아려 보아야 한다. 이러한 작업을 통해 비로소 신명색의 특징이 밝혀지게 될 것이다.

유향품관의 성격과 관련하여 매우 깊이 분석해야 할 문제 가운데 하나가 留鄕所이다. 유향소에 관하여서는 일찍부터 많은 연구가 이루어졌다. 그런데 지금까지의 연구에서는 그것이 재지세력의 자치기관이라는 점이 지나치게 강조되어 왔다. 따라서 유향소의 성향도 국가가 통치체제를 확립해 가는 길에 걸림돌처럼 이해되어 왔다.29) 그러나 그 보다 현실

---

28) 李泰鎭, 1972·1973,「士林派의 留鄕所復立運動－朝鮮初期 性理學 定着의 社會的 背景」『震檀學報』34·35 ; 1986,『韓國社會史硏究』, 지식산업사, 144～145쪽.

29) 유향소에 관해 지금까지 이루어진 주요한 연구는 아래와 같다.
柳洪烈, 1938,「朝鮮에 있어서의 鄕約의 成立」『震檀學報』9 ; 1980,『韓國社會思想史論攷』, 일조각.
周藤吉之, 1941,「鮮初におげる京在所ど留鄕所どに就いで」『加藤博士還曆記念東洋史集說』.
金聲均, 1965,「京在所의 性格에 대한 一考」『亞細亞學報』1.
李泰鎭, 위의 논문.
金龍德, 1979,『鄕廳硏究』한국연구원 ; 1983,『韓國制度史硏究』, 일조각.
李樹健, 1989,「地方自治의 諸機構와 鄕村統制體制」『朝鮮時代地方行政史』, 民音社.
李成茂, 1993,「京在所와 留鄕所」『擇窩許善道博士停年紀念 韓國史論叢』, 일조각 ; 1995,『朝鮮兩班社會硏究』, 일조각.
이러한 연구에 관한 보다 자세한 논의는 이 책에서 유향소를 다룬 부분인 제2장의 제2절 특히 137～139쪽에서 하였다. 유향소에 관해서는 필자가 박사학위 논문에서 다룬 내용을 수정·보완해서 발표한 2002,「조선초기 留鄕所와 국가지배체

은 유향품관과 국가가 유향소를 두고 일정한 타협을 하였다고 여겨진다. 또한 잘 알려진 것과 같이 유향소는 경재소와 긴밀한 관계를 유지하고 있었다. 그러므로 유향소 품관과 경재소 관료와는 밀접한 관련을 맺고 있었다. 양 측은 어느 한 편이 일방적으로 영향을 행사하였다기보다는 상호 보완적인 관계였다고 해석 된다. 유향소 품관의 활동은 지방사회는 물론 중앙의 정치에도 영향을 주었을 것이다. 그러나 지금까지는 이러한 문제가 주목되지 않았다.

유향소에 관한 중요한 논의의 하나가 성종 대 유향소를 다시 세우는 문제이다. 이 문제를 포함하여 유향소에 관해 집중적으로 검토한 사람은 李泰鎭이다.30) 그의 연구를 통해 고려 말·조선 초에 향촌사회에 존재한 세력가들의 변화와 성장에 대한 깊은 이해를 얻을 수 있었다. 더 나아가 조선 중기 이후의 사회변화를 규명하기 위해서는 지방세력가의 동향을 파악해야 한다는 성과도 거두게 되었다. 그런데 그의 연구는 국가와 지방, 중앙관료와 유향품관의 관계를 대립과 갈등의 관계라는 측면에서 접근한 것이다. 따라서 이태진은 유향소를 '반중앙집권적'이고 '토호적'인 성격을 지닌 것이라고 분석하였다(136, 144쪽). 그리고 유향소의 復立을 둘러싼 갈등도 왕권을 중심으로 한 중앙집권적인 입장과 지방에 직접 생활기반을 가진 재지 중소지주의 대립을 뜻하는 것으로 해석하였다. 그리고 그것은 이른바 훈구와 사림의 대결이라고 지적하였다(166, 185쪽).

그러나 유향소가 중앙집권체제를 갖추어 가는 길에 그렇게 걸림돌이었을까? 이태진은 재지의 중소토호들은 관권 일변도적인 향촌정책을 받아들이고 싶지 않았지만 그것이 조정에 의해 강력하게 추진되었기 때문에 이에 굴종할 수밖에 없었다(149쪽)고 하였다. 그렇다면 유향소로 품

제의 정비」『조선시대사학보』22도 있다.
30) 앞의 주 28)에 소개한 이태진의 논문.

관들이 모여들고 그것을 기반으로 하여 향촌사회에서 일정한 활동을 편 것은 국가의 뜻에 복종한 것인가, 아니면 중앙의 뜻을 무시하거나 거스르면서 이루어진 일인가? 결국은 어느 한 편의 일방적인 의사에 따른 것이라기보다는 양 측의 적절한 타협과 절충이 있었던 것이 아닐까? 연구자는 그러한 측면이 조선 사회를 이해하는데 매우 중요한 관점이라고 본다. 또한 그의 주장처럼 지방에 직접 기반을 가지는 이른바 재지 중소지주층이 근간이 된 사림파가 유향소의 복립을 그렇게 강력하게 주장하였는가 하는 점도 의문이다. 과연 유향소의 복립을 놓고 훈구와 사림으로 갈라졌는가 하는 문제도 해명되어야 할 것이다. 결국 유향소를 놓고 국가와 유향품관은 어느 정도 의견의 일치를 본 측면이 있었다고 헤아려진다. 그것은 양 측이 모두 유향소 복립을 통해 얻을 수 있는 이익이 손해보다 컸다는 것을 뜻한다. 이렇게 볼 때 유향소에 관해서는 여러 가지 문제를 좀 더 검토할 필요가 있다.

유향품관을 연구하는 일에 있어서 지방사회에 유교적 이념이 확산되고 유교적인 의례가 시행되는 문제를 돌려놓을 수 없다. 지방사회를 유교적 이념으로 교화하고 유교적 예제가 준행되도록 하는 일에 유향품관의 협조는 긴요하였다. 유향품관이 지방사회에서 갖는 영향력의 크기만큼 그들의 사상과 행동이 미치는 파급효과도 컸기 때문이다. 지방사회에 유교적 이념을 확산시키고 유교적인 의례가 준행되도록 하는 정책은 백성들의 의식세계까지 국가가 일정하게 개입하고자 하는 고도의 정치행위이다. 이 일에 유향품관을 돌려놓을 수 없는 것이다.

이러한 문제를 검토하기 위해 먼저 三綱理念에 주목하였다. 삼강이념은 고려 말부터 유독 강조되기 시작하여 조선 시대에 지배적인 사회윤리로 확립되었다. 그러나 왜 삼강이념이 고려 말 개혁론자들에 의해 강조되었고 어떻게 조선 전기에 지방사회에까지 확산되었는가, 더 나아가 여기에 유향품관은 어떻게 관여하였는가에 주목한 연구는 없는 실정이다.[31]

다음으로 지방에서 행하여진 山川祭 등 여러 가지 제사와 의식이 유향품관과 관련지어 검토한 연구도 이루어지지 않고 있다.32) 조선전기의

---

31) 『三綱行實圖』에 관한 연구가 이루어진 정도이다.
金元龍, 1965, 「<三綱行實圖> 刊本攷」『東亞文化』 44, 서울대학교 동아문화연구소.
柳鐸一, 1974, 「初刊 三綱行實圖에 對하여」『國語國文學』 11, 부산대학교 국어국문학회.
金元龍, 1982, 「<三綱行實圖>에 대하여」『三綱行實圖』, 세종대왕기념사업회.
河宇鳳, 1983, 「世宗代의 儒敎倫理普及에 대하여-<孝行錄>과 <三綱行實圖>를 중심으로」『全北史學』 7.
이와 관련하여 朴珠, 1990, 『朝鮮時代의 旌表政策』도 참고가 된다.

32) 산천제의 유래나 산천제의 정비 등과 관련하여서는 조선전기 祀典의 정비에 주목하면서 부분적으로 산천제에 관해서도 관심을 기울인 아래의 연구들이 참고된다.
中村榮孝, 1970, 「朝鮮世祖の圜丘祭祀について」『朝鮮學報』 54.
金泰永, 1973, 「朝鮮初期 祀典의 成立에 對하여」『歷史學報』 58.
韓沽劤, 1976, 「朝鮮王朝初期에 있어서의 儒敎理念의 實踐과 信仰・宗敎」『韓國史論』 3.
韓永愚, 1976, 「조선전기 성리학파의 사회경제사상」『韓國思想大系』 Ⅱ-社會・經濟思想篇.
韓永愚, 1983, 「朝鮮前期의 國家觀・民族觀」『朝鮮前記 社會思想硏究』, 지식산업사.
李範稷, 1991, 「朝鮮初期의 五禮 運營」『韓國中世禮思想硏究-五禮를 中心으로』, 일조각.
한형주, 2002, 조선초기 국가제례연구』, 일조각.
이러한 연구를 통하여 유교적인 제례의 수용에 따른 사전 체제의 성립에 대하여 이해할 수 있었다. 그 가운데 산천제는 고려시대 이래 私祭가 허용되어 왔었는데, 조선시대에 접어들어 國祀로 정비되었다고 하였다. 즉 고려시대에 雜祀로 취급되던 산천제가 조선시대에 접어들어 吉禮안에 편성되었다고 한다(한우근, 위의 논문, 29~30쪽 및 이범직, 위의 논문, 234쪽). 그것은 자연신을 유교적 길례체제로 융합시키려는 여론에 의한 것이라고 분석하였다(이범직, 위의 논문, 394쪽). 한우근은 국가의 권력이 보다 집권화되던 시기인 조선초기에 종래의 민속신앙 내지는 귀신신앙 등이 '國祭'로 편성되었다는 것을 지적하였다(한우근, 앞의 논문, 25쪽). 그는 또한 선초기 사전에 대한 논의와 관련하여 성황사에 관해서도 보다 자세하게 다루었다. 그는 국가가 불교를 대신하는 신앙으로 내세우기 위해 城隍祠를 개편하였다고 설명하였다. 그런데 성황신앙이 불교를 대신하는 것은 아니었다.

사회변화, 중국과의 관계 등으로 말미암아 산천제는 개편·정비될 수밖에 없었다. 특히 산천제는 지방성을 상징하는 중요한 의식이었다. 그러므로 지방에서 거행되는 산천제의 실태 등을 유향품관과 관련지어 분석하는 일은 조선 전기 국가와 지방 사회가 갖는 관계의 특징은 물론 더 나아가 조선의 사회구조를 분석하는 데 필요한 작업이다.

한편 조선전기에 사람들은 유교적 이념에 따른 제례뿐만이 아니라 거기에서 벗어나는 여러 가지 민속의식도 집단적으로, 개인적으로 여전히 지냈다. 비단 일반 백성들만이 아니라 경·향을 막론하고 사족들까지도 그러하였다. 그러므로 지방에서 행하여지는 여러 가지 민속의식이 유향품관과 무관할 수 없었다. 그러나 지방 사회에서 거행되던 기복적 성격의 각종 민속의식에 관련된 유향품관의 역할이나 입장 등의 문제는 아직 크게 주목되지 않았다.[33]

이범직은 조선왕조의 오례는 새 왕실을 안정시키고 왕권을 강화하려는 명분으로 오례의 예론을 적극 활용하였다는 점을 분석하였다. 이러한 연구를 진행하며 길례의 하나로 산천제에 관하여 다루었다. 그는 세종 대에 전국의 산천신에 대한 정리가 이루어지는데 그것은 중앙집권화에 따른 군현제와 궤를 같이하는 것이라고 지적하였다. 즉 전국의 산천신을 일원적 예제로 편제하고 그것이 국왕 또는 국왕을 대리한 관리들에 의해 제사가 집행되도록 하여 왕권을 강조·강화하고자 하였다는 것이다(이범직, 앞의 논문, 249~250 및 403~406쪽). 한형주는 국조오례의를 바탕으로 제천례·사직제·오묘제·중사 및 소사 등 국가제례의 범주에 포함되는 의례를 분석하였다.

이와 같은 연구에 힘입어 필자는 조선시대 오례의 내용과 구조 및 그것이 가지는 역사적 의의 등에 관한 지식을 얻을 수 있었다. 그런데 지금까지의 연구는 산천제를 둘러싸고 벌어진 국왕과 사대부, 그리고 유향품관과의 갈등에 대해서는 주목하지 않았다. 더욱이 산천제에 대한 유향품관의 입장과 그것에 대한 국가의 정책에 관심을 기울여 분석하지는 않았다. 이에 필자는 박사학위 논문에서 다룬 내용을 수정·보완하여 2003, 「조선전기 지방의 산천제와 재지품관」, 『민속학연구』 13을 발표하였다.

33) 본문을 서술해 가는 과정 속에서 위에 보인 연구 및 그 밖의 관련되는 연구성과와 그 내용에 관한 논의가 나타나고 있으므로, 여기에서 더 이상의 내용을 언급하지는 않겠다.

3. 연구의 방법과 내용

 지금까지 고려 말에서 조선 초에 이르는 시기의 유향품관과 관련된 연구성과를 검토해 보았다. 이와 더불어 지금까지의 연구가 지니는 문제점들도 지적하였다. 그 결과 위에 정리한 여러 연구에 힘입어 유향품관에 대한 많은 지식을 얻을 수 있게 되었지만, 아직 유향품관에 관한 문제가 만족하게 해결되지 못한 것도 알게 되었다. 지금까지 조선 초기 유향품관과 관련된 중요한 문제들이 아직 해결되지 못하고 있는 까닭은 다음과 같은 몇 가지의 문제가 있기 때문이 아닌가 한다.
 첫째 유향품관에 관한 지금까지의 연구는 16세기 이후의 그들에 대한 관심이 많았으며, 조선 전기에 지방세력가로서 자리를 잡아가는 유향품관에 관한 분석은 미약하였다. 그러다보니 조선 전기의 유향품관을 16세기 이후의 유향품관에 대한 관점을 바탕으로 이해하는 경향이 강하였다. 그 결과 조선 전기 유향품관의 성장과정이나 역할 등이 제대로 부각되지 못하였을 뿐만 아니라 경우에 따라서는 실제의 모습과 거리가 먼 판단을 내리는 일도 있었다. 16세기 이후 이른바 사림정치의 시대가 열리게 되기까지는 중앙의 관료와 지방의 유향품관 사이에는 많은 우여곡절이 있었다. 유향품관의 입장이나 역할이 새 왕조가 안정을 이루기까지의 시기와 그 뒤 변화하기 시작한 시기에 있어서 같지는 않았다. 당연히 그들을 대하는 국가의 정책도 같을 수가 없었다. 이러한 점을 깊이 헤아려야 하는 것이다. 결국 조선전기의 시대적 특징에 유의하면서 유향품관들의 성장과 역할 및 지위 등을 그들을 염두에 두고 고심한 국가 정책과의 관련 속에서 검토해야 할 것이다.
 둘째 지금까지의 연구는 대체로 국가와 지방세력 가운데 어느 한 편에 치우쳐서 국가와 지방과의 관계를 이해하였다. 재지세력이 가지는 정치·사회·경제적 영향력을 강조하여서 그들이 자치적으로 지방사회에 영향력을 행사하였다고 보거나, 아니면 강력한 중앙집권체제 속에서 국가가 지방을 지배하였다고 보는 경향이 있어왔다. 예컨대 外官制의 정비나 面里制의 시행 등에 있어서는 국가의 일방적인 입장이 강조되었다. 留鄕所 등에 있어서는 재지세력의 자치가 보다 강한 것으로 설명되었다. 중앙집권체제가 유지되는 한 지방이 국가의 통치를 받아야 하는 것은 당연하다. 그러나 지방이 정치권력에서 완전히 배제되어 있던 것은 아니다. 시대나 사회에 따라 정도의 차이는 있었지만, 지방은 정치에서 어느 만큼은 제 목소리를 낼 수 있었다. 따라서 국가와 지방은 때로는 경쟁에 의한 긴장상태에 놓이기도 하고 또 때로는 타협에 의한 조화를 이루기도 하였다. 이와 같은 국가와 지방의 양측의 입장을 모두 이해하는 일에 균형을 유지하도록 각별히 유념하여야 할 줄 안다.

셋째 지금까지의 연구는 유향품관을 새로이 성립된 지방통치체제와 연관지어 파악하는 점에 주목하지 않았다. 지방에 유향품관이라는 새로운 세력가가 성장하고 있는 상황이므로 더 이상 예전의 체제로는 그들을 통치할 수 없었다. 유향품관을 고려한 실질적인 지방통치체제가 새로 마련되어야 하였다. 이러한 눈으로 보면 유향품관의 성장이나 역할·지위 등은 조선 전기에 정비된 지방통치체제와의 긴밀한 관련 속에서 검토되어야 한다. 또한 조선 초기에 이루어진 지방통치와 관련이 있는 여러 규정들의 내용을 소개하는데 치중하거나 그 제도만을 따로 떼어서 검토한다면 이 시기에 이루어진 지방통치체제의 실상이 밝혀지기 어렵다. 유향품관을 그러한 제도나 규정과의 관련 속에서 분석하여야 할 것이다.

넷째 지금까지의 연구는 사회구조 안에서 유향품관과 향리와의 관계가 자세하게 검토되지 못하였다. 오랜 동안 향촌에서 영향력을 행사하여 오던 향리와 고려후기 이래 세력가로 성장하던 유향품관 사이에 갈등과 대립이 일어나게 된 것은 너무나 당연하다. 그런데 유향품관이 그동안 지방의 대표적인 세력가이던 향리를 제치고 새로운 세력가로 성장하였다. 그렇게 되기까지는 유향품관을 부추켜 향리를 제압하고 향촌에서 지배적·우월적 지위에 있도록 하는 국가의 정책에 힘입은 바가 컸다고 생각된다. 따라서 국가가 향리와 유향품관에 대해 취한 조처의 내용과 그 정치적 의도는 무엇인지, 또 그러한 정책의 추구와 더불어 국가와 유향품관 그리고 향리는 어떠한 관계에 있었는가 하는 점이 분석되어야 할 것이다.

다섯째 지금까지의 연구는 유향품관에 관한 이해를 통해 조선 전기 이루어진 사회적 변화의 전체적인 구조를 파악하는 데 그다지 관심을 기울이지 않았다. 유향품관의 증가와 성장은 사회구조를 크게 변화시켰다. 그들의 성장은 고려와 조선의 통치체제와 사회구조를 구분하게 하는 커다란 차이점 가운데 하나이다. 따라서 유향품관의 성장과 역할 등은 조선전기의 시대적 변화와의 긴밀한 연관 속에서 고찰되어야 한다. 또한 국가와 지방세력의 상호관계와 지방통치를 위한 제도, 그리고 향리와의 관계 등 이 모든 여러 가지 문제와 유향품관을 유기적으로 연결지어 검토해야 한다. 그것은 이 시기에 수립된 사회의 기본 구조를 더 깊이 이해하는데 도움이 되리라고 본다.

이상에서 지금까지의 연구에서 보이는 몇 가지의 문제점을 말하였다. 이것은 필자가 이 연구를 통해 각별히 유념한 사항을 밝히는 일이기도 하다. 요컨대 이 책에서는 조선전기가 지니는 시대적인 변화와 특성을 염두에 두고 유향품관의 성장과정이나 역할을 주목할 것이다. 그리고 국가와 유향품관이 가졌던 양측의 입장을 헤아리는 관점을 가질 것이다. 갈등과 타협의 실질적인 내용을 알아 봄으로써 국가와 유향품관과의 관계에 보이는 특징을 드러내고자 한다. 또한 유향품관을 조선 전기에 수립되어 가는 지방통치체제와 관련지어서 검토 한다. 유향품관은 그러한 제도나 규정과 어떠한 관련을 맺으며 어떻게 성장하여 갔는가 하는 등의 문제에 관심을 기울이는 것이다. 이와 더불어 국가와 유향품관 및 향리와의 관계에도 유의한다. 마지막으로 유향품관과 당시 사회의 여러 가지 사실과를 관련지어 이해하는 일에도 유념한다. 유향품관과 다른 사실과를 연결지어 이해하고 그 연결 관계에서 드러나는 특징을 밝히는 일에 몰두하고자 한다.

　이 연구에서는 위와 같은 관점에 따라서 조선전기의 유향품관에 관하여 고찰하였다. 그 내용을 간략하게 설명하면 다음과 같다. 제 1장에서는 유향품관의 성장과 새로이 수립된 지방통치체제를 관련지어 검토하였다. 이를 위해 제 1절에서는 高麗末 李成桂勢力이 留鄕品官을 고려하여 새로 세운 地方統治策을 알아보았다. 먼저 유향품관의 동향을 검토하였다. 유향품관의 모습과 움직임부터 제대로 이해해 두어야 만이 국가가 지방을 통치하기 위해 세운 정책의 실태를 정확히 파악할 수 있기 때문이다. 이러한 작업을 통하여 이성계 세력이 새로운 지방통치방식을 마련해야만 하였던 사정이 드러나게 될 것이다. 다음으로는 李成桂勢力이 지방세력에 대해 추진한 정책의 내용과 그 의도를 분석하였다. 여기에서는 당연히 유향품관과 鄕吏에 대해 세운 정책을 검토하고 그에 따른 유향품관과 향리의 지위에 관한 문제를 해명하였다.

　제 2절에서는 留鄕品官의 지위와 역할을 觀察使制度의 운용과 연관지어 분석하였다. 이를 위해 먼저 유향품관의 동향과 관련지어 觀察使가 파견되고 守令制度가 개혁된 문제를 분석하였다. 고려 말 이성계 세력은 위화도 회군 이후 중앙정부의 실권을 장악하게 된 뒤 제 일차로 올린 상소문에서 토지제도를 바꾸고 觀察使를 파견하며 守令制度를 개혁할 것을 주장하였다. 그것은 종래의 지방통치제도로는 더 이상 지방을 통치하기 어렵게 된 사정을 전해준다. 지방통치가 어려움에 직면한 까닭은 고려후기 이래 성장해 온 유향품관을 새로운 통치체제로 끌어 들여야 하는 문제에 부딪쳤기 때문이다. 따라서 관찰사를 파견하고 수령제를 정비할 수밖에 없었던 사정을 유향품관을 염두에 두고 설명하였다.

유향품관에 대한 통치를 염두에 두고 지방제도의 변화를 이해할 필요가 있기 때문이다.

제 2장에서는 유향품관의 향촌사회에서의 역할과 鄕任이 활성화되는 문제를 밝혀 보았다. 이를 위해 먼저 유향품관이 지방행정에 참여하게 되고 面里任과 申明色이 운용되는 새로운 방식의 지방통치체제가 수립되는 문제를 검토하였다. 집권자들은 유향품관이 가진 경험과 능력을 새 왕조에서 적극 활용하려고 하였다. 이러한 관점에서 보면 조선 초기에 유향품관이 참여한 面里任과 申明色 등의 운용은 국가의 유향품관에 대한 정책의 산물이었다. 따라서 그것에 대한 검토는 국가와 유향품관 사이에 있었던 타협과 갈등에 대한 구체적인 내용을 밝히는 일이다. 그러한 작업을 통해 조선 초기 국가와 지방의 관계가 갖고 있는 특징을 분석하였다. 또한 국가의 지방세력에 대한 정책의 추구와 짝하여 전개된 향리와 유향품관과의 관계도 검토하였다. 이것은 고려시대의 대표적인 지방세력가였던 향리와 새로운 지방세력가로 성장한 유향품관과의 관계에 보이는 특징과 그로 말미암은 향촌사회의 변화를 알아보는 일이다.

다음으로 유향소에 주목하였다. 잘 알려진 것과 같이 유향소는 유향품관들로 이루어진 대표적인 조직체이다. 따라서 유향소는 당시의 사회구조를 이해하는데 있어 매우 중요한 문제이다. 이에 유향소가 세워지게 된 시기나 까닭, 향촌사회에서 수행한 기능이나 중앙과의 관련성, 그리고 유향소 품관의 활동이 가져온 지방사회의 변화와 중앙정치에 미친 영향 등을 정리해 보았다. 이 문제는 시기적으로 둘로 나누어 분석하였다. 먼저 건국 초기 유향소의 특징에 관해 분석하였다. 건국 초기 유향소를 대하는 국가의 입장은 무엇이었는지, 유향소에 모여든 유향품관의 목적은 무엇이었는지, 그리고 건국 초기에 유향소는 조선 사회에서 어떠한 기능을 지니는가 하는 등의 문제를 정리하였다. 다음으로는 성종 대에 접어들어 유향소가 복설되는 것에 관해 검토하였다. 성종 대 유향소 복설을 놓고 벌어진 갈등의 원인은 무엇이었는가, 그 분쟁은 어떻게 조정되었으며 그 결과 복설된 유향소의 기능은 무엇이었는가, 나아가 유향소가 차지하는 의미는 무엇인지 등에 관해 다루었다.

제 3장에서는 유향품관을 통해 향촌사회에 儒敎的 理念이 확산되고 儒敎的 儀禮가 준행되어가는 문제를 검토하였다. 이와 더불어 거기에서 벗어나는 여러 가지 기복적 민속의식이 여전히 설행된 문제를 다루었다. 제 1절에서는 三綱理念에 의해 향촌을 교화하는 문제를 유향품관과 연관지어 알아보았다. 삼강이념은 조선 시대에 들어와서 가장 핵심적인 유교이념의 하나로 확립되었다. 어떤 사람들이 삼강이념을 강조함으로써 무엇을 얻었는가 하는 점에 주목하였다. 또한 삼강이념의 지방사회로의 확산이 유향품관과 밀접한 관련이 있다는 점을 집중적으로 파악하였다. 『三綱行實圖』가 편찬되고 보급된 것은 이러한 정책으로 거두게 된 결실이었다는 점도 알아보았다.

제 2절에서는 각 지방의 山川祭를 통한 향촌 통치 정책을 유향품관과의 관련 속에서 검토하였다. 조선시대에 지방에서는 마을사람들이 모여서 지내는 여러 가지 종교적 행사가 행하여졌다. 山川祭도 그 대표적인 경우이다. 당연히 유향품관도 자신의 고장에 있는 산천에는 물론 이름난 곳을 찾아가 산천제를 지내왔다. 그런데 중앙의 집권자들은 새로운 중앙집권적 통치체제에 걸맞는 禮가 이루어지도록 추진해 나갔다. 따라서 종래의 제사들을 개편하였다. 각 지방에서 행하여지던 산천제는 개편의 필요성이 더욱 절박하였다. 이와 더불어 조선이 유교적 이념에 따른 예제를 수용하고, 明과의 외교관계도 맺어지게 됨에 따라 그동안 지내오던 예제를 개편·정비하거나 폐지하였다. 산천제도 여기에서 벗어날 수 없었다. 더욱이 산천제는 대내적으로는 왕의 권위와 관련하여, 또 대외적으로는 조선과 明과의 관계와 연관되어 중요한 제례였다. 이러한 시각에서 지방에서 행하여지던 산천제에 대해 국가가 취한 정책과 유향

품관의 입장을 검토하였다.

3절에서는 향촌에서 기복적 성격을 지닌 민속의식이 설행된 문제를 유향품관과 연관지어 분석하였다. 지방에서는 유교적 이념에서 벗어난 여러 가지 민속 의식이 집단적으로, 개인적으로 설행되었다. 그러한 의식이 유향품관과 무관할 수는 없었다. 이에 기복 민속의식에 얽힌 국가와 유향품관의 의도를 분석하였다.

고려 후기로 접어들어 지방에 대한 국가의 통치질서는 한계에 부딪혔다. 지방에서는 유향품관이 성장하며 한편으로는 중앙과의 연결의 끈을 잡고, 다른 한편으로는 지방에서의 영향력을 키워나가는 역사적 변동이 일어나고 있었다. 그들은 관계 진출을 통하여 중앙과 언제든지 연결될 수 있는 사람들이라는 점에서 중앙 관료와 같은 부류였으며, 지방의 이익을 보다 우선으로 한다는 점에서는 지방세력이었다. 이러한 구조 속에서 조선은 지방 지배질서를 세워나갔다. 그러므로 조선의 지방통치질서는 국가의 일방적인 입장에서 마련될 수 없었다. 그것은 고려후기 이래 달라진 국가와 지방의 관계, 지방세력의 특징과 지위, 백성들과의 관계 등을 고려하여 구축된 것이었다. 이러한 점을 염두에 두고 유향품관을 중심으로 하여 조선전기 국가와 지방사회의 특징을 이해하고자 한다.[34]

---

[34] 16세기 이후 지방의 사족들이 성장한 문제도 조선 초기 이래 성립되어 온 체제 안에서 이루어진 일이었다. 이 문제는 사림파의 성장과 그 사회적 성격과도 관련되는 논의이므로 여기에서 자세하게 언급하지는 않겠다. 다만 조선왕조의 통치체제가 형성·발전되어 가고 그 안에서 지방의 사림도 성장하여 온 것이라면, 중앙 정부와 지방의 사림파는 대립과 긴장의 측면도 있겠지만 타협과 조화도 이루어 왔다고 생각된다. 조선 초기는 물론 16세기 이후의 사회적 변화를 이야기 할 때 이러한 점도 아울러 논의되어야하지 않을까 한다. 사림파에 관한 문제는 정두희가 1992,「朝鮮前期 支配勢力의 形成과 變遷」『韓國社會發展史論』, 일조각, 107~125쪽에서 사림파의 성장과 그 사회적 성격에 관한 지금까지의 연구성과를 분석하고 이에 대한 새로운 전망을 제시한 것이 참고 된다.

제1장

奴婢納貢制의 成立과 그 展開

1. 麗末鮮初 奴婢 納貢制의 成立과 그 背景
2. 海南尹氏家의 身貢收取와 그 實際

제1절 高麗末 李成桂勢力의
士族 우위정책 추구

　지방을 통치하기 위해서는 통치의 체계가 갖추어져야 한다. 고려시대의 경우에 대표적인 것은 중앙정부-수령-향리-지방민으로 이어지는 체계였다. 또한 사심관-향리-지방민으로 이어지는 체계도 있어서 이에 바탕을 둔 사심관제도가 운용되어 국가의 지방통치를 보완하였다. 이 두 가지의 지방통치제도의 운용에 있어서 향리는 매우 커다란 비중을 차지하고 있었다. 그들은 수령이나 사심관과 연결되어 국가의 지방민통치에 있어서 실질적인 역할을 담당하며 그만큼의 지위를 누렸다.[1]
　하지만 고려 말 이성계로 대표되는 개혁세력이 집권한 뒤부터 사정이

---

1) 事審官에 관하여서는 일찍이 旗田巍가 주목하였다. 그는 지방통치의 일환으로 사심관-향리-농민으로 이어지는 체계가 수립되었다고 설명하였다(旗田巍, 1935,「高麗の事審官について」『東亞』8-2 ; 1972,「高麗の事審官」『朝鮮中世社會史の硏究』, 105쪽). 周藤吉之는 사심관이 혁파된 뒤 이를 계승하여 경재소가 등장하였고, 고려의 사심관이 경주인이라는 점에 대한 연구를 발표하였다(周藤吉之, 1941,「鮮初における京在所ど留鄕所どに就いで」『加藤記念 東洋史集說』).
　최근에 이루어진 사심관에 관한 연구는 다음과 같다.
　李純根, 1986,「高麗時代 事審官의 機能과 性格」『高麗史의 諸問題』, 삼영사.
　洪承基, 1989,「高麗後期 事審官制度의 運用과 鄕吏의 中央進出」『東亞硏究』17.
　朴恩卿, 1996,「高麗時代 事審官의 性格」『高麗時代 鄕村社會硏究』, 일조각. 이순근은 羅末麗初의 豪族과 관련하여 사심관이 나오게 된 역사적 배경과 고려 초기 사심의 기능과 역할 및 사심관제로의 확립과정과 그 폐지 등에 관하여 살펴보았다. 홍승기는 특히 사심관제도의 운용을 통해 중앙정부가 기대한 것의 시대의 변천에 따른 내용과 변화, 그리고 그에 따른 사심관과 향리의 관계변화에 주목하였다. 그는 또한 고려후기 향리들의 신분의 변화가 사심관 제도의 운용 아래에서 이루어졌다는 점을 집중적으로 분석하였다. 박은경은 사심관의 성립과 정비과정을 보고 향촌사회에서의 사심관의 역할과 위치 등을 살펴보았다.

완전히 달라져 버렸다. 우왕 14년에 정치적 실권을 장악한 이성계 세력은 새로운 통치체제를 수립하기 위한 여러 가지 정책을 마련하였다. 그 가운데 하나가 지방에 대한 국가의 지배권을 강화하는 일이었다. 이에 따라서 향리의 지위도 낮아질 수밖에 없었다. 그들의 높은 지위를 보장한 것은 향리의 지방에 대한 영향력을 그만큼 인정해 주는 일이었다. 이제 국가의 강력한 지방지배가 국정의 현안으로 떠오른 이상 향리의 영향력은 낮아질 수밖에 없었다. 또한 고려후기 이래 지방에서는 유향품관이 유력한 세력가로 성장하는 변화도 일고 있었다.

이러한 사정 속에서 이성계 세력이 추구한 지방통치정책의 내용을 파악하기 위해서는 지방세력의 동향부터 제대로 이해해 둘 필요가 있다. 이를 위해 먼저 유향품관의 동향을 알아 보았다. 이러한 검토를 통하여 국가가 왜 그들을 크게 주목하게 되었는지가 드러나게 될 것이다. 다음으로 이성계 세력이 추진한 향리정책의 내용과 의도는 무엇이며 그 영향은 어떠하였을까, 또한 유향품관들에 대해 그들이 취한 조처의 내용과 그 정치적 목적은 무엇이었을까 하는 점을 검토하였다. 이러한 문제의 해결이 국가와 향리, 그리고 유향품관의 관계를 이해하는데 도움을 줄 것이고, 나아가 새롭게 편제된 지방통치방식의 성격을 부각하는 데에도 일정한 기여를 할 수 있을 것이다.

1. 유향품관의 동향

고려후기 이래 지방에는 중앙의 관직을 지낸 일이 있거나 현재 그러한 직을 가진 채 지방에 거주하는 사람들이 점차 증가하였다. 지방사회에 實職이건 散職이건 중앙의 관직과 관련있는 사람들이 새로운 세력가로 자리를 잡아가기 시작한 것은 매우 커다란 변화였다. 지방에서는 향리들이 세력을 행사해 왔었다. 향리들이 자리잡고 있는 지방에 중앙의 권력과 권위를 배경으로 한 사람들이 등장한 것이다. 지방사회에 留鄕品官으로 불리워질 수 있는 이러한 사람들의 성장은 새로운 변화를 예고하는 일이었다.

유향품관은 지방세력가로 부상할 수 있는 일정한 조건을 갖추고 있었다. 그들은 그 지방에서 사회적 지위와 경제적 기반을 확보하고 경우에 따라서는 혈연적 기반까지 가지고 있었다. 그러므로 유향품관은 중앙의 관직에 있던 사람들이었지만 지방으로 내려와 지방 세력가로서 뿌리를 내릴 수 있었다. 결국 유향품관은 여러 가지 특권을 누리던 중앙 관직에서 물러나 지방인으로 존재하게 된 사람들이었다. 이 점에서 그들은 정치적 지위를 되찾거나 다시 굳건히 하는 데 대한 욕망이 컸을 것으로 짐작된다.[2]

이들과 달리 지방에서 대대로 토착하여 살던 지방인으로서 檢校·同正職과 添設職 등을 제수받아 행세하게 된 사람들도 세력가로 부상하였다.[3] 고려후기에 접어들어서 지방민 가운데 散職을 제수받은 사람들

---

[2] 중앙의 관직을 지낸 일이 있지만 지방에 내려가 살게 된 유향품관의 구체적인 사례와 이에 관한 설명은 崔先惠, 1994, 앞의 논문, 60~62쪽 참조.
[3] 檢校職·同正職·添設職 등에 대하여서는 이 책 서론 5~8쪽에서도 정리하였지만, 주로 다음의 연구들이 참고된다.
韓㳓劤, 1966, 「勳官 '檢校'考-그 淵源에서 起論하여 鮮初 整備過程에 미침-」『震檀學報』 29·30합호.
金光洙, 1969, 「高麗時代의 同正職」『歷史敎育』 11·12합집.
鄭杜熙, 1978, 「高麗末期의 添設職」『震檀學報』 44 ; 1990, 「高麗末 新興武人勢力의 成長과 添設職의 設置」『李載龒博士還曆紀念韓國史學論叢』.
李成茂, 1980, 『朝鮮初期兩班研究』, 137~151쪽.
위의 연구에 따르면 검교·동정직 등은 職事가 없는 散職이었다고 한다. 첨설직도 軍功을 세운 사람들에게 포상으로 주어진 산직이었다고 한다(정두희, 위의 논문, 283 및 294쪽).
한편 조선초기 검교직·동정직·첨설직의 변천에 관한 아래의 글도 도움이 된다.
韓㳓劤, 1991, 「朝鮮初期以後의 檢職과 影職-'勳官 檢校考' 補遺-」『震檀學報』 71·72합호.

이 지방사회에서 영향력을 행사하였으며 그 수도 증가해 갔다.[4] 이러한 사람들도 유향품관의 한 부류를 이루었다.[5]

그런데 특히 지방민으로서 국가의 관품이나 관직을 가지게 된 사람들 가운데에는 향리 출신도 상당한 비중을 차지하고 있었을 것이다. 같은 집안에서 유향품관이 되어 뒷날 사족으로 성장하는 집안과 향리로 남는 집안이 나오게 된 것이다.[6] 하지만 국가로부터 관품이나 관직을 받아 품관이 된 사람들은 이제 향리와 구별되어졌다. 본래 향리출신이라 하더라도 국가의 관직이나 관품을 받으면서 유향품관이 된 사람들은 사족으로 성장해 나갔다.

---

4) 첨설직은 공민왕 3년에 설치된 이래 그 지급을 규제하자는 건의가 여러 차례 있어올 정도로 남발되었다(鄭杜熙, 앞의 논문, 294~295쪽 참조). 이러한 사정은 검교・동정직의 경우도 마찬가지였다(김광수, 앞의 논문, 173~175쪽 참조). 즉 고려 후기에 접어들면서 중앙은 물론 지방에서도 유력한 사람들이 중앙의 산직을 지니는 일이 일어 났으며, 그 수도 증가해 갔다.

5) 이러한 사실에 관하여서는 이 책의 서론 7~8쪽에 정리하였으며, 구체적인 사례는 최선혜, 1994, 「高麗末・朝鮮初 地方勢力의 動向과 觀察使의 派遣」 『震檀學報』 78, 62~64쪽 참조.

6) 고려후기에 접어들어서 산직을 받은 사람들은 대개 兩班・鄕吏・百姓 또는 士人(또는 良家子弟)・鄕吏 등으로 나타난다. 첨설직의 지급대상도 士人(또는 良家子弟)과 鄕吏였다. 여기에서 향리보다 앞서 언급되던 外方의 兩班이나 士人 등은 향리보다 우월한 지위에 있는 사람들이라고 한다. 그러나 지방에서 士人이나 양반과 더불어 향리들도 국가의 산직을 갖게 되었던 것이다(이러한 사실에 관하여서는 이 책 서론 7~8쪽에 정리한 내용 참조).

이와 관련하여 이수건의 土姓에 관한 연구도 도움이 된다. 그의 연구에 따르면 군현의 토성이 士族과 吏族으로 분화되었다고 한다. 고려후기에 군현의 토성이족이 첨설직이나 동정・검교직 등을 받게 되면서부터 사족으로 성장하게 된 획기적인 기회를 갖게 되었다고 한다. 토성이족이 중앙의 관직을 받게 되면서 품관이 되어 사족으로 성장하게 되었다는 것이다(李樹健, 1984, 「高麗後期 支配勢力과 土姓」 『韓國中世社會史研究』, 일조각, 342~343, 348~351쪽). 이렇게 품관이 된 사람들은 스스로를 향리와 구분하였다(李成茂, 1980, 『朝鮮初期兩班研究』, 일조각, 122쪽). 국가에서도 품관은 우대하고 향리는 제어하는 정책을 추진하였다. 그리하여 품관군과 향리군은 서로 다른 사회계층으로 갈리게 되었던 것이다.

즉 고려 후기 이래 지방에는 새로운 성격의 사람들이 지방세력가로 성장하였다. 우선 중앙의 관직자였던 사람들이 지방세력가로 자리를 잡아갔다. 또한 지방에 거주하는 토착인이지만 중앙의 산직을 지닌 사람들도 세력을 신장시켜 나갔다. 중앙의 실직을 지녔던 사람들과 지방민이지만 산직을 지니게 된 사람들은 현실적으로 지방에 거주하고는 있었지만 전자가 본래 중앙인 출신이었는데 반하여 후자는 토착인 출신이라는 것이 달랐다. 또한 전자는 품관직을 받은 사람으로서 중앙에서 실직을 역임한 일이 있는 사람들이었다. 이에 비하여 후자는 산직에 불과한 직책을 받은 사람들이었다. 하지만 이 두 부류의 사람들은 모두 品官群을 이루게 된 사람들이다. 이들은 흔히 고려말부터 閑良으로 불리운 사람들이기도 하다. 이 양자는 중앙의 관직이나 관품을 받은 사람으로서 지방에 거주하고 있다는 공통점을 갖고 있으므로 모두 유향품관이라고 부를 수 있다. 이 때문에 고려말이래 중앙의 실직을 역임한 사람이든 실직을 기다리는 산직자이든 모두 한량 내지는 품관으로 불리게 되었다고 여겨진다.[7]

하지만 이 두 부류의 사람들 가운데 중앙의 실직을 역임하였던 사람들이 지방세력으로서 좀더 큰 비중을 가지고 있었다. 그것은 대개 그들의 정치·사회적 지위가 지방세력 가운데서 가장 높았던 점을 보아서 알 수 있다. 이들이 지방에서 유향품관으로 뿌리를 내리고 영향력을 키워갔다. 산직을 가진 사람들은 지방세력으로서 차지하는 영향력이 중앙의 실직을 지녔던 사람만은 못하였으리라 본다. 그러나 종래의 향리에 비하여서는 그 영향력이나 비중이 다소 컸을 것으로 생각된다. 향리는 지방사회에서 비록 산직이라 하더라도 중앙정계와 일정한 관련이 있는 유향품관과 동등하거나 그 이상되는 영향력을 행사하기는 어려웠을 것이다. 유향품관의 비중이 커지는 만큼 그 정치적 중요성도 또한 높아져

---

7) 이러한 사실에 관한 연구사적 정리는 이 책의 서론 5~8쪽 참조.

갔다. 국가가 지방의 효과적인 통치를 위하여 가장 신경을 써야하는 계층도 유향품관이 되었다.

그런데 유향품관들은 뜻을 같이 하는 사람들이 모여서 서로 결속을 다지는 각종 모임 따위를 결성하여 갔다. 고려 후기 이래 대두된 각종 會·契 및 結社 등은 그러한 사실을 돌려 놓고는 설명하기 어렵다. 고려 후기에 접어들면서 어떤 이유로든 벼슬자리를 내 놓은 전직 중앙관리들이 모임을 만드는 경향이 있었다. 지방으로 내려간 전직 중앙관리들도 예외는 아니었다. 정치적 뜻을 같이하는 사람들이 모여 서로 친목을 도모하며 결속을 다지는 모임을 결성하였다.[8]

유향품관의 동향과 관련하여 權近이 귀양 가 있을 때의 활동을 보는 일도 도움이 된다. 권근은 고려 말 공양왕 2년 김해에 귀양갔을 때 그곳에 살고 있는 嚴遯이라는 호를 가진 朴某 등 유향품관들과 사귀었다.[9] 권근은 벼슬을 버리고 林泉에 돌아 온 전직 判官 李某라는 사람과 金陽寺에서 자주 만났다. 귀양 온 권근과 전직 관료였던 李某는 매일 만나 취하고 즐기며 서로 마음을 위로했다.[10] 관직을 지낸 사람들의 만남이 정치와 관련이 없을 수는 없었다.

 A-1. 三山太守에게 말을 전하노니 고을을 다스리는 급무는 백성을 편안케 하는 데 있네. 다만 날마다 농상을 살피어 집집마다 웃고 즐기게 해야

---

8) 이와 같은 모임의 구체적인 예에 관하여서는 최선혜, 1994, 앞의 논문, 66~68참조.
9) 『陽村集』 7을 통해 권근이 그들과 주고받은 여러 편의 시를 보면 알 수 있다. 예컨대 「次金海燕子樓詩三韻」가운데 두 번째 韻,「寄報令監務次嚴遯詩韻」, 「寄嚴遯」 등. 이에 따르면 권근은 金海에 머물면서 嚴遯 朴某·벼슬을 버리고 온 前職判官 李某라는 사람과 사귀었음을 알 수 있다. 『陽村集』에 실린 「陽村先生年譜」에 따르면 권근은 우왕 말년부터 공양왕 즉위 초기에 이르기까지 牛峰·寧海·興海·金海·淸州·益州 등에서 귀양살이를 하였다. 홍해에 있던 그가 김해에 量移된 것은 공양왕 2년 4월이었다.
10) 『陽村集』 7,「寄嚴遯」. "故人高尙早休官 歸臥林泉事事安 … 謫居曾逢李判官 殷勤能慰我心安 竹風樓雨金陽寺 日與先生每醉歡"

하네(『陽村集』 7,「寄報令監務次嚴遁詩韻」)

　권근은 嚴遁이라는 사람이 보낸 시에 대한 답시로 報令 감무에게도 시를 부쳤다. 보령 감무에게 자신의 벗인 암둔을 자주 위문하여 줄 것을 부탁하기 위함이었다. 그런데 그 편지에서 권근은 A-1에 보인 것같이 三山太守 즉 報令[11])의 監務에게 백성을 다스리는 방도에 관한 자신의 견해를 피력하였다. 권근과 암둔은 관리가 백성을 다스리는 일에 관해 서로 의견을 나누고 그것을 지방관에게도 전하였던 것이다. 이 뿐만 아니라 유향품관은 그 지방의 여러 가지 행정에 관여하기 시작하였다.

　　A-2. 도관찰사 盧嵩이 … 사람들과 상의하기를, "여기(현재의 全州 鎭浦의 龍安과 羅州 木浦의 榮山)에 성을 쌓는다면 … 백성에게 편리하고 국가에도 이로우니 어찌 여기에 성을 쌓지 않겠는가!"하였다. 사람들이 기쁘게 이 명령을 들으므로 즉시 驛聞 하니, 조정의 의논도 좋다하여 移牒하여 알렸다. 가을 8월이 지나 농사일이 이미 한가해져 知高阜郡事 鄭渾・前 光州牧使 黃居中・前 判事 盧元明・前 高阜郡事 鄭士雲 등에게 龍安의 역사를 감독하게 하고, 羅州判官 尹義・前 開城尹 金仲光・鄭允孚・前 判事 羅雍 등에게는 榮山의 역사를 감독하도록 하니, 각각 관할하는 여러 주의 백성들을 징발하여 역사를 일으켰다 … 幕賓과 좌우 사람들이 그 사적을 기록하여 후세에 보이기를 청하니, 盧公이 곧 편지로 나에게 이를 명하였다.(『陽村集』 11,「龍安城漕轉記」 恭讓王 2년 9월)

　A-2는 전라도관찰사 盧嵩이 유향품관을 동원하여 全州와 羅州 지역에 토성을 쌓은 일을 전하여 준다. 처음에 축성하는 일을 놓고 관찰사가 의논하였다는 사람들 가운데에는 일반 백성들도 있었을 것이다. 그러나 그들 대부분은 유향품관과 같은 지방의 유력가였다고 생각한다. 그것은 관찰사의 명을 받아 많은 유향품관이 이 일에 적극 관여한 사실을 보아

---

11) 三山은 충청북도 報恩의 옛 이름이다. 報令이라고도 한다.

서 알 수 있다. 수령과 더불어 黃居中·盧元明·鄭士雲·金仲光·鄭允孚·羅雉 등과 같은 유향품관이 성 쌓는 역사를 지휘·감독하는 일에 참여하였다. 물론 이들이 모두 전주나 나주지역에 살던 유향품관이라고 단정할 수는 없다. 그러나 그들은 전라도관찰사가 사람들은 모아 전주와 나주에 토성을 쌓자는 일을 제기하자 그의 명에 따라 이 일에 참여하였다. 이러한 사실을 볼 때 그들은 대부분 전주나 나주지역에 살던 사람들이라고 보아진다. 그들이 기꺼이 나선 것은 이 일이 자신이 살던 지역에 유익한 일이기 때문이었을 것이다. 이러한 사례가 전라도에 살던 유향품관만의 경우는 아니었다. 경상도 迎日縣에서 새로이 성을 수축한 일도 마찬가지였다.

> A-3. 경인년(공양왕 3년) 2월에 益陽崔侯가 萬夫長(萬戶)으로서 이 곳에 부임하였다. 벼슬이 縣令을 겸하였는데, 政令이 잘 시행되어서 백성들이 즐거이 일하였다. 崔侯가 도관찰사에게 보고하여 말하기를, "우리 읍이 의지하여 보존하는 것은 城입니다. 성이 이미 무너졌으니 이는 우리 읍이 없는 것과 마찬가지입니다. 제가 이것을 수축하고자 합니다."하였다. 관찰사가 최후의 보고를 옳게 여겨 이웃 고을에 명령을 내려 천여 명의 인부를 일하게 하고, 이어 前繕工令 鄭麟生을 보내 최후와 더불어 공사를 독려하게 하였다.(『東文選』76, 李穡「迎日縣新城記」)

縣令 崔自源의 건의에 따라 관찰사 김주는 迎日縣과 이웃한 지역에서 역꾼을 부르고 前繕工令 鄭麟生을 보내 최자원과 더불어 공사를 독려하게 하였다. 정인생은 나라의 토목공사와 여러 가지 건축에 관한 일을 맡아보던 繕工寺의 종3품 벼슬자리인 선공령[12]을 지낸 사람이었다. 이와 같이 높은 관직을 지녔던 사람이 멀리에서부터 와 이 일에 참여한 것 같지는 않다. 아마도 정인생은 경상도에, 그것도 영일현에 성 쌓는 일을 가까이에서 감독할 수 있는 지역에 살던 사람이라고 추측된다. 그

---

12)『高麗史』76, 志30 百官1 繕工寺.

렇기 때문에 관찰사가 그를 이 일에 그를 끌어들였을 것이다.

　전라도의 황거중 등과 경상도의 정인생 등이 특별한 경우의 유향품관이라고 할 수는 없을 것이다. 그들의 경우로 미루어 볼 때 각 지방의 유향품관은 대개가 지방행정에 관여하였다고 보아진다. 그들은 서로 의견을 모으고 행동을 같이 하여 국가의 지방통치를 거들고 나섰다.

　유향품관은 지방에서 이루어진 종교적 행사에도 두각을 나타냈다. 이를 위해 시기가 조금 앞서기는 하지만 아래의 자료를 보도록 하자.

　　貞祐十二年甲申(고종 11 : 1223)正月日 利義寺火香 大師玄津 亦同寺飯子小鐘等 亦全□爲□□□用良 奉□同都監仁守 正□時用 戶長□俊書 檢校將軍□儒 同□爲聖壽天長 隣兵永息 國土太平 愿以造成懸排 入重十一斤 大匠人庄□(「貞祐12年銘飯子」, 秦弘燮 編, 1987, 『韓國美術資料集成』 1, 578쪽)

　위 기록을 보면 利義寺[13)]에서 飯子와 小鐘을 조성한 일이 있다. 그런데 그 발원자로 戶長도 보이지만, 그와 나란히 檢校將軍도 있었다. 호장직을 가진 이는 향리였지만, 검교장군의 직을 가진 사람은 유향품관이었다. 검교장군직이 호장직을 가진 사람 보다 뒤에 온 것으로 보아서는 이 佛事를 주관하는 일에 있어서 유향품관의 비중은 향리보다는 작았다고 보아야 옳다. 그러나 향리가 거의 독점하다시피 하여 온 일에 유향품관이 끼어들기 시작하였다는 사실은 가벼이 볼 일이 아니다. 발원문은 국왕의 만수무강과 전쟁이 그치고 나라가 평안해질 것을 기원하는 내용으로 이루어져 있다. 개인의 구복만을 위한 것이 아니라 국가적 안녕을 기원하고 있다. 따라서 이 佛事를 주관한 사람들은 국왕의 안녕과 국가의 평화를 기원하는 주체자로서의 입장이 두드러져 있다. 그러한 입

---

13) 이 불사에 戶長 □俊이 참여한 것으로 보아 利義寺는 지방에 소재한 사원으로 보아도 좋다고 믿는다.

장에 있었다는 사실은 하나의 명예이고 특권이었다. 불사의 주관이 그러한 명예와 특권을 과시할 수 있는 계기가 되었다. 국왕 및 국가와 곧바로 이어지는 명예와 특권이 해당 지방에 있어서 불사 주관자들의 사회적 지위를 강화시켜 주는 권위로서 작용하였을 것이다. 이와 관련하여 아래의 기록도 검토하여 보자.

> 至治二年壬戌(충숙왕 9 : 1322)十月十六日 海州首陽山藥師寺禁口造成 棟梁道人守鋺 同願道人孝宣 大匠道人性卽 同願散員同正金枻 伏願 皇帝萬萬歲 (「至治二年銘禁口」 秦弘燮 編, 1987, 『韓國美術資料集成』1, 579쪽)

해주의 수양산에 있는 藥師寺에서 禁口를 조성하는 불사가 있었다. 이 불사를 발원한 사람으로는 道人 곧 승려말고도 散員同正 金枻이 있었다. 김설이 시주가 되어 작은 규모의 불교적 행사를 일으킨 것이다. 여기에서도 발원문의 시작은 元 황제의 만수무강을 기원하는 내용으로 이루어져 있다. 이 점은 지방에서 이루어진 불사라 할지라도 그것은 개인적인 차원에 머무는 행사가 아니라 사회적 의의를 지니는 일이라는 사실을 보여준다. 이와 같이 고려 후기에 이루어진 지방의 불교적 행사에서 발원자가 기록되어 있는 경우를 보면 直長同正・別將同正・中郞將同正・散員同正・別將・隊正 등의 관직을 지닌 사람들이 눈에 뜨인다.[14] 유향품관들이 세력을 신장시켜가면서 이러한 행사에 관여하고 나선 것은 향촌사회에서 상대적으로 향리가 누려오던 지위를 흔드는 일이었다.[15]

---

14) 그러한 예로 秦弘燮, 1987, 『韓國美術資料集成』1, 일지사, 562~563쪽 및 578~579쪽과 李基白, 1987, 『韓國上代古文書資料集成』, 일지사, 135~136쪽에 실린 고려후기 불사에 관한 자료에 기록되어 있는 발원자의 관직이 참고된다.
15) 고려시대에 지방의 사원・불상・塔婆 등을 건축하고 조성하는 일 따위는 군현의 鄕吏가 중심이 되어 주관하였다. 이 점은 李樹健이 1984, 「高麗前期 支配勢

지금까지의 논의를 통하여 다음과 같은 사실을 알게 되었다. 유향품관 가운데에는 중앙 정계의 참여가 어렵게 되어 지방에 살게 된 사람들이 많았다. 그러므로 그들은 대부분 정치적 지위를 되찾거나 다시 굳건히 하는데 대한 욕구가 큰 사람들이었다. 그들이 각종 모임을 결성하여 서로 친목을 도모한 까닭도 그러한 욕구를 달성하고자 하는 목적이 있기 때문이었다. 이들은 중앙에 대하여 반발을 가지고 있으면서도 중앙으로의 진출을 원하는 사람들이었다. 유향품관이 지방행정에 참여하고 나선 것은 정치적 지위를 되찾고 싶은 그들의 소망을 드러내는 일이다. 또한 산직을 가진 유향품관은 관직을 갖게는 되었지만 중앙에서 입신할 꿈을 이루지는 못한 사람들이었다. 정치적 위상을 높이고 싶은 욕구는 그들도 마찬가지였다고 여겨진다.

그런데 유향품관의 중심을 이룬 사람은 사족들이었다. 특히 조선시대에 접어들면 유향품관의 중심을 이루는 사람은 사족으로 불리워도 좋은 사람들이었다.16) 더욱이 중앙의 실직을 역임하였던 유향품관은 비록 그 先代가 지방에서 거주한 경우라 할지라도 당사자의 출신을 중시하는 점에서 보면 그들은 중앙 출신이라고 불러도 좋을 사람들이었다. 지방의 토착인으로 산직 등을 제수받은 사람이라 할지라도 국가로부터 관품을 받은 사람이라는 점에서는 중앙관료와 같았다. 이러한 점에서 본다면 유향품관은 중앙정부를 이끌어가는 사람들과 크게 다를 바가 없었다. 이러한 사람들이 지방에 하나의 계층을 형성해 가고 있었다. 이제 국가의 집권자는 사족이 중심이 된 유향품관을 지방세력의 대표자로 인정하고 이들을 고려한 지방통치를 생각해야 하였다.

力과 土姓」, 『韓國中世社會史硏究』, 242쪽에서 지적하였다.
16) 이 책의 서론 11~12쪽 참조.

2. 鄕吏政策의 내용과 의도

유향품관이 등장하기 훨씬 전부터 향리는 지방의 세력가였다. 향리의 실질적인 역할이 중앙의 지방지배에 기여하였고, 그 기여의 크기만큼 그들의 사회적인 지위도 높았다. 그들의 사회적 지위와 관련하여 주목이 가는 것은 과거시험을 거쳐서 중앙의 관인으로 나아갈 수 있었다는 사실이다. 실제에 있어서 향리의 자손 가운데 중앙의 관리가 된 경우는 흔히 있었다. 그러나 이성계 세력에 의해 사정이 달라지게 되었다.

고려 말 이성계로 대표되는 개혁세력의 향리정책을 알아보기 위해서는 조준 등의 이름으로 올려진 상소문을 검토하는 일이 유용하다. 관련 자료의 대부분이 그들의 상소문에서 찾아지기 때문이다. 그들은 지방을 보다 효과적으로 다스리기 위하여 새로운 통치체계가 필요하였다. 이를 위하여 개혁세력은 상소문의 형식을 빌어서 여러 차례 관련 개혁안을 내놓았다. 그런데 이러한 그들의 개혁안 가운데에서 중요하게 다루어진 문제의 하나가 향리였다.

> B-1. 대사헌 조준이 시무를 아뢰었다. "… 州郡에서 매년 인구를 계산하여 백성을 籍에 올려 안렴사에게 바치고, 안렴사는 이를 戶部에 바쳤으니, 조정에서 군사를 징집하고 역군을 조발하기가 손바닥을 들여다보는 것처럼 쉬웠습니다. 근래에 이 법이 한번 무너지니 수령은 그 주의 戶口를 모르고 안렴은 한 道의 호구를 모릅니다. 군사를 징집하고 역군을 조발하는 때를 당하면 향리가 속이고 뇌물을 받으므로 부강한 자는 면하고, 가난하고 약한 자가 가게 됩니다. 빈약한 호가 고통을 이기지 못하여 도망하면 부강한 호가 대신 그 고통을 받아 역시 빈약하게 되어 도망합니다. 징발을 받은 관원은 향리에게 속은 것을 분하게 여겨 혹독한 형벌을 가하여 귀와 코를 베는 등 못하는 것이 없으니 향리도 또한 괴로움을 이기지 못하여 도망합니다. 향리와 백성이 사방으로 도망하여 흩어져서 주군이 비이게 되는 것은 호구의 籍을 만들지 않기 때문에 일어난 화입니다. 원하건대, 지금 量田을 맞아 所耕田을 심사하여 토지의 많고

적음으로써 호를 상중하 3등으로 메기고 양천과 더불어 籍하여 수령은 안렴에게 바치고 안렴은 版圖에 바치게 하면 조정에서 무릇 징병하고 조역할 때에 典據가 있어서 제 때에 發遣하게 될 것입니다. 수령과 안렴으로 만일 어기는 자가 있으면 법으로 다스리소서. …"(『高麗史節要』33, 昌王 즉위년 8월)[17]

이 기록에서 개혁론자들이 향리에 관하여 말하는 요지는 다음 몇 가지이다. 첫째 향리가 속이고 감추는 일이 문제이다. 당시는 州郡의 호구 파악이 제대로 되지 않았다. 그래서 병사를 징발하고 역꾼을 모집하는 데 어려움이 있었다. 호적제도가 제대로 시행되지 않고 있어서였다. 그런데 이러한 제도의 마비가 바로 향리의 속임과 감춤에서 비롯되었다고 보는 것이 개혁론자들의 입장이다. 그렇다면 향리가 어떻게 속이고 감추었다는 것일까. 주군에서 매년 인구를 계산하여 백성을 編籍해서 수령이 이것을 안렴사에게 올리고 안렴사는 이것을 다시 戶部에 올리게 되어 있는데 그 법이 무너졌다는 것이다. 그러므로 자연히 수령과 안렴사가 관할 지역의 호구를 알지 못하게 되었다. 그러다 보니 호구의 수를 잘 알고 있는 향리가 수령이나 안렴사를 속이고 뇌물을 받아 부강한 자를 면역시켜주고 오히려 빈약한 자를 징발하였다. 이렇게 되자 모든 호구를 호적에 올려서 이에 바탕을 두고 호적제도가 운영되어야 하는 것인데, 그것이 이루어질 수가 없는 것이다.

둘째 향리의 농간으로 말미암아 발생한 사회적 폐단이다. 그것은 다음의 세 가지이다. 호적제도가 붕괴된 것이 하나이고, 백성들이 흩어진 것이 둘이며, 향리마저 도망가게 된 것이 셋이다.

셋째 호적제도의 개혁안이 제시되었다. 경작하는 田地의 많고 적은 것을 기준으로 호를 상·중·하의 세 등급으로 나누자는 것이 하나이

---

17) B-1과 거의 비슷한 내용의 글이 『高麗史』 79, 志33 食貨2 戶口 禑王 14년 8월 조에 실려 있다. 그러나 여기에서는 조준의 상소문이 보다 자세하게 기록되어 있는 『高麗史節要』의 것을 인용하였다.

고, 양인과 천인을 나누어 호적에 올리자는 것이 둘이다. 종래에는 人丁의 수를 헤아려 戶의 등급을 매겼다. 인정을 중시하여 그 수를 헤아려 호의 등급을 매기고 여기에 기초하여 세금을 거두고 노동력을 거두어들이고 군대에 보내는 방식이 향리가 부정을 저지를 수 있는 커다란 소지를 안고 있었다. 향리들이 뇌물을 받아 壯을 면해주고 오히려 나이가 어리거나 늙은이를 군대에 내 보냈다. 또한 人丁이 많은 집은 군대를 면하고 적은 집의 성인 남자들이 군대를 가는 일도 있었다. 그러므로 인정의 수가 적은 집이 그 고통을 이기지 못하여 도망하였다. 향리들의 이러한 부정을 원천적으로 막기 위한 제도적인 개혁이 필요하였다.

그 개혁에는 두 개의 방향이 있었다. 하나는 戶等制度 자체를 바꾸는 것이다. 이를 위해 所耕田의 多寡를 가지고 戶等을 정하는 획기적인 호적제도를 제안하였다. 이 새로운 호적제도는 人丁의 다과로 호등을 정하다 보니 향리들이 부정을 저지를 소지가 많았으므로 이것을 철저하게 막기 위해서도 필요하였다. 다른 하나는 호등을 정하는 실무자를 바꾸는 일이다.

먼저 호등제도의 개혁부터 알아 보기로 하자. 조준 등이 제시한 개혁의 구체적인 방향은 경작하는 토지의 많고 적음을 헤아려 호등을 上中下의 세 등급으로 정하는 방식을 시행하자는 것이었다. 경작토지의 규모만으로 호를 정하자는 것이다. 조준 등은 향리의 부정을 극복하기 위한 방법의 하나로 소경전을 기준으로 하는 이 새로운 호적제도를 제안하였다.[18]

---

[18] 이 새로운 호적제도는 지금까지의 연구에서 밝혀진 것처럼 고려후기에 접어들어서 두드러지게 발전한 생산력의 증대와도 관련이 있다. 그러나 향리의 기폐를 막는 제도적인 개혁으로서 소경전의 다과를 호등을 정하는 기준으로 제시한 것은 강조되어야 할 것이다. 종래 학자들의 해석은 생산력의 증대만으로 이 사료를 해석해 왔는데, 그런 해석이 꼭 맞는다고 해야 하는지도 좀 의문이다. 어떻든 향리의 기폐-인정의 다과로 호등을 나누는 방식 때문에 비롯된-를 극복하기 위한

제1장 留鄕品官의 성장과 地方統治體制의 정비 45

다음으로 호등을 정하는 실무자를 바꾸는 문제를 검토해 보기로 하자. 새로운 호등제도를 실시하기 위하여서는 먼저 경작하는 토지의 규모를 헤아리는 일이 진행되어야 하였다. 그 일은 당연히 국가가 완전히 장악하여야 하였다. 이와 관련하여 아래의 기록이 주목된다.

> B-2. 각 도의 안렴사를 都觀察黜陟使로 개혁하고 양광도에 政堂文學 成石磷을, 경상도에 前 平壤尹 張夏를, 전라도에 前 密直副使 崔有慶을, 교주강릉도에 前 密直商議 金士衡을, 서해도에 密直提學 趙云仡을 임명하였는데 이들은 모두 대간의 천거를 받아 기용하였다. 각각 副使와 判官을 거느리고 토지를 다시 측량케 하였다.(『고려사』 137, 우왕 14년 7월 戊申)

B-2는 관찰사가 처음 파견될 당시의 기록이다. 이성계 세력은 정권을 장악한 뒤 가장 먼저 私田을 혁파하고 관찰사제도를 설치하는 일을 추진하였다. 그것은 사전을 혁파하고 관찰사를 파견하는 일이 그들의 정치권력을 강화하고 새로운 왕조를 세우는 데에 있어서 가장 중요한 일이기 때문이었다. 그런데 B-2를 통해 최초의 관찰사로 나간 사람들을 보면, 고려 말 이성계 등이 추진한 정치개혁에 적극적으로 가담하거나 이를 지지한 인물들이었다.[19] 그것은 새로운 통치체제를 확립하는 일에 있어서 관찰사가 수행할 일이 매우 중요하였다는 사실을 반영한다. 그러한 일들 가운데 관찰사가 각별히 수행할 일이 양전이었다. 이들은 각자 자신이

방법으로 제시된 것이 소정전의 기준임은 분명하다.
종래에 인정의 다과를 가지고 호를 나누었던 방식을 바꾸자는 조준의 개혁안과 관련해서는 다음의 연구들이 참조된다.
姜晋哲, 1980, 「農民의 負擔」 『高麗土地制度史硏究』, 일조각, 293쪽.
洪承基, 1983, 「奴婢의 社會經濟的 役割과 地位의 變化」 『高麗貴族社會와 奴婢』, 일조각, 259~260쪽.
金琪燮, 1993, 『高麗前期 田丁制硏究』, 부산대학교 박사학위논문, 164~165쪽.
19) 崔先惠, 1994, 앞의 논문, 71~72쪽.

천거한 副使와 判官을 거느리고 가서 직접 土田을 量田하였다.

이 때의 양전은 여러 가지 측면에서 새로운 왕조의 기틀을 마련한 중요한 일이었다. 소경전의 다과를 기준으로 하는 호등제도를 단행하기 위한 기초적인 작업이었음도 이를 나위가 없다. 관찰사에게 직접 관리를 거느리고 양전을 실시하게 함으로써 호등을 정하는 작업을 국가가 장악하였던 것이다.[20] 양전과 더불어 田丁의 변화를 수시로 점검하는 일도 중요하였다. 국가는 관찰사로 하여금 양전을 하고 田丁을 파악하여 호등을 정하며 이를 成籍하는 일을 책임지고 시행하되, 전정의 변화에 대해서도 직접 나서서 신속하게 처리하게 하였다.

> B-3. 공양왕 원년(1389)에 토지를 잴 때 미처 측량하지 못하였던 바닷가 및 바다 섬의 토지, 측량할 때 누락된 토지, 측량할 때 법을 몰라 남게 된 토지, 새로 개간한 토지는 각 도의 도관찰사가 매년 그런 토지가 있다는 것을 안 즉시로 관원을 파견하여 踏驗 作丁하여 토지 대장에 연속하여 올리고 主掌官에 보고하여 軍需에 충당하게 하며 여러 사람들이 함부로 점유함을 허용하지 말아야 한다. 이를 위반한 자는 그 죄를 다스린다.(『高麗史』 78, 지32 식화1 전제 녹과전 공양왕 3년 5월)

---

20) 이와 관련하여 양광도에 관찰사로 파견된 成石璘의 건의로 義倉이 설치된 사실을 검토해 볼 필요가 있다. 성석린은 우왕 14년(창왕 즉위년) 8월에 관찰사로 파견된 즉시 의창을 설치할 것을 건의하였다(①). 공양왕 원년 12월에는 조준 등이 양광도에 이미 상평창이 설치되었다고 하며 각 도에 상평창을 설치할 것을 주장하였다(②).
① 『高麗史』 80, 志34 食貨3 常平義倉 昌王 즉위년 8월. "楊廣道都觀察使成石璘啓 道內之民 因水旱 不得耕耨 種食俱乏 今後請於州郡 置義倉 從之"
② 同上 恭讓王 원년 12월. "大司憲趙浚等 上疏曰 常平義倉之法 救荒之長策 … 國家旣革私田 所至皆有蓄積 願自今郡縣皆置常平義倉 其豊凶斂散之法 一依近日都評議使司所奏 竊聞陽廣道 已置常平倉 宜令各道依此施行"
의창은 田丁의 수를 기준으로하여 곡식을 거두는 제도였다(金勳埴, 1993, 『朝鮮初期 義倉制度硏究』, 서울대학교 박사학위 논문). 그러므로 양광도관찰사의 건의로 그것이 설치되고 곧 이어 전국적으로 확대되었다는 것은, 관찰사가 양전을 통해 전정을 파악하였기 때문에 가능한 일이었다고 생각된다.

B-3에 기록되어 있는 것처럼 이미 공양왕 원년에 이성계 세력이 세운 정책에 따라서 양전이 이루어졌다. B-3은 그 뒤에 토지를 정확하게 파악하여 作丁하는 일을 더욱 확실하게 하기 위해 취해진 조처이다. 관찰사는 아직 측량되지 않았거나 측량할 때 누락된 토지, 측량이 정해진 법대로 되지 못하여 남게 된 토지, 새로 개간된 토지를 해마다 다시 철저하게 조사하라는 것이다. 해마다 그런 토지가 있다는 것을 알게 되면 관찰사는 즉시 관원을 파견하여 이를 踏驗한 뒤 作丁하여 호적에 올리고 主掌官(중앙의 版圖司=戶曹)에게 보고해야 하였다. 호등과 호적제도를 중앙에서 완전히 장악하여 시행하자는 뜻이 역력하다.[21]

所耕田을 파악하여 호등을 나눈 것은 과세의 표준을 정하기 위해서였다. 그와 더불어 수취를 위해 중요한 일의 하나가 踏驗損實制度였다. 이성계 일파는 소경전의 다과를 기준으로 호를 나눈 뒤에 보다 정확한 수취를 위해 답험손실제도를 마련하였다. 소경전의 규모를 파악하는 일

---

[21] 이 뒤로도 양전은 계속 이루어졌다. 그 일은 철저하게 국가가 장악한 것이었다. 조선초기의 기록을 보아도 수령과 관찰사가 직접 나서서 양전을 시행하도록 하였다. 그리고 그것에 대해 철저하게 책임을 지게하였다. 그리고 이를 보완하고 보다 확실하게 하기 위해서 국가는 직접 量田使(量田敬差官 등)를 수시로 파견하였다. 이와 같이 고려말 이래 호적제도의 시행과 관련하여 지방에 대한 중앙의 지배권을 강화하고자 하는 의도는 量田使까지 파견하여 관련 임무를 맡기는 정책에서도 잘 드러난다. 소경전을 헤아리기 위해서는 양전이 선행되어야 한다. 그런데 중앙정부에서는 이 일을 양전사에게 맡기고자 하였다. 양전사는 일반적 행정체계와는 별도의 특별한 직책이다. 또 양전사가 중앙의 관리로서 임명되는 것은 말할 나위가 없다. 호등과 호적제도를 중앙에서 철저하게 장악하여 시행하고자 한 것이다.
조선초기의 양전과 양전사 등에 관해서는 아래의 연구들이 참고 된다.
金泰永, 1981, 「科田法上의 踏驗損實과 收租」『經濟史學』5 ; 1983, 『朝鮮前期土地制度史研究-科田法體制-』知識産業社 ; 1981, 「科田法體制에서의 土地生産力과 量田」『韓國史研究』35 ; 위의 책.
李章雨, 1990, 「朝鮮初期의 損實敬差官과 量田敬差官」『國史館論叢』12 ; 『朝鮮初期 田稅制度와 國家財政』, 일조각.

이 그러하였듯이 전세의 액수를 결정짓기 위해 전지의 손실 정도를 확인하는 일도 국가가 장악하였다.

> B-4. 도평의사사에서 왕에게 청하여 損實에 대한 처리 규정을 제정하였다 … 踏驗은 그 고을의 수령이 자세히 검사하여 감사에게 보고하고 감사는 委官을 파견하여 다시 심사하고 감사의 首領官이 또 한번 심사하여 만일 답험이 사실과 같지 않으면 그렇게 한 관원에게 죄를 주게 하고, 각 품 科田의 損實은 그 밭주인으로 하여금 자신이 심사하여 조세를 받도록 하기로 제정하였다.(『高麗史』 78, 志32 食貨1 田制 踏驗損實 공양왕 3년 5월)

답험손실도 양전의 경우와 마찬가지로 수령이 검사한 뒤 관찰사에게 보고하면 관찰사는 다시 관원을 파견하여 심사를 한 번 더 하고 監司의 首領官(經歷과 都事)이 또 한 번 심사하게 되어 있다. 과세의 표준을 정하기 위해 토지의 손실정도를 헤아리는 일을 철저하게 국가가 파견한 관리로 하여금 처리하게 하였다.

그런데 답험손실에 있어서도 이를 보다 수월하고 보다 확실하게 하기 위해서는 지방의 사정을 잘 아는 사람을 동원할 필요가 있었다. 국가가 지방을 지배하기 위해서는 여기에 지방세력의 협조를 얻어내는 일은 매우 중요한 일이기 때문이다. 이와 같이 지방세력의 도움이 필요한 경우에도 향리가 아니고 유향품관이 이것을 행사하도록 하였다. 조선초기의 기록을 보면 관찰사는 그 지역에 사는 유향품관을 損實委官(손실답험관)으로 차정하여 일차적으로 답험손실을 하게 하였다. 그것을 수령에게 보고하면 수령이 이를 직접 검사하여 관찰사에게 그 결과를 보고하였다. 관찰사는 수령이 보고한 내용을 자세히 살피고 經歷이나 都事를 보내어 이를 다시 점검한 뒤 호조에 이관하면, 호조는 損實敬差官을 파견하여 다시 심사하였다.[22] 즉 향리가 아닌 그 지방의 유향품관으로 하여금 田

---

[22] 유향품관-수령-관찰사-호조로 이어지는 조선초기 답험손실에 관하여서는 金

丁을 상정하는 일에 참여하게 한 것이다. 양전과 이에 기초하여 호등을 정하는 일을 관찰사와 수령이 직접 나서서 철저하게 감독하고 유향품관이 이것에 협조하는 상황에서 향리가 더 이상 예전과 같은 속임수나 폐행을 저지를 수는 없었다.

넷째 B-1에서 개혁론자들이 강조한 것은 수령의 책임을 엄중히 묻는 일이다. 그리고 새로 호등을 정하고 호적을 만들어 그것에 관한 업무의 수행이 守令－按廉－版圖로 이어지는 지휘체계를 따라서 처리되도록 하였다. 이것은 호등제를 중심으로 하는 호적제도의 운영책임을 누층적으로 그리고 중첩적으로 중앙의 관리들이 맡게 함으로써 국가의 지방지배가 강력하고 철저하게 관철되게 하자는 의도를 반영한다. 개혁론자들은 지방통치에 있어서 향리에 크게 의존하던 것을 개혁하기 위하여 지방관을 확충하고[23] 지방관의 향리에 대한 지휘감독 강화를 강조하였다. 이러한 상황에서 향리들의 운신의 폭은 줄게 되었다.

다섯째 B-1의 기록을 보면, 조준 등은 향리가 도망치는 것을 한탄하였다. 그들은 향리도 백성과 마찬가지로 제 직임이나 임무를 제 자리에서 수행할 것을 바랐다. 개혁세력은 향리가 鄕役을 벗어던지고 신분을 상승하는 것은 물론 하강되는 것도 원하지 않았다. 이러한 정책은 거듭 강조되었다.

　　B-5. 典法判書 趙仁沃 등이 상소하였다. "… 鄕吏・驛吏 및 公私奴婢는 僧尼가 되는 것을 허락하지 마시고, 僧徒로서 항상 人家에 머무는 자

泰永, 1983, 앞의 책, 253~262쪽 ; 李章雨, 1998, 앞의 책, 176~177쪽.
답험손실에 관한 이러한 원칙은 공양왕대 이성계 세력에 의해 마련된 것이며, 그것은 조선후기까지 그대로 준행되었다. 이 점은 조선후기에 정약용이 답험손실제도가 공양왕대 마련된 것이라고 기록한 것(『經世遺表』 9, 地官修制 田制別考 1)을 보아도 알 수 있다.
23) 監務가 증파되고 屬縣이 감소한 실정에 관하여는 李樹健, 1989,「朝鮮初期 地方行政制度의 整備」『朝鮮時代地方行政史』, 民音社, 62~63쪽.

는 軍籍에 충당하며 그 주인집도 죄를 주소서"(『高麗史節要』 33, 禑王 14년 12월)

향리와 역리와 공·사의 노비는 僧·尼가 되는 것을 금하자고 하였다. 이것 역시 향리는 물론 역리나 공·사노비 등도 그 신분에서 움직이지 말게 하자는 의도이다. 향리 같으면 향역에서 벗어나면 안되는 것이다. 승려가 되는 것도 향리가 향역에서 벗어나는 일이므로 바람직한 일이 아니다. 그러나 조준 등은 승려가 되어 향리가 향역에서 벗어나는 일보다 더 심각하게 생각한 것이 있었다. 여기에서 아래의 B-6과 B-7에 눈을 돌려 보기로 하자.

> B-6. 사헌부에서 상소하기를, "… 넷째, 公私奴隷·鄕吏·驛子·工商·雜類 등이 함부로 관직을 받고 있으니 청컨대 사헌부로 하여금 관품을 막론하고 그들의 爵牒을 회수하소서. …"하였다.(『고려사』 84, 형법1 직제 우왕 14년 8월)

공·사 노비나 工匠·商人·雜類는 물론 향리마저도 외람되게 관직을 받은 자는 관품을 가리지 않고 모두 그 직을 몰수하자고 되어 있다. 노비나 공장·상인·잡류 등과 마찬가지로 향리는 절대로 관직을 가지지 못한다는 뜻이다. 향리는 관직을 넘보지 말고 향리로 남아 있으라는 말이다. 사헌부의 상소에서 드러나는 의도는 향리를 향역에 묶어 두어 관직에의 진출을 봉쇄하자는 것이다.

> B-7. 趙浚이 상소하기를. "… 해마다 기강이 무너져 향리들이 혹은 軍功을 내세워 함부로 관직을 받고, 혹은 雜科에 의지하여 향역을 모면하고 있으며, 혹은 권세 있는 사람에게 의탁하여 관직에 함부로 오른 사람이 그 수를 셀 수 없이 많아져서 州縣이 텅 비고 8道가 쇠퇴해졌습니다. 바라건대 이제부터는 비록 세 아들 중 한 아들이 과거에 급제하여 3~4대 향역을 면하였다 할지라도 확실한 文契가 없는 사람과, 군공으로 향역

을 면하고 있으나 특출한 공을 세운 게 없이 功牌를 받은 사람과, 雜科로서 성균관의 典校·典法·典醫 출신이 아닌 사람과, 添設奉翊으로부터 실직 3품 이하까지도 다 강력한 조치로 본래의 향역에 종사하게 하여 주군에 (향리가) 차게 하소서. 또 이제부터는 향리에게 명경과나 잡과를 통해 향역을 면하는 것을 허락하지 말며 이것을 恒式으로 삼으소서 …"하였다.(『高麗史』 75, 選擧3 銓注 鄕職 恭讓王 원년 12월)

조준의 지적에 따르면 향리들 가운데 軍功이나 雜科를 통해, 또는 권세가와의 결탁을 통해 향역을 피하고 官秩도 높인 향리들이 많았다.[24] 그 결과로 州郡의 고을에 향역을 지는 향리가 거의 없게 되고, 그결과 8道의 지방행정이 제대로 이루어지지 않게 되었다. 물론 이러한 한탄 섞인 조준의 지적은 과장된 것이다. 그러나 향리가 향역을 피하는 일이 많았고, 그래서 지방의 행정에 차질이 빚어지는 일이 흔히 있었음은 인정해도 좋다고 본다. 그런데 여기서 향역을 벗어나는 방법으로 관리가 되는 일이 각별하게 부각되고 있음이 주목된다. 향리가 향역을 벗어던지는 것도 안될 일이지만, 설사 향역을 벗어난다고 해도 관료가 되는 일은 더욱 용납하지 못한다는 것이 조준 등의 입장이다. 향역을 벗어나는 것은 향리의 신분에 변화가 온다는 뜻이다. 조준 등은 그러한 신분의 변화 자체에 반대하였다. 그들은 신분의 변화가 관료가 됨으로서 빚어지는 일을 적극 가로막았다.

종래에 향리의 자식에게는 三丁一子制度에 의하여 세 아들 가운데 한 아들은 과거에 응시하여 관리가 될 수 있는 길이 열려져 있었다.[25]

---

24) 李成茂는 이 기록을 통해 드러나는 조준의 목적은 '지배신분의 배타적 정립을 위하여 향리의 免役從士路를 제한하고 비대한 관료군을 汰斥하여 새로운 지배이념에 의한 신관료군을 구성하려는 것'이라고 지적하였다(이성무, 1970, 「朝鮮初期의 鄕吏」 『韓國史研究』 5, 87쪽).
25) 우왕 9년에 향리들이 명경업·지리업·의업·율업의 잡과를 통해 향역에서 벗어나는 일이 많다는 것이 문제되었을 때 향리의 세 아들 가운데 한 명은 여기에 응시하는 것을 허락해 준다는 조처가 내려진 일이 있다(『高麗史』 75, 選擧3 銓注

조준은 이 제도 자체의 혁파를 주장하고 있다. 三丁一子制度에 의하여 합법적으로 관리가 되었을 뿐만 아니라 그렇게 관리가 된지 이미 3·4代를 지난 경우에도 文書로서 증명이 될 수 없는 사람은 고향으로 되돌아가서 향역을 지게 해야한다고까지 말하였다. 이것은 三丁一子制度자체를 없애자는 주장과 다름없다.

　조준은 특별한 공로가 있어 功牌를 받고 향역을 벗어난 향리라고 하더라도 뛰어난 공으로 인정되지 않는 한 역시 향역을 다시 지도록 해야 한다고 하였다. 이것은 아주 대단한 공을 세우지 않는 한 향리가 관직의 세계에 접근하는 길을 봉쇄한다는 뜻이다. 뿐만 아니라 조준 등은 비록 雜科출신이라고 하더라도 성균관의 典校·典法·典醫와 같이 정규과정을 이수한 사람이 아니면 첨설직은 奉翊으로부터, 실직자는 3품이하부터는 강제로 향역에 종사하게 하자고 하였다. 이것은 실직이든 산직이든 관직세계로부터 향리들을 격리시키겠다는 조준 등의 본심을 반영하여 준다. 향리는 향리로 남아 있으면서 그 신분이 규정하는 사회적 역할을 세습적으로 수행하라는 뜻이다.[26] 조준이 궁극적으로 의도하는 것은 士族이 관직을 독점하는 것이다.

3. 유향품관에 대한 정책과 유향품관의 지위

　앞 절에서 살펴 본 것과 같이 이성계 일파가 지금까지의 대표적 지방세력가였던 향리들에 대해 추진한 정책은 지방사회에서 세력가로 성장한 유향품관에 대한 입장과 맞물려 있다.

　鄕職 우왕 9년 2월).
26) 이것은 이성계 일파가 추진하던 '신분 고착화 정책'의 주요한 내용 가운데 하나였다. 이러한 사실은 洪承基, 1994, 「신분제의 동요와 농민·천민의 봉기」『한국사 20 - 고려 후기의 사회와 대외관계』, 국사편찬위원회, 25쪽 참조.

C-1. 대사헌 조준 등이 글을 올려 시무를 아뢰었다. "… 州縣의 향리로 서울에 머물며 그 고향의 일을 맡아보는 사람을 其人이라고 하는데, 법이 오래되니 폐단이 생겨 각 곳에 나누어 예속시켰더니 부리기를 노예와 같이 하여 괴로움을 견디지 못해 도망가는 자가 있기에 이르렀습니다. 해당관청에서 京主人에게 독촉하여 날마다 闕布 한 필씩 받는데 경주인이 다른 사람에게 빌어서 내고 갚지 못하여, 곧 州郡에 가서 서울에서 빌린 수량의 배나 독촉하여 징수하고 횡포하게 빼앗으니, 주군이 凋幣하여지는 것이 또한 이런 까닭일 것입니다 … 원하건대, 이제부터는 기인을 파하여 鄕里로 돌아가게 하고 각 대궐의 역사는 근일에 혁파한 倉庫奴婢로써 대신하게 하고, 각 관사의 사역은 또한 辨正都監이 예속시킨 공노비로써 충당하게 하고 司設・幕士・注選 등을 또한 모두 혁파하여 민생을 편안하게 하소서"(『高麗史節要』33, 昌王 즉위년 10월)

조준 등은 其人制度의 모순을 지적한 뒤 이를 혁파할 것을 주장하였다. 그의 주장의 요점은 향리들이 해야 할 일에서 其人으로서의 복무를 빼자는 것이다. 조준 등의 주장을 통해서 보면 기인의 임무로서 가장 중요한 것은 자신의 출신 고향으로부터의 수취를 돕는 일이었다. 기인이 闕布를 내야 했던 까닭은 그 때문이었다. 그리고 京主人은 事審官처럼 자신의 임지로부터 수취해야 하는 일에 책임을 지고 있었다고 보인다. 경주인이 기인이 내야할 궐포를 자신이 미리 낸 까닭도 그 때문일 것이다. 즉 경주인은 임지로부터 궐포 등을 거둬들이는 일을 담당하였고 기인은 그 일에 협조해야 하였다. 그런데 그것이 제대로 이루어지지 않게 되었다. 기인은 그 역할을 제대로 수행하지 못하였으며 경우에 따라서는 도망가 버리기까지 하였다. 오히려 경주인이 궐포를 미리 낸 뒤에 나중에 직접 州郡으로 내려가서 거두는 일이 일어났다. 따라서 조준 등은 기인의 임무가 그 고을의 일에 이바지되지도 못하고, 또 기인의 능력을 활용하여 나라의 역사에 보탬이 되게 하는 일도 없다고 판단하였다. 기인제도를 운용하여 지방으로부터의 수취를 극대화하는 일이 더 이상 실효를 거두기 어렵다는 결론을 내린 것이다.

그러면 어떻게 하겠다는 것인지가 여기서는 분명하지 않다. 다만 추측컨대 京主人이 그것을 대신하게 하겠다는 의도가 아닌가 한다. 이러한 짐작이 크게 잘못된 것이 아니라고 한다면 기인을 혁파하고 기인에게 바라던 것을 경주인에게 기대하였다는 것은 중앙의 지방지배에 있어서 향리를 돌리고 사족이 차지하는 비중을 높이겠다는 뜻이다. 즉 중앙에서 주현의 일을 처리하는 데 있어서 해당 주현의 자제가 기인이 되어 상경하여 간여하던 것을 못하게 하였다. 그 대신 그 지역과 연고가 있는 중앙의 관료로서 경주인을 삼아 이를 대신하게 하여 사족을 지방의 대표자로 세워 중앙의 지방통치를 강화한다는 의도를 드러냈다. 향리는 지방에 머물러 있어야 하였고 또한 향역에 묶여 있어야 하였다. 물론 위의 기록에서 조준 등은 향리와 백성들을 걱정하고 있다. 그들의 지위를 낮추거나 나쁘게 만들고자 하는 의도는 없어 보인다. 오히려 기인이 노예처럼 사역당하다가 도망이나 쳐야하는 상황을 한탄하고 있다. 그러나 그렇다고 조준 등이 향리나 기인의 지위가 높아져야 한다고 말하지는 않았다. 그들의 본래의 임무로 돌아가 제 할 일을 수행해야 한다는 것이 조준 등의 기본적 입장이다.

지금까지 C-1의 기록을 중심으로 살펴 본 결과 이성계 세력은 중앙이 지방을 지배하는 방식에 있어서 사족을 지방의 대표자로 세우고, 관료 중심의 지배를 강화하여 중앙 집권을 확고히 하려는 정치적인 목적이 있었다. 이와 관련하여 아래의 기록이 특히 주목을 끈다.

> C-2. ① 門下侍中 沈德符와 守侍中 裵克廉이 여러 도의 관찰사를 혁파하고 안렴사를 복구할 것과 절도사와 經歷·都事를 혁파하고 掌務·錄事를 복구할 것을 청하였다. 또한 새로 정한 監務와 여러 驛丞·여러 도의 유학교수와 官資瞻楮貨庫 人物推刷都監·東西遞運所·水站 및 戶口成籍·牛馬烙印·州郡鄕社里長 등의 법을 폐지하였다. ② 또한 各司로 하여금 무릇 결재를 받을 일은 모두 도당으로 바로 보고하고 6조에 예속시키지 말도록 하였다.(『高麗史節要』 35, 공양왕 4년 4월)

앞에 보인 C-2는 공양왕 4년 4월에 이성계 세력이 탄핵·폄출당할 때 그들이 새로 마련한 여러가지 제도가 폐지되는 것에 관한 기록이다. 여기에 보이는 것들은 이성계 세력이 두 가지의 중요한 정치권력의 행사방식을 새로 세우기 위해 마련한 방안이다. 먼저 보인 내용은 관찰사가 설치된 것을 비롯하여 중앙이 지방을 통치하기 위한 제도이다(C-2①). 다음으로는 국가 정치권력의 행사 방식을 새로 세우기 위한 조처이다. 각별히는 국가 정치권력의 핵심인 국왕과 도평의사사로 대표되는 재상과의 역할의 비중을 개편하는 내용이다(C-2②).

이성계 세력이 세우고자 하였던 통치체제를 이해하기 위해서는 먼저 C-2②에 보인 부분을 검토해 볼 필요가 있다. 그 내용은 각 부서로 하여금 모든 일을 아뢸 때 다시 도당에 직접하고 6조에 올리지 말라는 것이다. 이것을 통해 이성계 세력이 각 부서가 일을 올릴 때 도당을 돌려놓고 6조에 올리게 한 것을 알 수 있다. 잘 알려진 것과 같이 고려말에는 이른바 권문세족들이 도당을 통해 거의 모든 정치권력을 장악한 실정이었다. 이를 개혁하기 위해서 이성계 세력은 왕-6조가 직접 연결되는 폭을 확대하여 도당 중심의 체제를 극복하고 상대적으로 크게 위축되어 있는 왕권을 신장시켜야 하였다. 이러한 개혁의 방향은 지방통치에 있어서도 마찬가지였다. 그 대표적인 조처가 안찰사를 혁파하고 관찰사제도를 시행한 일이다. 관찰사는 국왕과 직접 연결되는 道 장관으로서 국왕이 정점이 되는 중앙집권체제를 강화하기 위한 제도였다. 관찰사는 왕으로부터 직접 임명의 교서를 받고 斧鉞을 지니고 나가는 왕의 使者였다.[27] 즉 이성계 세력이 추진한 개혁의 핵심적인 내용은 중앙과 지방에서 왕을 정점으로 하는 통치체제를 수립하는 것이었다.

그렇다면 이를 위해 추진한 C-2①에 보이는 여러 제도를 향리가 차지해 온 비중을 염두에 두고 검토할 필요가 있다. 먼저 C-2①에서 나오는

---

[27] 관찰사에 관하여서는 이 책 66~82쪽 참조.

儒學敎授官은 이성계 일파가 공양왕 2년과 3년에 걸쳐 중앙과 지방에 설치한 직임이다.[28] 유학교수관은 그 성격으로 미루어 향교나 그것을 중심으로 한 과거제도의 운용과 일정한 관련이 있다고 보아진다. 사실 고려시대에 있어서 지방에서 과거에 응시할 기회는 거의 향리들에게 주어져 왔다.[29] 유학교수관의 설치는 이성계 세력이 이러한 상황을 개혁하기 위해 취한 조처의 하나였다.

> C-3. 대사헌 조준 등이 상소하여 아뢰었다. "… 근래에 전쟁으로 인해 학교가 폐지되고 해이해져 무성한 풀밭이 되었습니다. 鄕愿으로 儒者라는 이름에 의탁하여 군역을 피하는 자들이 여름 5~6월 사이에 童子를 모아 唐·宋의 絶句를 읽고 50일이 되면 파하고서 이를 夏課라고 합니다. 수령이 된 자들은 이를 보고도 범연히 여겨 개의치 않습니다 … 원하건대, 지금부터는 근실하고 민첩하여 학식이 넓은 사람을 敎授官으로 삼아 5도에 각기 1명씩 나누어 보내어 郡縣을 두루 다니게 하고, 그 말과 접대는 모두 향교에 맡겨서 이를 주관하도록 하소서. 또 주군에 한가로이 있으면서 유학을 직업으로 하는 사람을 본관의 敎導로 삼고, 자제로 하여금 항상 사서와 오경만 읽고 사장은 읽지 못하게 하며, 교수관은 쉬지 않고 항상 돌아다니면서 과정을 엄격히 세우고, 몸소 論難하여 그

---

[28] 『高麗史節要』 34, 恭讓王 2년 2월 및 同上 35 恭讓王 3년 1월조를 보면 유학교수관의 설치를 알려준다. 공양왕 4년 4월에 잠시 혁파되었던 유학교수관은 공양왕 4년 6월에 다시 설치된다. 『高麗史節要』 35, 恭讓王 4년 6월. "復置諸道州郡儒學敎授官"
한편 『高麗史』 77, 志31 百官2 外職 儒學敎授官條에 따르면 유학교수관은 공양왕 3년에 각 도의 牧·府에 설치되었다고 한다.

[29] 고려시대에 있어서 이미 관리가 된 사람을 제외하고는 과거에 응시하는 주된 사람들은 향리층이었다. 李成茂, 1994, 『改正增補-韓國의 科擧制度』, 집문당, 76쪽.
이러한 현상은 사심관제도의 운용과도 관련있다. 고려시대에 사심관은 임지 출신 인물의 과거 응시자격을 심사하였다. 그러한 사심관제도의 운용은 사심관과 긴밀한 관계를 유지하고 있던 향리들이 일찍부터 과거를 통해 중앙에 진출하는 길을 직접·간접으로 후원·보장해 주었다. 이러한 사실에 관하여서는 洪承基, 1989, 「高麗後期 事審官制度의 運用과 鄕吏의 中央進出」 『東亞研究』 17, 247~253쪽 참조.

통하고 통하지 못한 것을 상고하여 이름을 올려 명부에 쓰고, 인도하고 권장하여 실용의 인재를 이루게 하소서. 이루어진 인재가 많아서 성과가 있는 자는 계급을 거치지 않고 발탁하여 임용할 것이며, 만약 교회하지 못하여 성과가 없는 자는 벌을 논하게 하옵소서.(『高麗史節要』34, 공양왕 원년 12월)

조준은 지방에 학교가 제대로 운영되지 않아 일어난 문제점으로 향교 자체의 문제점과 수령의 감독 소홀을 지적하였다. 이 문제를 해결하기 위하여 조준은 중앙에서 유학교수관을 파견하여 향교를 두루 다니며 감찰하게 하고 지방의 유학자를 교도로 삼아 四書五經을 가르치게 하자고 하였다. 유학교수관으로 하여금 향교에 교육과정을 엄히 세우게 하고 교도를 권장하여 유생들이 과거에 응시하여 합격하는 성과를 거두게 이끌라는 것이다.

이러한 조치는 赴擧를 위한 절차나 과목을 개편한 일이다. 고려시대에도 과거시험에서는 經學과 詞章을 시험보았다. 그러나 기초과목인 경학보다는 응용과목인 사장이 더 중시되었다. 학교교육에서는 주로 경학을 중심으로 가르쳤지만, 사장은 家塾이나 寺院·書齋·十二徒私學 등에서 익혔다고 한다. 사실 사장공부를 위해서는 夏天都會 이른바 夏課가 널리 유행하고 있었다.30) 그런데 조준은 경학을 위주로 하고 夏課를 금지시키며 향교를 통해 유생들이 부거하게 하자는 것이다. 이러한 주장은 아마도 기존의 과거제도의 운용에서 유리한 입장에 있던 향리들을 일정하게 제어하는 의미를 지니는 일이 아닐까 한다. 더욱이 조준은

---

30) 이성무, 1994, 위의 책, 80~81쪽. 이성무의 지적에 따르면 고려말에 주자학이 보급되면서부터 사장보다는 경학을 중시하는 경향으로 바뀌었다고 한다. 그러나 경학과 사장의 어느 쪽에 보다 중점을 두느냐, 양쪽의 균형을 유지하느냐는 문제를 놓고 오랫동안 논란이 일게 되었다고 한다. 조선시대에 접어들어 학교교육과 과거제도를 경학 중심으로 시행하기 위한 노력에 관하여서는 曺佐鎬, 1974,「朝鮮時代 經學振興策의 一面-특히 科擧의 講經을 중심으로」『人文科學』3·4집, 성균관대학교 ; 1996,「朝鮮時代의 經學振興策」『韓國科擧制度史研究』, 범우사, 135~168쪽 참조.

주・군에서 한가로이 있으면서 유학을 직업으로 하는 사람을 그 고을의 향교교도로 삼자는 주장을 폈다. 한가로이 지내면서 유학을 소임으로 삼고 있는 사람의 신분이 향리일 수는 없다. 이성계 일파가 향리들의 과거 응시를 봉쇄한 뒤에 취한 이 조치는 향리들에게 치명적이었다고 판단된다. 과거시험 과목이 달라지고 중앙에서 파견된 유학교수가 향교를 감독하고, 유학자를 자처하는 사람이 향교의 교도로 들어앉은 상황에서 향리들은 새로운 교육을 받아 과거에 응시할 기회를 얻기 어려웠을 것이다.31) 그것과 달리 유학교수관이나 유학을 소임으로 삼는 사람인 향교의 교도와 같은 부류에 속하는 사람들은, 교육이나 그것을 바탕으로 한 科擧에 유리한 위치를 갖게 되었다. 실제 조선시대에 접어들어서 태조대의 기록을 보면 유학교수관이나 향교의 훈도에는 유향품관들이 선임되는 경우가 눈에 뜨인다.32) 결국 과거제도의 특혜는 사족에게 돌아가도록 마련되었다.

C-2①를 보면 이성계 세력은 監務와 驛丞에 관해서도 새로운 법을 정하였다. 이성계 세력이 감무와 역승에 관해 세운 정책은 사족이 그러한 직임을 맡아야 한다는 것이었다.33) 그러한 주장을 편 까닭은 사족우

---

31) 조선이 건국된 직후인 태조 원년 7월에 반포된 과거제도에 관한 방침을 보면 지방의 경우 관찰사가 향교의 생도 가운데에서 택하여 나이와 本貫과 三代를 조사한 뒤 通經으로 시험하여 합격한 사람만이 과거에 응시할 수 있게 하였다(『太祖實錄』 1, 太祖 원년 7월 丁未 敎). 이미 향리를 과거에 응시하지 못하게 하는 시책이 추진되는 상황에서 향교에 입학한 사람에게만 과거에 응시할 기회를 주고 게다가 本貫과 三代까지 조사하게 한 것이다. 더욱이 通經이라는 방법도 관찰사의 자의적 판단에 따라 그 결과가 좌우될 가능성이 컸다고 보인다. 이러한 상황에서 향리들이 과거에 나아갈 기회를 얻기는 어려웠다고 판단된다. 太祖 원년 7월 丁未에 반포된 과거제도에 대한 조항이 가지는 의미에 관해서는 李成茂, 1994, 위의 책, 93~99쪽 참조.
32) 예컨대 이 책 107~109쪽에 보인 公州道儒學敎授 金篤이나 永興府의 鄕校敎授官 金稠의 경우가 참고된다.
33) 이 책 제1장 제2절 「留鄕品官의 지위와 觀察使制度의 시행」 제2항 '留鄕品官과 守令制의 개혁' 참조.

위를 확립하기 위해서였다. 또한 조준 등은 胥吏들이 감무나 현령을 제수받아 백성에게 해독을 입히고 있다는 점을 크게 비난하였다. 서리 가운데에는 사족이 아닌 사람들이 있었을 터이고 그 가운데에는 향리 출신도 있었을 것이다. 따라서 조준 등이 서리가 감무나 현령에 나오지 못하게 막자고 한 것은 향리의 진출에도 일정한 제약을 뜻하는 일이었다.

한편 C-2①에 따르면 이 때 '州郡鄕社里長'의 법도 폐지되었다. 이것은 지방에 鄕長·社長·里長을 두었다는 뜻이다. 이성계 일파가 세웠던 이 제도도 향리가 지방사회에서 누려오던 지위와 역할에 타격을 주는 것이었다고 짐작된다. 아마도 이러한 직임들은 유향품관이 담당하도록 고안된 것이라고 여겨진다.[34] 즉 향장·사장·이장을 설치하고 그것을 유향품관에게 맡긴 것은, 이성계 세력이 추진한 지방통치체제는 유향품관의 역할이 크게 기대된 것이라는 이야기이다. 그것은 상대적으로 향리의 지위와 역할에 커다란 타격을 주는 일이었다.[35]

이러한 점을 고려할 때 이성계 세력이 추진한 향리정책의 궁극적인 목표는 관직으로부터 향리들을 철저하게 격리시킨 것이다. 그리고 지방사회를 대표하는 세력가의 자리를 유향품관에게 내어 주라는 뜻이다. 그런데 이성계 일파가 부심한 향리에 대한 또 하나의 문제는 향리가 중앙의 권세가와 연결되어 있다는 점이었다. 이성계 일파는 이 문제를 해결

---

[34] 향장은 유향품관들의 모임을 대표하는 사람이 아닐까 한다. 사장은 의창과 같은 창고의 운용에 참여하여 백성에 대한 구휼과 진제의 일을 담당하는 자리였다. 이장은 면리임을 맡아보던 직임이었다. 이와 같은 내용의 '州郡鄕社里長等法'에 관한 자세한 검토는 최선혜, 1998, 『조선초기 유향품관연구』, 서강대학교 박사학위논문, 103~108쪽 참조.
[35] 고려말·조선초의 변동기를 거치면서 일게 된 향리의 지위와 역할의 변화와 관하여서는 李成茂의 1970, 「朝鮮初期의 鄕吏」『韓國史硏究』 5가 크게 참고된다. 그는 지방사회의 지배자였던 고려의 향리가 지방행정의 실무자인 조선의 향리로 전화되는 과정을 여러 가지 측면에서 검토하였다. 또한 조선시대에 들어와 지방통치에 있어서 수령과 향리와 토성사족이 삼각관계를 이루게 되었다고 설명하였다.

하기 위한 방책을 세워야 하였다. 향리가 중앙의 유력층과 접촉 내지는 결탁하는 것을 막기 위한 효과적인 대책을 마련해야 하였다.

앞에서 살펴 본 B-7에 따르면 조준은 향리들이 향역에서 벗어나 관직에 나온 까닭을 기강이 해이해졌기 때문이라고 지적하였다. 그런데 향리들이 역을 벗어버리고 중앙에 진출할 수 있었던 계기는 많은 경우 사심관과 같은 중앙 권세가와 긴밀한 관계를 유지하고 있음으로 해서 마련되었다. 고려 말에 향리 출신으로 중앙에 진출할 수 있었던 사람은 중앙 권세가들의 직접·간접적인 후원에 힘입은 바가 컸다. 즉 향리와 중앙의 권세가들의 긴밀한 관계의 유지가 향리의 중앙진출을 돕기는 하였지만, 한편으로는 커다란 정치적·사회적 폐단을 일으켰다.36)

향리와 권세가의 유착관계는 서로의 이익에 바탕을 둔 것이었다. 향리는 향역의 한계를 뛰어넘어 중앙에 진출함으로서 신분질서를 흩트려 놓았다. 권세가는 향리의 도움을 받아서 지방에서의 경제적 이익을 추구하였다. 부정한 방법에 의한 농장의 확대가 그러한 예이다. 경제적인 기반을 이런 방식으로 다지게 된 권세가들은 중앙에서도 그들의 지위를 강화하였다. 권세가들의 이러한 움직임이 토지제도의 운용이나 농민의 토지소유에 부정적인 영향을 주었다. 비대해진 그들의 권력은 국가의 통상적인 인민통치에도 걸림돌이 되었다. 신분질서와 지배질서를 바로 잡으면서 민심을 수습해야 할 필요성은 더욱 커져갔다. 그러기 위해서는 먼저 향리와 권문세가 사이의 유착의 고리를 끊어야 하였다. 다음으로는 향리와 권세가 본래의 본분으로 되돌아가야 하였다.

이를 위해 이성계 세력은 중앙의 권세가와 지방의 향리 사이에 이어져 있던 밀착의 고리를 끊고자 하였다. 이렇게 함으로써 그들은 중앙의 권세가가 더 이상 함부로 지방행정에 간여하여 영향력을 행사할 수 없게 되기를 기대하였다.37) 그들은 나아가 향리의 중앙 진출에 쐐기를 박고

---

36) 이러한 사실에 관하여서는 홍승기, 1987, 앞의 논문 참조.

자 하였다. 그들은 향리가 제자리에서 본래의 임무만을 수행하기를 바랬다. 이와 같이 중앙의 권세가와 지방의 향리들의 활동영역을 축소하고 임무의 내용을 일정하게 묶어 둠으로써 이성계 세력은 신분질서와 지배질서를 바로 잡을 수 있게 되기를 소망하였다. 이렇게 함으로써 그들은 궁극적으로 그들 중심의 그리고 국가 중심의 새로운 지배권을 강화하는 데 기여할 것으로 기대하였다.

이성계 세력이 권세가를 지방통치에서 비껴 있도록 한 것은 그들이 국가의 지배질서를 무시하고 협잡과 부정에 의하여 지방에 영향력을 행사하기 때문이었다. 이성계를 비롯한 개혁론자들의 의도는 지방통치에 있어서 핵심적인 역할을 중앙의 관료들이 맡는 것이었다. 다만 그들의 지방통치는 공식적인 통치기구와 제도를 통하여 이루어져야 하였다. 그리고 그들은 중앙의 지방통치가 지방에 있는 사족들의 협조를 얻어서 이루어지기를 바랐다. 그러므로 향촌사회에 있어서 재지사족의 일정한 영향력을 인정하여 주었다. 실제로 그들은 향리들을 누르고 사족들을 부추켜서 사족들이 향리들을 제압하고 향촌에서 주도적·지배적·우월적 지위에 있도록 정책을 펴갔다.

그러나 이성계 세력이 재지사족에게 허용한 지위가 무한정·무제한적인 것은 아니었다. 거기에는 일정한 한계가 두어졌다. 향리에게 제 역할인 향역 그 자체에 충실할 것을 요구한 것처럼 재지사족에게도 국가에 대한 일정한 역, 즉 의무를 이행할 것을 기대하였다. 모든 백성이 주어진

---

37) 이 당시 이성계 일파가 향리의 중앙진출을 봉쇄하면서 억누르려고 한 중앙의 세력가들은 자신들과 반대입장에 있던 정치세력이었을 것이다. 개혁론자들에 의해 권력을 잡은 사람들이 사사로운 관계에 있는 자격도 없는 사람들에게 관직을 함부로 주었다고 공격받은 사람들은 대부분이 이성계 일파와는 다른 정치적 입장에 서 있는 사람들이었다. 예컨대 이인임과 같은 이른바 권문세족들이었다. 이러한 사실에 관하여서는, 崔先惠, 1997, 「高麗末 朝鮮初 觀察使論의 전개와 中央集權體制의 정비」『國史館論叢』 76, 3쪽 참조.

각자의 역을 져야한다는 원칙에서 재지사족도 예외적인 존재일 수 없었다. 관직을 가지게 됨으로써 職役을 수행하고 있지 않는 한 재지사족도 일반 백성들과 마찬가지로 군역의 부담을 지도록 하였다.[38] 재지사족에 해당하는 당사자 뿐만 아니라 그들의 자손들도 그렇게 해야 한다는 것이 개혁론자의 입장이었다.

종래에는 사족에게 군역의 의무는 지우게 하지 않았다. 奴婢를 비롯한 賤人에게도 역시 그러하였다. 그러니까 군역은 그것을 세습적으로 잇는 군인이나 보통 양인에게 해당하는 임무였다. 이렇게 볼 때 사족에게도 군역을 지우도록 하는 조치는 파격적인 것이다. 물론 그렇다고 사족에게 관직을 가지는 것이 본래의 역을 다하는 것이고 그것이 우선적이라는 원칙이 훼손된 것은 아니다. 어디까지나 관직이 없는 경우에는 사

---

[38] 韓永愚, 1983, 「麗末鮮初 閑良과 그 地位」『朝鮮前期社會經濟研究』, 을유문화사, 267쪽. 그런데 조선초기에 접어들어서의 기록을 보면 전직관리와 그 자제들은 군역을 비롯한 모든 국역을 일체 지고 있지 않았다고 한다. 그들이 군역을 회피하였다는 것이다(268~269쪽). 이성무의 견해도 양반이 원칙적으로 군역을 지게는 되어 있었지만 합법적으로 면제받을 수 있는 여러가지 길이 열려 있었다고 하였다(이성무, 1980, 앞의 책, 211~214쪽). 閔賢九도 '兩班'이라 해도 관인이나 급제자·관학생이 아니면 원칙적으로 군역을 지게 되어있었다고 지적하였다(閔賢九, 1968, 『朝鮮初期의 軍事制度와 政治』; 1981, 91~92쪽).
결국 전직 관리나 그 자제 등은 원칙적으로는 군역을 지게 되어있었다. 그러나 그들은 여러 가지 방법을 통해 군역을 지지 않았던 것이 현실이었다. 이를 두고 합법적인 경우도 있었지만 불법적으로 회피한 경우도 있었다고 보고 있는 것이다. 劉承源은 원칙적으로는 재지사족들이 군역을 지게 되었음에도 불구하고 실제로는 군역을 지지 않게 된 까닭을 軍額制度에서 풀어나가려고 하였다. 그의 설명에 따르면 원칙적으로는 전직관리를 비롯한 사족들도 군역을 지게 되어 있었다고 한다. 그러나 그들은 군역을 지지 않았다. 그것은 재지사족들이 불법적으로 군역을 피했기 때문이 아니라고 하였다. 각 주현에 배정된 군액이 정해져 있었는데, 국가는 그것을 평민으로 충당하고 관인의 자제들은 군역 부과와 다른 차원에서 활용하고자 했던 것이라고 추측하였다. 따라서 국가에서는 끊임없이 관인의 자제들을 파악하고는 있었지만, 군이 그들을 의무군에 동원하지 않았다는 것이다(劉承源, 1987, 『朝鮮初期身分制研究』, 을유문화사, 80~84, 89~90쪽).

족이라도 군역을 지라는 뜻이다. 그것은 부차적인 의무에 지나지 않는다. 그러나 관직을 가지게 되는 사족의 수가 극히 제한적일 수밖에 없는 현실을 헤아리고 보면, 개혁파의 그러한 조치가 지니는 의미를 간과할 수는 없다.

사족이 우대되고 그를 중심으로 지방지배가 이루어져야 하는 것이기는 하지만, 이제 사족의 지위는 보다 낮아져서 일반 良人과의 경계도 그만큼 희미해져 갈 수밖에 없게 되었다. 이것은 결국 국왕의 상대적인 지위가 그만큼 높아지고 있는 현실을 반영하는 일이다.

지금까지 고려말 유향품관의 동향을 검토해 보고, 이와 관련하여 이성계 세력이 향리와 유향품관에 대해 취한 정책을 알아 보았다. 이로써 알게 된 사실들을 다음과 같이 정리할 수 있다.

첫째 고려후기에 접어들면서 향리들이 세력을 행사하고 있는 지방에 중앙의 권력과 권위를 배경으로 한 사람들이 세력을 신장시켜 나갔다. 지방사회에 實職은 물론 檢校職·同正職이나 添設職 등을 받아 어떤 형태로든 국가의 관품을 갖게 된 사람들이 새로운 세력가로 자리를 잡아갔다. 이들은 留鄕品官으로 불리워질 수 있는 사람들이었다. 이들은 지방사회에서 각종 모임을 결성하여 서로 친목을 도모하였다. 그들은 또한 지방사회에서 자신들의 영향력과 권위를 높여갔다. 보다 주목할 사실은 그들은 기본적으로 정치적 위상을 높이고자 하는 욕구가 컸던 사람이라는 점이다. 이성계 세력은 유향품관을 지방세력의 대표자로 인정하고 그들을 고려한 새로운 지방통치체제를 마련하는 과제를 풀어야 하였다.

그런데 유향품관은 국가로부터 관품을 받은 사람이며 士族의 부류에 속한다는 점에서는 중앙관료들과 같았다. 그들은 중앙정부를 이끌어가는 사람들과 크게 다를 바가 없었다. 이러한 사람들이 지방에 하나의 계층을 형성해 갔다. 따라서 국가는 유향품관을 지방세력의 대표자로 인정하고 이들을 고려한 지방통치를 생각해야 하였다.

　둘째 이성계 세력은 향리는 향리로 남아있으면서 그 신분이 규정하는 사회적 역할을 세습적으로 수행하게 하는 정책을 추진하였다. 그들은 향리가 향역을 벗어던지고 신분을 상승하는 것은 물론 하강되는 것도 원하지 않았다. 향리도 제 역할이나 임무를 제 자리에서 수행할 것을 바랬다. 그러한 정책을 통해 이성계 세력이 의도했던 것은 관직이 士族에 의해 독점되도록 하자는 것이었다.

　셋째 이성계 세력은 국왕이 정점이 되는 통치체제를 수립하고자 하였다. 이러한 개혁의 방향은 지방통치체제에 있어서도 마찬가지였다. 그 대표적인 조처가 관찰사제도를 시행한 일이다. 관찰사는 국왕과 직접 연결되는 道의 장관이었다. 관찰사를 통해 보다 직접적이고 강력하게 국왕의 통치권을 지방민에게 행사하고자 하였다. 그런데 그 과정에 유향품관을 끌어들여 그들이 일정한 역할을 수행하도록 자리를 마련하였다. 경제적 수취를 돕고 지방행정을 거들고 지방민을 교육하는 일 등을 위해 유향품관이 담당하는 직임을 설치하였다. 그 밖에도 지방을 통치하는 일의 수행과 관련하여 지방세력의 도움이 필요한 경우에 향리가 아니고 유향품관이 이를 행사하도록 하였다.

　이와 같이 개혁세력은 유향품관을 중심으로 한 사족을 지방의 대표자로 세우고, 관료 중심의 지배를 강화하여 중앙집권을 확고히 하려는 정치적인 목적이 있었다. 그들은 고려말에 향리와 중앙의 권세가가 긴밀한 관계를 유지하면서 일으켰던 커다란 정치・사회적 폐단을 개혁하고자 하였다. 향리와 중앙의 권세가의 유착관계로 말미암아 향리는 중앙으로의 진출의 길을 마련하여 신분질서를 흐트러 놓았다. 권세가도 향리의 도움을 받아 지방에서의 경제적 이익을 추구하고, 중앙에서의 권력도 한층 강화할 수 있었다. 이러한 상황은 국가의 인민지배에 걸림돌이 되었다.

　이 문제를 해결하기 위해 이성계 세력은 중앙의 권세가와 지방의 향리의 연결을 끊고자 하였다. 이렇게 함으로써 그들은 중앙의 권세가가 자의적으로 지방행정에 영향력을 행사하지 못하도록 하였다. 나아가 향리의 중앙진출의 길도 봉쇄하였다. 중앙의 권세가와 지방의 향리의 활동영역을 축소하고 임무의 내용을 일정하게 묶어 둠으로써 이성계 세력은 신분질서와 지배질서를 바로 잡을 수 있게 되기를 소망하였다. 이렇게 함으로써 그들은 궁극적으로 그들 중심의 그리고 중앙 중심의 새로운 지배권을 강화하고자 하였다.

그런데 이성계 세력은 향리에게 제 역할인 향역 그 자체에 충실할 것을 요구한 것처럼 재지사족에게도 국가에 대한 일정한 역, 즉 의무를 이행할 것을 기대하였다. 이성계를 비롯한 개혁론자들의 의도는 지방통치에 있어서 중앙의 관료들이 공식적인 지배기구와 제도를 통하여 핵심적인 역할을 수행하게 하는 것이었다. 이와 동시에 그들은 중앙의 지방통치가 지방에 있는 유향품관을 중심으로 한 사족들의 협조를 얻어서 이루어지기를 바랐다. 그러므로 향촌사회에 있어서 그들은 재지사족의 일정한 영향력을 인정하여 줄 수밖에 없었다. 그러나 이성계 세력이 재지사족들에게 허용한 지위가 무한정·무제한적인 것은 아니었다. 그들은 사족들도 주어진 역을 져야 한다는 원칙을 세웠던 것이다.

제2절 留鄕品官의 지위와 觀察使制度의 시행

고려 말 이성계 세력이 국가의 실권을 장악한 이래 추진한 개혁의 내용은 대사헌 조준 등의 이름으로 올려진 여러 차례의 상소문을 통해 알 수 있다. 그런데 조준 등은 제 일차로 올린 상소문에서 토지제도를 바꾸고 觀察使를 파견하며 守令制度를 개혁할 것을 주장하였다.[39] 그것은

私田을 혁파하고 관찰사를 파견하며 수령제도의 모순점을 고치는 일이 그들의 정치권력을 강화시키고 새로운 왕조를 세우는 데에 있어서 가장 시급하고도 중요한 일이기 때문이었다.

관찰사제도를 설치하고 수령제도를 개혁하는 것은 지방통치체제를 새롭게 수립하는 일이었다. 그 동안 운용되어 온 국가의 지방통치방식은 그들이 세우는 새 왕조의 질서와는 걸맞지 않았던 것이다. 지방사회의 변화로 말미암아 예전의 지방통치체제로는 더 이상 지방을 다스리기 어렵게 된 사정도 있었다. 이와 같이 지방을 통치하는 데 어려움에 직면한 까닭은 고려후기 이래 성장해 온 유향품관을 새로운 통치체제로 끌어 들여야 하는 문제에 부딪쳤기 때문이라고 헤아려진다. 지방통치의 대상은 주로 지방의 일반 백성들이지만, 효율적인 통치를 위해서는 지방에서 일정한 영향력을 행사하고 있는 유향품관을 국가의 통제 아래 두면서 다른 한편으로는 그들의 협조를 얻어내는 일이 중요하였다. 따라서 이성계 세력은 중앙이 지방을 통치하는 제도를 개혁해야 하였다. 이 점에서 조준 등의 주장에 따른 관찰사 파견의 건의나 그 시행[40] 및 수령제[41]에 관한

---

39) 위화도 회군 직후인 昌王 즉위년 7월에 趙浚 등의 이름으로 올려진 첫 번째의 개혁안은 전제개혁안이라고 불리울 정도로 私田革罷를 주장한 것이었다. 또한 그것은 觀察使를 파견하고 守令의 기강을 확립하며 지방에 임시사행을 파견하는 일을 금지할 것 등이 주된 내용을 이루고 있다(『高麗史節要』 33, 昌王 즉위년 7월 大司憲 趙浚等上書條 참조).

40) 고려 말·조선 초의 관찰사에 관한 연구는 대략 다음과 같다.
邊太燮, 1968, 「高麗 按察使考」 『歷史學報』 40 ; 1971, 『高麗政治制度史研究』, 일조각.
河炫綱, 1977, 「後期 道制에의 轉成過程」 『高麗地方制度의 硏究』, 한국연구원.
張炳仁, 1978, 「朝鮮初期의 觀察使」 『韓國史論』 4.
金潤坤, 1985, 「麗代의 按察使制度成立과 그 背景」 『嶠南史學』 창간호.
李存熙, 1990, 「觀察使制와 그 運營」 『朝鮮時代地方行政制度硏究』, 일지사.
이러한 연구를 통하여 필자는 지방제도의 정비와 관련한 관찰사 제도의 성립과 그 임무 및 관계규정 등에 대한 구체적인 지식을 얻을 수 있었다. 그런데 지금까지 관찰사에 관한 연구는 고려 말 趙浚 등에 의하여 파견된 관찰사에 각별히 주

개혁 안을 유향품관과 관련하여 검토해 볼 필요가 있다.

또한 이성계 세력은 지방사회를 어떻게 아우를 것인가에 관한 문제도 해결해야 하였다. 그들은 중앙관료로서 자신들의 정치권력의 주도적 행사를 위하여 아래로 지방민과의 관계에서 새로운 국면을 모색해야 하였다. 그들은 수탈을 일삼는 대상으로 지목되던 지방관을 둘러싼 문제를 개혁하여 지방민과 새로운 조화를 이루어 사회적 안정을 이루어야 하였다. 고려 말에 벌어지고 있던 중앙과 지방의 갈등을 지양하고 새로운 타협과 조화를 이루어 사회를 안정시키고 새 왕조의 기초를 마련해야 하였다. 이성계 세력은 이러한 문제를 어떻게 해결하였는가 하는 점을 알아보고자 한다.

1. 유향품관과 觀察使의 설치

이성계 세력은 위화도 회군 뒤에 중앙의 권력을 장악하였다. 그러나

목하거나 그 역사적인 의미에 유의하여 이루어지지는 못하였다. 留鄕品官 등의 지방세력의 동향과 관련하여서는 더욱 그러하다.
유향품관의 동향을 주목하면서 관찰사제도의 시행과 운용에 관한 역사적 의의를 검토한 연구는 崔先惠, 1994, 「高麗末·朝鮮初 地方勢力의 動向과 觀察使 派遣」, 『震檀學報』 78이 있다.
41) 지금까지의 연구에서는 중앙정부가 지방세력가들을 통제하기 위한 방안으로 수령의 권한을 강화하였다고 지적되어 왔다.
李存熙, 1982, 「朝鮮初期의 守令制度」, 『歷史敎育』 30·31합집, 61~62쪽.
朴恩卿, 1984, 「高麗後期 地方品官勢力에 관한 硏究」, 『韓國史硏究』 44, 61~62, 72쪽.
吳宗祿·朴鎭愚, 1990, 「고려말 조선초 향촌사회질서의 재편」, 『역사와 현실』 3, 93쪽.
任先彬, 1990, 「朝鮮初期 守令制運營과 地方統制」, 『淸溪史學』 7, 142쪽.
그러나 이성계 일파는 수령의 권한을 강화하는 데 그친 것이 아니라 새로이 관찰사를 설치하였다. 그것은 중앙의 지방통치를 위해 새로 수립한 제도였다. 따라서 이성계 세력이 지방세력가들을 효과적으로 통치하기 위해 취한 노력을 알아보기 위해서는 관찰사제도에 주목해야 하는 것이다.

그들은 많은 어려움에 직면하였다. 그러한 어려움 가운데 하나가 지방에 대한 지배를 안정·강화하는 일이었다. 그러므로 조준 등의 주장에 따라 시행된 관찰사제도를 이해하기 위해서는 고려 말 지방통치제도의 운용 실태를 알아 볼 필요가 있다. 이는 이성계 세력이 지방에 대한 통치권을 확보하는 일에 있어서 그 당시 지방통치제도의 어떤 점이 걸림돌이었는가를 이해하는 길이기 때문이다. 먼저 按察使(按廉使)[42]의 선임에 관한 다음의 기록을 보도록 하자.

> A-1. 그러므로 국가에서 안렴사를 보낼 때마다 재상들이 각기 동료 중에 현명한 사람을 추천하여 그 가운데 많은 추천을 받은 사람을 임금께 계문하여 결정하게 되므로, 사람들이 여기에 선발되기가 역시 어렵다. 안렴사가 된 사람은 모두 이를 영화스럽게 여기고, 일찍이 안렴사를 지낸 사람이면 비록 알지 못하는 사이라도 모두 존경하고 신임하는데, 이는 이러한 선발을 거쳤기 때문이다.(『陽村集』 15, 「送交州道林按廉序」 禑王 6년 8월)

위 글에 따르면 안렴사를 파견할 때에는 재상이 각기 관료 가운데 현명한 사람을 추천하였으며 그 가운데 추천을 많이 받은 사람을 왕에게 계문하여 결정하였다고 한다. 이것은 실제 재상들이 안찰사를 파견하는 일에 대한 거의 절대적인 영향력을 갖고 있었음을 의미한다. 안찰사제도의 운용은 재상들의 수중에 있었다. 수령제도의 운용도 이와 마찬가지였다.

> A-2. 宰相에게 명하여 청렴하고 공정하고 관리의 사무를 잘 아는 사람을 뽑아 수령을 삼으라고 하였다.(『高麗史』 75, 選擧3 銓注 選用守令 恭愍王 5년 8월)

---

42) 고려시대의 안찰사는 忠烈王 2년에 안렴사로 개칭되었다(『高麗史』 77, 志31 百官2 外職). 이것은 원의 간섭으로 말미암아 고려 관제의 명칭이 격하되었기 때문이다. 이 책에서는 안찰사로 통일하여 서술하였다.

3. 이 달에 대간과 6조에 명령하여 고을 원이 될 만한 사람을 추천케 하고 또다시 선비로서 縣令과 監務를 삼았다. 우왕 대로부터 간신이 정권을 잡고 다투어 가며 사사롭게 사람을 임용하고 좋고 싫음에 따라 黜陟을 행하여 혹은 1년에 3~4차씩 바뀌기도 하였다. 여러 주현의 安集들은 글도 모르는 사람이 허다하여 남의 토지와 사람을 빼앗아 권세 있는 집에 바치고 심지어는 권신의 말·소·매·개 등을 길러주면서 아첨하여 이를 벼슬 오르는 미끼로 삼고 있으니 그들의 탐오하고 잔인한 폐해는 胥吏들보다도 더 심하였는데 이때에 와서 비로소 士流를 임용하게 되었다.(『高麗史』 75, 選擧3 銓注 選用守令 昌王 즉위년 8월)

A-2에 따르면 공민왕은 재상에게 수령을 선임하는 문제를 일임하였다. 그런데 A-3에 드러난 결과를 보면 우왕 대부터 정권을 잡은 사람들이 사적인 연결의 고리를 통해 수령을 임용하였다고 한다. 그러므로 수령이 된 뒤에도 계속 벼슬자리를 갖기 위해 백성을 수탈하며 권세가에게 아첨한다는 것이다. 이처럼 고려 말에 안찰사·수령으로 이어지는 지방통치제도는 權門世族[43]이 집단적으로 그 운용을 장악하고 있었다. 그들은 이러한 것을 바탕으로 지방에 정치·경제·사회적 영향력을 확보하여 갔으며 중앙에서의 지위도 한층 강화해 나갔다. 사정이 이러하다 보니 수령들은 권문세족에게 토지나 인민을 갖다 바치기 급급하였다. 수령들은 그것을 통해 출세의 길을 마련하고자 하였다. 수령들이 아전보다도 더 탐오하고 잔인하여 백성들이 해독을 입는다고 조준이 공격할 정도였다.[44] 세금도 제대로 국고로 들어올 리 없었다. 국가의 지방통치는 흔들리고 지방사회의 안정도 위협받고 있었다.

---

43) 고려 후기 정치 세력을 일컫는 용어로 '權門勢族' '權門世族' '世族層' 등과 '新進士大夫'라는 말이 많이 사용되어 왔다. 그런데 이러한 용어가 규정하는 정치세력에 관한 개념을 둘러싸고 지금까지 연구자들 사이에 합의를 이루지 못하고 있는 실정이다. 이 책에서는 고려 후기에 이성계 세력과는 대립적인 위치에 있던 집권세력을 지칭하는 용어로 이기백이 개설서에서 최초로 사용한 權門世族이라는 표현을 따른다(李基白, 1967, 『韓國史新論』 일조각, 181~195쪽).
44) 『高麗史』 75, 選擧3 銓注 選用守令 昌王 즉위년 8월.

지방통치제도의 문제점은 이 뿐만이 아니었다. 지방사회의 변화로 말미암아 안찰사·수령을 통해 이루어지는 지방통치는 고려후기로 접어들면서 한계에 달하고 있었다. 수령은 고려후기 이래 지방에서 세력을 신장시켜 가던 유향품관을 다스리는 데 어려움을 겪고 있었다. 그러한 사정은 다음의 기록을 통하여 드러난다.

> A-4. 全以道가 청하였다. "監務와 縣令에는 오로지 文士를 임명하여야 합니다. 옛 제도에 감무와 현령은 모두 과거에 급제한 士流를 기용하였습니다. 근래에 오로지 각 기관의 胥吏가 이를 하므로 탐오하고 백성을 괴롭힙니다. 또 그 官階가 다 7~8품으로서 관질이 낮고 사람도 미천하니 지방의 세력 있는 자들이 이들을 업신여기어 불법을 자행하여 鄕邑이 쇠잔하여졌습니다"(『고려사』 75, 選擧 3 銓注 選用守令 공민왕 8년)

全以道는 오로지 文士가 맡아야 하는 監務와 縣令을 서리들이 맡아서 생기는 문제를 지적하고 대안을 제시하였다. 자질이 부족한 서리가 맡으니 백성을 괴롭히고 그들의 출신과 품계가 낮으니 호강한 사람들이 이를 업신여겨 불법한 행동을 마음대로 하여 고을이 피폐해졌다고 한다. 이에 오로지 文士 내지는 士類가 監務나 縣令을 맡게 하자고 하였다.

그런데 여기에 보이는 호강한 사람들에 관해 주목해 볼 필요가 있다. 서리들이 감무나 현령을 맡으니 이들을 미천한 부류라고 하여 우습게 여겼다는 점을 음미하여 보면 그들은 적어도 지방사회에서 일반 농민보다는 높은 신분층이었다. 특히 감무나 현령의 秩이 낮다고 하여 업신여긴 점을 고려하여 보면 호강한 사람들은 아마도 그보다는 높은 품계를 지닌 유향품관인 경우가 많았다고 생각된다. 수령은 그러한 유향품관을 상대로 중앙의 정책을 집행해 나갈 수 없었던 것이다.

또한 비록 按察使가 지방통치의 책임을 맡고는 있었지만, 안찰사는 그 지역의 행정을 완전히 장악하지는 못한 실정이었다.[45] 더욱이 안찰사

---

45) 河炫綱, 앞의 논문, 65~67쪽.

는 대개 관품이 수령보다도 더 낮았다.46) 따라서 안찰사도 유향품관을 상대로 지방통치를 수행해 나갈 수 없었다. 유향품관은 중앙이 지방을 통치하기 위해 마련된 안찰사·수령으로 이어지는 체계에서 비껴나 있는 셈이었다.

이성계 세력이 새로운 통치체제를 수립하기 위해서는 이와 같은 지방통치제도의 문제점을 해결해야 하였다. 이를 위해 그들은 먼저 안찰사·수령제도가 권문세족에 의해 자의적으로 운용되어 온 것을 개혁해야 하였다. 상대적으로 크게 제약을 받고 있던 국왕의 지방에 대한 통치권을 확대·강화해야 하였다. 그리고 중앙정부가 많은 수령들을 직접 통제할 수 없는 상황에서 안찰사와는 달리 보다 강력하게 수령을 통제할 제도가 필요하였다. 또한 유향품관을 새로운 통치체제로 끌어 들여야 하였다.

이 뿐만이 아니라 이성계 세력은 지방사회를 어떻게 아우를 것인가에 관한 문제도 해결해야 하였다. 그들은 중앙의 관료로서 정치권력의 주도적 행사를 위하여 아래로 관료가 아닌 계층이나 지방민과의 관계에서 새로운 국면을 모색하여야 하였다. 그들은 중앙 귀족들과 사적으로 연결되어 수탈을 일삼는 대상으로 지목되던 지방관을 둘러싼 문제를 개혁하여 지방민과 새로운 조화를 이루어 사회적 안정을 이루어야 하였다. 그들은 고려말에 벌어지고 있던 중앙과 지방의 갈등을 지양하고 새로운 타협과 조화를 이루어 사회를 안정시키고 새 왕조의 기초를 마련해야 하였다. 조준 등이 주장하여 시행한 관찰사제도는 이러한 문제를 염두에 두고 마련한 새로운 방안이었다. 이와 관련하여 제일 처음으로 관찰사를 파견할 때의 사정을 전해주는 아래의 기록을 보도록 하자.

---

46) 고려시대의 안찰사는 대체로 5~6품의 관리가 담당하는 관직이었다(변태섭, 앞의 논문, 168~169쪽).

B. 檢校政堂文學 趙云仡이 죽었다. 戊辰年(昌王 즉위년)에 기용되어 密直提學이 되었다. 그때 조정에서 논의하기를, 각도에 안렴사가 관질이 낮아 임무를 능히 거행할 수가 없다고 하여, 양부에서 위엄과 덕망이 있는 자를 골라 都觀察黜陟使로 삼아 敎書와 斧鉞을 주어 보냈다. 조운흘은 西海道의 도관찰출척사가 되어 기강을 진작시키고, 豪强한 이를 억누르고 약한 이를 도와서, 법을 범하는 자가 있으면 털끝만치도 용서하지 아니하니, 部內가 다스려졌다.(『太宗實錄』 8, 태종 4년 12월 임신)

B는 昌王이 즉위한 무렵에 조정에서는 按廉使가 官秩이 낮아 그 임무를 제대로 수행하지 못한다는 의논이 있었으며 이에 관찰사가 파견되었음을 전하여 준다. 조정의 집권자들이 안렴사에게 바랄 수 없다고 판단하여 관찰사에게 각별히 기대한 점은 이 때 서해도 관찰사로 부임한 趙云仡의 활동을 통해 짐작된다. 조운흘은 기강을 바로잡아 호강한 이를 누르고 약한 이를 도우며 법을 어긴 사람은 조금도 용서하지 않는 등의 일을 함으로써 部內를 다스렸다고 한다. 이것을 통해 관찰사를 파견할 때 중앙의 관심은 지방에서 세력을 행사하고 법은 어기는 등 중앙의 뜻을 거스리거나 무시하는 사람에게 향하였던 것을 알 수 있다. 그들을 상대하기 위해 중앙은 격이 달라진 관찰사를 파견한 것이다.

관찰사로 하여금 각별히 지방에서 세력을 행사하는 사람을 상대하게 한 것은 그들을 수령에게 맡기지 않고 관찰사가 직접 나서게 한다는 뜻이다. 이 조처는 그들을 보다 확실하게 중앙에서 통제하겠다는 의도이다. 이와 동시에 그것은 그들이 향촌사회에서 누리는 지위를 인정해 준다는 표현이기도 하다. 이제 지방에서 세력가를 상대하는 관료는 수령이라기보다는 관찰사라는 점에서 그러하다. 더욱이 조운흘의 예에서도 보듯이 관찰사는 왕에게서 직접 교서와 부월을 받은 사람이었다. 관찰사는 왕과 직접 연결되는 왕의 使者로서의 권위와 권력을 지니고 있었다. 따라서 예전의 안찰사나 수령이 아닌 관찰사가 나서게 한 것은 지방의 세력가에 대한 통제책인 동시에 우대책이기도 하였다. 중앙이 이와 같이 신중하게 통제와 회유의 양면정책을 펴나간 대상은 유향품관이라고 보인다. 물론 여기에서 호강한 사람들이 유향품관이라는 명백한 언급은 없다. 그러나 그 당시에 지방에서 세력을 행사하던 사람으로는 아직까지 영향력을 행사하던 향리와 더불어 유향품관이 있었다. 이성계 세력이 향리에 대하여서는 강력한 억제책을 마련하였고 그것은 대개 일차적으로 수령이 맡았던 점 등을 고려하여 보면 관찰사가 상대해야 하였던 지방의 세력가는 결국은 유향품관이었다.

중앙의 집권자들이 유향품관의 동향을 주시한 까닭은 특히 새 왕조의 건국을 앞뒤로 한 시기이기 때문이었다. 그들로서는 중앙에서 벼슬자리를 하던 사람이나 유력한 지방세력가들 가운데에 새 왕조의 개창을 받아들이지 못하는 사람들에 대하여서는 촉각을 곤두세울 수밖에 없었다. 그러한 경우를 알아 보기로 하자.

> B-1. 徐甄선생은 혁명 때에 掌令으로 벼슬을 그만 두었는데 衿川의 시골 마을에 물러나 살았다. 늘 고려조의 일을 생각하며 원통하고 슬퍼해하며 시를 지어 말하기를, "천년의 神都는 아득히 막혔구나. 忠良들이 현명한 왕을 도왔었네. 삼국을 통일한 큰 공이 지금 어디에 있는가. 前朝의 왕업이 길지 않음을 한탄하노라"하였다.(『慵齋叢話』 3)
>
> 2. 吉再선생은 高麗의 멸망을 괴로워하여 門下注書 벼슬을 던져 버리고 一善의 金鰲山 아래에 살면서 我朝에 벼슬하지 않을 것을 맹세하였다. 我朝 역시 禮로써 대우하고 그의 의지를 빼앗지 않았다. 公은 고을 안의 여러 生徒를 모아 齋를 둘로 나누어 벌열 가문의 후예는 上齋로, 마을의 미천한 가문의 사람들은 下齋로 하였다. 이에 경서와 사기를 가르치고 그 부지런하고 게으른 것을 고과하니 글 배우는 자들이 날마다 백을 헤아렸다.(『慵齋叢話』 3)

徐甄은 조선이 개국되자 衿川(始興)으로 물러가 살았다. 그는 高麗의 왕업이 이어지지 못한 것을 분하고 한스럽게 생각했다. 吉再도 고려가 망한 것을 애통해하면서 조선에 벼슬하지 않을 것을 맹세한 사람이다. 길재는 金烏山(慶尙北道 龜尾)으로 내려가 齋를 열어 마을사람들에게 글을 가르치면서 살았다. 서견이나 길재 등과 같이 조선이 건국된 뒤에는 새로운 왕조에 협조하지 않고 벼슬을 버리고 지방으로 내려간 이들이 많았다. 조선의 건국을 주도한 사람들 입장에서는 그들이 朝廷에는 물론 지방사회에 미칠 영향을 우려하지 않을 수 없었다. 또한 이미 지방에 한거하고 있던 유향품관 가운데에서도 새 왕조의 건국을 쉽게 받아들이지 못하는 사람들이 있었을 것이다. 이러한 사정 때문에 조선이 건국된 뒤 관찰사를 통하여 유향품관을 제어하기 위한 조처가 취해졌다고 생각한다. 이러한 조처의 구체적인 예를 검토해 보기로 하자.

> C-1. 資級을 뛰어서 職牒을 받은 사람들에게 말을 차등 있게 징발하고 그 직첩을 거두어 들였다. 이보다 앞서 添設職에는 정한 수가 없어서 직첩을 남발한 일이 있었다. 그러므로 도평의사사에서 각도의 관찰사로 하여금 사실을 조사하여 말을 징발하기로 청하였던 것이었다.(『태조실록』 6, 태조 3년 11월 임술)

위 기록은 각 도의 관찰사로 하여금 資級을 뛰어 넘어 職을 받은 添設職者를 조사하여 말을 징수하고 그 직첩까지 회수하라는 명령이 내려진 것을 전하여 준다. 관찰사는 첨설직 수직자가 갖고 있는 직첩의 진위를 가려내라는 것이다. 이제 첨설직자들은 관찰사에게 자신의 전직을 인정받아야 하였다. 그것은 그들이 정치적 지위를 높이기 위하여서는 반드시 거쳐야 되는 과정이었다. 물론 이러한 조처는 국가가 보다 확실하게 첨설직을 지닌 사람들을 정리하고 통제하려는 의도로서 추진된 것이었다. 그러나 다른 한편으로는 이러한 조치는 국가가 첨설직자들에게 혜택을 제공하는 과정에서 이루어진 일이었다. 이 점은 다음에 보인 大司憲 朴經 등이 올린 상소문에서 보다 자세하게 알아 볼 수가 있다.

C-2. 대사헌 朴經 등이 상소하였다. "… 전하께서는 宿衛하는 군사들 가운데 포상을 받지 못한 자가 있을까 하여, 그 공로의 많고 적음으로서 資級의 등급을 매겨 添設官의 직을 주고자 하여, 여러 장군과 절제사로 하여금 그 職名을 기록해 올리게 하였습니다. 그 중에는 간사하고 교활한 자가 거짓으로 예전의 자급을 올려서 높은 벼슬을 취한 자가 많이 있습니다. … 이제 이미 여러 도에 영을 내려서, 이런 무리들을 찾아내어 말을 징발하고 직첩을 거두게 하였으나, 신 등은 그윽이 생각하옵건대, 뒤에 징계하는 것이 어찌 당초에 살피는 것과 같겠습니까? 바라옵건대, 지금부터는 嘉善 이하 4품 이상의 첨설직을 받는 자는 모두 敎明에 그 전직을 기록하여 거짓이 없게 하고, 그 교명은 다 사헌부로 내려보내서 전직첩을 조사해 본 뒤에 발령하게 하면, 사람들이 무턱대고 승진하려 하는 마음이 없어질 것이요, 나라에서도 함부로 상주는 폐단이 없을 것입니다."하니, 임금이 이를 윤허하였다.(『태조실록』 6, 태조 3년 12월 신묘)

이 기록은 C-1에 보인 조처의 내용에 대한 보다 자세한 설명이 이루어져 있다. 이미 여러 장군과 절제사들이 私兵처럼 거느리던 군사들에게 포상책으로 첨설직이 내려졌다.[47] 그런데 그 가운데 거짓으로 전의 계급을 올려서 높은 관직을 취한 경우가 많이 있으니 관찰사로 하여금 이러한 사람들을 찾아내어 징계를 가하게 하라는 것이다. 또한 앞으로도 가선(종2품)이하 사품이상의 첨설직을 받은 사람들은 사헌부에서 그 전직을 자세하게 조사한 뒤에 발령을 내리자고 하였다.

관찰사에게 조사를 받아 전직을 인정받고 경우에 따라서 사헌부로부터 공인까지 얻어내야 한다는 점에서 이러한 조처는 첨설직자에 대한 통제책이었다. 국가의 의도는 전국의 첨설직자를 파악하고 정리하여 그들의 기세를 약화시키고자 하는 데 있었다. 아직 사병혁파가 이루어지지 못한 상황에서 첨설직자를 국가의 통제 안으로 끌어들이려는 이러한 조치는 더욱 절

---

47) 고려말이래 군공을 이룩한 여러 유력한 장수들에게 소속된 사병들에게 첨설직이 수여된 사실은 鄭杜熙, 1978,「高麗末期의 添設職」『震檀學報』44 ; 1990,「高麗末 新興武人勢力의 成長과 添設職의 設置」『李載龒博士還曆紀念韓國史學論叢』, 287~288쪽 참조.

실한 문제였을 것이다.

그런데 위 기록에서 첨설직자 가운데 이전의 계급을 거짓으로 올려 높은 관직을 취한 자도 많다는 지적은, 첨설직을 받은 사람들이 그것을 바탕으로 하여 정치적 지위를 향상시켜 나가고 있던 현실을 반영하여 준다. C-2는 그러한 상황 자체를 비판한 것이라기보다는 첨설직자들이 자신들이 받은 자급을 실제보다 높게 속이는 일을 문제삼고 있다. 따라서 그들의 직첩을 자세하게 조사해야 한다는 것이다.

즉 첨설직을 인정받지 못하게 된 사람은 직첩을 빼앗기고 말까지 내놓아야 하게 되었지만, 그렇지 않은 사람은 그들이 지냈던 직책과 현재의 직급을 국가로부터 확실하게 인정받게 되었다. 그들은 새 왕조에 들어와서도 비록 실직은 아니지만 중앙의 관직을 지니게 되었고 그로 말미암아 자신의 지위를 여러 가지 측면에서 향상시켜 나갈 수 있게 되었다. 관찰사에게 첨설직을 보증받은 사람들은 이를 통해 정치적 지위를 올리고 경제적인 이익을 얻고 신분도 상승시킬 수 있는 기반을 확보할 수 있게 된 셈이다. 첨설직의 진위를 잘 가려내어 그들이 함부로 급을 올리는 일을 막자는 주장이 제기된 것을 보아도, 실제 첨설직을 통해 얻을 수 있는 것들이 매우 컸다는 점이 드러난다.[48]

결국 이러한 사실을 통해 국가는 첨설직자의 직급을 인정해 주고 그것에 걸맞는 관직을 부여하는 노력을 적극적으로 추진하였다는 사실을

---

48) 흔히 고려말에 정도전이 궁성숙위부를 설치하자고 한 것도 첨설직을 가진 사람들에 대한 제재조처로 이야기 되었다(박은경, 앞의 책, 190~191쪽). 그러나 첨설직의 혜택은 정치·경제·사회적으로 상당한 것이었다고 한다. 또한 고려말에 이성계 등은 첨설직 수직자 등 지방의 유력층 출신의 무인들을 일면 국가의 통제아래 두면서 다른 한편으로는 이들을 회유하여 자신들의 강력한 군사적 세력기반으로 삼으려는 兩面政策을 사용하였다고 한다. 그러므로 궁성숙위부의 설치는 종래 첨설직을 가진 사람들에게 그들이 가진 첨설직에 상응하는 實職을 내린다는 회유적인 측면도 있던 사실을 돌려놓을 수 없을 것이다. 이러한 사실에 관하여서는 정두희가 1990, 앞의 논문, 296~298쪽에서 지적하였다.

알 수 있다. 국가의 목적은 첨설직자에게 혜택을 제공하면서 그들을 회유하여 새 왕조로 흡수하는 데 있었다. 국가는 첨설직자 가운데에서 새 왕조를 지지하고 그것에 협조적인 사람에게는 혜택을 내리고, 그렇지 않은 사람에게는 직첩을 회수해 버리는 등의 양면정책을 펴 나갔던 것이다.49) 이러한 국가의 정책은 관찰사가 나서서 그 실효를 거둘 수 있었다.50)

국가는 첨설직자는 물론 실직을 역임한 일이 있는 유향품관에게도 그 세력을 약화시키기 위한 조처들을 취하였다. 그런데 그 경우도 대부분은 그들 가운데 반중앙적이거나 이성계의 집권에 반대한 태도를 보인 사람에게 해당되는 일이었다고 짐작된다. 그것은 아래의 기록에서 확인된다.

> C-3. 憲司에서 상언하였다. "지방의 品官이 서울에 살며 시위하는 데에 정한 날짜가 있는데, 전 門下府使 崔濂, 전 和寧尹 朴天祥, 전 密直 全子忠·孫光裕 등은 모두 기일에 미치지 못하였습니다. 청하옵건대 敎旨에 의하여 職牒을 수탈하고 재산을 적몰하소서." 임금이 그대로 따랐다.(『太祖實錄』11, 태조 6년 6월 임오)

C-3을 보면 이미 유향품관에게 居京侍衛의 명령이 내려져 있음을 알 수 있다. 이것은 국가가 지방에 흩어져 살고 있는 유향품관을 통제하기 위해 취한 조처였다.51) 시위하기로 정해진 날짜까지 서울에 올라오지 못한 유향품관은 직첩을 빼앗기고 재산마저 몰수당하는 것과 같은 강력

---

49) 조선초기에는 검교·첨설직 등을 아예 없애 버리자는 상소도 자주 발견된다. 예컨대 『太祖實錄』7, 태조 4년 5월 을사 및 同 13 태조 7년 2월 을미 등.
50) 이와 관련하여 태조 3년에 交州江陵道觀察使였던 吳思忠의 활약이 참고된다. 오사충은 이 때 자급을 뛰어넘어 벼슬을 받은 사람을 엄격하게 조사하여 모두 말을 내게하여 중앙에 올리고 官의 비용에 충당하였다고 한다(『太宗實錄』11, 태종 6년 2월 辛未에 실린 吳思忠卒記 참조).
51) 千寬宇, 1956, 「麗末·鮮初의 閑良」『李丙燾博士華甲紀念論叢』; 1979, 『近世朝鮮史研究』, 47쪽의 주 5) 참조.

한 처벌을 받았다. 그것은 특히 새 왕조에 순응하지 않는 유향품관에게 해당되는 일이었을 것이다. 이 점은 C-3에 보이는 유향품관인 朴天祥・全子忠・孫光裕 등이 反李成桂派에 속하는 인물들인 것을 보면 분명히 드러난다.52) 나라를 세운 초창기였기 때문에 중앙의 집권자로서는 유향품관을 정부의 통제아래 두려는 노력을 소홀히 할 수 없었다. 중앙 집권자들의 관찰사에 대한 기대와 관련하여 鄭道傳이 정리한 監司論도 주목된다. 정도전은 태조 4년에「監司論」을 저술하였다. 이 글에서 정도전은 중국에 監司가 설치되기 이전에 州郡에 파견되었던 관리로서 뒷날 감사의 전신으로 볼 수 있는 관리들을 모두 감사에 포함시켜 설명하였다.53) 정도전의 감사론에서 관찰사가 지방세력의 기세를 약화시키기를 기대한 문제를 알아보기 위해 다음 기록을 보자.

---

52) 崔濂과 全子忠은 李仁任과 뜻을 같이 하던 사람들이었다(『高麗史』39, 姦臣2 李仁任傳 및 同 50, 昌王 원년 3월・同 45 恭讓王 원년 11월 乙卯條 참조). 朴天祥은 이성계를 제거하려는 모의로 알려진 金宗衍 사건이 일어났을 때 그의 일족으로서 연좌되었던 인물이다(『高麗史』17, 金周鼎 附 金宗衍傳). 孫光裕는 崔瑩과 함께 왜구를 잡는 무장활동을 폈던 인물이며(『高麗史』26, 崔瑩傳), 태조대에는 이인임과 같은 편에 섰던 사람들과 함께 처벌받고 있다. 이 점으로 보아 그도 이성계보다는 최영과 같은 고려 구신계열과 가깝던 인물이 아닐까 하고 생각된다.

53) 본래 '監司'는 宋代에 路라는 지방 행정단위에 파견된 여러 종류의 장관에 대한 총칭이다. 路에는 轉運使를 비롯하여 提點刑獄使・經略使・撫使 등의 관리가 파견되었다. 이들은 모두 감사로 불리워졌다. 감사는 經書에 보이는 方伯이나 漢代의 刺史에 비유되는 존재라고 한다. 감사는 중앙정부와 지방을 연결하는 중요한 책무를 지닌 존재로서 수령보다 한층 중시되었다. 그리고 송의 감사도 일년의 임기동안 관내를 순행하여 보고서를 제출하였다고 한다(梅原郁, 1985,『宋代官僚制度研究』, 同朋舍, 267~269쪽 참조).
정도전은 이와 같은 한대 刺史에서 송대 轉運使 등에 이르기까지의 관리들을 모두 감사로 인식하여 논의하였다. 또한 정도전이 觀察使를 監司라고 표현한 것은 송대 감사제도를 염두에 두었기 때문인 것 같다. 조선에서도 관찰사와 감사는 구별되지 않고 사용되었다.

D-1. 漢 武帝는 部刺史를 두어 秩을 육백석으로 하고 6조로 州郡을 조찰하게 하였다. 첫째는 강호한 종족이 田宅에 있어 법도를 뛰어 넘는 것, 둘째는 이천석이 조서를 받들어 행하지 않는 것, 셋째는 이천석이 의심스런 옥사를 구휼하지 않는 것, 넷째는 이천석이 일의 선정에 공평하지 않은 것, 여섯째는 이천석의 자제가 세력을 믿는 것, 여섯째는 이천석이 공무를 빙자하여 백성을 해롭게 하는 것이다.(『三峰集』10, 經濟文鑑 下 監司)

이에 따르면 정도전은 漢의 部刺史54)가 수행했던 임무로 여섯 개의 항목을 들었다. 그 내용은 크게 두 가지로 정리된다. 첫째 부자사는 강호한 종족이 지방에서 권세를 빌어 불법한 일을 저지르는 것과 지방관의 자제가 세력을 믿는 일들을 다스려야 한다는 것이다(1, 5항). 둘째 부자사는 二千石(= 太守)55)을 감찰해야 한다는 것이다(2, 3, 4, 6항). 즉 정도전이 부자사의 직분으로 제시한 것은 지방의 세력가를 잘 다스리고 태수와 같은 지방관을 감찰하는 일이었다. 부자사가 지방의 세력가를 통제해야 하였던 까닭은, 태수 등의 지방관은 그들을 다스릴 수 없기 때문이었다. 결국 方伯의 지위에 있는 관리는 그 아래 지방관에 대한 감찰과 더불어 지방의 세력가들을 효과적으로 다스리는 역할을 수행해야 한다는 것이다.

정도전은 이러한 漢의 部刺史의 경우를 들면서 조선의 관찰사가 봉행해야 할 일들을 조목 조목 정리한 자리에서 다음과 같이 지적하였다.

D-2. 監司는 마땅히 擧劾을 해야 한다. 감사가 郡縣에 두려워하는 것이 있어 감히 擧劾하지 못하는 것은, 어느 군수는 일찍이 侍從을 지냈으니 그가 다시 시종이 되면 구할 바가 있을 일을 바랄 수 있고, 일찍이 대간

---

54) 정도전은 漢代의 刺史를 감사로 인식하여 논의하였다. 그 까닭은 한대의 자사가 감사의 성격을 지닌 관리였기 때문일 것이다(앞의 주 53) 참조).
55) 鄭道傳은 二千石을 郡太守를 일컫는 용어로 사용하였다(『三峰集』10, 經濟文鑑 下 郡太守 참조).

을 지낸 사람이면 그가 다시 대간이 되면 탄핵당할 일을 두려워하고, 豪族·猾吏가 범법을 저지르면 조정에 인척이나 친구가 있을까 두려워하여 모두 불문에 붙인다. 아아, 감사된 사람은 모두 들추어내어 탄핵함을 직분으로 삼아야 하지 않겠는가!(『三峰集』10, 經濟文鑑 下 監司)

D-2에 따르면 정도전은 감사된 자가 지방에서 불법한 일을 저지르는 豪族이나 수령·향리 등을 들추어내어 탄핵함을 직분으로 삼아야 한다는 점을 강조하였다. 여기에서 중앙의 조정에 벼슬자리를 살고 있는 사람과 인척관계에 있거나 친분이 있는 사람들로서 향리와 구별되어 지목된 사람으로 '豪族'이 있다. 그들은 정도전이 관찰사에게 각별히 감찰할 것을 당부한 사람들이었고, 중앙의 정계와 일정한 관련을 갖고 있는 사람들이었다. 이 점으로 보아 그들을 대표하는 사람은 유향품관과 같은 세력가였을 것이다. 이들은 앞에서 살펴 보았듯이 수령이 제어하기 어려운 사람들이었다. 또한 중앙의 권세가와 연결되어 있는 향리의 탈법행위도 수령이 다스리기는 어려웠다. 정도전은 관찰사가 이러한 지방의 세력가를 잘 감찰해야 한다는 점을 강조하였던 것이다.

정도전은 뒷날 태조 4년에 전라도관찰사로 부임하는 李茂에게 『監司要略』이라는 글을 지어 준 일이 있다. 그 내용은 전해지지 않지만 權近이 지은 跋文은 남아 있다. 그 글에서도 정도전은 관찰사의 주된 임무의 하나로 豪猾한 자를 제어하는 일을 들었다.

D-3. 監司의 설치는 오래 되었다. 임금의 덕을 선양하고 민정을 통하게 하며 호활한 자를 징계하고 곤궁한 자를 보살피며, 말 한 마디로 사람을 권장하게 하고 말 한 마디로 사람을 조심하게 하니, 돌아보건대 그 책임이 중하지 않은가! 그러나 옛날에는 품계가 낮았었다. 지금은 양부에서 어질고 재주와 덕망이 있는 자를 택하여 임명하니, 지위와 권세가 모두 중하여 사람들이 이를 두려워한다.(『陽村集』22, 「經濟文鑑監司要略跋」)

감사는 임금의 덕을 선양하여 백성에게 베풀어야 하므로 그것을 방해하는 호활한 자를 징계하고 곤궁한 사람을 보살펴야 한다는 것이다. 그러나 옛날의 경우 즉 고려의 안찰사는 관질이 낮아서 이러한 일을 제대로 수행할 수 없었다고 하였다. 하지만 지금은 양부 즉 2품 이상에서 택하여 정하니 지위와 권세가 모두 중하게 되었다고 한다. 지위가 높아지고 권세가 커지게 되니 사람들이 관찰사를 더욱 공경하고 두려워하게 되었다고 지적하였다.

이에 따르면 국가가 관찰사의 지위를 높이고 막강한 권력을 부여한 목적은 지방에 살고 있는 사람들이 그를 더욱 공경하고 두려워하게 만들기 위해서였다. 특히 임금의 덕을 백성에게 미치게 해야 하는데 그 사이에서 이를 방해하는 호활한 자를 관찰사가 제압해야 한다고 하였다. 정도전이 지방의 호활한 자로 지목한 대상에 지방의 세력가를 돌려놓을 수 없다. 그 가운데에서도 안찰사가 관질이 낮아 그들을 잘 다스리지 못하였다는 지적으로 보아 관찰사를 통해 기세를 약화시키고 싶은 대상은 주로 유향품관이었다고 보아도 좋을 것이다. 결국 이 당시에 국가가 관찰사에게 지방세력에 대한 감찰을 그토록 강조했던 까닭은 유향품관 때문이었다고 보아도 크게 어긋나지 않을 것이다. 고려시대의 안찰사－수령으로 이어지는 제도로는 유향품관을 국가의 질서 안으로 끌어 들이기가 어려웠다. 그러나 관찰사제도의 운용을 통하여 유향품관은 새로운 통치체제로 흡수되어 갔다. 이 점에서 관찰사제도는 안찰사와 수령의 통제를 벗어나 지방사회에 세력가로 자리를 잡아간 유향품관이 고려된 지방통치체제라고 할 수 있다. 관찰사는 유향품관을 상대로 통제와 회유라는 양면정책을 신중하게 사용하면서 그들을 새로이 개편되는 통치체제에 순응하도록 이끌어 갔다. 이러한 정책의 성과를 이해하는 일과 관련하여 아래의 두가지 일화를 보도록 하자.

E-1. 문하부 낭사가 知楊州事 金潚를 탄핵하여 파직시켰다. … 廣濟院 土

豪인 전 典書 崔沃이 밤중에 奴子 10여 명을 데리고 칼을 차고서 知楊
州事 金澍가 숙박하고 있는 곳을 포위하고 詰難하기를, "나의 종 長金
이 잡은 곰의 가죽을 일찍이 관가로 들여갔는데, 어찌하여 돌려주지 않
는가?"하고, 이로 인하여 김대의 아들을 구타하니 大小吏民들이 말리었
다. 이튿날 새벽에 또 와서 행패를 부렸다. 헌사에서 상언하기를, "여러
고을 경내의 인민이 잡은 곰과 범의 가죽을 관가에 바치는 것은 관례입
니다. 김대가 비록 파직되어 집으로 돌아가더라도, 고을 사람이 사사로
운 감정으로 劫迫하고 욕보이며, 그 아들을 구타하였으니, 매우 탐욕스
럽고 악합니다. 그 시골 인민들이 안렴사에게 호소하여 境外로 쫓아내
고, 그 田土를 거두어 향풍을 바로잡으려고 하니, 비옵건대, 호소한 바
와 같이 하여 그 악을 징계하소서."하였다.(『太宗實錄』1, 태종 원년 6
월 계유)

楊州의 土豪인 前 典書 崔沃은 知楊州事 金澍에게 감정을 품어 자
신의 노비 10여 명을 이끌고 칼을 차고 와서 김대를 위협하고 그의 아들
을 구타하기까지 하였다. 최옥은 자신의 종이 잡아 관가에 들인 곰의 가
죽을 돌려달라고 하였다. 그러나 그것은 단지 최옥이 김대를 협박하기
위한 구실이었다. 사헌부의 상언에 따르면 백성들이 곰이나 호랑이의 가
죽을 관가에 바치는 것은 일반적인 관례였기 때문이다. 따라서 최옥이
김대를 위협한 정확한 까닭은 알 수 없다. 그러나 그는 그 지방을 다스
리던 관리에게 무력을 휘두를 정도로 세력을 떨친 인물인 것만은 분명하
다. 이 일로 미루어 최옥이 평상시에도 지방관의 다스림에 쉽게 순응하
지 않았을 것이라는 점을 알 수 있다. 수령들이 최옥과 같은 유향품관을
통치한다는 것은 매우 어려운 일이었다.

일이 이렇게 되자 고을사람들은 최옥의 일을 관찰사(안렴사)에게 호
소하였다. 사헌부가 상언한 내용으로 미루어 관찰사는 최옥을 다른 지방
으로 쫓아 내고 그 토지는 몰수하자고 건의한 것 같다. 관찰사가 直斷하
기에 앞서 중앙에 보고한 까닭은 최옥이 3품에 해당하는 典書를 지낸
사람이기 때문이었다.[56] 결국 이 사건은 지방에서 세력을 행사하는 유

제1장 留鄕品官의 성장과 地方統治體制의 정비 83

향품관에 대한 문제는 관찰사가 나서야 했던 사실을 확인시켜 주는 하나의 사례이다. 이와 비슷한 경우를 하나 더 보도록 하자.

> E-2. 檢校漢城尹 趙瑜의 직첩을 거두었다. 조유는 전라도 順天府에 사는데, 올해의 가뭄으로 인하여 檢校의 직을 받았었다. 도관찰사 權軫이 外山 初祭의 香祝을 받들고 가는데, 조유가 길에서 만나 가선대부가 귀한 것이라 믿고 말을 달려 지나갔다. 권진이 그 불경한 죄를 청하였기 때문이다.(『太宗實錄』 32, 태종 16년 9월 임인)

이에 따르면 全羅道觀察使 權軫의 청에 따라 順天府에 살고 있던 檢校漢城尹 趙瑜의 職牒을 거두었다. 조유가 檢校의 직을 받은 것은 그 해에 가뭄이 들었기 때문이라고 한다. 자세한 사정을 알 수는 없지만 가뭄이 들자 조유는 경제적 혜택을 베풀었고, 국가가 이를 인정하여 그에게 검교직을 내린 것이라고 여겨진다. 이 점에서 아마도 조유는 그 지방에 경제적 기반을 갖고 있던 사람이라고 생각된다. 그것을 바탕으로 조유는 일정한 영향력을 행사하던 사람이었을 것이다. 그런데 그는 비록 검교직이지만 중앙의 벼슬을 지니게 되자 이를 믿고 지방사회에서 더욱 자신의 권위와 영향력을 과시하였다. 그가 관찰사를 무시하는 행동을 한 것도 조유가 평상시에 지니고 있던 태도를 반영하여 준다. 조유가 수령을 업수이 여겼을 것이라는 점은 말할 나위도 없을 것이다. E-2에 드러나 있는 것처럼 조유는 자신이 嘉善大夫(종2품)라는 점을 믿고 관찰사에게까지 예를 취하지 않았다. 그러나 결국 관찰사 권진은 그의 기세를

---

56) 崔沃이 典書를 지낸 시기가 언제인가는 정확하게 알 수 없다. 그러나 전서는 고려나 조선에서 3품에 해당하는 벼슬이었다. 고려시대의 경우를 보면 전서는 選部·摠部·民部 등의 정3품 벼슬이었다. 뒤에 判書·尙書로 고쳤다(『高麗史』 76 百官志 吏曹·刑曹條 등 참조). 조선초기에는 전서가 六曹의 정3품 벼슬이었는데, 태종 5년에는 이를 폐하고 정2품의 판서로 고쳤다(『太祖實錄』 1, 태조 원년 7월 정미 및 『太宗實錄』 9, 태종 5년 1월 임자).

꺾었다. 그러나 다른 한편으로 이러한 사실은 중앙이 유향품관을 우대하고 그들의 향촌에서의 지위를 인정해 준다는 뜻이기도 하다. 그들을 수령에게 맡겨두지 않고 격이 달라진 관찰사가 나서게 하였다는 점에서 그러하다.

이와 같이 중앙의 집권자들은 관찰사제도의 시행을 통해 유향품관을 새로운 통치체제로 흡수해 가면서 지방에 대한 중앙의 통치를 안정·강화해 나갔다. 유향품관을 상대로 통제와 회유라는 두가지 측면을 적절히 사용하면서 국가의 정책을 집행하는 일은 각별히 관찰사에게 기대되었던 것이다.57)

2. 유향품관과 守令制의 개혁

유향품관의 성장으로 말미암아 빚어진 지방통치의 어려움을 극복하기 위해서는 수령제도도 개혁해야 하였다.

> F-1. 趙浚이 말하였다. "근일에 제수된 守令들은 대부분 士林이 모르는 사람들입니다. 원컨대 이제부터는 각 관사에서 관질이 높고 명망이 있는 사람이 아니거나 서울과 지방에서 벼슬을 지낸 사람으로 명성과 업적이 있는 사람이 아니면 (수령의) 제수를 허락하시 마소서. 監務·縣令의 직은 백성을 가까이 대하는 자리인데 근세에 여러 부문의 사람이 임명되므로 사람들이 이를 수치스럽게 생각합니다. 이에 府史·胥吏 등에게 이 벼슬을 주니 배우지 못하고 무식한 무리로 하여금 백성에게 해독을 끼치게 하는 것입니다. 원컨대 대간과 6조에서 추천한 재능 있는 사람을 파견하되 등급을 參上官으로 올려 州牧과 같게 함으로써 그 직임을 소중하게 하시고, 安集은 일체 혁파하소서."하였다. 이 달에 대간과 6조에

---

57) 그렇기 때문에 개혁세력이 마련한 관찰사의 官秩이나 권한·인선방법 등은 그 이전의 지방관의 그것과는 전혀 다른 것이었다. 관찰사는 2품 이상의 관리가 맡도록 되었으며 한 道를 專制하는 도 장관으로서의 지위와 권한을 갖게 되었다. 관찰사의 자격이나 지위 등에 대한 규정은 이 책 66쪽 주 40)에 보인 기존의 연구 참조.

명령하여 수령이 될 만한 사람을 추천케 하고 또다시 士人으로서 현령과 감무(監務)를 삼았다.(『高麗史』 75, 選擧 3 銓注 選用守令 창왕 즉위년 8월)

조준은 수령에 제수된 사람들 가운데 士林이 알지 못하는 사람이 많다고 비판하였다. 조준의 의도는 사림이 아는 사람을 수령으로 임명하자는 것이다. 사림이 아는 사람이란 결국 그 신분이 사족이어야 한다는 뜻으로 해석된다. 조준은 또한 감무와 현령도 府史·胥吏 등 제대로 자질을 갖추지 못한 사람들이 맡는 경우가 많다는 점을 지적하였다. 이제부터는 그 관질을 참관(6품)으로 올리고 대간과 육조가 천거한 사람을 내보내자고 하였다. 결국 조준의 주장은 감무·현령을 포함하여 수령직을 사족에게 맡기자는 것이다. 조준 등이 수령으로 나아갈 수 있는 사람을 사족으로 못박고자 했던 까닭은 사족의 협조를 받아 중앙의 지방통치를 강화하기 위해서였다. 이 점에서 말한다면 수령도 당연히 사족이어야 하였다. 유향품관을 아우르고 그들의 협조를 끌어내어 중앙의 지방에 대한 지배를 수행하기 위해서는 수령이 사족이어야 하였다. 이러한 점은 조준의 驛丞의 설치에 관한 주장에서도 드러난다.

F-2. 조준 등이 또 상소하여 말하기를, "근래에 驛戶들이 피폐하여 … 국가에서 비록 程驛別監을 설치하여 모든 역을 안정되게 하였지만, 한 사람이 혼자 감당할 수 없어 매 역에 사사로이 사람을 두어 모든 일을 시키고 있습니다. 하지만 이런 사람은 도당에서 보낸 사람이 아니므로 사람마다 모욕하여 안정을 이루지 못하게 합니다. 바라건대 이제부터는 매 역에 5~6 품의 丞 한 명을 두되 그 임명은 수령의 예와 같이 半印을 주어 보냈다가 그가 驛戶를 부유하게 만들고 역마를 충분히 제공하였으면 관찰사가 도당에 보고하여 그를 수령 빈 곳에 보충하며 또 京官을 시키기도 하여 포상을 보여야 할 것입니다. 변방의 驛丞은 관찰사로 하여금 천거하여 보충하소서."하였다.(『高麗史』 82, 병 2 站驛 공양왕 원년 12월)

조준은 驛에 5~6품이 맡는 丞을 설치하되 그 保擧를 수령의 예와 같이 하자고 하였다. 앞의 F-1을 통해 알아 본 것과 같이 조준은 서리들이 수령이나 감무 등에 임명되는 것을 비판하였다. 사족이 그러한 직임을 맡아야 한다고 하였다. 마찬가지로 각 역에 설치하는 역승도 사족이 맡아야 한다고 하였다.

국가는 지방사회의 대표세력으로 향리를 돌리고 사족을 선택하였으므로 그들과 긴밀한 관계를 유지하며 지방행정을 이끌어 나가야 할 수령은 당연히 사족이어야 하였다. 유향품관과 수령과의 공통점을 확보한다는 것은 유향품관의 협조를 이끄는 효과적인 방책이기 때문이다. 또한 出仕의 출발점으로 많이 활용되는 수령직을 사족이 맡는 것으로 못박는 일도 사족을 새로운 통치체제로 이끄는 효과적인 방안이었다. 고려 후기 이래 수령직에 서리 등 사족이 아닌 사람들이 많이 진출한 현실을 보면 더욱 그러하다. F-1에 따르면 조준은 胥吏들이 감무나 현령을 제수받아 백성에게 해독을 입히고 있다고 하였다. 서리는 중앙의 이서직이었다. 그런데 고려 후기에 이르러 서리들이 수령이나 감무 따위의 직에 많이 진출하였다.[58] 개혁론자들이 감무와 현령 및 역승 등을 서리가 제수받지 못하게 한 까닭은 사족이 아닌 사람들이 수령에 나오는 일을 봉쇄하기 위해서 였다. 그들의 목적은 사족이 이러한 직을 맡아야 한다는 것이다. 그들은 특히 수령직에 유향품관을 끌어들이고자 하였다. 이러한 의도는 조선이 건국된 직후에 반포된 아래의 법령에서 단적으로 증명된다.

---

58) 이러한 사정은 아래의 기록을 통해서 알 수 있다.
『高麗史節要』 27, 恭愍王 8년 12월. "慶尙道賑濟使 禮部侍郞 全以道還啓曰 監務·縣令 職最近民 苟非其人 欲民無飢寒 不可得也 先王知其然 凡監務·縣令 皆用登科士流 今悉出胥徒 侵漁萬端 況勸課農桑 修明敎化乎 … 願自今 凡監務·縣令 專用登科士流"
全以道의 말에 따르면 그 당시 감무와 현령을 모두 서리들이 하고 있다는 것이다.

F-3. 수령의 殿最法을 제정하였다. 무릇 대소 목민관들은 모두 30개월로써 1
考로 삼고 임기가 차서 代遞된 뒤에 역임한 녹봉의 달을 계산하여, 같은
부류를 선발해서 승진 除拜에 憑考하고, 그 수령의 욕심이 많고, 잔인
포학하고, 무능하고 유약하고, 게으르고 용렬하여, 직무를 감내하지 못하
는 사람은 각도의 監司가 그 실상을 조사하여 黜陟을 병행하게 하고,
이에 本道의 閑良官 내에 공평하고 근실하고, 청렴하고 재능 있고, 재
주와 덕망이 다 갖추어진 사람을 추천해 뽑아서 임시로 대신하게 하고,
禮數로써 임명하여 공무를 집행하게 하며, 職名을 위에 보고하여 계문
에 빙고하게 해서 제수하고, 그 덕이 있고 재능이 있어 공적이 남보다
뛰어난 사람은 在任에 차례를 밟지 않고 발탁하여 쓰게 하였다.(『太祖
實錄』 1, 태조 원년 8월 신해)

　이것은 조선이 건국된 직후에 내려진 수령전최법이다. 이에 따르면
관찰사가 수령을 감찰하여 올리거나 내치거나 하는데 수령자리가 비게
되면 임시로 마땅한 사람을 선발하여 수령직을 맡기라고 하였다. 그리고
관찰사의 계문에 의거하여 그 사람에게 수령직을 제수하겠다는 것이다.
더욱이 그들 가운데 공적이 두드러진 사람은 순서를 가리지 않고 발탁하
여 쓰겠다고 하였다. 그런데 여기에서 주목되는 점은 관찰사가 선발하여
수령으로 삼을 수 있는 사람을 바로 그 道에 살고 있는 한량관, 곧 유향
품관[59]이라고 분명하게 못박은 점이다. 관찰사는 유향품관 가운데에서
적합한 사람이 있으면 수령의 직을 맡기라는 것이다. 이것은 관찰사의
재량권을 믿는다는 뜻이기도 하지만 그와 동시에 유향품관이 牧民官의
자질을 갖추고 있다는 점을 인정한다는 뜻이기도 하다. 유향품관에게 우
선적으로 수령직을 내어 주겠다고 하며 그들을 회유한 것이다.[60] 국가

---

[59] 고려말・조선초에 한량・한량관・한량품관 등은 前銜品官 즉 전직관료라는 사실
이 밝혀졌다. 특히 여기에는 檢校官동정관과 添設官 등을 받은 사람도 포함된다는
사실도 지적되었다. 이들은 어떤 형태로든 국가로부터 관품을 받은 사람들이므로 조
선초기에는 모두 품관의 부류에 속하게 된 사람들이다. 이러한 문제에 관하여는 이
책의 서론에 정리하였다. 따라서 각 道에 살고 있는 한량관은 곧 유향품관이라고 할
수 있다.

는 유향품관을 통치의 대상으로만 파악하지 않았다. 그들은 유향품관을 자신들과 마찬가지로 治者의 자격을 갖춘 존재로 인식하였다. 조선의 건국을 주도한 사람들이 유향품관의 이익을 보장하고 협조를 이끌면서 중앙의 지방통치를 제도화 하는 정책을 추구한 것도 이러한 까닭에서였을 것이다.

그런데 조준 등은 고려시대 수령에 대한 안찰사의 관계와 달리 수령에 대한 관찰사의 우위와 감찰권을 강조하였다.

> G. 趙浚이 말하기를, "(지금) 안렴이 된자는 簿書와 錢穀 문제만 구구히 따지면서, 출척과 상벌의 규정을 엄히 하지 못하여 軍政・民政을 진작시키는 것이 없습니다. 그것은 다름이 아니라 知官들이 다 正順(정3품), 奉順(정3품)의 관원이며 方鎭・府尹・知州事・牧事・都護府使 역시 兩府의 대신으로 奉翊(종2품)의 達官입니다. 그러므로 안렴사는 임금의 명령을 받은 관리로서의 대체를 생각하지 못하고 도리어 관질이 낮다는 사소한 법도에 구애되니 기강이 서지 못한 것입니다. 바라건대 … 양부 관리 중에서 청렴・위엄・총명・재능을 갖춘 사람을 택하여 都按廉黜陟大使로 삼아 전야개간・호구증가・송사간명・부역공평・학교진흥으로 주군을 순찰하여 黜陟을 행하고, 호령의 엄숙・무기의 정예・병졸훈련・屯田정비・해적의 침략이 멎은 것으로 하여 방진을 순찰하여 상벌을 시행케 하며, 군관으로서 전투에서 크게 패하여 州郡을 몰락하게 하거나 수령으로서 탐오하고 뇌물을 받아들인 자는 斬하고, 그 다음 죄는 파직하여 죄를 논하고, 그 다음 죄는 해당한 벌에 처함으로써 기강을 진작하게 하소서 …"하였다.(『高麗史』75, 選擧 3 銓注 選用監司 창왕 즉위년 7월)

조준은 안찰사가 수령보다 관질이 낮다는 것을 통열하게 비판하였다.

---

60) 한편 관찰사는 수령을 비롯하여 만호・천호 및 유・의학교수・역승 등이 임무를 잘 수행하고 못하고를 기록을 갖추어 중앙에 보고하였다('都評議使司奉王旨移牒各道 大小守令・水陸軍官・萬戶・千戶・儒醫敎授・鹽鐵場官・驛丞 得失備錄以聞'『太祖實錄』8, 太祖 4년 11월 辛巳). 이로 미루어 관찰사는 守令・驛丞 뿐만 아니라 儒・醫學敎授나 鄕校訓導 등의 道의 여러 관직에도 유향품관을 천거할 수 있는 권한을 가지고 있었다고 짐작된다.

그의 주장에 따르면 안찰사가 수령을 다스리고 군정·민정을 통솔하지 못하는 까닭은 안찰사의 품계가 수령보다 낮기 때문이라는 것이다. 이를 개혁하기 위해 조준은 각 道의 최고 지방관으로 2품 이상의 고위관리를 파견하여 수령에 대한 절대적 우위에 서게 해야 한다는 점을 힘주어 주장하였다.

조준의 상소문을 통해 알 수 있는 관찰사와 수령에 관한 논의는 관찰사와 수령의 상하관계를 분명하게 하고 관찰사로 하여금 수령을 엄격하게 감찰하게 하는 것이었다. G에 따르면 그는 관찰사가 싸움에 패한 군관이나 뇌물을 받은 수령은 목을 벨 권한까지 갖게 하자고 하였다. 관찰사에게 직접 수령을 제어할 수 있는 권한을 부여하자는 것은 중앙정부와 수령과의 사이에 설치된 관찰사가 강력하게 수령을 통치해야만이 지방통치의 실효를 거둘 수 있기 때문이었다. 국왕과 직접 연결되는 관찰사가 수령을 제압하는 방식은 중앙집권체제를 강화하는데 매우 효율적인 제도였다.

그런데 조준이 관찰사의 수령 통제를 강조한 또 다른 까닭을 고려후기 이래 진행된 지방사회의 변화와 연관지어 검토해 볼 필요가 있다. 그와 관련하여 가장 주목되는 사실은 수령이 유향품관을 상대로 국가의 정책을 수행하지 못하고 있던 점이다. 결국 관찰사의 수령에 대한 통제가 강조된 까닭은 두 가지로 정리할 수 있다. 먼저 道 장관인 관찰사가 수령을 감찰하고 통제함으로써 중앙집권의 실효를 거두기 위해서였다. 다음으로는 지방사회에 수령에게 맡기기 어려운 세력가들이 있기 때문이었다. 조선 건국을 주도한 조준·정도전 등은 지방사회에 새로운 세력가로 자리를 잡아간 유향품관을 염두에 두고 있었다. 이들은 관찰사가 수령을 감찰하면서 수령이 다스리지 못하는 세력가를 상대로 보다 신중하게 중앙의 정책을 집행해 가기를 기대하였다. 수령에 대한 관찰사의 감찰이 강조된 까닭은 중앙집권체제의 강화라는 설명과 더불어 유향품관의 성장과 같은 지방사회의 변화와 연관지어 이해되어야 할 것이다. 이러한 상황속에 유향품관을 대하던 수령의 태도는 아래의 기록을 통해 어느 정도 헤아려진다.

> H. 사헌부에서 … 수령의 褒貶法을 올리니, 그대로 따랐다. (사헌부에서) 아뢰었다. … "수령을 포폄하는데 덕행과 等第를 아울러 가리고 實效의 유무를 논하지 아니하는 까닭에, 수령은 힘써 헛된 영예를 구하고, 使臣과 過客에게 아첨하며, 품관과 향리에게 잘 보이려 하여, 힘써 행해 실효가 있는 자 없습니다. …"하였다.(『太宗實錄』12, 태종 6년 12월 을사)

사헌부의 상소에 따르면 수령은 품관과 향리의 뜻을 맞추기에 급급하여 목민관의 소임을 제대로 이루지 못하고 있다고 한다. 지방행정을 혼자 도맡아 처리할 수 없었던 수령으로서는 유향품관이나 향리의 협조를 얻어 백성을 다스릴 수 밖에 없었다. 더욱이 수령은 유향품관을 제어하기 어려운 위치였다. 수령은 기본적으로 품관과 우호적인 관계를 유지하며 지방행정을 수행하려 하였다. 중앙은 수령이 유향품관의 협조를 잘 이끌어 내기를 기대하면서, 한편으로 유향품관이 중앙의 이익에 반하는 행동을 할 경우 관찰사가 나서도록 조처하였다.

3. 觀察使制度와 유향품관과 地方民

정부가 지방관을 파견하여 다스리고자 하는 대상은 지방의 백성들이다. 이성계 세력은 지방민 가운데에서 각별히 유향품관에게 촉각을 곤두세웠다. 그러나 다른 한편으로는 대다수 백성들을 염두에 둔 조치도 아울러 마련해야 하였다. 그렇다면 이성계 세력은 관찰사제도를 통해 이러한 문제를 어떻게 해결해 나갔는가를 분석해 보아야 할 것이다.

이와 관련하여 먼저 이성계 세력이 일반 지방민을 어떻게 배려하고 있었는지 하는 점을 알아 볼 필요가 있다. 사실 고려후기 이래로 수령의 자질 부족이나 비행을 탄핵하는데 의지하던 명분은 지방민들이 고통을 당한다는 사실이었다.61) 여기서 백성에 대한 수령의 해독을 문제삼은 조준의 글을 보도록 하자.

> I-1. 趙浚이 말하였다. "근일에 제수된 守令들은 대부분 士林이 모르는 사람들입니다. 원컨대 이제부터는 각 관사에서 관질이 높고 명망이 있는 사람이 아니거나 서울과 지방에서 벼슬을 지낸 사람으로 명성과 업적이 있는 사람이 아니면 (수령의) 제수를 허락하시 마소서. 監務·縣令의 직은 백성을 가까이 대하는 자리인데 근세에 여러 부문의 사람이 임명되므로 사람들이 이를 수치스럽게 생각합니다. 이에 府史 胥吏 등에게 이 벼슬을 주니 배우지 못하고 무식한 무리로 하여금 백성에게 해독을 끼치게 하는 것입니다. 원컨대 대간과 6조에서 추천한 재능 있는 사람을 파견하되 등급을 參上官으로 올려 州牧과 같게 함으로써 그 직임을 소중하게 하시고, 安集은 일체 혁파하소서."하였다. 이 달에 대간과 6조에 명령하여 수령이 될 만한 사람을 추천케 하고 또다시 士人으로서 현령과 監務를 삼았다.(『고려사』 75, 選擧 3 銓注 選用守令 창왕 즉위년 8월)

조준은 수령들이 백성에게 해독을 입히고 있다는 사실을 비판하였다. 그런데 관찰사가 제대로 수령을 통제한다면 수령이 백성을 괴롭히는 일은 막아 낼 수 있다. 조준이 관찰사가 탐오하고 뇌물을 받은 수령을 사형시킬 수 있게 하는 등 수령을 비롯한 지방관에 대한 관찰사의 강력한 통치권을 강조한 것은 백성들을 아우르는 문제와도 연관이 있다. 즉 관찰사가 강력하게 수령을 다스려야 한다는 주장은 수령에 대한 감찰을 강

---

61) 고려후기 이래 수령이 자질이 부족하고 불법을 자행하여 백성들에게 피해를 주고 있다는 사실은 여러번 논의되었다. 이러한 사정은 다음 기록이 참고가 된다.
"憲司에서 상소하기를, 수령은 백성을 가까이 대하는 자리이므로 엄하게 임명하지 않을 수 없습니다. 근래에 간사하고 아첨하여 탐오하고 포악한 무리들이 권세가에게 의탁하여 수령이 되어 불법한 일을 자행하고 公事를 빙자하여 사리를 도모하며 백성을 도탄 속에 빠트리고 있어 州府郡縣이 날로 쇠퇴하여 지고 있습니다."(『高麗史』 75, 選擧3 銓注 選用守令 禑王 9년 3월)

화하여 얻을 수 있는 민심수습이라는 효과를 염두에 둔 것이었다고 여겨진다.

앞에 보인 G에 조준이 제시한 것을 보면 관찰사는 수령들이 전야를 개간하고 호구를 증가시키고 사송을 간단히 처리하며 부역을 균등하게 하고 학교를 일으키는 일들을 제대로 하였는가를 조사하도록 되어있다. 이것은 중앙 정부의 입장에서 뿐만 아니라 지방의 백성들도 자신들의 사회적·경제적 지위의 안정을 위하여서 바라는 일들이었다. 농사지을 토지가 늘어나고 호구가 증가하게되면 농민들의 경제적인 여건이 개선될 것이다. 또한 송사를 간단하게 처리하고 부역을 공평하게 부과하는 것도 백성들의 괴로움을 덜어주는 일이다. 학교를 진흥시켜 배움의 기회를 얻을 수 있게 되는 것은 더욱 소망스러운 대목이다.

사실 수령이 힘써 봉행해야 할 일로 조준이 강조한 것들은 그 이전과 특별히 다른 내용은 아니었다. 그러나 새로운 사실이 있다. 그것은 그 일을 감독하는 관료로서 새로 설치된 관찰사가 중시되었다는 점이다. 2품이상의 고위 관료로서의 권한과 권위를 지닌 관찰사가 파견되어 수령의 직무 수행을 감독하고 부패하거나 무능력한 수령은 가차없이 처벌한다는 점이 각별히 강조되었다. 더욱이 이성계 세력은 관찰사로 하여금 부패를 일삼거나 무능력한 수령을 직접 처단하게 함으로써 지방사회를 안정시키고자 하는 자신들의 강력한 의지를 드러냈다.

이와 더불어 조준 등은 관찰사제도를 통해 지방사회의 세력가를 국가가 보다 확실하게 감찰한다는 의도를 드러내었다. 앞에서 살펴보았듯이 관찰사를 파견하면서 정도전이 강조한 것도 지방의 세력가를 잘 다스리라는 점이었다. 만일 수령이나 지방세력가 가운데 백성을 괴롭히는 사람이 있으면 이들을 제어하라는 것이다. 조준이나 정도전 등 관찰사제도를 적극 추진한 사람들이 내세운 것은 관찰사는 임금의 덕을 받들어 그것을 백성에게 베푸는 사람이었다.[62] 그러므로 지방세력가는 물론 수령이라도 이를 방해한다면 단호하게 다스리라고 하였다. 이렇게 함으로써 이성계 세력은 궁극적으로 민심수습의 효과를 기대하였다고 이해된다.

　결국 관찰사는 늘 수령이 牧民官으로서의 직무를 잘 이행하는가를 감시하라는 것이다. 수령의 잘잘못을 가려내어 백성들의 어려움을 덜어주라는 뜻이다. 또한 유향품관을 비롯한 지방세력가들이 백성에게 괴로움을 주는가를 감찰하는 일도 소홀히 하지 말라고 하였다. 그러나 국가가 이러한 점을 강조한 보다 중요한 목적은 수령은 물론 유향품관도 백성들의 생활이 보다 향상·안정되도록 그들에게 각별한 관심과 배려를 베풀라는 데에 있었다. 목민관인 수령은 당연히 이 일에 전념해야 하겠지만, 유향품관도 돕고 나서게 하였다. 유향품관으로 하여금 救恤이나 賑貸 및 勸農을 위한 일에 참여하게 한 것 등은 그 대표적인 예일 것이다.[63] 향리를 감찰하게 한 것도 크게 보아서는 백성을 위한다는 것이 그 명분이었다. 그리고 유향품관이 지방에서 수행하는 역할은 관찰사가 독려하고 감찰하게 하였다. 즉 관찰사는 늘 수령과 유향품관이 백성을 위해 일정한 역할을 잘 수행하고 있는지, 아니면 세력을 빙자하여 거꾸로 백성을 괴롭히는가를 감찰해야했다. 국가는 관찰사제도의 운용을 통해 유향품관을 새로운 질서로 끌어들이는 것을 물론, 지방민들을 다독거리는 효과를 얻고자 한 것이다.

　이러한 일의 실효를 거두기 위해서 관찰사에게는 특별한 임무가 부여되었다. 관찰사가 수령이나 유향품관이 중앙정부의 뜻을 어기고 백성을 괴롭히는가를 규찰하기 위해서는 앉아만 있을 수 없었다. 수령이 백성을 잘 다스리는가의 여부도 수령의 보고만 듣고 이루어질 수 있는 일이 아

---

62) 이 책 78~81쪽에 제시한 정도전의 관찰사론 참조.
63) 유향품관이 권농을 위한 일에 참여하는 것에 관하여서는 이 책 111~116쪽, 구휼이나 진대에 관여하는 것에 대하여서는 최선혜, 1998, 앞의 논문, 106~110쪽 참조.

니었다. 이들의 행동을 살피고 백성들이 관찰사를 만날 수 있는 길을 열어야 하였다. 이를 위해 각별히 강조된 것이 관찰사의 순행이었다. 관찰사의 순행에 관한 다음 기록이 여기서 참고가 된다.

> I-2. 감사는 마땅히 몸소 먼 곳을 순행하여야 한다. 백성들은 궁벽한 시골이나 먼 고장에 살고 있는데, 강역이 넓고 멀어 안찰이 드물게 임하고, 궁궐은 만리 밖이라 하소연하려 해도 미칠 수가 없다. 여기 수령 가운데 탐오한 자가 욕심대로 방자히 굴어 백성의 생활이 의지할 곳 없어도 호소하지 못하고, 뇌물이 공공연히 행해져 민생이 피폐해도 억울함을 펼 길이 없어 民情이 막혀 버린다. 그러니 밤낮으로 감사가 한번이라도 와서 그 억울함을 살펴 풀어 주기만을 고대하니, 감사된 자가 어찌 그 땅이 험하고 멀다하여 이르러 보지 않겠는가!(『三峰集』 10, 經濟文鑑 下 監司 監司 當親巡遠地)

백성은 궁벽한 시골이나 먼 고을에 살고 있는 데다가 강역마저 넓고 멀다. 이러한 여건 속에서 백성이 관찰사를 만날 기회는 드물다. 게다가 백성이 국왕에게 나아가서 하소연할 수도 없는 노릇이다. 따라서 수령 가운데 탐오한 자가 있어도 백성들이 호소할 수가 없었다. 또한 뇌물이 공공연하게 행하여져 백성들이 피폐하여진다. 결국 백성들이 억울함을 펼 길이 없으니 민정은 막혀버릴 수밖에 없다. 그러므로 백성은 감사가 한 번만이라도 와서 그 억울함을 살펴서 그것을 풀어주기만을 고대한다. 즉 관찰사의 순행은 억울한 일을 당한 백성들의 사정을 풀어주기 위해 필요란 일이라는 주장이다. 이와 같은 의미를 지니는 관찰사의 순행을 강조함으로써 정부는 민심수습이라는 성과를 얻고자 하였다. 민심을 수습하여 사회를 안정시키는 일은 조선의 건국을 전후한 시기에 매우 중요한 문제의 하나였다. 관찰사제도의 운용을 통해 그러한 효과를 얻고자 하였다.[64]

---

64) 고려 말에 관찰사가 설치된 이래 조선 중기에 감영이 설치되기 이전까지 관찰사

제1장 留鄕品官의 성장과 地方統治體制의 정비 95

　지금까지 유향품관의 성장과 짝하여 이루어진 지방통치체제의 정비에 관하여 살펴보았다. 그 내용을 간단히 요약하면 아래와 같다.
　첫째 고려 말 개혁론자들은 관찰사를 설치·파견하면서 각별히 유향품관과 같은 지방세력을 염두에 두었다. 관찰사제도는 유향품관의 성장으로 말미암아 예전의 안찰사나 수령으로는 지방통치의 성과를 거두기 어렵게 되자 이를 극복하기 위해 새로이 마련된 제도였다. 고려 말 이래 조선이 건국된 뒤 중앙정부는 유향품관 가운데 새 왕조를 지지하고 그것에 협조적인 사람에게는 혜택을 내리고, 그렇지 않은 사람들에게는 적절한 징계조치를 가하는 등의 양면정책을 펴 나갔다. 이러한 정책은 관찰사제도의 운용을 통해 실효를 거두어 갔다. 관찰사는 유향품관을 상대로 통제와 회유라는 양면정책을 신중하게 사용하면서 그들을 새로이 개편되는 통치체제에 순응하도록 이끌어갔다.
　둘째 유향품관의 성장으로 말미암아 빚어진 지방통치의 어려움을 극복하기 위하여 수령제도도 개혁하였다. 먼저 수령직을 사족에게 맡겨야 한다는 방침을 세웠다. 그 까닭은 국가가 지방사회의 대표세력으로 향리를 돌리고 사족을 선택하였으므로 그들과 긴밀한 관계를 유지하며 지방행정을 이끌어 나가야 할 수령은 당연히 사족이어야 하기 때문이다. 또한 出仕의 출발점으로 많이 활용되는 수령직을 사족이 맡아야 하는 것

는 순행하는 것이 중요한 임무였다. 중앙정부는 관찰사가 부지런히 자신이 맡은 道를 돌아다닐 것을 강조하였던 것이다. 지금까지는 이와 같은 관찰사의 순행을 관찰사제도의 한 모순으로 지적하여 왔다. 관찰사가 돌아다니느라 제대로 道의 최고 통치자로서의 역할을 못하였다는 것이다. 그러나 정도전이나 조준 등 중앙의 위정자들은 관찰사의 순행을 매우 강조하였다. 그것이 조선이 건국된 뒤에도 마찬가지였다. 그 까닭을 생각해 보아야 할 것이다. 아직 중앙의 지방통치가 확고하게 되지 못하였던 시기에는 관찰사가 끊임없이 道를 순찰하면서 수령을 감독하고 지방세력가를 다스리는 것이 매우 효과적인 방법이었을 것이다. 그리고 실제로 중앙의 지방통치를 위한 중요한 일들이 관찰사의 순행을 통하여 이루어졌다. 즉 순행이 관찰사제도의 한계라면 그렇게 강조되지는 않았을 것이다. 오히려 순행이야말로 조선전기 관찰사제도의 장점이자 큰 특징이라고 생각한다.

으로 못 박는 일도 사족을 새로운 통치체제로 이끄는 유용한 수단이었다. 그런데 조선건국 직후에 세워진 수령전최법에서는 각별히 유향품관을 관찰사의 재량에 따라 수령에 임명한다는 것을 공표하였다. 유향품관에게 수령직에 나아갈 수 있는 우선권을 내어 주며 그들을 회유하였다. 그 밖에 儒·醫學敎授나 鄕校訓導 등 道의 여러 관직에 유향품관을 적극적으로 끌어들인 것도 그들의 협조를 이끌어 내기 위한 방책이었다.

이러한 정책은 국가가 유향품관이 牧民官의 자질을 갖추고 있다는 점을 인정한다는 뜻이다. 국가는 유향품관을 통치의 대상으로만 파악하지 않았다. 그들은 유향품관을 자신들과 마찬가지로 治者의 자격을 갖춘 존재로 보았다. 중앙의 집권자들이 유향품관의 향촌에서의 지위와 이익을 적절하게 보장·후원하는 선에서 국가의 지방통치를 제도화하는 정책을 추진하였던 것도 이러한 까닭에서 크게 비롯된 일이었다. 다음으로는 수령에 대한 관찰사의 감찰을 강조하였다. 그 까닭은 도 장관인 관찰사가 수령을 잘 감찰하고 통제해야 중앙집권의 성과를 효율적으로 거둘 수 있기 때문이었다. 또한 지방사회에 수령에게 맡기기 어려운 세력가들이 있기 때문이었다. 중앙의 집권자들은 새로운 지방세력가로 자리를 잡아간 유향품관을 염두에 두고 있었다. 이들은 관찰사가 수령을 감찰하면서 수령이 대하기 어려웠던 유향품관을 상대로 보다 신중하게 중앙의 정책을 집행해 가기를 기대하였다.

셋째 국가가 관찰사에게 수령과 지방세력가를 잘 감찰하게 한 것은 지방사회를 안정시키고자 하는 의지의 표현이었다. 관찰사가 수령이 牧民官으로서의 직무를 충실하게 수행하는지를 감시한다는 것은, 수령의 잘잘못을 가려내어 백성의 어려움을 덜어주겠다는 뜻이다. 유향품관을 비롯한 지방세력가들이 백성에게 괴로움을 주는가를 감찰하게 한 것도 같은 뜻이다. 그러나 중앙정부가 이러한 점을 강조한 보다 중요한 목적은 수령은 물론 유향품관도 백성의 생활이 보다 나아지도록 그들에게 각별한 관심과 배려를 베풀라는 데에 있었다. 즉 관찰사는 늘 수령과 유향품관이 백성을 위해 일정한 역할을 잘 수행하고 있는지, 아니면 세력을 빙자하여 백성을 괴롭히는가를 감찰한다는 것이다. 이렇게 함으로써 국가는 유향품관을 새로운 질서로 끌어들이는 것은 물론, 지방민을 다독거려 민심을 달래는 효과를 얻고자 하였다. 관찰사의 순행이 각별히 중시된 까닭도 이러한 성과를 얻기 위해서였다. 수령이나 지방세력가로 말미암아 고통을 당한 백성의 사정을 풀어주기 위해서는 관찰사의 순행이 필요하다는 것이다. 이러한 의미를 지니는 관찰사의 순행을 강조함으로써 국가는 민심을 수습하는 성과를 얻고자 하였다.

제2장

留鄕品官의 역할과 鄕任의 활성화

제1절 유향품관의 지방행정 참여와 面里任·申明色
제2절 留鄕所와 국가지배체제의 정비
제3절 성종대 유향소 복설론과 향촌교화론

제1절 유향품관의 지방행정 참여와
面里任·中明色

　조선의 개국공신 가운데에서 文臣들의 경우를 보면 고려후기의 이른 바 權門勢家 출신보다는 그렇지 않은 사람들이 대부분이었다. 특히 武人들의 경우는 그 당시 집권층과는 아주 다른 사회적 배경을 지닌 사람들로서 그 정치적 이해관계도 달리하고 있는 사람들이었다.[1] 조선의 건국을 주도한 개혁세력의 출신 지역을 주목해 보아도 이들은 주로 邊方人·地方人 출신들이라는 점이 두드러진다. 開國功臣 가운데에서도 그 주동세력은 함경도·평안도·강원도 등 북방의 변두리 지역과 전라도·경상도·충청도의 해안지대 출신인 사람이 많았다. 이것은 고려왕조의 지배체제에 적극적으로 흡수되지 못한 지방인들이 조선의 개국에 보다 적극적이었음을 보여준다.[2] 고려의 지배체제에 적극적으로 참여하지 못한 지방인이기는 유향품관도 마찬가지였다. 이 점에서는 이성계 세력과 유향품관이 서로 맥락을 같이 한다고 볼 수 있다.

　그러나 이성계 세력은 위화도 회군 이후 입장이 완전히 바뀌었다. 그들은 중앙의 핵심세력이 되어 실권을 장악하였고 또 조선을 건국하였다. 이성계 등 조선의 건국을 주도한 세력은 이제 유향품관이 중앙의 뜻을 거스르거나 무시하는 것을 용납할 수 없었다. 왜냐하면 그것의 용납은 곧 자신들의 권위에 대한 심각한 도전이기 때문이다. 보다 중요한 것은 새 왕조를 건국하고 그 통치체제를 안정시키기 위하여 유향품관을 적절

---

1) 鄭杜熙, 1983,「太祖―太宗代 三功臣의 政治的 性格」『朝鮮初期政治支配勢力硏究』, 일조각, 8〜23쪽.
2) 韓永愚, 1983,「朝鮮 開國功臣의 出身에 대한 硏究」『朝鮮前期社會經濟硏究』, 을유문화사, 170〜173쪽.

히 회유하여 그들의 협조를 얻어내는 일이었다. 太祖 등은 새 왕조의 지지기반을 넓히고 정권을 강화하기 위하여 유력한 지방세력가로 성장한 유향품관을 한편으로는 국가의 통제아래 두면서 다른 한편으로는 적극적으로 회유하여 자기편으로 끌어 들여야 하였다.

이러한 관점에서 보면 조선 초기에 유향품관이 담당한 面里任 및 申明色制度 등의 시행은 국가의 유향품관에 대한 정책의 산물이었다. 따라서 그것에 대한 검토는 국가와 유향품관이 면리임이나 신명색을 놓고 가졌던 갈등과 타협의 구체적인 내용을 밝히는 일이 될 것이다. 그러한 작업을 통해 조선초기 국가와 유향품관의 관계에 보이는 특징이 드러나게 되기를 바란다. 중앙의 지방세력에 대한 정책의 추구와 짝하여 전개된 향리와 유향품관과의 관계도 검토해 보아야 한다. 이렇게 함으로써 고려시대의 대표적인 지방세력가였던 향리와 새로이 지방세력가로 성장한 유향품관과의 관계의 변화도 알아 볼 수 있게 될 것이다.

1. 유향품관의 정치적 역량 활용정책

이성계 세력은 고려후기 이래 지방사회에서 최고의 혈통을 지니고 지식과 도덕을 견지한 세력으로 성장한 유향품관의 잠재력을 잘 알고 있었다. 유향품관의 협조는 중앙정부에게 있어서 무엇보다도 긴요한 일이었다. 특히 유향품관이 뿌리를 내리고 있는 지방에 대한 중앙의 통치에 있어서 그러하였다. 또한 그들은 유향품관의 이반을 우려하였다. 유향품관의 이반이 끼치는 파급효과는 클 수밖에 없기 때문이다. 유향품관은 기본적으로 관직세계에 발을 들여 놓은 사람들이었다. 이성계 세력은 이와 같은 그들의 역량을 새 왕조를 건설하는 일에 활용하고자 하였다. 따라서 그들은 집권한 직후부터 유향품관을 지방행정에 끌어들이는 정책을 추진하였다. 그것의 구체적인 내용을 알아 보기 위해 아래의 사례를 검토해 보도록 하자.

제2장 留鄕品官의 역할과 鄕任의 활성화 103

A-1. 도관찰사 盧嵩이 … 사람들과 상의하기를, "여기(현재의 全州 鎭浦의 龍安과 羅州 木浦의 榮山)에 성을 쌓는다면 … 백성에게 편리하고 국가에도 이로우니 어찌 여기에 성을 쌓지 않겠는가!"하였다. 사람들이 기쁘게 이 명령을 들으므로 즉시 驛聞 하니, 조정의 의논도 좋다하여 移牒하여 알렸다. 가을 8월이 지나 농사일이 이미 한가해져 知高阜郡事 鄭渾・前 光州牧使 黃居中・前 判事 盧元明・前 高阜郡事 鄭士雲 등에게 龍安의 역사를 감독하게 하고, 羅州判官 尹義・前 開城尹 金仲光・鄭允孚・前 判事 羅雎 등에게는 榮山의 역사를 감독하도록 하니, 각각 관할하는 여러 주의 백성들을 징발하여 역사를 일으켰다 … 幕賓과 좌우 사람들이 그 사적을 기록하여 후세에 보이기를 청하니, 盧公이 곧 편지로 나에게 이를 명하였다.(『陽村集』 11, 「龍安城漕轉記」 恭讓王 2년 9월)

A-1은 전라도관찰사 盧嵩이 全州와 羅州 지역에 토성을 쌓는 역사를 일으키면서 그 지역에 살고 있던 유향품관을 이 일에 끌어 들인 것에 관한 기록이다. 관찰사 노숭은 수령과 더불어 黃居中・盧元明・鄭士雲・金仲光・鄭允孚・羅雎 등과 같은 유향품관에게도 그 일을 독려하고 감독하게 하였다.3) 그런데 여기에 참여한 유향품관의 특징은 대부분 지방관을 역임했던 사람이라는 점이다. 관찰사가 이들에게 수령과 함께 성 쌓는 역사를 지휘하게 한 까닭은 그들의 지방관으로서 쌓은 경험을 적극적으로 활용하기 위해서라고 해석된다. 이성계 등 개혁세력은 새 왕조의 질서를 수립해가면서 유향품관이 가진 경험과 능력을 적극적으로 활용하려는 뜻을 가지고 있었다. 이를 이루기 위해 관찰사가 나서서 적절한 정치적 역량과 경험을 가진 유향품관이 지방행정을 공식적으로 거들게 하는 정책을 추진하였다. 유향품관이 이러한 정책에 순응한 까닭은 그것이 자신의 사회적 지위를 유지하는데 도움이 된다고 판단하였기 때문일 것이다. 또한 유향품관이 국가의 뜻에 따라 지방행정을 도와주고

---

3) A-1의 기록에 관하여서는 이 책 37~38쪽에서 검토한 것도 참고된다. 이 역사에 참여한 유향품관들은 대부분 그 지역에 살고 있는 사람일 것이라는 점도 지적하였다.

나선 것에 대해 많은 사람들이 호응하였다고 보아진다. 그것은 이 일에 빈객으로 참여하였던 사람들이 事蹟을 기록하여 후세에 보이기를 소망하였던 사실로써도 알 수 있다.4) 유향품관을 지방행정에 끌어들여 그들을 회유하고 정권도 안정시키려는 이성계 세력의 정책은 실효를 거두기 시작하였다.

이와 관련하여 경상도 영일현에서 새로이 성을 수축한 일도 참고된다.

> A-2. 경인년(공양왕 3년) 2월에 益陽崔侯가 萬夫長(萬戶)으로서 이 곳에 부임하였다. 벼슬이 縣令을 겸하였는데, 政令이 잘 시행되어서 백성들이 즐거이 일하였다. 崔侯가 도관찰사에게 보고하여 말하기를, "우리 읍이 의지하여 존재하는 것은 城입니다. 성이 이미 무너졌으니 이는 우리 읍이 없는 것과 마찬가지입니다. 제가 이것을 수축하고자 합니다."하였다. 관찰사가 최후의 보고를 옳게 여겨 이웃 고을에 명령을 내려 천여 명의 인부를 사역하게 하고, 이어 前繕工令 鄭麟生을 보내 최후와 더불어 공사를 독려하게 하였다.(『東文選』76, 李穡 「迎日縣新城記」)

縣令 崔自源은 관찰사 金湊에게 성을 수축할 것을 건의하였다. 이에 관찰사 김주는 유향품관인 前繕工令 鄭麟生을 보내 최자원과 더불어 공사를 독려하게 하였다. 김주는 우왕 및 공양왕대에 김사형·조준·안익 등과 함께 사헌부에서 활동하면서 정몽주·변안렬·김저와 같은 보수세력들을 적극 공격한 사람이다.5) 그는 고려 말의 정치개혁에 가담한 사람이었다. 김주가 관찰사로 부임하여 유향품관을 지방행정에 참여하게 한 것은 유향품관을 끌어들여 새로운 지배체제를 강화하려는 개혁세력의 의도를 드러내는 일이다.

그런데 이 築城의 役事에 참여한 정인생은 선공령을 지낸 사람이다.

---

4) 위 글 A-1에 기를 청한 '幕賓左右'가 이 역사를 감독하는 일에 참여하였던 유향품관들을 지칭한 것인지는 확실하지 않다. 다만 그들을 포함하여 이 일에 관여한 사람들을 가리킨다고 보아도 좋을 것이다.
5) 『高麗史』114, 金湊傳 및 同 104, 金方慶 附 金士衡傳.

선공령은 고려시대에 나라의 토목공사와 각종 건축에 관한 일을 맡아보던 繕工寺의 종3품 벼슬자리였다.6) 앞에서도 지적한 일이 있지만, 이와 같이 높은 관직을 지냈던 사람이 멀리에서부터 縣에 성을 쌓는 일을 감독하기 위해 오지는 않았을 것이다.7) 아마도 그는 영일현 부근에 살고 있던 사람이라고 생각된다. 이 때문에 관찰사 김주도 그를 알고 있었던 것이라고 짐작된다. 즉 관찰사 김주는 적합한 자질과 경험을 갖춘 유향품관을 발탁하여 縣令을 거들게 하였다. 자신이 가진 능력을 다시 발휘하고 싶은 뜻을 지닌 유향품관은 여기에 동조하였을 것이다.

이와 같이 국가의 목적은 유향품관의 협조를 얻어내어 지방통치를 원활하게 함으로써 지방지배체제를 강화하는데 있었다. 따라서 중앙정부는 나라를 세운 초창기를 맞이하여서는 유향품관을 정부의 통제 아래 두려는 조처를 취할 수밖에 없었지만 다른 한편으로는 이들을 회유하여 새 왕조의 기반을 안정시켜야 하였다. 이를 위해 유향품관에게 혜택을 베풀며 적절한 직임을 주는 정책을 꾸준하게 펴 나갔다. 이 점은 다음에 보인 B군의 기록들을 통하여 알 수 있다.

> B-1. 도평의사사에서 王旨를 받들어 각도에 移牒하기를, "6품 이상으로 나이 70세 이하의 閑良官은, 향교의 訓導와 騎船軍官을 제외하고는 모두 방문하여 기록을 갖추어 아뢰도록 하라."(『太祖實錄』 8, 태조 4년 11월 신미)

B-1을 보면 중앙은 각 도의 관찰사에게 6품 이상으로 나이가 70세를 넘지 않은 한량관 곧 유향품관을 방문·조사하여 그 동향을 중앙에 보고하도록 하였다. 즉 국가가 관찰사에게 각별히 주시하게 한 사람은 유향품관이었다. 특히 그들 가운데에서도 官秩이 낮지 않고 나이도 아직

---

6) 『高麗史』 76, 志30 百官1 繕工寺.
7) 이 책 제1장 제1절 38쪽.

高齡으로 접어들지 않은 사람들이었다. 이러한 유향품관은 아직 정치적 활동에 대한 소망이 보다 컸던 사람들이라고 보아도 마땅할 것이다. 이들은 새로운 왕조의 관료로 기용될 만한 자격을 갖추고 있는 사람들이다. 그러므로 이러한 명령을 내린 국가의 의도는 관찰사로 하여금 관료로 발탁할 만한 유향품관을 탐색하게 한 것이라고 이해된다. 이미 앞의 A-1과 A-2에서 관찰사 노숭이나 김주가 지방의 특정한 공무를 수행하면서 그 일에 도움을 줄만한 적절한 경험과 능력을 가진 유향품관을 끌어들인 것을 보았다. 실제로 관찰사는 자신이 다스리는 지역에 살고있는 유향품관에 대해서 파악하고 있었던 것이다.

국가가 새 왕조의 통치체제에 유향품관을 끌어들이려고 한 것은 유향품관의 요구와도 어긋나지 않았다. 이 점은 다음 경우의 사람들을 통해서 확인할 수 있다.

> B-2. 孟希道선생은 일찍이 翰林을 거쳐 御史를 지냈는데, 모두 士林이 하는 청직이었으므로, 사람들이 미쁘게 여겨 명성이 매우 높았다. 얼마 안되어 벼슬을 그만두고 田里로 돌아가, 농사지어 어버이 봉양하고 학문을 강론하여 아들을 가르쳤다. … 병자년(태조 5) 봄에 車駕가 溫水에 납시니, 곧 선생이 은거하는 마을이다. 선생이 반갑게 임금을 뵙고 성덕을 찬양하여 唐律詩 한 편을 지어 바치니, 호종한 여러 학사 중에 정도전이 먼저 天字를 뽑고 여러 공들로 하여금 韻字를 각기 뽑아 시를 짓게 하였다. 조준 이하 무릇 몇몇 사람들이 차분히 장편을 짓기도 하고 간결하게 단편을 짓기도 하였다. … 나는 장차 선생과 같이 은둔한 선비들이 나와서 文華를 진작하고 大平을 빛나게 하여 훌륭한 정치를 노래하는 것이 반드시 오늘로부터 시작될 것을 보리니 선생은 마땅히 힘써야 할 것이다.(『陽村集』17,「贈孟先生詩券序」太祖 6년 10월)

B-2에 보인 孟希道는 恭愍王 14년에 과거에 급제한 뒤 監察御史 등을 지냈지만 溫水(忠淸南道 天安)에 은거하고 있었다. 太祖와 鄭道傳・趙浚 등은 그를 만나게 되자 詩宴까지 배풀었다. 權近은 맹희도에

게 이 글을 증정하면서 배운 바를 새 왕조의 조정에서 펴고 유독 끝까지 숨어 있지 말 것을 권하였다.8) 다른 사람의 경우도 보도록 하자.

> B-3. (柳斗明은) 大科를 거쳐 顯職에 올라 中外를 오가매 명성이 자자하였다. 뒤에 어버이가 늙음으로 인해 南原府 시골집에 돌아가 시중을 들면서 다시는 곁을 멀리 떠나 벼슬하는 것에 뜻을 두지 않았다. 정종 2년 겨울에 전하가 새로 즉위하여 널리 인재를 구해 훌륭한 정치를 이루려 하였으므로, 이듬해 봄 정월에 유두명은 司憲侍史로 부름받아 서울로 올라가게 되었는데, 그의 아버지 典書公이 시를 지어 주었다 … 이는 대개 그 아들에게 벼슬에 당해 그 직분을 다하는 의리와 어버이가 늙었다고 평계하면서 그 言責을 게을리 하지 말라는 것을 권면한 것이다. (『陽村集』18,「送柳侍史斗明赴密陽詩序」)

柳斗明은 禑王代 과거에 급제하여 중앙의 관직을 역임하였지만, 南原府(全羅道)에서 한거하고 있던 사람이다. 그러나 定宗 2년에 司憲侍史로 발탁되어 서울로 올라가게 되었다. 이 때 그의 아버지는 유두명에게 벼슬자리에 나아가 그 직분을 다하라는 詩까지 지어 보냈다.9) 유두명 자신은 물론 그의 아버지까지도 국가의 부름에 적극 따랐다.

그러나 국가는 많은 유향품관에게 중앙의 관직을 내릴 수는 없는 일이었다. 사실 중앙의 집권자들의 뜻은 유향품관은 지방에 머물며 중앙의 지방통치를 위해 도움이 되는 일을 하게 하는데 있었다고 헤아려진다. 따라서 국가는 유향품관을 道內의 여러 관직에 적극적으로 기용하는 정책을 추진하였다. 이러한 예로서 金篤의 경우를 들 수 있다.

> B-4. 나와 同年인 金篤은 청렴한 절개를 스스로 지키며 세상에서의 때를 만나지 못하였다. 일찍이 스스로 탄식하기를, "출세하면 道를 펴고 출세하지 못하면 농사에 힘쓰는 것이 선비의 떳떳한 길이다"하고, 세상에서 물

---

8) B-2에 보인 권근의 글을 보면 孟希道는 태조 대에 珍州의 수령을 지냈다.
9) B-3의 「送柳侍史斗明赴密陽詩序」 참조.

러나 尼山 들에서 농사지으면서 스스로 호를 農隱이라고 하였다. 국가가 改玉한 뒤 文治를 숭상하여, 군을 公州道儒學敎授로 임명하였다. 군이 말하기를, "… 내가 평생에 배운 바를 비록 한 시대에 펴지 못할 망정, 진실로 한 고을만이라도 선하여지게 한다면 이로써 족하다."하고 즉시 나와 왕명에 응하여, 詩書禮樂의 교훈과 孝弟忠信의 도로써 여러 해 동안 부지런히 후진들을 가르치고 독려하였다.(『陽村集』 13, 「農隱記」)

 B-4의 金篤은 정치적 출세가 여의치 못하여 尼山(忠淸南道 論山郡 魯城面)[10]에 물러 나와 살고 있던 유향품관이었다. 그는 젊었을 때 일찍이 書記와 書狀官 등을 지냈던 사람이다.[11] 그가 역임하였던 서장관은 使臣으로 나가는 사람들 가운데서 일체의 문서기록 및 그 처리에 관한 일을 맡아보던 자리였다.[12] 따라서 김독은 유교적 소양이나 학문적 실력이 매우 뛰어난 사람이었다고 보아진다. 한거하고 있던 그는 朝鮮이 건국된 뒤 公州道 儒學敎授를 맡게 되었다. 국가가 김독을 유학교수로 삼은 것은 새 왕조를 위한 인재를 양성하는 일에 특히 그의 학문적 능력을 활용하고자 함이다. 김독도 여러 해 동안 부지런히 후진을 가르치는 일에 노력을 아끼지 않았다고 한다. 그가 유학교수를 맡은 것은 그의 말대로 자신이 배운 바를 한 시대에 펴지는 못하였지만 한 고을에서만이라도 펴고 싶은 소망때문이었다. 그는 유학교수를 맡음으로써 자신의 능력

---

10) 尼山은 본래 백제의 熱也山縣이었는데, 신라 경덕왕때 尼山縣으로 고쳐 熊州의 속현으로 삼았고, 고려 현종 9년(1018) 公州에 예속하였다가 뒤에 監務를 두었다. 조선 태종 14년(1414)에 石城과 합쳐 尼城이라 불렀다. 태종때 尼山의 명칭이 孔子가 탄생한 중국 노나라의 尼丘山의 지형과 비슷하다 하여 '魯'자를 따고, 尼山이 성을 상징한다하여 魯城으로 고쳤다(한국정신문화연구원, 1991, 『한국민족문화대백과사전』 17, 880쪽).
11) B-4의 「農隱記」 참조.
12) 이 점은 '書狀官 金齊顏이 사명을 전달하고자 燕京에 머물렀다'(『高麗史』 41, 恭愍王 15년 6월 壬戌), '書狀官 鄭夢周 등이 明의 서울로부터 돌아왔다'(동상 44 恭愍王 22년 7월 壬子), '門下舍人 安魯生에게 지금 세자가 朝見하려 하므로 너를 서장관으로 삼는다'(동상 46, 恭讓王 3년 9월 丙戌)는 등의 기록을 보면 알 수 있다.

을 펴고 그로 말미암아 정치적·사회적 지위가 유지·향상되기를 기대하였다고 생각한다.

金篤의 경우처럼 조선 초기에 향교의 敎授·訓導 등의 직임은 유교적 소양을 지녔다고 인정받은 유향품관이 맡는 경우가 많았을 것이다. 예컨대 태조 7년에 孫興宗이 東北面道巡問使가 되어 永興府에 있는 향교를 중창한 일이 있다. 그런데 그 고을에 살고 있던 유향품관인 前判事 李用和가 실상 그 역사를 맡았다고 한다. 그리고 향교의 교수관은 前成均樂正(정8품) 金稠가 맡았다.[13] 지방에 물러나와 살던 김조도 이에 부응하였다. 김조는 성균관에서 쌓은 경험과 능력을 이제 자신의 고장에서 인재를 길러내는 일에 발휘하게 되었다.

이와 같이 조선이 건국된 뒤 국가는 유향품관에게 적절한 직임을 맡겨 그들이 가진 정치적 역량을 새 왕조에서 다시 활용하는 정책을 꾸준하게 펴 나갔다. 정치적 지위를 되찾고 싶은 욕구가 컸던 유향품관은 대체로 그러한 새 왕조 지배자들의 정책에 동조하였다.

  B-5. 국가가 창건되고 3聖(태조·정종·태종)이 이어서 일어난지라 어질고 재주있는 선비들이 모두 저마다의 지혜와 능력을 발휘하여 일에 나아가 中外에 포진되었다. 그 前朝의 貴臣으로서 깊이 숨어 벼슬하지 않고 평생을 마치려고 한 사람은 오직 우리 일가의 權子通 學士 뿐이었다 … 上黨(李佇)가 공을 추천하여 아뢰니, 전하가 말씀하기를, "그렇다. 내가 그의 어짊을 알지만, 그는 스스로 은퇴하여 벼슬하기를 원하지 않는다. 기꺼이 나와서 우리 백성을 돌보려고 하겠는가?"하니, 모두 아뢰기를, "아닙니다 … 단지 자기 스스로 나서는 것을 싫어할 뿐이지 어찌 獨善하려는 것이겠습니까!"하였다. 이리하여 嘉靖大夫의 품계를 내려 상주 목사로 삼아 중외에 명을 내리니, 모두 적임자를 얻었다고 경하하였다. 공이 시골에 있다가 이를 듣고 즉시 詣闕하여 사은하였다.(『陽村集』19,「送前知申事權公執經出牧尙州序」)

---

13) 『陽村集』 14,「永興府鄕校記」

이에 따르면 태종 대에 이르러 고려의 신료들이 거의 다 조선에서 다시 벼슬하였다고 한다. 오직 벼슬하지 않고 평생을 마치려 한 사람은 權執經 뿐이라고 할 정도였다. 태종이 권집경이 다시 벼슬을 하겠는가고 하였을 때 모든 사람들이 스스로 나서는 것을 꺼려할 뿐이지 어찌 자기 혼자 [은거하며] 어진 일을 하려는 것이겠느냐고 반문하였다. 권집경 역시 국가가 종2품을 내리고 상주목사에 임명하니 즉시 이에 응하였다. 이와 같이 유향품관은 스스로 벼슬길을 도모하지 못하였다 하더라도 관직을 받게 되면 대부분 그에 응하였다. 그들은 다시 정치적 활동을 하고 싶었던 것이다.

2. 面里任과 유향품관

이미 검토한 것과 같이 유향품관은 지방의 여러 가지 행정에 참여하였다. 그렇게 함으로써 유향품관은 자신들의 정치적·사회적 지위를 더욱 우월하게 유지시켜 나가고자 하였다. 유향품관이 지방행정에 적극적으로 참여한 것은 국가의 지방통치에 크게 도움을 주는 일이었다. 이를 위해 국가는 유향품관의 능력과 경험을 적극적으로 활용하는 방안을 마련할 필요가 있었다. 지방행정을 도와주는 여러 가지 직임을 마련하여 그것을 유향품관에게 맡기는 방안이 필요하였던 것이다. 여기서 面里制에 주목할 필요가 있다.[14] 面里制는 고려말에 관찰사가 설치되는 등 새

---

14) 면리제도에 대한 기본적인 이해는 李成茂, 1970,「朝鮮初期의 鄕吏」『韓國史研究』5, 70~71쪽에서 얻을 수 있다. 조선초기의 면리제를 본격적으로 다룬 연구로는 朴鎭愚, 1988,「朝鮮初期 面里制와 村落支配의 강화」『韓國史論』20 이 있다. 이러한 연구에 관하여서는 이 책 서론 9~10쪽에서 정리하였다.
한편 박진우는 면리제의 운영을 수령과 연관지어 설명하였다. 즉 국가는 수령을 통해 유향품관에 대한 규제를 강화하였으며(143쪽), 面里任도 수령이 임명하였다고 보았다(156쪽).

제2장 留鄕品官의 역할과 鄕任의 활성화 111

로운 지방통치제도가 갖추어진 것과 거의 동시에 시행되기 시작하였다.15) 그렇다면 面里에 새로 마련된 직임에 대해 국가와 유향품관은 어떠한 입장을 가지고 있었는가 하는 점을 알아보아야 할 것이다. 이를 위해 아래의 글을 검토해 보도록 하자.

> C-1. 임금이 도평의사사에 명하여 각도에 굶주리는 백성을 구휼하라고 말하였다. "각도의 도관찰사에게 공문을 보내어 수령으로 하여금 창고의 쌀과 콩을 내어 구휼하게 하되, 구휼에 힘쓰는 수령은 포상하고, 힘쓰지 않는 자는 죄를 논하도록 하라." 使司에서 이문하였다. "수령으로 하여금 사방에 있는 동리의 거리와 마을 수를 참작해서 賑濟所를 나누어 두게 하되, 閑良品官 중에서 자상하고 청렴한 사람을 택해 監考로 정하고, 수령이 때때로 보살펴서 老病으로 주리고 빈곤해서 밥을 먹지 못하는 자나, 양반이라 마음으로 부끄러워하여 먹는 데에 나오지 않는 자는 분간하여 별도로 알아서 구휼하게 하라. 수령으로서 여기에 마음을 쓰고 좋은 방법을 써서 그 경내에 굶어 죽은 자가 없게 한 자는 직명과 살려낸 사람의 수를 보고하여 발탁해서 쓰도록 하고, 만일에 마음을 쓰지 않아서 경내에 굶어 죽은 자를 있게 한 수령과 감고가 있다면 함께 決杖하되, 수령은 파직하고 감고는 水軍에 보충하며, 직명을 보고하게 하라."(『太祖實錄』 8, 태조 4년 7월 신유)

C-1에 따르면 굶주리는 백성을 보살피기 위해 도평의사사는 수령에

그러나 조선초기에 있어서 수령들은 유향품관을 상대로 지방통치를 감당해 나가기 어려웠었다. 이러한 사정때문에 관찰사가 유향품관이 참여하는 향촌의 기구 내지 직임에 그들을 선발하고 감독·치죄하는 권한을 가진다는 점이 분명하게 강조되었다. 비록 지방행정의 실무는 수령이 담당하였다 하더라도 중앙의 명령은 반드시 직접 관찰사에게 내려졌다. 유향품관을 상대하는 일에 관하여서는 더욱 그러하였다. 관찰사가 면리임자나 유향소품관을 상대한 사실에 유의하여야 할 것이다. 중앙정부는 그들을 상대로 중앙의 정책을 집행하는 일을 수령에게 맡길 수 없었다. 유향품관에 대해 신중하였던 중앙정부는 유향품관에 대한 정책의 시행은 관찰사가 맡아 처리하게 하였다. 이러한 사실을 깊이 따져 보아야 할 것이다.

15) 고려 말에 이성계 세력에 의해 여러 가지 지방통치제도가 새롭게 시행되고 그 가운데 면리제도 시행된 사실에 관하여서는 이 책 54~59쪽 참조.

게는 각 面에 里의 수를 헤아려 賑濟所를 설치하게 하고, 관찰사로 하여금 그 지역의 한량품관 즉 유향품관16) 중에서 監考를 선발하게 하였다. 만일 굶어 죽는 사람이 생기면 관찰사는 수령과 감고를 모두 벌주고 해당자의 職名을 중앙에 올려야 하였다.

　여기에서 유향품관과 관련하여 두 가지 점이 주목된다. 첫째는 굶어 죽는 사람이 생겼을 때 守令과 監考가 같이 벌을 받게 된다는 것은 그 일에 수령과 감고가 함께 책임을 지고 있다는 사실을 보여준다. 왕의 명령을 받아 기근에 허덕이는 백성을 구원하는 일은 목민관의 가장 중요한 임무 가운데 하나이다. 본래 국왕이 온 백성에게 베풀어야 할 일을 수령이 대신 담당한 것이다. 중앙정부는 이러한 일에 유향품관도 공식적으로 수령과 함께 참여하여 이를 처리하게 하였다. 이는 국왕의 인민통치에 유향품관의 참여를 허락한 것이다. 즉 국가는 감고직의 설치와 운용을 통해 유향품관의 정치적 참여를 열어 주었다. 감고직의 운용을 통해 국가는 유향품관을 새로운 통치체제에 적극 끌어 들였다. 그 결과 유향품관으로서는 지방민에 대한 그들의 영향력을 어느 정도 인정받게 되었다고 할 수 있다.

　둘째는 관찰사가 監考를 선발하고 감독하였다는 사실이다. 관찰사는 한량품관 가운데 자상하고 청렴한 사람을 택해 감고로 정하였다. 그리고 감고를 감독하고 벌주는 것도 관찰사였다. 진제소를 설치하는 것은 수령에게 맡겨졌다. 그러나 유향품관을 감고로 선발하고 수령과 그를 감독하는 것은 관찰사가 해야 할 일이었다. 감고의 선발과 감독이 수령이 아닌 관찰사에게 맡겨졌던 것이다. 이것은 유향품관을 상대로 국가의 정책을 시행하는 일은 관찰사가 맡아야 했던 실정을 반영한다.

　그런데 이와 같이 지방통치를 돕기위해 유향품관이 담당하는 직임이 설치된 것은 유향품관의 바램이기도 하였다. 이러한 점들을 좀 더 자세

---

16) 조선 초기 한량과 유향품관에 관한 논의는 이 책의 서론에 정리한 것 참조.

하게 알아 보기 위해 권농관제도의 경우를 보도록 하자.

 C-2. 도평의사사에서 전 낭장이던 鄭芬의 陳言으로써 아뢰었다. 그 대략의 내용은 이러하다. "勸農의 요체는 堤堰을 쌓는 데 있습니다. 수령들이 모두 권농의 직책을 갖고 있으면서 여기에 힘쓰지 않고 있습니다. 이 제언이란 것은 가뭄과 장마를 방비하는 것이오니, 도관찰사에게 명을 내리시어 주·부·군·현으로 하여금 그 고을의 한량품관 중 청렴하고 일 잘 보는 사람을 골라서 勸農官으로 정하게 하고, 가을과 겨울 사이에 제언을 수축해서 눈과 빗물을 모아 두게 하소서 … 봄이 되어 논을 갈려고 할 때, 토지 임자들이 권농관에게 말해서 차례대로 구멍을 열어서 물을 나누되, 灌漑하는 데 적용해서 허비가 없게 하며, 권농관의 잘 하고 못하는 것과 수령들의 부지런하고 게으른 것을 도관찰사가 친히 점검해서 褒貶을 알리게 하여 파직하고 승직하는 데에 참고가 되게 하소서 …"하니, 임금이 그대로 윤허하였다.(『태조실록』 8, 태조 4년 7월 신유)

 C-2는 관찰사가 그 지역의 한량품관 가운데에서 勸農官을 선발하고 친히 그들의 잘하고 못하고를 점검하여 포상하거나 폄출하자는 내용이다. 권농관은 농사에 있어서 매우 중요한 물꼬를 장악하는 권력을 가진 자리였다. 애당초에 이와 같은 권농관의 설치를 주장한 사람은 전직관료인 鄭芬이었다. 그가 올린 陳言을 바탕으로 도평의사사가 이의 시행을 건의하였다. 정분이 지방에 살고 있던 사람인지는 알 수 없다. 혹 그렇지 않더라도 각 지방에 유향품관이 담당하는 권농관을 두자는 의견을 내놓은 것으로 미루어 보아 그가 유향품관의 입장을 대변한 것만은 분명하다. 유향품관은 지방행정에 공식적으로 관여할 수 있는 직임을 갖기를 원하였다. 그것은 유향품관 스스로가 중앙의 지배를 받는 대상으로만 존재하고 싶지 않다는 소망의 표현이다. 그들은 정치적 참여의 공식적인 통로를 갖고 싶었으며 자신들의 역량을 발휘하고 싶었다.

 국가는 이러한 뜻을 수용하여 권농관을 설치하고 유향품관이 담당하도록 못 박았다. 권농관을 둔 것은 어디까지나 국가의 지방통치를 도우라는 뜻에서였다. 따라서 권농관에 대한 적절한 감시책도 마련하였다. 유향품관 가운데에서 권농관을 택한 사람은 관찰사였다. 관찰사로 하여금 직접 권농관의 능력과 수령의 근무 상태를 감독하게 하였다. 鄭道傳도 이 점을 강조하였다.

> C-3. 농사와 양잠은 입고 먹는 것의 근본이니, 왕정의 우선이 되는 것이다. 국가에서는 중앙에 司農官을, 지방에 勸農官을 두어 백성들의 부지런함과 게으름을 조사하여, 부지런한 사람은 장려하고 게으른 사람은 징계하게 하였으며, 風紀를 맡은 관찰사로 하여금 그들의 직책 수행 여부를 조사하여 黜陟하게 하였다.(『三峰集』 13, 朝鮮經國典 上 賦典)

이에 따르면 지방의 권농관은 '風紀之司' 즉 관찰사의 감독을 받는다는 점이 강조되어 있다. 관찰사는 권농관이 직무를 잘 수행하는지의 여부를 조사하여 잘하는 사람은 승진시키고 잘못한 사람은 폐출하라고 하였다. 결국 유향품관은 관찰사에게 선발되고 관찰사에게 자신의 근무 성적을 직접 점검 받기를 원하였으며 그것은 받아들여졌다. 권농관이나 감고 등 유향품관이 담당하는 직임을 수령이 아닌 관찰사가 직접 선발하고 감독하게 한 것은 그들이 국가의 통제를 벗어나지 못하게 하기 위해서였다. 그러나 다른 한편으로 이러한 원칙은 그들을 우대한다는 표시이기도 하였다. 그것은 유향품관의 지위나 그들이 맡게 되는 직임의 권위를 높여주는 일이었다. 권농관의 위상은 수령의 부림을 받는 지위인 향리와 구별되는 우월한 것이었다.

권농관도 감고의 경우처럼 목민관이 해야 할 가장 중요한 일 가운데 하나를 맡아 처리하는 사람이었다. C-2에 따르면 제언을 수축하고 이를 관리하는 일은 권농을 위해 가장 긴요한 일이라고 하였다. 그런데 수령이 여기에 힘쓰지 않고 있으니 권농관이 함께 이 일을 담당하라는 것이다. 권농관도 감고의 경우처럼 수령이 해야 할 일상적이고도 중요한 임무를 함께 맡았다. 권농관이 지방관과 맡은 임무가 서로 비슷하다는 것은 이 둘의 성격이 또한 서로 유사하다는 점을 의미한다. 권농관을 맡은 유향품관은 왕을 대신하여 지방민을 통치하는 일에 일정한 몫을 가지고 참여한 것이다. 이와 같이 국가는 監考나 勸農官, 里長 등 면리임의 설치와 운용을 통해 유향품관의 정치적 참여를 열어 주었다. 국가는 유향품관이 가진 역량을 새로운 제도를 통해 적극적으로 활용하고 나섰다.

면리임을 맡는다는 것은 국가로부터 직임을 받아 중앙의 지방통치에 대한 권리와 의무를 지닌다는 것이다. 그것은 유향품관이 국가로부터 지방사회에서의 정치적 활동을 인정받은 것을 뜻한다. 이러한 것을 바탕으로 하여 유향품관은 실질적인 이익도 추구해 나갈 수 있었다. 유향품관이 국가로부터 받은 직임을 이용하여 지방민들을 제 마음대로 부리는 일이 있었으리라는 점을 상상하기 어렵지 않다.17) 수리시설을 관리하거나 진대・구휼이나 답험손실 등에 관한 일을 맡아 보면서 자신의 이익을 앞세우는 일도 있었을 것이다. 이 뿐만이 아니라 국가는 면리임을 담당하는 사람들에게 復戶나 加資, 散官除授 및 實職敍用 등의 혜택을 계속적으로 베풀었다.18) 이러한 현실적인 혜택을 부여하고 그들의 영향력

---

17) 예컨대 아래의 기록을 보도록 하자.
"都堂採擇各司陳言以申 … 一 貧乏之民 借貸富家之穀 富家每當農月 以其貸民 驅聚役使 富者益富 貧者益貧 奸吏里長 又無故役 使令貧民廢農 亦令禁止 違者論罪 官吏失覺察者 罪同"(『太祖實錄』15, 太祖 7년 12월 辛未) 도당은 여러 관사가 올린 말 가운데 중요하다고 생각되는 것 몇 가지를 골라 왕에게 아뢰었다. 그 가운데 하나를 보면 가난한 백성이 부잣집의 곡식을 빌려 먹는데, 이 때문에 부잣집에서는 매번 농사철을 당하면 그 곡식을 빌려 먹은 사람들을 모아 사역한다고 한다. 그런데 간사한 향리나 里長까지도 그럴 만한 아무런 연고도 없이 가난한 백성을 제 마음대로 부린다는 것이다. 이장이 곡식을 빌려준 일 등도 없으면서 백성을 부렸다는 것은, 이장을 빙자하여 백성에게 영향력을 행사하였다는 사실을 보여준다.

을 용인함으로써 국가는 면리임을 통해 유향품관을 회유하고 그들을 새로운 지방통치체제로 흡수해 나갈 수 있었다.

결국 면리임의 운용을 통해 국가는 유향품관의 체제에 대한 순응을 이끌면서 지방통치를 강화할 수 있었다. 그 뿐만이 아니라 중앙집권화에 걸림돌인 향리를 제압하고 농사를 진흥시키는 등의 일도 원활하게 처리할 수 있었다. 이러한 정책을 통해 국가는 유향품관을 회유하고 가장 효과적으로 지방통치의 효율을 기할 수 있었다. 그러나 유향품관의 협조를 구하고 그들의 일정한 역할을 인정해 준 만큼 국가의 지방에 대한 지배권은 한계를 가질 수밖에 없었다. 즉 국가의 지방에 대한 지배권이 군현의 하부단위까지 내려가게 되었지만, 그것은 중앙에서 파견한 관리에 의해서가 아니라 면리임을 맡아 처리한 유향품관의 협조 속에 이루어지게 된 것이다.

한편 유향품관은 향촌에 마련된 이러한 직임으로 말미암아 정치적 참여의 공식적인 통로를 갖게 되었다. 자신이 맡은 직임에 따른 역할을 수행하면서 유향품관은 국왕의 다스림을 펴는 일에 일정한 몫을 담당하게 되었다. 그들은 중앙의 권위에 힙입어 지방민에게 영향력을 행사하고 향촌사회에서의 현실적인 이익도 확대해 나갈 수 있었다. 그대신 유향품관으로서는 국가의 권위에 복종하고 그 권력의 행사에 협력해야 할 의무를 가지게 되었다. 즉 유향품관이 권농관을 맡거나 그 일에 협조한다는 것에는 국가의 통치체제에 순응하는 의미가 있다. 향촌사회에서 그들이 가진 지위는 어느정도 국가로부터의 후원과 보증에 힘입은 것이었다.

---

18) 이러한 사실에 관하여서는 박진우, 앞의 논문, 140~163쪽에서 면리제가 운영되는 과정을 살펴본 것이 참고 된다.

3. 申明色의 치폐와 유향품관의 역할에 대한 갈등

유향품관은 지방통치에 참여하게 됨으로써 그들의 정치적·사회적 지위를 어느 정도 강화할 수 있었다. 이와 관련하여 우리의 주의에 오르는 또 다른 직임이 申明色이다.

> D-1. 전 署令 金滌이 上書하였다. "… 외방 수령이 불의한 일을 하여도, 고을 사람들은 바라보며 한숨만 쉬고, 감히 말 한마디도 하지 못합니다 … 원하오니, 이제부터는 관찰사가 주·부·군·현에 申明色을 임명하여 정하되, 큰 고을에는 3명, 작은 고을에는 2명으로 하여, 각각 그 수령의 포악하고 법을 어겨 폐단이 백성에게 미치는 일들을 그들로 하여금 규찰하여 간하게 하소서. 만약 두세 번 간하였는데도 수령이 잘못을 고치지 아니하면, 이 사실을 낱낱이 감사에게 고하여 폄출하게 하소서 …"하였다. 임금이 보고 승정원에 명하기를, "이 사람은 쓸 만하니 뒤에 벼슬을 제수하는 날이 되면 잊지 말고 아뢰어라."하고, 명하여 이 글을 호조에 내려 의논하여 시행하게 하였다.(『太宗實錄』29, 태종 15년 4월 병술)

D-1은 태종 15년 4월에 前署令 金滌이 지방에 申明色을 설치할 것을 건의한 상소문의 일부이다. 지방의 수령들이 옳지 못한 일을 저질러도 마을 사람들이 탄식만 할 뿐 감히 말하지 못하는 것이 당시의 실정이었다. 이러한 현실을 바로 잡기 위하여 각 주·부·군·현에 규모에 따라 2~3명의 신명색을 두자는 것이 김척이 건의한 내용이다. 만일 문제가 있으면 신명색이 수령에게 간하되 두 세 번해도 나아지지 않으면 직접 감사에게 알려 수령을 폄출하게 하자고 하였다. 김척의 이 건의는 받아들여져서 즉시 유향품관으로 선발되는 신명색이 두어졌다.[19]

---

19) 유향품관들이 신명색을 담당하였던 것은, 태종이 '옛날에 하륜이 말하기를 각 읍의 수령이 때없이 체대되어 조령을 알지 못하니 현명한 品官으로 신명색을 정하면 국가와 백성에게 뿐만 아니라 수령에게도 도움이 있을 것이라고 하였다'고 말

여기에서 특히 다음의 몇 가지 점이 주목된다. 먼저는 신명색이 지방 통치에 있어서 面里 단위를 넘어서 州·府·郡·縣을 단위로 하는 직임이었다는 점이다. 다음으로는 신명색이 공식적으로 수령에게 直諫하는 권한을 허락받았다는 점이다. 그리고 끝으로는 경우에 따라서 신명색은 그 권리를 사용하여 수령을 파직시킬 수도 있었다는 점이다. 이로써 미루어 보건대 신명색의 지위가 수령의 이상일 수는 없다 하더라도 그에 못지않은 정도로 높았음을 짐작할 수 있다. 이러한 사실은 신명색이 관찰사에 의하여 직접 선발될 뿐만 아니라 그에게 직접 보고할 수 있었다는 점으로써도 뒷받침된다.

신명색의 설치는 유향품관이 지방행정에 참여하는 권한이 확대되고 그들의 정치적 역할이 커졌다는 것을 의미한다. 지방사회의 세력가로서 유향품관이 신명색을 통하여 영향력을 미칠 수 있는 범위가 면이나 리의 행정단위를 뛰어 넘어서 보다 넓어졌다는 점에서 그러하다. 그 역할이 수령의 일을 거들어 주는 수준을 넘어서 아예 諫言의 명분으로 수령을 나무라거나 내쫓을 수 있는 권리까지 허락받았다는 점에서 더욱 그러하다.

그러나 여기에서 잠시 주의해야 하는 것은 국가가 하나의 행정단위에 두 명 이상의 신명색을 배치하였다는 점이다. 이것은 신명색의 권한 행사에 대한 일종의 제약을 뜻한다. 물론 여러 의견을 모아서 일을 처리하게 함으로써 보다 정확을 기한다는 뜻도 스며있을 것이다. 그러나 한편으로는 어느 특정한 지방세력이 독주하여 두드러지게 세력을 키우는 것을 미연에 방지하겠다는 국가의 의지도 읽혀진다. 어느 한 재지세력의 독점적·배타적 지위를 인정하고 싶지 않았던 것이 당시의 국가의 뜻이

한 것에서 알 수 있다(『太宗實錄』 33, 太宗 17년 11월 戊寅). 또한 119쪽의 D-2에 보인 신명색에게 내려진 독법령에 관한 기록이 태종 15년 5월인 것으로 보아 신명색은 김척의 상소가 올려진 직후에 설치되었다.

아니었을까 한다. 국가로서는 권력을 되도록 여러 재지세력에게 분산시켜 어느 특정한 재지세력의 권력이 강성해지는 것을 막고자 하였다고 믿어진다.

신명색과 관련하여 주목해야 할 또 다른 문제는 국가가 신명색에게 기대한 구체적인 역할의 내용이다.

> D-2. 讀法令을 내렸다. 형조에서 아뢰기를, "서울과 지방의 어리석은 백성들이 律文을 알지 못하여 죄와 형벌에 빠지니 불쌍하게 여겨집니다. 이제 『大明分類律』을 간행하였으니, 빌건대, 京中의 五部와 외방의 各官에 반포하여, 경중은 律學 각 1명씩을 나누어 보내어, 매 衙日마다 오부의 관리가 각 管領과 里正을 거느리고 혹은 문자로, 혹은 강론으로 대중을 깨우쳐 주게 하고, 외방은 각 고을의 수령이 申明色과 律學生徒로 하여금 6 衙日마다 모이게 하여, 각 里方別監과 이정에게 문자나 강론으로 전해 가며 깨우치게 하고, 部令과 수령은 무시로 고찰하여, 그 중에서 어리석은 백성으로 하여금 율문을 잘 깨우치게 한 자와 한갓 문구로만 삼아 봉행하는 데 마음을 쓰지 않은 자는, 경중은 본조에서, 외방은 감사가 때때로 고찰하여 상과 벌을 가하소서."하니, 임금이 그대로 따랐다.(『太宗實錄』 29, 태종 15년 5월 임인)

刑曹의 계문에 따라 내려진 讀法令은 백성들이 나라의 律文을 몰라 죄에 빠지는 경우가 있기 때문에 이를 조금이라도 줄이기 위해 신명색과 율학생도가 각 리의 方別監과 里正 등에게 문자를 講論하라는 것이다.

여기에서 주목되는 점은 먼저 율문을 백성들에게 주지시키는 일에 신명색을 나서게 한 점이다. 율문은 刑律 즉 刑法을 말한다. 法이라는 것은 곧 국왕의 명령이고, 그것의 정당성을 뒷받침하여 주는 확실한 논거이다. 그리고 법에는 국왕이 백성을 통치하는 방식이 구체적으로 담겨져 있다. 그러므로 백성들에게 법을 깨우쳐주는 일을 신명색에게 맡긴 것은 그 임무가 국왕을 거드는 것이라는 의미를 지닌다.[20] 신명색에게 법의

---

20) 이태진은 신명색이 明의 申明亭을 본딴 제도였던 것 같다고 언급하였다(이태진,

집행을 돕고 나서게 한 것도 국왕의 지배에 그가 일정 몫을 수행한다는 뜻을 지닌다. 그렇다면 신명색은 왕이 백성을 통치하는 일에 나름의 역할을 담당하였다는 이야기이다.

또한 신명색에게 국가의 법을 숙지하고 그것을 면리임자에게 가르쳐 주는 일을 맡긴 까닭은 백성들을 구제하기 위한 것과 더불어 수령을 도와주게 하는 목적도 컸다. 그것은 신명색의 혁파에 관한 기록을 통해 알 수 있다. 뒤에 인용한 D-4에 태종의 말을 보면 수령이 자주 바뀌어 나라의 條令을 알지 못하므로 신명색으로 하여금 수령에게 그것을 가르쳐주게 하였다고 한다. 신명색은 중앙의 법령을 백성과 면리임을 맡은 사람들에게는 물론 더 나아가서 수령에게까지 숙지시켜 주는 일을 담당하였다. 신명색은 국가의 지방통치에 있어 핵심적인 역할의 하나를 수행한 셈이다. 결국 국가는 신명색을 통하여서도 유향품관의 정치적 참여의 길을 터 주었고, 또 그럼으로써 그들의 정치적 위상을 그만큼 인정하여 준 셈이다.

한편 신명색은 면리임과 상·하로 연결되어 하나의 체계를 이루고 있었다고 보인다. 이 점은 신명색이 담당하는 구역이 주·부·군·현이었다는 점에서 드러난다. 그런데 D-2에서 보았듯이 신명색은 면리임들을 모아 놓고 문자를 가르치며 그러한 과정에서 나라의 법을 깨우쳐 주는

1986, 앞의 논문, 144쪽의 주 65) 참조).
신명색은 지방사회의 유력자가 백성들에게 법을 깨우쳐 주는 역할을 맡았던 점에서 명의 신명정과 비슷한 면이 있었던 것 같다. 명 태조는 그 5년(고려 공민왕 21년 : 1372) 2월에 각 鄕에 50家를 단위로하여 이를 세웠다. 그 31년(조선 태조 7년 : 1398)에 선포된 「敎民榜文」제 3조도 신명정에 관한 조항이다. 그것은 '田野의 민이 禁令을 모르고 왕왕 잘못하여 刑憲을 범하는 일을 방지'하기 위한 하나의 수단으로 신명정을 설치한다는 것이다. 범죄를 저지른 자의 성명과 죄상을 亭上에 榜示하여 징계의 뜻을 보인다고 하였다. 이 신명정은 뒷날 里의 재판소로 사용되었다. 한편 明에는 신명색과 더불어 선한 일을 한 사람을 드러내기 위한 곳인 旌善亭도 설치되어 있었다. 이에 관하여서는 松本善海,「中國地方自治發達史」『中國村落制度の史的硏究』, 岩波書店, 116~118쪽 참조.

사람이었다. 여기서 신명색이 면리임보다 우월한 지위에 있었음은 저절로 드러난다고 하겠다.

　신명색을 선발하거나 그에게 상벌을 내리거나 하는 것이 모두 관찰사의 몫이었다는 점도 가벼히 보아 넘길 수가 없다. D群의 기록들을 보면 관찰사는 신명색의 활동을 수시로 감독하게 되어 있다. 이것은 국가가 신명색과 같은 유향품관을 수령에게 맡기지 않았다는 사실을 일러 준다. 신명색은 때로는 수령을 감독하는 입장에 있기까지 하였다. 신명색이 수령에게 直諫하거나 관찰사에게 수령의 행동을 직접 보고할 수 있었다는 점에서 그러하다. 이것은 국가가 유향품관을 수령과 거의 동등한 지위에서 파악하고 있었다는 점을 시사한다. 그러나 관찰사가 있는 한 유향품관이 국가의 뜻을 거스르거나 무시하기는 어려웠다.

　위에서 알 수 있었듯이 국가는 유향품관을 그 통제아래 두면서도 한편으로는 그들의 역량을 새로운 체제로 흡수하기 위한 여러 가지 정책을 마련하였다. 이에 따른 제도적인 뒷받침도 뒤따랐다. 국가는 그렇게 함으로써 중앙의 지방통치가 제대로 이루어질 수 있다고 판단하였다. 그렇다면 국가는 왜 유향품관을 그러한 방식으로 대우하였을까. 이 문제는 아마도 유향품관의 신분이 기본적으로 사족이었고, 이 점에서 중앙의 위정자들과 본질적으로 다르지 않다는 사실을 염두에 올려야 해명될 수 있다고 본다. 즉 국가는 사족을 지방세력의 대표자로 인정하고 이들의 협조를 받아 지방지배를 강화하는 것을 생각하고 있었다. 그러므로 신명색의 임무도 자연히 사족의 우위를 전제로 하고 그것을 보장하는 방향으로 수행될 수밖에 없었다. 실제에 있어서도 신명색은 사족우위의 신분제적 질서의 확립에 기여하였다.

　　D-3. 사간원에서 治道 몇 조목을 올렸다. "… 1. 우리 나라의 科擧法은 한갓 재주만 시험함이 아니라 또한 族屬을 분변함에서이니, 원컨대, 이제부터는 생원시·東堂鄕試에 나오는 자는 각기 그 거주하는 고을의 申明

色이 그 족속을 고찰하여 赴試할 만한 자를 錄名하여 그 官長에게 올리면, 그 관장이 감사에게 올리고, 감사가 다시 고찰하여 시험에 나오는 것을 허락하게 하소서. 京中의 漢城試는 한성부에서 그것을 京在所에 상고하여 삼원 문자(三員文字) 및 戶口를 갖추게 하고, 그 鄕試와 漢城試에 합격한 자 및 館試에 나오는 자는 成均正錄所에서 또한 윗항의 명문을 고찰한 뒤에 赴試하게 하며, 신명색과 경재소는 工商·巫覡·雜色·賤口의 자손과 몸이 불효의 不道를 범한 자를 드러내되, 정록소에서 정찰을 가하지 못한 자는 헌사가 규찰하여 엄히 법으로 다스리게 하소서."하였다.(『太宗實錄』 33, 태종 17년 2월 경진)

D-3은 신명색으로 하여금 과거에 응시하는 사람들의 신분을 조사·보증하게 하고, 관찰사는 신명색이 올린 과거응시 적격자를 다시 고찰하여 赴擧를 허락하도록 하자는 내용이다. 이것은 신명색으로 하여금 자격이 없는 신분을 지닌 사람이 과거에 응시하는 것를 가려내라는 뜻이 된다. 그런데 科擧制度는 재주를 시험하는 것이 아니라 '族屬'을 가려내는 것이라고 못박고 있다. 이 때에 국가가 赴擧하지 못하도록 막고 싶은 대상이 정확하게 누군지는 알 수 없다. 그러나 이와 관련하여『經國大典』에 정리된 규정이 참고된다. 잘 알려진 것과 같이 『經國大典』 3, 禮典 諸科條의 문과응시자격에 대한 규정에는 국가의 관료로 서용될 자격을 박탈당한 범죄자, 국가재산을 횡령한 자의 아들, 再嫁·失行婦女의 子·孫, 庶孼子孫은 문과 및 생원·진사시에 응시할 수 없다고 되어있다.[21] 그렇다면 신명색이 가려내야 하였던 사람도 대개 이러한 부류의 사람들이 아니었을까 하고 짐작된다.

한편 조선초기에 立役한 당사자를 제외하면 향리가 과거에 응시하는 것이 법제적으로 금지되지는 않았다. 다만 향리는 三丁一子에 한하여 부거를 허락한다는 제한조건이 있었다. 그러나 향리가 과거에 응시하기

---

21) 이 조항에 관한 자세한 분석은 이성무, 1980,『조선초기양반연구』, 일조각, 49~66쪽 참조. 이 조항은 조선 초기 신분제를 이해하는 문제와 관련하여 주요한 논쟁의 대상이 되고 있다.

까지는 현실적으로 여러 가지 난관이 뒤따랐다.22) 그런데 D-3을 보면 生員・東堂鄕試에 응시하려면 반드시 자기가 소속된 군현의 수령과 그 도의 감사에게 허가를 받게 하자고 하였다. 거기에 더하여 신명색이 족속을 고찰하여 부시가 가능한 사람을 가려내자는 것이다. 이러한 조치는 향리의 과거응시를 더욱 어렵게 하는 것이었다. 사실 고려말 이래 조선건국을 주도한 사람들이 과거응시를 막으려던 사람들은 향리였다.23) 이 점을 생각해 보면 신명색까지 동원하여 과거 응시를 막으려던 사람들은 『경국대전』에 보이는 사람들과 더불어 향리가 아니었을까 하고 생각된다. 신명색을 맡은 유향품관들이 그 지방에서 우월한 지위에 있는 사족이었던 점을 생각해 보면 더욱 그러하다. 결국 위의 조처는 과거제도에 있어서 사족의 절대적인 우월을 제도화하고자 한 것이라고 해석된다.24)

이와 같이 지방통치에 있어서 유향품관의 주도적인 입장은 국가에 의하여 뒷받침되었다. 특히 향리에 대한 그의 상대적인 우위는 더욱 확고

---

22) 이성무, 위의 책, 57~58쪽 참조.
23) 이 책 50~52쪽 참조.
24) 아래의 기록에서 드러나듯이 조선은 과거제도를 철저하게 학교를 매개로하여 시행하고자 하였다.
"文武兩科 不可偏廢 內而國學 外而鄕校 增置生徒 敎加講勸養育人才 其科擧之法 本以爲國取人 其稱座主・門生 以公擧爲私恩 甚非立法之意 今後內而成均正錄所 外而各道按廉使 擇其在學經明修行者 開具年貫三代 及所通鑑已上通者 以其通經多少 具理精粗 第其高下爲第一場入格者 送于禮曹 禮曹試表章古賦爲中場 試策問爲終場 通三場相考入格者三十三人 送于吏曹量才擢用 監試革去"(『太祖實錄』1, 태조 원년 7월 丁未 敎)
이에 따르면 지방에서는 향교에 입학하여야만 과거에 응시하는 것이 가능하게 되었다. 그리고 관찰사가 향교 생도가운데에서 선발하여 시험을 치뤘으며 거기에 합격한 사람들만이 과거에 응시할 기회를 얻을 수 있었다. 관찰사로 하여금 향시에 적극적으로 관여하게 한 것이다. 그리고 신명색제도를 통하여 유향품관도 그 일에 일정한 영향력을 행사하게 해 준 것이다. 관찰사나 유향품관이 향리출신인물이 과거에 응시할 기회를 허락하는 경우는 지극히 드물었을 것이다.

하여졌다. 신명색의 설치와 운용이 이와 관련하여 크게 주목되어서 좋을 것이다. 그러나 신명색의 임무는 어디까지나 수령을 보좌하고 협조하는 방향에서 이루어져야 하였다. 그런데도 실제는 신명색에 의한 월권행위가 일어나 수령을 오히려 능멸하는 경우조차 있게 되었다.

> D-4. 각 고을의 申明色을 혁파하였다. 사헌부가 상언하기를, "각 고을에 신명색을 둔 것을 수령이 만일 불의한 일이 있으면 직언하고 숨기지 말아 민폐를 제거하기 위함인데, 密陽 신명색 孫卜經이 府使 尹會宗을 농락하고 꾀어서 백성이 경작하는 전지를 빼앗았고, 槐山의 신명색 崔普가 임의로 烟戶軍을 발하여 남의 집을 허물어뜨리었으니, 수령을 속이고 시비를 어지럽게 하여 해가 백성에게 미칩니다. 각 고을의 신명색을 모두 혁파하여 버리는 것이 어떠합니까?"하니, 임금이 말하였다. "옛날에 晉山君 하륜이 말하기를, '각읍의 수령이 때없이 遞代되어 條令을 알지 못하니, 만일 현명한 品官으로 신명색을 정하면 국가와 백성에게 이로움이 있을 뿐만 아니라, 또한 수령에게도 도움이 있을 것이라.'하였는데, 지금 이와 같다면 신명색의 작폐가 심하다." 명하여 혁파하였다. (『太宗實錄』 34, 태종 17년 11월 무인)

사헌부의 상소에 따르면 신명색을 둔 까닭은 수령이 의롭지 못한 일을 할 경우 거리낌없이 직언하여 민폐를 없애기 위해서라고 한다. 즉 신명색은 수령을 견제할 수 있는 권한을 가진 사람들이었다. 그런데 신명색이 이러한 권리를 이용하여 자신들의 이익을 도모하였다. G-4를 보면 그러한 사례로 密陽의 신명색 孫卜經이 부사를 농락하고 회유하여 백성의 토지를 빼앗았으며, 槐山의 신명색 崔普가 제멋대로 煙戶軍을 징발하여 남의 집을 허물어 뜨린 일이 있었다. 신명색이 수령을 속이고 백성에게 해를 입힌 것이다. 손복경이나 최보가 수령을 농락하거나 회유하거나 속일 수 있었던 까닭은 그들이 수령의 잘못을 들추어 경우에 따라서는 파직시킬 수도 있는 권한을 가졌기 때문이라고 짐작된다.

그러나 국가가 신명색제도를 마련한 까닭은 제 이익이 아니라 나라를 위해 일하라는 것이었다. 신명색이 가진 권위나 영향력은 어디까지나 국가에 대한 충성과 봉사를 전제로 해서 허락된 것이었다. 수령을 능멸하고 더욱이나 백성을 침해하는 일이 국가에 대한 충성이나 봉사일 수가 없는 것은 너무나 당연하다. 사정이 그러한데도 신명색은 수령을 업수이 여기고 자신의 이익을 좇는 일이 많아졌다. 사태가 악화되자 결국 신명색은 혁파되고 말았다.[25]

한편 D-4를 보면 태종은 예전에 하륜이 현명한 품관을 신명색으로 삼으면 국가와 백성뿐만 아니라 수령에게도 유익할 것이라하여 신명색을 설치하였다고 하였다. 그런데 지금 신명색의 폐해가 매우 심하니 혁파하겠다는 것이다. 이 기록으로 미루어 신명색을 설치한 것은 하륜의 주장에 따른 것이고, 그것을 혁파한 것은 태종의 뜻이 보다 강하게 반영된 일이라고 보아진다. 이것은 신명색에 대한 태종과 하륜의 견해가 달랐다는 사실을 반영한다. 사실 면리임이나 신명색 등을 설치하고 그것을 유향품관에게 맡기는 정책을 추구한 목적은 지방통치의 효율을 기하기 위해서였다. 그러나 지방통치에 있어서 유향품관의 역할을 인정해주고 그들의 협조를 구한만큼 국가가 지방을 장악하는 정도는 약해질 수밖에 없었다. 더욱이 신명색의 설치는 국가의 지방통치에 있어서 보다 크게 유향품관의 역할을 인정해준 것이었다. 따라서 신명색의 혁파는 태종이 이

---

25) 이태진은 유향소가 혁파된지 얼마되지 않아 신명색이 설치된 점을 염두에 두어 신명색은 유향소의 뒤를 이어 두어진 것이라고 지적하였다(이태진, 앞의 논문, 144쪽).
그러나 유향소를 대신하여 신명색이 설치된 것은 아니라고 생각된다. 유향소는 향리를 규찰하고 유교적 이념을 기준으로 삼아 지방민의 선행과 악행을 드러내어 적절한 상벌을 내리는 활동을 전개하여 향풍을 바로 잡고, 자신들의 공론을 중앙에 전달하는 등의 일이 주된 기능으로 나타난다(이와 같은 유향소의 기능에 관하여서는 이 책 제2장 제2절 '留鄕品官의 향촌사회 규찰과 留鄕所' 참조). 그러나 D군의 기록에 따라 본문에서 밝힌 것과 같이 신명색이 설치된 경위나 수행한 일 등은 유향소와 성격이 달랐다.

와 같은 방식으로 이루어지던 지방통치체제를 개혁하기 위한 조처였다.

이러한 사실을 좀 더 자세하게 알아보기 위해 태종이 신명색을 혁파한 것과 바로 같은 때에 이루어진 지방통치제도의 개혁을 주목할 필요가 있다. 지방통치의 책임을 지고 있는 관찰사는 제도적으로는 다른 관부의 간섭을 받지 않고 왕과 직접 연결 되어 있었다. 그러나 태조대에는 관찰사와 왕 사이에 도평의사사가 개입하는 경향이 강하였다. 대체로 도평의사사의 재상들이 관찰사제도의 운용에 중요한 영향력을 행사하였다.[26] 하지만 신명색이 혁파된 태종 17년 12월에 관찰사제도에 관한 아래와 같은 중요한 조처가 취하여졌다.

> D-5. 사간원에서 상소하였는데, 상소의 대략은 이러하였다. "삼가 『元典』을 살피면 관찰사가 되는 자는 대간으로 하여금 천거하는 것을 허락하였는데, 근년 이래로 이 법이 행하여지지 않으니, 이루어진 법에 어그러짐이 있을까 두렵습니다 … 엎드려 바라건대, 전하는 매양 감사를 보낼 때에 반드시 政府・六曹・臺諫으로 하여금 명망이 있는 사람을 가리어 이름을 갖추어 아뢰게 하고, 전하가 또 맡길 만한 실상을 살핀 연후에 책임을 주어 보내는 것으로써 항식을 삼으소서." 임금이 그대로 따랐다.(『太宗實錄』 34, 태종 17년 12월 乙酉)

D-5에 따르면 관찰사를 파견할 때는 의정부・육조・대간으로하여금 명망이 있는 사람을 택하여 이름을 올리게 한 뒤 왕이 그들 가운데 임무를 맡길만한 사람에게 관찰사를 제수・파견하는 것이 恒式으로 되었다.[27] 지금까지는 의정부(도평의사사)가 대간이 천거하여 올린 사람들 가운데서 관찰사를 선발하였다. 그러므로 관찰사제도 운용의 주도권은

---

26) 최선혜, 1997, 「高麗末・朝鮮初 觀察使論의 전개와 中央集權體制의 정비」 『國史館論叢』 76, 10~14쪽 참조.
27) 태종 17년에 마련된 관찰사 선임방법은 그대로 『經國大典』에 수록되었다. "每年春孟月 議政府・六曹堂上官 及司憲府・司諫院官員 各薦堪爲觀察使節度使者"(『經國大典』 1, 吏典 薦擧)

의정부에 있을 수밖에 없었다. 그러나 이제는 관찰사에 대한 천거권이 의정부·육조·대간으로 확대되었다. 이것은 그동안 관찰사를 선임하고 파견하는 일에 있어서 재상에게 집중되었던 권한을 독립된 여러 관부로 분산시키고, 그러한 바탕위에서 왕의 직접적인 영향력을 강화하려는 것이었다고 판단된다. 이미 태종은 왕을 제외하고는 의정부만이 관찰사의 직무수행에 관여해 오던 것을 개혁해왔다. 예컨대 태종은 관찰사가 올린 상서를 사안에 따라 六曹의 해당 조에 내려보내거나,[28] 관찰사의 상서를 의정부와 더불어 육조도 함께 의논하게 한 일[29] 등이 그것이다. 태종은 실질적으로 왕이 국가권력과 행정체계에 있어 정점이 되는 통치체제를 이루고자 하였고,[30] 이를 위해 중앙의 정치 뿐만이 아니라 지방에 대해서도 국왕의 직접적인 영향력을 강화하고 싶었다. 관찰사제도의 개혁은 이러한 의도아래에서 이루어진 일이었다.

따라서 태종이 의도한 것은 지방통치에 있어서 관찰사와 수령의 권한은 가능한 한 확대하고 지방세력의 역할은 가능한 억제하는 것이었다. 면리임보다 지방행정에 참여하는 권한이 확대되고 그 위상도 높아져 수령을 능멸하기까지 하는 신명색은 마땅히 혁파의 대상이 될 수밖에 없었다.

4. 유향품관과 鄕吏

고려말 이성계 세력이 집권한 이래 중앙정부는 향리에 대한 유향품관

---

28) 『太宗實錄』 9, 太宗 5년 3월 乙巳
29) "江原道都觀察使李安愚上書 下議政府·六曹擬議"(『太宗實錄』 29, 太宗 15년 4월 丁亥)
30) 태종이 여러 차례의 정치개혁을 통해 수립한 통치체제는 잘 알려진 것과 같이 六曹直啓制였다. 이러한 태종대의 정치개혁의 과정에 관하여서는 鄭杜熙, 1989, 「朝鮮建國初期 統治體制의 成立過程과 그 歷史的 意味」 『韓國史硏究』 67 참조.

의 우위를 인정하고 그들을 새로운 통치체제로 끌어들이는 방향으로 정책을 추진하였다. 여기에서 오랜 동안 대표적인 지방세력가였던 향리와 새로운 지방세력가로 성장한 유향품관 사이에 갈등과 대립이 일어날 수밖에 없었다. 유향품관의 등장으로 말미암아 지방사회에서의 위치가 흔들리기 시작하게 된 향리는 유향품관에게 반감을 가질 수밖에 없었다.[31] 지방사회에서의 영향력을 둘러싸고 향리와 유향품관은 갈등을 빚었다. 일정한 지역에 뿌리를 박기 시작한 유향품관과 향리는 같은 지방사회의 세력가로서 그 이익과 손해를 놓고 많은 경우에 가장 첨예하게 서로 대립하는 관계에 놓이게 되었다.

이러한 여건 속에서 국가는 유향품관과 향리의 관계에 대한 분명한 정책을 제시하였다. 그것은 향리에 대한 유향품관의 우위를 보장하는 정책이었다.[32] 이것은 둘이 갈등관계에 놓여 있을 때에는 국가가 유향품관의 편을 들어주었다는 뜻도 되고, 둘이 타협의 관계를 유지하는 때에도 유향품관이 유리한 입장에 있도록 국가가 도움을 주었다는 의미가 된다. 국가의 사족 우대정책으로 말미암아서 유향품관은 향리와 힘을 겨루거나 공동의 이익을 함께 추구하거나 어느 쪽에서건 향리에 대한 우위를 확보하게 되었다. 그렇다면 사족 우위정책의 추구와 관련하여 유향품관과 향리 사이에 나타난 관계에 보이는 실제의 모습을 보고자 한다. 이 일은 유향품관과 향리의 관계가 지니는 성격을 알아보는데 도움을 줄 것이다. 나아가 그것은 조선전기 지방사회의 구조를 밝히는데 있어서도 많은 시사를 던져줄 것이다.

---

31) 이와 관련하여 지방사회에서 수령과 사족과 향리와의 삼각관계를 분석한 이성무의 연구가 참고된다. 그는 향리는 수령의 使役人으로 지방관부의 행정실무를 맡고 있었지만 자신들의 이해에 따라 수령과 야합하여 지방민을 착취하고, 때로는 士族과 함께 지방의 유력자로서 중앙에서 파견된 관료인 수령에 대항하였다고 하였다(이성무, 1970, 「朝鮮初期의 鄕吏」『韓國史硏究』 5, 76~79쪽 참조).
32) 이 책 제1장 제1절 이성계 일파가 추진한 향리와 유향품관에 대한 정책 참조.

유향품관과 향리는 서로 대립할 수밖에 없는 측면이 있었다. 그들은 지방에서 세력을 행사하는 지위를 가진 사람이라는 점에서 서로 같았다. 따라서 이것이 보장하는 이익이 있을 수 있었다. 유향품관과 향리는 지방세력으로서 가지는 이익을 놓고 서로 갈등의 관계를 이룰 수밖에 없었다.

> E-1. 정전에 나아가서 宥旨를 반포하여 내렸다. "… 1. 외방에 있는 品官·鄕吏 가운데 양민을 점탈한 자가 있으면, 금년 10월까지 한하여 자수하게 허락하고 마땅히 죄를 면하게 할 것이요, 기한이 지나도록 자수하지 않고 남이 고하게 되는 자는 중한 죄로 처단하라."(『定宗實錄』 5, 정종 2년 7월 을축)

위 글은 정종이 내린 宥旨의 일부이다. 이 宥旨는 정종이 태조의 공을 기리고 자신의 왕으로서의 덕을 드러내고자 하여 은전을 베풀기 위해 반포한 것이다. 즉 이것은 德治를 내세워 백성들을 다독거리기 위해 내린 글이다. 여기에 지방의 품관과 향리가 양민을 점탈한 자가 있으면 자수할 것을 허락하니 이 기회를 통해 죄를 면하되 기한이 지나도록 자수하지 않고 남이 고하게 되는 자는 중한 죄로 처단한다는 조항이 들어 있다.

그렇다면 이 유지를 내린 목적의 하나는 유향품관과 향리가 지방에서 불법적으로 세력을 행사하는 것을 제어하고 지방민의 숨통을 열어주기 위해서였다. 위 글을 통해 유향품관과 향리가 중앙의 뜻을 저버리고 자신들의 지방에서의 이익을 추구하는 일을 놓고 가장 대립하고 있었음을 알 수 있다. 유향품관과 향리의 이와 같은 행태는 여전히 계속되었다.

> E-2. 좌정승 河崙 등이 민폐를 제거하는 몇 가지 조목을 올리었다. "… 또 品官과 鄕吏들이 田土를 널리 점령하고, 유망인을 불러들여 병작하여 그 반을 거두니, 그 폐단이 私田보다도 심합니다. 私田 1결에서는 풍년

이 든 해에만 2石을 거두는데, 병작 1결에서는 많으면 10여 석까지는 취합니다. 流移者는 이것을 빙자하여 役을 피하고, 影占者는 이것을 빙자하여 비밀로 하니, 賦役이 고르지 못한 것이 오로지 여기에 있습니다 …"하였다.(『太宗實錄』 12, 태종 6년 11월 기묘)

유향품관과 향리는 넓은 토지를 보유하여 유망한 백성들을 끌어 모아 병작반수를 행하였다. 유향품관과 향리가 양민을 점탈한 까닭은 자신의 토지를 경작할 노동력을 확보하기 위해서였다. 그들은 국가에 세금을 납부하고 요역을 제공해야 할 일반 백성을 중간에서 가로챈 셈이다. 또 유향품관과 향리가 병작반수를 행하는 것도 국고에 손해를 입히는 일이었다. 이러한 일들은 지방에 대한 중앙의 지배를 약화시키는 것이었다.

유향품관과 향리는 적당히 수령의 직무 수행을 도와 가면서 지방사회에서 그들의 이익을 더욱 추구하여 갔다.

> E-3. 사간원에서 또 상소하여 말하기를, "… 1. 鐵이라는 물건은 민생의 용도에 긴요한 것이나, 반드시 布帛과 곡식으로 바꾸어야만 이를 얻을 수 있습니다. 지금 국가가 주현이 쇠잔하고 성함에 따라 貢鐵의 많고 적은 것을 정하고, 주현에서는 경작지의 다소를 가지고 백성에게 나누어 부과합니다. 백성에게 부과할 때 간혹 경중이 같지 않고, 철을 거둘 때에 이르러서는 수령이 친히 감독 고찰하지 않고 品官이나 鄕吏의 무리에게 감고하게 하니 어리석은 백성이 저울눈을 알지 못하므로 간사하고 교활한 무리가 여러 가지 방법으로 이를 속입니다."(『太宗實錄』 13, 태종 7년 6월 계미)

수령들이 貢鐵을 거둘 때 직접 감독하지 않고 품관이나 향리로 하여금 감독하게 하였다고 한다. 이러한 과정을 통해 품관이나 향리는 백성을 속여 鐵을 중간에서 착복하였다. 철은 백성의 생활에 소용되는 물품이었다. 따라서 품관과 향리는 착복한 철을 布帛穀粟과 교환해주는 등의 방법으로 자신의 부를 늘려 갔다.

즉 조선이 건국된 뒤에도 유향품관과 향리는 지방에서 중앙의 뜻을 저버리고 경쟁적으로 자신들의 이익을 더 확대해 나갔다. 지방사회 안에서 얻을 수 있는 그 이익을 놓고 유향품관과 향리는 대립과 반목을 거듭하였던 것이다. 그러나 향리에 대한 유향품관의 우위를 보장한다는 것이 국가의 시종일관한 입장이었다.33) 이와 관련하여 아래의 기록을 보도록 하자.

> F. 사헌부 대사헌 安崇善 등이 시국에 대한 일을 조목으로 열거하기를, "…
> 1. 간사한 아전이 백성의 원망거리가 된지 오래되었습니다. 鄕曲에서 늙기까지 백성을 수탈하는 것에 숙달되어, 혹 백성의 전지를 남의 명의로 점령하여 농장을 많이 설치하고 꺼림 없이 제멋대로 욕설을 부리니, 의지할 곳 없는 고독한 백성은 원한을 머금고 억울함을 지게 되니 진실로 불쌍하다고 여겨집니다 … 지금부터는 品官과 校生에게 이들을 고발하게 하고, 한결같이 『육전』에 의거하여 악한 버릇을 통렬히 징계하되, 만일 알면서도 고발하지 않은 자가 있게 되면 율을 상고하여 죄를 매기고, 그 나머지의 사람을 징계할 것입니다."하니, 정부에서 논의하였는데, 다만 正長을 가려서 정한다는 조목만 따랐다.(『世宗實錄』 80, 세종 20년 3월 무술)

사헌부가 올린 상소에 따르면 향리들은 鄕里에 늙도록 뿌리내리고 살면서 백성들에게서 조세를 많이 거두어 착복하였다. 이들은 백성의 토지를 점령하여 농장을 설치하기도 하였다. 이미 법전에 그러한 폐단을 저지르는 향리를 형벌하게 되어 있고 악질향리를 사람들이 고발하는 것을 허락한다는 법도 갖추어져 있다. 그러나 수령이 이를 제대로 시행하지 못하고 있었다. 따라서 그러한 향리가 있을 경우에는 지방의 품관과 교생이 고발하여 법에 따라 그들을 징계하도록 하였다.

그런데 품관도 토지를 널리 점유하여 농장을 설치하고 백성을 끌어들이는 등의 불법을 일삼기는 마찬가지였다. 토지를 넓히고 그것을 경작할 노동력을 확보하는 등의 일은 유향품관으로서도 중요하였다. 이와 같

---

33) 이 책 제1장 제1절 이성계 일파가 추진한 향리와 유향품관에 대한 정책 참조.

은 일을 가운데 두고 유향품관과 향리가 첨예하게 대립한 것은 당연하다. 그런데 대립하는 두 당사자 가운데 유향품관으로 하여금 향리를 감찰하게 하였다. 유향품관과 향교의 교생에게 향리를 감찰하게 하면 자연히 향리의 입지는 줄어들 수밖에 없다. 유향품관으로서도 자신의 이익과 직결된 문제이므로 향리의 그와 같은 행위를 보다 철저하게 감시하려고 하였을 것이다. 국가가 유향품관과 향교의 교생들에게 향리의 그와 같은 행동을 고발하라고 한 까닭은 유향품관의 우월적 지위를 강화하기 위해서였다. 향리를 사족의 포위망 속에 가두어 두고 사족으로 하여금 홀로 지방을 대표하게 한 것이다.

따라서 향리들이 가지는 불만은 고려말 개혁세력이 집권한 이래 조선이 건국된 뒤에 더욱 심화되었다. 그것은 국가가 향리를 돌려 놓고 유향품관의 협조를 얻어 내는 정책을 추구하는 한 일어날 수밖에 없는 일이었다. 사족우위를 후원하는 정책을 통해서 국가는 지방에 흩어져 살고 있는 유향품관의 협조를 얻어낼 수 있었다. 또한 그러한 정책의 추진을 통해 국가는 자연히 향리의 입지를 줄이는 효과를 거둘 수 있었다. 또한 국가는 자신들의 뜻대로 향리에 대한 사족의 우위를 얻을 수 있었다. 국가가 이와 같은 정책을 추구하다 보니, 그 과정에서 유향품관이 향리를 가혹하게 대하는 일이 많았던 것 같다.

> G. 형조에서 아뢰기를, "각 고을의 鄕吏들이 品官에게 무례하다 하여 품관이 스스로 독단하여 구타해서 혹은 억울하게 인명을 해치는 예가 있사오니, 이제부터 향리가 서울에 올라와서 무례한 짓을 한 자는 京在所에서 이를 법관에 고하고, 지방에서 무례를 범한 자는 품관이 수령에게 고하여 律에 따라 벌을 주어, 스스로 독단하여 구타 상해하는 일이 없도록 하소서."하니, 명하여 이를 詳定所에 내렸다.(『世宗實錄』 49, 세종 12년 7월 계묘)

형조가 올린 계문을 보면 무례하다는 이유로 품관이 향리의 목숨을 해치는 일까지도 있었다. 이에 서울에 올라 와서 무례한 태도를 보인 향리는 경재소가, 지방에서 무례하게 행동한 향리는 품관이 수령에게 고하여 율에 따라 죄를 다스리자는 것이다. 이러한 조처의 목적은 품관이 향리를 마음대로 처벌하는 것을 막기 위해서였다.

즉 중앙의 사족우위 정책의 추구에 힘입어 유향품관은 향리가 제 마음에 들지 않았을 경우에 마음대로 상해를 입히거나 경우에 따라서는 목숨까지 해치는 일이 있을 정도로 향리에게 마구 대하였다. 이미 향리는 중앙의 정책적인 배려와 지원을 등에 업은 품관보다 더 큰 영향력을 행사하기는 어려웠다. 향리로서는 품관과 맞섰을 때 승산을 기대할 수 없었다. 상황이 이렇게 되자 향리도 결국 유향품관에게 협력하는 길을 선택하게 되었다고 보아진다. 그들은 사족우위를 표방한 국가의 정책에 순응할 수 밖에 없었던 것이다. 향리가 사족에게 협조한다는 것은 그들 스스로가 사족에 비해 보다 낮은 지위에 있다는 점을 인정한 셈이다. 이러한 사실의 전제 아래서 국가도 향리를 보호할 최소한도의 방책을 세우기 위해 나섰던 것이라고 해석된다. 그러나 이러한 조처는 이미 향리에 대한 유향품관의 우위가 확보된 다음이므로 취해진 것이라고 본다. 세종대 유향품관과 향리의 관계를 알아 볼 수 있는 아래의 일화를 보도록 하자.

> H. 경주 아전 崔渚가 品官 崔岐의 아내를 묶어 길 위로 끌고 나가서 때리고 욕하였다. 의금부에 내리어 국문하게 하니, 언안(案)을 올리기를 마땅히 베어야 한다 하였다. 提調 南智가 홀로 말하기를, "『元典』에 愿惡鄕吏를 형에 처하여 널리 보이는 것은, 범한 것이 깊고 중한 자를 가리켜 말한 것입니다. 渚의 죄를 어찌 깊고 중한 데에 이른다고 하겠습니까."하였다. 정부에 명하여 의논하니, 좌의정 河演 등이 의논하기를, "최저는 마땅히 법에 따라 刑을 내려야 하고, 그 官의 수령도 이같이 악한 일을 하는 자를 제재하지 못하였으니 또한 파출해야 합니다."하니, 그대로 따랐다. 최저는 세 번 복심에 이르러 사형을 감하고 평안도 변방 고을의 驛吏에 귀속되었다.(『世宗實錄』 121, 세종 30년 8월 갑인)

慶州의 향리 崔渚가 品官 崔岐의 아내를 묶어 길 위로 끌고 나가서 때리고 욕하는 사건이 일어났다. 이 일에 대해 提調 南智가 홀로 최저를 두둔하고 나섰다고 한다. 또한 최저에 대한 처리를 두고 여러 번 논의가 일었다. 이 점으로 미루어 최저에게는 나름대로의 억울한 사정이 있었다고 헤아려진다. 최저와 최기가 이와 같은 극한 상황에 이르게 된 자세한 내막은 알 수 없다. 그러나 크게 보아 그것이 유향품관과 향리사이에 계속되어 온 갈등으로 말미암아 일어나게 된 충돌이라고 하는 짐작은 어렵지 않다.

  그런데 향리가 유향품관에게 대든 것을 이유로 중앙은 향리 당사자를 사형에 처하도록 명령하였을 뿐만이 아니라 수령까지도 추궁하였다. 최저는 법에 따라 처리하게 하고 그 고을의 수령도 이와 같이 악한 자를 제어하지 못한 것에 대한 책임을 물어 파출하도록 하였다. 이 조처는 중앙이 향리에 대한 유향품관의 거의 일방적인 우위를 보장하여 준 것이나 다름이 없다. 사실 국가가 바라는 것은 지방사회에서 유향품관과 향리가 충돌하고 대립하기 보다는 서로 협력의 관계를 유지하는 일이었다. 지방사회가 안정되어야 국가도 유지될 수 있기 때문이다. 유향품관과 향리가 마찰을 일으키는 상황에서 국가의 지방지배가 원활하게 이루어지는 것은 기대하기 어려운 일이었다. 그러나 최저와 최기의 충돌사건에서 본 것과 같이 국가의 분명한 뜻은 향리에 대한 유향품관의 우위를 전제로 하고 유향품관과 향리가 협조의 관계를 이루는 것이었다. 국가는 유향품관과 향리가 서로 수직적인 상하관계를 이루는 방향으로 정책을 폈다. 최저와 최기의 충돌 사건은 이와 같은 국가의 정책이 추진되면서 향리들이 갖게 된 불만이 표출된 하나의 사례에 지나지 않을 것이다. 향리들은 국가에 직접 대항할 수 없었으므로 유향품관에게 적개심을 표출하여 자신들의 불만을 드러내었던 것이라고 생각된다. 그러나 이미 세종대에 접어들면서 유향품관과 향리는 상하의 관계로 편성되어진 것이 현실이었다.

결국 국가는 유향품관의 우위를 뒷받침해 주고 그들의 지위를 보장하는 정책을 이끄는 데 성공하였다. 그리고 유향품관과 향리와의 상하의 관계도 점차 굳어지게 되었다. 결국 국가는 향리에 대한 유향품관의 우위도 얻고, 지방통치에 대한 유향품관의 협조를 이끌어 내는 데도 성공을 거두어 가고 있었다.

지금까지 유향품관이 지방에서 그들의 경험과 역량을 활용하게 되는 것과 더불어 이루어진 면리임·신명색의 설치와 운영에 관하여 알아보았다. 이 글을 통하여 검토한 사실은 아래의 몇 가지로 정리할 수 있다.

첫째 국가는 유향품관들을 정부의 통제 아래 두려는 조처를 취하였지만, 다른 한편으로는 이들이 가진 정치적 역량을 새 왕조의 통치체제로 적극 수용하려는 정책을 펴 나갔다. 국가가 유향품관이 자신의 경험과 능력을 활용하기를 기대한 것은 유향품관의 요구와도 어긋나지 않았다. 정치적 지위를 되찾고 싶은 욕구가 컸던 유향품관은 대체로 그러한 새 왕조 지배자들의 정책에 동조하였다.

둘째 面里任·申明色 제도는 그것을 통하여 지방사회에서 주도적 입장에 있기를 바라는 유향품관과 이들을 활용하여 지방통치를 효율적으로 이루고자 하는 국가 사이에 이루어진 타협의 산물이었다. 유향품관은 지방행정에 공식적으로 관여할 수 있는 직임을 갖기를 원하였다. 그들은 중앙의 통치를 받는 대상으로만 존재하고 싶지 않았다. 면리임이나 신명색을 맡음으로써 유향품관은 지방민을 통치하는 일에 일정한 몫을 갖게 되었다. 그것은 지방사회에서 유향품관이 가지는 우월한 지위를 국가가 인정한다는 사실을 뜻한다. 그 대신 유향품관으로서는 국가의 권위에 복종하고 그 권력의 행사에 협력해야 할 의무를 가지게 되었다. 유향품관이 면리임이나 신명색 등을 맡거나 그 일에 협조한다는 것에는 국가의 통치체제에 순응한다는 뜻이었다.

셋째 유향품관이 지방행정에 관여하는 폭이 확대되고 그들의 목소리가 커지게 되면서 신명색이 설치되었다. 신명색은 영향력을 미칠 수 있는 범위가 보다 확대된 것이었으며, 그 역할도 수령의 일을 거들어 주는 수준을 넘어 수령을 나무라거나 내쫓을 수 있는 권리까지 지니고 있었다. 신명색은 국왕의 일을 대신한다는 뜻을 지닌 것이기도 하였다. 신명색은 신분질서를 확립하는 일을 맡기도 하였다. 국가가 신명색에게 이러한 권위나 영향력을 허락한 까닭은 국가에게 충성과 봉사를 바치라는 뜻에서였다.
    그런데 신명색을 설치한 것은 하륜의 주장에 따라 이루어진 일이었지만, 그것을 혁파한 것은 태종이 뜻이었다. 태종은 신명색을 혁파한 바로 그 때 지방통치제도에 대한 중요한 조처를 취하였다. 태종은 중앙의 정치 뿐만이 아니라 지방에 대해서도 국왕의 직접적인 영향력을 강화하고자 하였다. 따라서 태종이 의도한 것은 지방통치에 있어서 관찰사와 수령의 권한은 최대한 확대하고 지방세력의 역할은 가능한 억제하는 것이었다. 면리임보다 지방행정에 참여하는 권한이 확대되고 그 위상도 높아져 수령을 능멸하기까지 하는 신명색은 마땅히 혁파의 대상이 될 수밖에 없었다.
    넷째 국가가 유향품관과 향리의 관계에 대해 추진한 정책은 향리에 대한 유향품관의 우위를 보장하는 것이었다. 이것은 둘이 갈등관계에 놓여 있을 때에는 국가가 유향품관의 편을 들어주었다는 뜻도 되고, 둘이 타협의 관계를 유지하는 때에는 유향품관이 유리한 입장에 있도록 도움을 주었다는 의미이다. 결국 국가는 유향품관의 우위를 뒷받침해 주고 그들의 지위를 보장하는 정책을 이끄는 데 성공하였다. 유향품관은 국가의 정책에 힘입어 향리에 대한 우위를 확보하였다. 국가는 향리의 세력을 약화시켜 향리에 대한 유향품관의 우위도 얻고, 지방통치에 대한 유향품관의 협조를 이끌어 내는 데도 성공을 거두어 가고 있었다.

제2절 留鄕所와 국가지배체제의 정비

국가와 유향품관과의 관계를 이해하는 일에 있어 가장 주의를 끄는 것이 留鄕所이다. 흔히 유향소는 향촌의 사족들이 가졌던 영향력을 보여주는 것으로 설명되었다. 그런데 그들이 유향소를 통해 영향력을 행사하는 정도만큼 유향소의 특징이나 성격은 '반중앙집권적' 또는 '중앙집권화에 역행'이거나, '토호적' 내지는 '자치적'인 성향을 나타내는 것으로 이해되어 왔다.[34]

---

34) 유향소에 관한 지금까지의 주요한 연구는 다음과 같다.
　柳洪烈, 1938, 「朝鮮에 있어서의 鄕約의 成立」『震檀學報』 9 ; 『韓國社會思想史論攷』, 일조각.
　周藤吉之, 1941, 「鮮初におげる京在所ど留鄕所どに就いで」『加藤博士還曆記念東洋史集說』.
　金聲均, 1965, 「京在所의 性格에 대한 一考」『亞細亞學報』 1.
　李泰鎭, 1972·1973, 「士林派의 留鄕所復立運動—朝鮮初期 性理學 定着의 社會的 背景」『震檀學報』 34·35 ; 1986, 『韓國社會史研究』, 지식산업사.
　金龍德, 1979, 『鄕廳研究』, 한국연구원 ; 1983, 『韓國制度史研究』, 일조각.
　李樹健, 1989, 「地方自治的인 諸機構와 鄕村統制體制」『朝鮮時代地方行政史』, 民音社.
　李成茂, 1992, 「京在所와 留鄕所」『擇窩許善道博士停年紀念論叢』 ; 1995, 『朝鮮兩班社會研究』, 一潮閣.
　朴翼煥, 1995, 『朝鮮鄕村自治社會史—留鄕所와 鄕規, 鄕村自治規約을 중심으로—』, 三英社.
　지금까지의 연구에서는 대부분 유향소는 유향품관으로 불리울 수 있는 지방의 세력가가 자발적으로 결성한 자치단체이며 그 성격도 반중앙집권적이고 중앙정부에 비협조적이고 때로는 위협적인 경향을 지닌 것으로까지 이해되어 왔다. 일찍이 이와 같은 관점에서 유향소를 분석한 사람은 유홍렬이다. 그는 유향소는 지방군현의 이른바 品官이라 일컬어지는 양반계급의 人士들이 지방에 자리를 잡고 권세를 부리게 되어, 마침내 자진하여 결성한 자치단체라고 설명하였다. 이미 고려 말부터 향촌의 사류가 事審官이 혁파된 뒤에도 향리에서 권세를 부리며 國憲을 무시하고 사적으로 사심관과 비슷한 기관을 조직하였는데, 이것이 유향소의 모태

이렇게 본다면 조선시대에 접어들어 국가와 지방의 사족은 협조 내지 타협보다는 대립적인 입장에서 서로 갈등 내지 반목하였다는 이야기가 된다. 그렇다면 어떻게 그러한 갈등과 충돌에도 불구하고 국가는 지배체제를 안정·강화시켜 갔으며, 지방의 사족은 성장할 수 있었을까.

유향소에 관하여 드는 위와 같은 의문은 유향소를 놓고 이루어진 국가와 지방의 품관과의 관계를 이해함으로써 풀어질 수 있다. 즉 유향소

가 되었을 것이라고 하였다(유홍렬, 위의 책, 119~120쪽).
이태진도 고려에 없다가 신왕조에 들어와서 처음 나타나게 된 유향소는 前銜品官들이 자의적으로 만든 재지세력의 자치활동 기구이며 반중앙집권적인 성향을 지닌다고 하였다. 그의 설명에 따르면 전함품관들이 향촌의 주도권을 계속 누리기 위하여 자신들이 중심이 된 향촌통치기구와 같은 성격의 기구로 유향소를 세웠다는 것이다(이태진, 위의 책, 136~137쪽 및 142~143쪽).
김용덕은 새 왕조에 들면서 유향품관이 서로의 유대를 굳히고 왕조의 수령에 대해 자신들의 기득권익을 지키려고 스스로 유향소를 마련하였다고 하였다. '수령에 대립하는 세력으로서 유향소가 출현하였다'는 것이다(김용덕, 위의 책, 132쪽). 이수건은 고려의 사심관제가 경재소와 유향소로 분화·발전되었다고 하였다. 그런데 유향소는 유향품관 내지 재지사족이 임의 자발적으로 조직·운영하였고, 그것은 점차 왕권의 대행자인 수령과 대립하여 중앙집권화에 역행하는 경향을 띠게 되었다고 하였다(이수건, 위의 책, 313~314쪽 및 325쪽). 한편 朴翼煥은 유향소는 지방자치기구라는 성격을 강조하여 오늘날의 지방의회와 유사한 것이라고까지 하였다(박익환, 1995, 앞의 책, 63쪽 및 71~72쪽).
이와는 조금 달리 이성무는 중앙정부와 유향품관이 향리에 대해 갖는 이해관계가 일치되어 유향소가 설치되었다는 관점을 제시하였다. 이성무도 유향소는 경재소의 地方郡縣分所로 생겨난 것이지만, 애초부터 국가가 공인한 기구는 아니라고 하였다(이성무, 1995, 앞의 책, 205쪽, 236쪽). 그러나 이성무는 비록 유향소가 유향품관의 집합체로서 지방에 있어서의 향리에 대한 양반의 지배권을 확립하기 위하여 설치된 자치조직이지만, 그것에 대한 중앙정부와 유향품관의 이익이 일치하였기 때문에 설치되었다는 것을 지적하였다. 즉 국가는 중앙집권체제를 갖추기 위하여 향리세력을 억압할 필요가 있었고, 품관들도 향촌사회의 주도권을 확립하기 위하여 향리세력을 억압해야 하였기 때문에 이를 위하여 유향소가 필요하였다는 것이다(이성무, 1980, 『조선초기양반연구』, 일조각, 122쪽).
최근의 연구에서도 국가와 유향소를 대립적인 입장에 두고, 유향소는 반집권적 토호적 성향이 향리보다 강하다는 관점에서 논의되어 있다(한국역사연구회, 2000, 『조선은 지방을 어떻게 지배했는가』, 아카넷, 31쪽).

를 대하는 국가의 입장은 어떠하였는지, 유향소에 모여든 유향품관의 목적은 무엇이었는지 하는 점을 다시 한번 분석해 볼 필요가 있다. 이와 더불어 유향소가 조선 사회에서 어떠한 역사적 의의를 지니는가 하는 문제도 정리해야 할 것이다.

이에 여기에서는 첫째, 국가의 지방통치에 있어서 유향소는 어떠한 기능을 수행하였는가를 검토해 보고자 한다. 국가의 지방통치에 있어서 유향소는 어떠한 존재였는가를 이해하는 일이 될 것이다. 둘째, 유향소를 매개로 한 국가와 지방의 관계는 어떤 특징과 의의를 지녔는가를 설명하고자 한다. 이를 위해서 유향소 품관과 중앙의 관료는 어떠한 관계를 맺고 있었는지, 유향소는 국가의 정치 동향에 어떤 입장을 표명하였는지 등을 검토하려고 한다. 이와 같은 작업은 유향소가 갖는 역사적 의의와 그것이 존재한 가운데 구축된 통치체제가 갖는 특징에 대해서 다시 한번 생각하는 기회가 될 것이다. 다시 말하면 조선에서 중앙과 지방 사이에 형성된 기본구조를 파악하는 일에 새로운 방향을 모색하는 계기이기를 바란다.

1. 유향소의 기능과 지방통치의 안정

고려말 이성계 세력이 세운 지방통치의 원칙은 기본적으로 국가의 직접 지배를 강화하는 것이었다. 관찰사-수령으로 이어지는 외관제도의 개혁·정비가 그것을 말해 준다. 그런데 이 책의 앞 장에서 검토한 것과 같이 국가는 외관제도와 더불어 지방 통치에 유향품관을 적극 끌어들이는 여러 방안을 마련하였다. 유향품관의 조직인 유향소도 그러한 방안을 제도화하는 과정에서 등장한 것의 하나라고 생각된다. 이미 유향품관은 고려후기 이래 향촌사회에서 세력가로 영향력을 행사하였으며 자발적으로 모임도 결성하여 왔다.[35] 그러한 모임이 국가에 의해 유향소로 용인

되었다고 판단된다. 그렇다면 유향소는 어떠한 기능을 지니는 조직이었을까. 이 문제를 이해하기 위해서는 먼저 유향소가 존재한 지방사회에서 지방관과 유향품관과의 관계를 검토해 보는 것이 필요하다.

국가가 지방을 통치하기 위해 파견한 관찰사-수령으로 이어지는 지방관과 그 지역의 세력가인 유향품관은 어떠한 관계를 이루어가고 있었는가. 다시 말하여 관찰사와 수령이 지방을 통치하기 위해 수행하는 일들에 유향품관은 어떠한 태도를 보였는가. 이 문제를 이해하기 위해서는 조선시대에 접어들어 관찰사나 수령의 지방 통치를 거드는 여러 직임-면리임, 권농관, 감고 등-이 향촌에 설치된 일을 기억할 필요가 있다. 그것은 주로 유향품관이 맡아 하면서 국가의 지방통치를 보완하는 것이었다. 즉 국가는 지방 통치와 관련하여 유향품관이 가진 역량을 새 왕조의 통치체제로 적극 수용하는 정책을 펴 나갔다. 국가는 지방을 통치하는 일에 유향품관의 적극적인 참여와 활동을 기대하였다. 지방을 통치하기 위한 새로운 체제는 유향품관의 지지와 협조가 긴요하였다는 뜻이다. 이러한 국가의 의도는 유향품관의 요구에도 어긋나지 않았다. 그것은 유향품관이 이러한 직임을 맡아 관찰사와 수령의 지방 행정을 보완한 것을 보면 짐작되는 일이다. 다시 말하면 유향품관으로 하여금 지방관의 지방통치를 거들어 주기를 바란 국가의 정책에 유향품관도 동조하였다.

이렇게 보면 향촌에 유향품관이 담당한 직임은 유향품관과 국가와의 사이에 이루어진 동조적인 관계의 산물이었다. 국가에 의해 지방통치를 위한 새로운 방안이 시행되고, 유향품관의 호응과 더불어 새로운 체제가 수립되어 나간 것이다. 그렇다면 국가와 유향품관의 관계는 지지와 협조가 오가는 관계로 설명된다.

사정이 이와 같다면 유향소도 비슷한 경우가 아닐까 한다. 이 문제를

---

35) 이에 대한 기존의 연구와 필자의 논의는 이 책 1장 1절 1항 '유향품관의 동향' 참조.

검토하기 위해 아래의 기록이 담고 있는 의미를 깊게 헤아려려 보자.

> A-1. 사헌부대사헌 許應 등이 시무 7조를 올렸다. "… 제4조. 주부군현에 각각 수령이 있는데 鄕愿 가운데 일 벌이기를 좋아하는 무리가 유향소를 설치하여 무시로 모여 수령을 힐뜯고 人物을 올리고 내치며 백성들을 괴롭히는 것이 교활한 향리보다도 더 심합니다. 원하건대 모두 혁파하여 오랜 폐단을 없애소서. "… 의정부에 내려 의논하여 아뢰게 하니, 의정부에서 의결하였다. "사헌부가 올린 시무가운데 제 1조에서부터 제 5조까지는 모두 시행하는 것이 옳습니다. …"하니, 그대로 따랐다.(『太宗實錄』 11, 태종 6년 6월 정묘)

A-1은 태종 6년에 사헌부대사헌 허응이 올린 7조로 이루어진 상소문 가운데 제 4조항이다. 허응은 유향소를 혁파하자고 하였다. 그의 주장에 따르면 이른바 '鄕愿好事'의 무리가 유향소를 두어 수시로 모여 수령의 일을 가로막거나 방해하고 향리를 올리거나 내치며[36] 백성들에게도 해를 입힌다고 하였다. 이 기록은 비록 유향소를 혁파에 관한 내용이지만, 이를 통해 고려말에서 태종대에 이르기까지 유향소에 관한 몇 가지 사실을 헤아려 볼 수 있다.

첫째, 유향소와 수령과의 일상적인 관계에 관한 문제이다. 허응의 주장을 통해서 평상시에 유향소가 수령의 일에 관여하였고, 이와 관련하여 유향소 품관들과 수령이 서로 자주 만난 점등이 드러난다. 향촌사회에서 수령과 유향소의 품관이 서로 일정한 관계를 유지하고 있었던 것이다. 이와 관련하여 조선초기에 수령은 목민관으로의 임무를 유향품관과 협력하여 수행해 간 점을 크게 염두에 둘 필요가 있다. 이미 앞에서 지적한 것처럼 유향품관은 지방에 마련된 여러 가지 직임을 맡으면서 수령의 일상적인 일들을 거들고 있었다. 유향품관의 조직인 유향소도 여기에서

---

[36] 김용덕은 여기에서 鄕愿好事의 무리가 進退시킨 '人物'은 鄕吏라고 파악하였다 (金龍德, 1983, 「鄕廳沿革考」 『韓國制度史研究』, 일조각, 131쪽).

크게 벗어나지는 않았을 것이라고 생각된다.

이와 관련하여 유향소의 초기 성격을 보여주는 다음 몇 가지 기록을 검토해 볼 필요가 있다.37)

> A-2. 유향소를 다시 세우는 것이 좋은지의 여부를 의논하게 하였다. … 광릉부원군 이극배는 의논하기를, "… 세조 때에 충주의 백성이 그 고을 수령을 고소한 적이 있었는데 그 때 유향소에서 수령을 고소한 것은 옳지 못한 일이라 하여 고소한 사람을 너무 심하게 억압하였으므로, 이것이 마침내 임금에게까지 알려졌기 때문에 폐지시킨 것이지 다른 이유는 없습니다."(『成宗實錄』 137, 성종 13년 1월 신묘)

충주에서 수령과 백성 사이에 일어난 사건의 내막은 알 수 없다. 하지만 조선초기에 유향소가 지나치리만큼 수령의 편에 서서 그를 두둔했다는 사실은 분명하게 드러난다. 이와 같은 유향소의 성격은 다음의 기록에서도 드러난다.

> A-3. 김미가 또 소매 속에서 글을 내어 올리니, 그 글에 이르기를, "… '예전에는 1향 가운데에 정직한 品官 한 두 명을 택하여 鄕有司를 삼아서 풍속을 바로잡게 하고 이름하기를 유향소라고 하였었는데, 혁파한 이래로 향풍이 날로 투박하여졌다.'고 합니다. 신의 생각에도 다시 유향소를 세워, 강직한 품관을 택하여 향유사를 삼으면, 비록 갑자기 야박한 풍속을 변모시킬 수는 없더라도 또한 향풍을 유지하여 완흉한 무리가 거의 조금은 그칠 것으로 여겨집니다."(『成宗實錄』 214, 성종 19년 3월 병인)

---

37) A-2, A-3, A-4에 보인 기록들은 성종 대에 유향소를 다시 세우자는 논의가 일어났을 때의 것이다. 이 때문에 자칫 성종 대의 기록을 통해서 조선이 건국된 초기 유향소의 성격을 가늠해 보는 것이 무리가 아닌가 여겨질지 모르겠다. 하지만 이 기록들은 성종 대 유향소를 다시 세우자는 논의가 오가는 자리에서 유향소가 건국 초기에 어떤 기능과 성격을 지닌 조직이었는가를 지적한 내용들이다. 즉 유향소가 초기에 어떤 기능과 성격을 지닌 조직이었는가를 짚어 보고, 그것을 되살리는가 마는가를 결정하는 자리에서 나온 이야기들인 것이다. 그러므로 조선 건국 초기 유향소를 이해하는데 사용하여도 크게 잘못되지는 않으리라고 본다.

이 기록은 김미가 유향소를 다시 세울 것을 아뢰는 자리에서 올린 글의 일부이다. 그런데 김미는 예전에 유향품관을 택하여 鄕有司로 삼았고, 이것이 유향소라고 하였다. 이 말의 뜻을 따져보면 유향소는 지방에서 일정한 사무를 맡아보던 곳이라는 뜻이 된다. 그렇다면 그것의 활동도 기본적으로 국가의 지방 통치를 돕는 것이었다고 해석된다. 이는 김미가 유향소가 있으면 향풍을 유지하고 완악하거나 거친 무리를 다스리는데 도움이 되리라고 말한 사실에서도 드러난다. 즉 유향소를 두는 것이 국가의 지방통치에 유용하다는 이야기이다. 이와 같이 유향소를 국가의 지방 통치에 도움이 되는 것으로 파악한 것은, 유향소가 수령과 대립하거나 갈등하기보다는 우호적인 관계를 유지했었다는 뜻이 된다. 개국 초 유향소의 활동에 대하여 언급한 아래의 기록도 읽어보도록 하자.

> A-4. 허종·신승선·어유소·이극증은 의논하기를, "유향소는 개국 초부터 일컬어 온 지 이미 오래이며 거기서 규찰하고 바로 잡는 것은 향리와 관노비가 법을 어긴 일에 지나지 않을 따름입니다. …"고 하였다.(『成宗實錄』 216, 성종 19년 5월 을해)

이 기록에 따르면 유향소가 한 역할은 향리와 관노비가 법을 어긴 일을 규찰하고 바로 잡는 일이었다. 향리는 국가의 지방 통제에 걸림돌이 되기 쉬운 존재였다. 관노비는 아무래도 정치권력과 일정한 끈이 닿아 있는 사람들이었다. 지방의 관노비 문제와 관련하여 아래 기록을 읽어보도록 하자.

> B. 또 尹德寧을 불러 金石乙山이 권세를 빙자하여 횡포한 짓을 방자하게 행하고 그 지아비를 구타하여 죽인 일을 다시 물었다. 윤덕영이 아뢰기를, "… 지난해 가을에 홍윤성이 처음 정승이 되니 고을 사람이 모두 시골에서 드문 일이라 하여 관노비 2구를 주었습니다. 그 당시 첩의 지아비는 留

鄕所의 掌務였는데 홍윤성이 건장한 노비를 주지 않았다고 하여 첩의 지아비를 곤장을 때려 거의 죽게 되었습니다. …"하였다.(『世祖實錄』 45, 세조 14년 2월 계축)

B를 보면 유향소 장무이던 윤덕영의 지아비(羅季文)는 홍윤성에게 건장한 노비를 주지 않아 해를 당하였다.38) 여기에서 말하는 노비란 위에 보이듯이 관노비였다. 유향소 장무가 개인적으로 관노비를 소유하였을 리는 없다. 유향소가 나서서 관노비 가운데 적당한 사람을 골라 일종의 뇌물로 권세가에게 바쳤다고 해석된다. 그 과정에서 나계문이 고른 관노비가 홍윤성의 마음에 들지 않아 문제가 일어난 것이라고 보인다.

위 기록이 세조대의 것이기는 하지만 유향소가 관노비 문제에 관여하는 것은 이미 일상적으로 행해지던 일이었다. 지방에서 관노비를 권세가에게 바치는 일은 관습적으로 행해지고 있었다.39) 당연히 유향소는 관노비를 고르는 일을 비롯하여 이 일에 깊게 관여하고 있었다. 그런데 이 사건에 보이듯이 지방의 관노비는 권세가와 연결된 사람들이었다. 그 연결의 끈 때문에 관노비가 문제를 일으키는 경우가 있었으리라는 사실을 짐작하기는 어렵지 않다. 따라서 유향소가 나서서 향리는 물론 관노비를 규찰하는 일도 담당하였다. 결국 A-4에서 허종 등이 개국 초부터 있던 유향소에서 맡은 일이 향리와 관노비를 규찰하는 것이었다고 지적한 것은 유향소가 지방을 안정시키는 일에 일정한 몫을 다하고 있었다는 이야기이다. 다른 한편으로 유향소가 수령이나 중앙의 관료들과 일상적으로 긴밀한 관계를 맺고 있었다는 뜻도 된다.

이러한 이야기들을 종합하여 볼 때 유향소는 수령을 통한 국가의 지

---

38) 이 사건은 홍윤성이 관여되어 있는 만큼 파장이 컸다. 이 사건에 관해서는 다음 장에서도 보다 자세히 다루었다.
39) 세조는 이 일을 조사하는 자리에서 홍산현감 최윤에게 '무엇 때문에 관노비를 개인(홍윤성)에게 주었느냐'고 물었다. 최윤은 '이것은 시골의 풍습이므로 부득이 좇았다'고 대답하였다(『세조실록』 45, 세조 14년 2월 계축).

방통치에 위협이 되거나 제거해야 되는 존재가 아니었다. 오히려 유향소는 수령을 통한 국가의 지방 통치에 협조하는 경향을 보였다. 조선이 건국 된 뒤, 허웅의 상소가 나온 태종대에 이르기까지 중앙의 지방통치는 강화되어갔다. 그러한 과정에 존속하였던 유향소는 수령과 긴밀한 관계를 유지하면서 중앙의 지방의 통치에 일정한 도움을 주었다고 보는 것이 자연스러운 해석이라고 판단된다.

둘째, 유향소와 수령이 일정한 협조관계를 유지하면서 수행한 업무로서 가장 중요한 것은 위의 A-1과 A-4에서 드러나듯이 향리나 관노비 등을 제어하고 백성을 다스리는 일이었다.[40] 유향소가 이들에게 영향력을 행사할 수 있었던 배경에는 국가의 후원과 용인이 있었다고 생각한다. 국가가 지방민으로부터 公課를 수취하고 公役을 거두어들이는 일을 장악하기 위해서는 향리를 제압해야 하였다. 향리를 제어해야 하는 것은 유향품관도 마찬가지였다. 국가와 유향품관은 향리를 다스려야 한다는 점에 있어서 같은 입장이었다. 국가로서는 향리를 유향품관의 감시 속에 가두어 둠으로써 그들을 보다 효과적으로 통제하고자 하였고, 그러한 목적을 위해 유향소를 활용하였다. 유향품관의 입장에서도 향리를 보다 확실하게 다스리는데 있어서 유향소의 권위는 매우 유리했다고 생각된다.

그런데 이와 같이 유향소가 향리를 감찰하는 권한을 갖고 있다 보니 때로는 문제점이 나타나기도 하였다. 오히려 수령과 유향품관 사이에 분쟁이 일어날 소지가 있었다. 특히 수령과 유향품관이 향리에 대하여 가지는 입장의 차이에서 오는 마찰도 일어날 수 있었다. 따라서 향촌사회에서 수령과 유향품관 사이에 충돌이 일어나기 쉬웠을 것이라고 본다. 국가의 입장에서는 그러한 점이 은근히 우려될 수밖에 없었다. 허웅이 유향소의 혁파를 건의한 까닭도 그러한 점을 염려하였기 때문이라고 헤

---

40) 李成茂는 留鄕所와 京在所가 수령과 협력하여 향리를 규찰하고 향풍을 교화하였다고 지적하였다(이성무, 1970, 「朝鮮初期의 鄕吏」『韓國史研究』5, 81쪽).

아려진다.41)

셋째, 유향소가 수령의 뜻을 가로막거나 저버리는 일이 있었다는 점에서 유향품관은 유향소를 통해 그들의 목소리를 내고 있었던 사실을 알 수 있다. 즉 유향품관은 유향소를 통해 의견을 수렴하고 그것을 지방관에게, 더 나아가 중앙에 표출하였다. 유향품관의 지지를 확보하여 향리를 제어하고 지방통치를 강화하는 일이 긴요하였던 국가로서는 유향소의 활동을 일정하게 후원·보증하였던 것이다. 이와 같은 연결은 더 나아가 중앙의 관료들과 유향품관 사이에 연대감을 확산시켜 나가는 기반의 하나가 되었다고 생각된다. 유향소가 국가의 의도를 염두에 둘 수밖에 없었던 것처럼, 국가는 유향소로 상징되는 유향품관 전체의 의견과 논의에 귀를 기울일 수밖에 없었을 것이다.

2. 유향소를 통한 국가와 지방의 연결

유향소는 국가와 일정한 관계를 맺을 수밖에 없었다. 유향소를 통한 국가와 지방의 연결은 어떻게 이해해야 하는가. 즉 국가와 지방사회의 상호관계는 어떻게 설명될 수 있을 것이며, 그러한 관계에서 지방사회가 갖는 역할과 기능은 무엇인가를 분석해 보고자 한다.

---

41) A-1에 따르면 허웅의 상소문을 의정부에서 의논하게 한 결과 유향소를 혁파하자는 건의는 받아들여졌다고 되어있다. 그러나 이수건 등이 지적한 것과 같이 이 때 중앙정부가 유향소를 혁파하는 정책을 실제로 추진하였는지는 헤아리기 어렵다. 이수건은 허웅 등의 건의와 상관없이 유향소는 존속하였다고 보았다. 군현마다 완강히 재지세력이 버티고 있었기 때문에 유향소의 혁파는 불가능하였다는 것이다(이수건, 앞의 책, 325~326쪽). 한편 이태신은 유향소의 설치에 대한 기록이 전혀 없은 채 혁파의 기록이 나타나는 것은 유향소가 국가에서 공식적으로 설치한 기구가 아니기 때문이라고 해석하였다. 유향소는 재지세력의 자치적 기구로 등장하였지만 수령을 저훼하는 등의 반중앙집권적인 성향 때문에 이 때 혁파되고 말았다고 하였다(136쪽).

1) 친교와 문물

유향품관은 중앙과의 일정한 관련을 맺고 있는 사람들이었다. 이렇게 보면 유향소는 직접적으로 또는 간접적으로 중앙과 일정한 관련을 맺은 사람들이 모인 곳이었다. 그렇다면 유향소 품관은 중앙의 관료와 어떠한 관계를 형성해 나갔을까. 이러한 사실을 알아보기 위해 조금 장황하지만 세조대 洪允成과 留鄕所掌務인 羅季文에 관한 다음의 일화를 보도록 하자.

> C-1. 밤 4鼓에 어떤 사람이 행궁의 북문 밖에서 곡을 하여 곡성이 대궐 안에까지 들렸다. 임금이 사람을 시켜 물어 보게 하였더니, 鴻山正兵 羅季文의 아내 德寧이었다. 윤덕영은 故 成均司成 尹尙殷은 딸인데, 그녀가 말하기를, "첩의 지아비 계문은 仁山君 洪允成의 婢夫인 金石乙山에게 해를 당하였습니다. 하지만 관리가 이를 비호하여 즉시 원수를 갚지 못하였기 때문에 멀고 수고로움을 꺼리지 않고 조금씩 걸어와 원통한 호소를 성상 앞에 올리려고 합니다."하였다.(『世祖實錄』 45, 세조 14년 2월 신해)

세조 앞에 나아와 억울한 사연을 호소한 사람은 成均司成 尹尙殷의 딸로 鴻山正兵 羅季文의 아내인 尹德寧이었다. 자신의 남편인 나계문이 홍윤성의 노비인 金石乙山에게 해를 당하였다는 것이다. 그 사건의 내용은 아래의 글에서 알 수 있다.

> C-2. 또 尹德寧을 불러 金石乙山이 권세를 빙자하여 횡포한 짓을 방자하게 행하고 그 지아비를 구타하여 죽인 일을 다시 물었다. 윤덕영이 아뢰기를, "… 지난해 가을에 홍윤성이 처음 정승이 되니 고을 사람이 모두 시골에서 드문 일이라 하여 관노비 2구를 주었습니다. 그 당시 첩의 지아비는 留鄕所의 掌務였는데 홍윤성이 건장한 노비를 주지 않았다고 하여 첩의 지아비를 곤장을 때려 거의 죽게 되었습니다. 또 지난해 홍윤성이 아비의 초상을 당하여 시골에 와서는 군인 2백 여명을 청하여 첩의 집 뒷산의 소나무를 거의 다 벌목하였습니다. … 첩의 지아비가 弊廬에

서 수 십 년을 기른 나무가 하루아침에 권세가에게 빼앗겼어도 궁벽하고 황폐한 먼 땅에서 호소할 데가 없었습니다. …"하였다.(『世祖實錄』 45, 세조 14년 2월 계축)

위 글에 보이는 홍윤성은 홍산 사람이었다. 이는 홍윤성이 정승이 되었을 때 홍산현의 사람들이 마을의 경사로 여겼다던가, 그가 아비의 초상을 당하여 홍산에 내려왔다는 사실에서 드러난다. 그렇다면 홍윤성은 자신의 연고지인 충청도 홍산현의 일을 맡아보던 경재소의 관리였다고 짐작된다. 그는 경재소의 관리로서 고향의 일을 맡아보면서 횡포를 부렸던 것이다.

그런데 경재소는 관할 유향소에 영향력을 행사하였으며, 유향소는 경재소에 여러 가지 禮物을 보내오는 일이 흔하였다.[42] 또한 경재소는 관할 지방의 貢賦와 進上을 거두는 일이나 貢物防納 등에도 관여하였다.[43] 따라서 유향소 품관과 경재소 관리들은 직접·간접으로 빈번하게 만났을 것이다. 나계문은 그러한 과정에서 홍윤성의 뜻을 맞추지 못하여 상해를 당한 것이라고 짐작된다. 하지만 일상적으로는 유향소 품관과 경재소 관리 사이에는 긴밀한 협조의 관계가 유지되고 있었다고 생각된다.

그런데 앞장에서 살펴본 것처럼 유향소가 관여하는 일에는 관노비를 다루는 일도 포함되어 있었다. 잘 알려진 것과 같이 지방관청에 소속된 관노비는 관둔전을 경작하는 일을 비롯하여 말 사육이나 땔나무 마련에 이르기까지 다양한 役을 담당하였다. 이들의 활동은 기본적으로 지방관청의 재정을 유지하기 위한 것이었지만, 권력자의 경제적 재원 확장의 수단이 되기도 하였다.[44] 그렇다면 지방의 관리나 유향품관을 비롯하여 중

---

42) 周藤吉之, 1941, 앞의 논문, 454~456쪽.
   李樹健, 1989, 앞의 책, 315쪽.
43) 위와 같음.
44) 지방관청의 일반 경비에 충당되던 관둔전을 비롯하여 공수·아록전 등의 田稅는 대부분 수령의 개인적인 용도를 위한 비용으로 지출되었다. 즉 수령의 사사로운

앙의 관료에 이르기까지 관노비를 매개로하여 경제적인 연결 고리가 닿아있었다.

결국 이러한 사실을 통하여 중앙의 관료와 지방의 유향소 품관 사이에 이루어지고 있었던 관계의 성격을 이해할 수 있다. 중앙의 관료는 지방에 있는 유향소와의 연결을 통하여 많은 경제적 이익을 얻을 수 있었다. 위의 기록만 보더라도 홍윤성은 유향소를 통하여 목재와 노비 등의 경제적 이익을 국가로부터 받는 공식적인 녹봉과 달리 별도로 취하였다. 중앙의 관료가 유향소와의 연결을 통해서 이것만 얻었다고 볼 수 없음은 물론이다. 계절 별로 생산되는 각종 농산물이나 특산물을 비롯하여 땔나무 등에 이르기까지 다양하고 광범위하였다. 그와 더불어 노동력도 부가적으로 활용할 수 있었다. 이러한 이익을 얻을 수 있기 때문에 유향소는 중앙 관료의 실생활에도 매우 유용하였다. 즉 중앙관료의 입장에서 유향소 품관과의 연결은 정치·경제적으로 매우 긴요하고 또 유용하였다. 중앙관료는 정치적으로 국가를 통치하는 관료였다. 그 일에 있어서 수령과 긴밀한 관계를 유지하면서 향리와 백성에게 영향력을 행사하고 있는 유향품관의 협조가 없다면 기대하는 성과를 얻기가 어려웠다. 이와 더불어 그들은 또한 보다 많은 경제적 이익을 취하고 싶은 사람들이었다. 그 일과 관련하여 유향소는 매우 효용성이 큰 경제적 이익 획득의 통로였다.

이러한 관계가 중앙관료에게만 일방적으로 유익한 것은 아니었다고 믿어진다. 유향품관도 중앙의 관료들과 친밀한 관계를 가질 수 있게 되는 기회를 마다할 까닭이 없었다. 유향소가 자연스럽게, 그리고 자발적으로 조직된 사정을 고려하면 더욱 그러하다. 유향소 품관 역시 유향소를 조직하고 그것을 통하여 중앙관료와 연결을 맺고 유지시키기를 원하

손님 접대나 인사 치례 및 청탁을 위한 뇌물 증여로도 많이 지출되었다. 조선시대 지방재정의 운영은 국가의 통제아래 있었으며, 이로써 보다 강력한 중앙집권체제를 유지해 나아갔다고 한다. 이러한 사실에 대해서는 이장우, 1998, 『朝鮮初期 田稅制度와 國家財政』, 일조각, 특히 68~93쪽 참조.

였다. 중앙관료와의 연결은 지방의 사족으로서는 중앙으로 진출할 연결의 끈을 잡게되는 일이기 때문이다. 그 끈을 통하여 관직으로 들어설 수 있기도 하고, 여러 가지 청탁도 가능하였다. 또한 연결의 끈 자체가 향촌사회에서 권위와 권력을 신장시키는 일에 도움이 되었음은 물론일 것이다. 이러한 연결의 고리를 통하여 중앙의 관료와 지방 유향소 품관의 가문이 혼인관계로 맺어지기도 하였다.[45]

결국 국가를 이끌어 나가고 체제를 유지하는 일에 있어서 국가와 유향소로 결집된 유향품관과의 관계가 지니는 성격은 서로의 필요를 충족시키는 가운데 유지된 긴밀한 협조의 관계였다.

2) 조화와 안정

국가와 지방사회의 관계를 이해하고, 지방사회가 갖는 역할을 생각해 보기 위해서 중앙의 권위가 도전을 받았을 때 지방사회의 동향은 특히 주목된다. 이 문제를 검토하기 위해서 이시애의 난을 둘러싼 국가와 유향소 품관의 태도를 분석하는 일이 도움이 된다.

> D-1. 이 때 함흥의 土官 李仲和 등이 이시애의 편지를 받고 살육을 함부로 행하여 형세가 날로 강성하였다. … 길주사람 馬興貴의 아들 馬賢孫이 자천하여 이시애를 대궐로 잡아 올 것을 원하므로 사정전에 나아가 불러 보고는, 여러 읍의 유향품관 등에게 효유하는 글을 주어 보냈다. 그 글

---

[45] 예컨대 홍윤성은 都巡問黜陟使로서 지방을 안찰할 때 유향소 座首를 만났고, 그 딸을 부인으로 맞이하였다.
"公以都巡問黜陟使 按行畿邑至楊州(一作路出湖南至全州) 士女奔波聚觀 有一女子簾隙窺之 公嘿認其有姿容 到官問之 乃座首家也(一作全州望族家 且富) 召謂曰 爾有女 吾今夕以爲妾 速歸具筵 若遲難難免葬粉矣 … 及公之來 女盛容飾 立於中門扇後 公戎服而入 女肘之公轉眄 女遽前把其袖 一手拔佩刀曰 公國之大臣 今受命按視 未有一事可稱 而先行不義 妾亦士族之女 公欲以爲妾 何也"(『燃藜室記述』 5, 世祖朝故事本末 世祖朝相臣 洪允成)

에 이르기를, "이시애가 '밀지가 있다'고 사칭하고 康孝文・黃起崐・申
㴐과 수령・군관 등을 살해하였으니, 너희들은 군사와 백성들을 효유하
여 順逆을 명확히 알게 하고, 이시애를 잡아서 龜城君 浚의 처분을 기
다리게 하라"하였다.(『世祖實錄』 42, 세조 13년 5월 정해)

세조는 이시애를 잡아오겠다는 마현손 편에 여러 읍의 유향품관에게
내리는 글을 주어보냈다. 그 서신에는 이시애가 (조정의) 밀지가 있다고
사칭하여 관찰사 강효문 등을 살해하였으니, 유향품관이 나서서 군사와
백성들을 깨우쳐 順逆을 명확히 가려주라고 하였다. 사실 함흥 유향소
의 품관과 일반 백성들은 이미 관찰사 申㴐 등을 살해하였다. 그런데
이런 일이 벌어진 까닭은 이시애가 함흥의 유향소에 移文하여 관찰사
申㴐 등이 군사를 징발하고 道의 백성들을 모두 죽인 뒤 서울을 치려
한다고 하였기 때문이었다.46) 즉 유향소 품관은 이시애에게 속아 오히
려 신면 등을 반역자로 여겨 그들을 공격하였다. 사정이야 어떻든 간에
유향소 품관이 신면 등을 살해한 것은 사실이다. 그러나 국가는 이에 대
한 책임을 유향품관에게 묻지 않았다. 오히려 유향품관에게 이시애의 반
란을 진압하는 일에 나서줄 것을 당부하였다. 이러한 국가의 입장과 이
에 대한 유향품관의 반응은 아래에 나타난다.

D-2. 안변사람 尹興莘이 절도사 許琮의 계서를 가지고 왔다. 그 글에 이르
기를, "… 一, 여러 읍의 유향소에서 이시애의 이문을 받고, 무릇 간당
이라고 말한 자는 비록 수령이라 하더라도 죽이거나 가두었으니, 신이

---

46) 유향소는 이시애가 移文한 내용을 따랐던 것이다. 그 내용은 신임관찰사 신면이
도착하여 군사를 징발하여 모으고 여러 사람과 더불어 伴人을 거느리고 밀의하였
는데 모두 다 갑주를 입고 弓矢를 가지고 있었으며 傳令의 표신을 만들고 이 道
의 백성들을 죽이고 곧 서울을 치려고 의논하였고, 또한 이들이 한명회・신숙
주・노사신・김국광・한계희 등과 더불어 모반을 밀약하였다는 것 등이었다(『世
祖實錄』 42, 세조 13년 5월 무자, 계사, 신묘 등 참조). 따라서 유향소는 신면 등
을 반역자로 여겨 그들을 공격하였던 것이다.

생각하기에 유향소의 일도 또한 그릇됨은 아닙니다. … 그러므로 신은 경유하는 여러 읍에서 유향소를 불러 이 뜻으로써 면대하여 효유하고 또 이르기를, '이시애의 이문이 마침내 실상이 아니라 하더라도 너희들에게 무슨 죄가 있겠느냐?'고 반복하여 고유하였으나, 진실되게 들었는지의 여부를 알지 못하겠습니다."(『世祖實錄』 42, 세조 13년 5월 임진)

절도사 許琮의 말에 따르면 여러 邑의 유향소에서 수령을 가두거나 죽이게 된 일은 유향소의 잘못이 아니라고 한다. 즉 비록 사실은 아니라 하더라도 이시애가 姦黨이라고 지목하는 사람을 죽인 것이니 유향소는 잘못한 일이 없다고 하였다. 더욱이 허종은 여러 읍의 유향소에 들려 이러한 뜻을 직접 전하고 달랬다는 것이다.

즉 국가는 유향소 품관의 의견을 들어주고 그들의 입장을 헤아려주었다. 국가가 이러한 태도를 보인 까닭은 조세의 수취나 역역을 동원하는 일상적인 일들은 물론, 반란을 진압하는 일에 있어서는 더욱더 유향품관의 지지와 협조가 긴요하기 때문일 것이다. 우호적인 관계를 바라기는 유향품관도 마찬가지였다. 여기에서 유향품관이 올린 글을 읽어보도록 하자.

> D-3. 김기가 함흥 유향품관 尹克儉 등 14명이 서명한 事目을 가지고 돌아와서 아뢰기를, "민심이 순역을 알지 못하고 한결같이 이시애의 말만을 믿어서, 신이 백방으로 알아듣도록 깨우쳐 타일러 군중의 의혹이 조금 풀렸습니다. 하지만 아직도 이준과 허종을 적신으로 의심하기에 지극히 간절하게 깨우쳐 주었습니다 …"(『世祖實錄』 42, 세조 13년 5월 계사)

이시애의 반란에 휩쓸렸던 咸興의 留鄕品官 尹克儉 등은 적극적으로 나서 민심을 달래고 일의 진실을 알리기에 노력하고 있다는 말을 전해왔다. 적극적으로 국가의 뜻을 따른다는 것이다. 사실 앞에서도 지적하였지만 함흥 유향소의 품관과 일반 백성들은 이시애의 말을 믿고 관찰사와 수령 등을 살해하였다. 비록 이시애가 관찰사 申溮 등이 군사를 징발하고 道의 백성들을 모두 죽인 뒤 서울을 치려 한다고 移文하였지만, 유향소는 이시애의 말을 따라 국가의 관리를 살해하고 말았다. 그러므로 咸興의 留鄕品官이 이시애의 반란에 동조하였다가 이제 와서 자신들의 행동을 변명하는 것인지, 아니면 정말로 관찰사 신면 등이 반란을 일으키려 한다고 여겨 그 무리를 제거한 것인지는 분명하지 않다.

하지만 여기에서 중요한 것은 이시애의 반란을 수습하는 과정에서 보인 국가와 함흥지방 유향품관의 태도이다. 국가는 함흥의 유향품관에게 이 일에 대한 책임을 묻지 않았다. 오히려 적극적으로 그들을 다독거리며 협조를 요청하고 나섰다. 유향소 역시 적극적으로 국가의 뜻을 따른다는 뜻을 전해왔다. 그들은 백성들에게 賊臣이 이시애였다는 사실을 깨우쳐주고 국가가 파견한 도총사 귀성군 준과 허종을 따르라고 알리며 일을 수습하기 위해 애쓴다는 점등을 전해왔다. 즉 함흥의 유향품관은 국가와 대립하거나 뜻이 어긋나는 것을 원하지 않았다. 오히려 지지와 후원을 아끼지 않는다는 입장을 강조하였다.

이 일의 의미를 헤아리는 일과 관련하여 함흥지방이 갖는 특징을 염두에 둘 필요가 있다. 함흥은 여진이 점거하였던 땅이며 그만큼 중앙의 권력이 미치지 않는 지역이었다. 이 때문에 다른 지역과 달리 土官이 두어질 정도로 토착세력이 강한 지역이었다.[47] 그렇다면 함흥의 유향소도 이른바 토착적인 성격이 매우 강한 곳이었다. 이러한 특징 때문에 이시애는 자신의 거사를 성공하기 위해서 먼저 이들의 협조를 확보하려고 하였을 것이다. 이들의 협조 여부가 중요하기는 국가의 입장에서도 마찬가지였다. 이 때문에 국가는 난을 수습하는 일에 그들의 협조를 기대한 것이다. 그런데 함흥의 재지세력은 국가와의 연결의 고리를 놓지 않았다. 그들은 앞장서서 국가에 대한 충성의 뜻으로 백성을 다독이면서 난

---

47) 이수건, 1989, 『朝鮮時代地方行政史』, 민음사, 100~101쪽 및 316~317쪽. 함흥의 토관은 성종 원년에 혁파되었다(『新增東國輿地勝覽』 48, 咸興府).

의 수습을 위해 활동하였다. 이와 같은 유향품관의 활동은 이시애로 말미암아 일어난 소용돌이를 진정시키는데 일정한 역할을 하였다고 판단된다. 중앙과의 연결의 끈이 다른 지역에 비해 상대적으로 약하고 토착적인 성격이 보다 강한 함흥지방과 같은 곳에서까지도 유향품관은 국가와 분리되거나 갈등하기보다는 국가와 입장을 같이하여 조화를 이루려는 노력을 보인 것이다.

결국 세조 대에 일어난 이러한 사실을 통해 지방을 대표하는 유향소는 국가의 지방통치에 협조하고 지원하는 역할을 수행한 사실을 알 수 있다. 그들은 국가를 이끌어 가는 治者로서의 연대감을 중앙과 공유해 나갔다는 점을 이해할 수 있다. 결국 유향소는 중앙관료와 유향품관과의 연대감을 발전시켜준 터전의 하나로서 이해된다.

유향소는 이시애 난이 평정된 뒤 세조가 승하하기 전까지의 짧은 기간 언제인가에 혁파되었다. 유향소가 제대로 운영되지 못한 것에 대한 설명으로는 다음 몇 가지 기록이 있다. 하나는 이시애의 난이 일어났을 때 유향소가 관찰사와 수령을 죽였기 때문에 그 책임을 물어 혁파되었다는 것이다.[48] 하지만 이시애의 난을 처리하면서 유향소의 품관들을 추궁하거나 처벌한 기록은 보이지 않는다. 그리고 이시애의 난이 평정된 뒤 1년도 채 못되어 세조는 승하하였다. 그 사이에 유향소에 관한 별다른 조치는 보이지 않는다. 그런데 앞에서 지적한 것과 같이 한명회 등 중신들이 이시애의 난에 연루되어 탄핵당하였다. 그 일로 중앙은 심각한 정치적 혼란을 겪게 되었다.[49] 이러한 과정에서 유향소도 혁파된 것이 아닐까 하고 짐작될 뿐이다. 그러나 이러한 사실을 통해 유향소가 중앙의 정치인들과 매우 밀접한 관련을 맺고 있었고, 따라서 중앙의 정치동

---

48) 『成宗實錄』 166, 성종 15년 5월 계사
49) 鄭杜熙, 1983, 「世祖-成宗代 功臣集團의 政治的 性格」 『朝鮮初期政治支配勢力研究』, 일조각, 230~231, 235쪽 참조.

향에 매우 민감하였다는 점은 확인할 수 있다.

　다른 하나는 수령을 고소한 백성을 오히려 유향소 품관이 심하게 다루었기 때문에 세조가 없애버렸다는 것이다. 이 사건은 충주에서 일어났다.[50] 더 이상 자세한 것을 알 수는 없지만 아무튼 충주에서 유향소 품관이 적극적으로 수령을 두둔하고 나섰다는 것이다. 그런데 충주는 토성세력이 강성한 지방 가운데 하나였다. 조선전기까지만 해도 이 지역의 읍사는 토성들이 차지하고 있었다.[51] 강력한 토성세력이 존재하던 지역이라 하더라도 유향소는 국가를 지지하고 있었던 것이다. 세조 대에 유향소가 혁파된 까닭이 어떤 것이던 간에 이 두 가지 지적은 당시 유향소의 특징을 모두 전하여 준다. 즉 유향소는 국가와 긴밀한 관계를 유지하면서 향촌에서 영향력을 행사하였다. 그리고 그것은 국가의 지방통치에도 유용하였다. 조선전기는 중앙과 지방과의 조화를 도모하며 안정을 이루는 구조로 틀이 잡혀가고 있었던 것이다.

　조선초기 유향소의 이와 같은 성격은 이후로도 계속되어졌다고 생각된다. 16세기에 들어와서도 유향품관은 일반 백성들과 관청, 나아가 국가와의 사이에서 중간자로서의 역할을 수행해 나갔다. 유향품관들과 유향소·사마소에 속한 사람들은 관청에 드나들거나, 지방관과 일정한 관계를 유지해가면서 여러 가지 지방 통치와 관련한 일에 관여하였다.[52]

---

50) 앞의 A-2에 보인 사료.
　『成宗實錄』 137, 성종 13년 1월 신묘. "유향소를 다시 세우는 것이 좋은지의 여부를 의논하게 하였다. … 광릉부원군 이극배는 의논하기를, '… 세조 때에 충주의 백성이 그 고을 수령을 고소한 적이 있었는데 그 때 유향소에서 수령을 고소한 것은 옳지 못한 일이라 하여 고소한 사람을 너무 심하게 억압하였으므로, 이것이 마침내 임금에게까지 알려졌기 때문에 폐지시킨 것이지 다른 이유는 없습니다.'"
51) 이수건, 1984, 『韓國中世社會史硏究』, 일조각, 283~284쪽.
52) 벌열가문 출신인 이문건(1494~1567)이 쓴 『묵재일기』 가운데 대개 성주에 유배되어 있을 때의 것인 현전 10책에 달하는 내용을 보면 유향품관들과 유향소·사마소 등이 관청에 드나드는 모습과(예를 들어 『묵재일기』 1551년 11월 10일조), 목사와 더불어 유향소·사마소 및 유향품관들이 함께 모여 음식과 술을 나누어

그리고 이러한 활동은 국가와 조화를 이루는 방향에서 이루어졌다.

　조선시대에 지방의 품관들은 크게 보아 국가와 갈라지고 충돌하기보다는 조화를 이루며 왕조를 이끌어 나갔다고 보았다. 어느 한편의 일방적인 독주라기 보다는 양측의 이와 같은 조화와 안정 속에 조선의 체제는 정비되어 간 것이다. 유향소 역시 그러한 조화의 과정 속에서 이해해야 할 것임을 설명하였다. 그러한 논의를 정리하면서 약간의 전망을 더해 보고자 한다.
　조선시대에 접어들어 국가가 지방을 통치하는 방식은 외관제도의 개혁·정비를 통하여 보다 직접적인 지배를 강화하는 방향으로 추진되었다. 이와 더불어 국가는 보다 효과적인 지방통치와 새로운 체제의 안정·강화를 위하여 유향품관을 적극 끌어들이는 여러 방안을 마련하였다. 유향소도 그러한 조처가 제도화되는 과정에서 등장한 것의 하나라고 생각한다.
　지방을 통치하는 일의 수행과 관련하여 유향소는 대부분의 경우 지방관과 서로 일정한 관계를 유지하면서 협조의 관계를 이루고 있었다. 유향소는 지방 통치를 위한 일상적인 일들은 물론 특히 중앙집권에 걸림돌이 되기 쉬운 향리나 정치권력과 일정한 연결의 고리를 갖고 있는 관노비 등을 제어하는 일을 거들었다. 유향소와 중앙관료와의 관계도 긴밀하기는 마찬가지였다. 중앙관료에게 유향소는 정치·경제적으로 유용한 존재였다. 중앙관료의 입장에서 유향소는 정치적으로는 지방통치의 안정을 도모하고, 경제적으로는 상당한 이익을 취할 수 있는 수단으로서의 효용성을 지녔던 것이다.
　유향품관의 입장에서도 유향소를 통한 중앙관료와의 연결이 긴요하기는 마찬가지였다. 그와 같은 중앙과의 연결의 끈을 통하여 관직에 들

먹고 마시는 일(『묵재일기』 1546년 11월 2일조 등) 등이 자주 기록되어 있다.

어설 수도 있고, 여러 가지 청탁도 가능한 일이었다. 연결의 끈 자체가 향촌사회에서 권위와 권력을 신장시키는 일에 도움이 되기도 하였다.

결국 국가를 이끌어 나가고 체제를 유지하는 일에 있어서 국가와 유향소로 결집된 유향품관과의 관계가 지니는 성격은 서로의 필요를 충족시키는 가운데 유지된 긴밀한 협조의 관계였다. 유향소를 통해 국가와 유향품관은 많은 경우에 갈등하거나 대립하기보다는 협조와 조화의 관계를 이루며 연대감을 발전시켜 나갔다. 그리고 유향소로 대표되는 유향품관과 국가와의 이와 같은 조화는 조선의 지배체제가 안정·지속되는 데 중요한 바탕이 되었다고 본다.

제3절 성종대 留鄉所 복설론과 향촌교화론

성종대를 중심으로 유향소에 관한 주목할 만한 연구를 이룬 사람은 李泰鎭이다.[53] 이태진의 분석에 따르면 유향소는 '반중앙집권적'이고 '토호적'인 성격을 지닌 것이었다. 그는 또한 재지의 중소토호들은 관권 일변도적인 향촌정책을 받아들이고 싶지 않았지만 그것이 조정에 의해 강력하게 추진되었기 때문에 이에 굴종할 수밖에 없었다고 하였다.[54] 이 연구에 따르면 조선시대에 접어들어 국가와 지방의 사족은 대립하고 갈등하였다는 이야기다. 그렇다면 어떻게 그러한 갈등과 충돌에도 불구

---

53) 이태진, 1986, 「士林派의 留鄉所復立運動-朝鮮初期 性理學 定着의 社會的 背景」, 『震檀學報』 34·35 ; 1986, 『韓國社會史硏究』, 지식산업사. 그의 연구를 통해 고려말·조선초에 향촌사회에 존재한 세력가들의 변화와 성장에 대한 매우 깊은 이해를 얻을 수 있었다. 더 나아가 조선 중기 이후의 사회변화를 구명하기 위해서는 지방세력가들의 동향을 파악해야 한다는 성과도 거두게 되었다.
54) 이태진, 1986, 위의 책, 136·144쪽 및 149쪽.

하고 국가는 지방통치를 안정·강화해 갔으며, 지방의 사족은 성장할 수 있었을까. 유향소로 지방의 사족들이 모여들고 그것을 기반으로 향촌 사회에서 일정한 활동을 편 것은 국가의 뜻에 복종한 것인가 아니면 이른바 관권을 무시하거나 거스르면서 이루어진 일인가? 결국은 어느 한편의 일방적인 독주라기보다 양 측의 적절한 타협과 절충이 있었던 것은 아닐까? 필자는 유향소를 이해하는데 이러한 관점에 좀 더 주의를 기울어야 한다고 생각한다.

성종대 유향소 복설에 관한 문제를 분석하는 시각도 마찬가지여야 한다고 생각한다. 지금까지 유향소의 복설을 둘러싼 진통은 왕권을 중심으로 한 중앙집권적인 입장과 지방에 직접 생활기반을 가진 재지 중소지주의 대립을 뜻하는 것으로 해석되어왔다. 그리고 그것은 이른바 훈구와 사림의 대결이라고 설명되었다. 즉 유향소는 훈구와 사림의 대결의 장이었다. 이러한 관점에서 유향소 복설 운동은 사림파가 중심이 되어 향촌자치를 이루기 위해 중앙집권을 지향하는 국가에 충돌한 것으로 설명하였다.[55]

그런데 과연 유향소는 중앙집권과 향촌자치라는 대립·갈등 구도에서 후자를 대변하는 조직이었는가? 과연 유향소의 복설을 둘러싸고 훈구와 사림으로 갈라지는가 하는 문제도 의문이다. 필자는 유향소가 조선의 사회구조 내에서 존재했다는 점은 크게 보아 국가와 지방의 사족이 이를 놓고 절충적 입장을 취했기 때문이라고 헤아려진다. 그러한 절충과 타협은 국가와 지방의 사족 모두가 유향소를 통해 얻을 수 있는 이익이 손해보다 컸기 때문이라고 풀이된다. 그렇다면 이제 성종대 유향소가 복설되는 문제에 대해서도 다시 생각해 볼 필요가 있다고 본다.

이에 여기에서는 성종대 유향소 복설을 놓고 일어난 논쟁을 집중적으로 검토해 보고자 한다. 먼저 유향소 복설에 대해 찬성하거나 반대한 사

---

55) 이태진, 1986, 위의 책, 166·185쪽.

람들은 누구였으며 왜 그러하였는가를 알아본다. 다음으로는 국가의 지방통치체제의 운영과 더불어 유향소 복설을 놓고 벌어진 갈등의 원인을 검토 한다. 끝으로 유향소 복설을 통해 얻으려는 향촌교화의 내용은 무엇이었는지를 분석한다. 이러한 작업을 통해 유향소 복립을 둘러싼 진통이 갖는 의미를 파악하고 더 나아가 유향소가 통치체제 안에서 차지하는 위치와 기능에 대한 이해도 얻고자 한다.

1. 유향소 복설을 둘러싼 왕과 관료의 갈등

성종대 유향소를 복설하자는 논의는 성종 13년에 이르러 경연을 마친 뒤 獻納 金臺가 제의하면서 비롯되었다. 김대는 유향소가 매우 훌륭한 법이었는데 중간에 폐지되어 버렸으니 다시 세우자고 하였다. 이 자리에 있던 領事 李克培 역시 유향소를 복설하는 문제에 대해 오래전부터 생각해 왔지만 상달하지 못했다고 하였다. 김대가 발의한 데에 이어 이극배도 동조하고 나서자 성종은 이 문제를 領敦寧(정1품) 이상에게 의논하게 하였다.[56]

이렇게 되자 바로 그 다음날 여러 관료들이 모여서 유향소 복설을 논의하는 일이 벌어지게 되었다. 유향소 복설에 관한 조정의 의견은 여러

---

56) 경연에 나아갔다. 獻納 金臺가 아뢰기를, "백성을 괴롭힘은 향리보다 더한 자가 없는데, 수령도 반드시 다 어질 수는 없습니다. 그래서 백성이 편안하게 살 수가 없는데, 비록 京在所라 하더라도 귀와 눈이 미치지 못하는 곳에는 규명해낼 수가 없습니다. 옛사람이 이르기를, '교활한 관리가 지나가면 닭과 개라 하더라도 편안하지 못하다.'고 하였습니다. 닭과 개도 편안하지 못한데 더구나 사람이겠습니까? 留鄕所의 법은 매우 훌륭했습니다만 중간에 폐지함으로 인하여 이러한 큰 폐단이 생겼으니, 다시 세우는 것이 어떻겠습니까?"하니, 임금이 좌우에게 물었다. 李克培가 대답하기를, "신도 그 점에 대해서 생각한 지가 오래였으나 상달하지를 못했습니다."하니, 임금이 말하기를, "領敦寧 이상에게 의논하라."하였다(『성종실록』 137, 성종 13년 1월 경인).

가지 단서를 달거나 제한을 붙이는 등의 입장이 있었지만 결국 크게 나누면 세우자는 것과 세우지 말자는 것이다. 이 날 논의에서 영의정 정창손, 우의정 홍응, 선성부원군 노사신은 유향소 복립에 대해 부정적인 입장을 취하였다. 이와 달리 청송부원군 심회를 비롯하여 파천부원군 윤사흔, 좌의정 윤필상, 영돈녕 윤호, 광릉부원군 이극배 등은 복설을 주장하였다. 논의는 심회 등의 주장을 따르는 것으로 일단 정리 되었다. 그것은 유향소를 복설하자는 것과, 폐단을 방지하기 위해 절목을 마련하여 시행하자는 것이었다.[57]

유향소 복설에 대한 논의가 본격화되는 이 과정에서 주목해야 할 사실은 그것을 특정한 부류의 사람들만이 주장한 것은 아니라는 점이다. 위에 보인 성종 13년 1월 경진조의 경우만 보아도 성종대에 조정을 장악하고 있던 좌리공신 가운데 홍응, 정창손, 노사신 등은 유향소 복설을 반대하였고, 이극배, 이승소, 심회, 윤사흔, 윤필상 등은 유향소 복설을 주장하였다. 그 밖에도 여러 사람들이 유향소의 복설을 주장하고 나섰다. 여기에서 유향소 복설을 놓고 이른바 훈구와 사림으로 갈라지는 사람들이 의견을 달리하는 모습을 찾기는 어렵다.[58] 이 점을 좀더 살펴보

---

57) 『성종실록』 137, 성종 13년 1월 신묘.
58) 예컨대 유향소 복설론이 제기된 성종 13년을 보면 복설을 찬성한 사람으로는 청송부원군 심회, 파천부원군 윤사흔, 좌의정 윤필상, 영돈녕 윤호, 광릉부원군 이극배 및 사헌지평 曹偉 등이 있다(『성종실록』 137, 성종 13년 1월 신묘 및 『성종실록』 149, 성종 13년 12월 경진).
또한 성종 19년 5월 을해일에 다시 유향소 복설에 관한 논의가 이루어진 자리를 보아도 마찬가지이다. 이날도 여러 사람들이 유향소 복립에 관한 논의에 참여하였다. 그 가운데 찬성한 사람과 반대한 사람은 아래와 같다.
찬성 : 신주, 윤보, 홍귀달, 이육, 한환, 이공, 신이중, 최경례, 이약동, 구수영, 정난종, 어세겸, 이세좌, 이흠석 등
반대 : 홍응, 훈호, 허종, 신승선, 어유소, 이극중, 성준 등
한편 이칙, 유지, 권중린 등은 국왕의 재결(비답)을 기다린다는 입장을 취하였다(『성종실록』 216, 성종 19년 5월 을해).

기 위해 이조에서 유향소 복설에 관한 논의를 수렴하여 올린 다음 기록을 보도록 하자.

> A. 吏曹에서 아뢰기를, "전일에 '여러 군읍의 유향소를 다시 설립하는 것이 편한가 아니한가를 의논하라.'는 명에 대하여 青松府院君 沈澮 등이 의논하기를, '유향소를 혁파한 뒤로부터 鄕風習俗이 날로 천박해지는 듯하니, 다시 설립하는 것이 좋을 듯합니다. 다만 유향소의 사람들이 혹은 사사로움을 끼고서 作弊하므로, 세조 때 이 때문에 혁파하였으니, 이와 같은 무리들은 징계하지 아니할 수 없습니다.'하자, 그 일을 해당 관사로 하여금 節目을 마련하여 아뢰도록 하였습니다. 그래서 신 등이 조사하여 보니, 유향소의 사람들이 작폐한 것은 과연 논의된 것과 같습니다. 그러니 여러 군읍의 京在所로 하여금 鄕里에 거주하는 자로서 일찍이 顯職을 지냈고 사리를 잘 아는 사람을 뽑아서 맡기도록 하고, 府 이상은 정원을 4인으로 하고, 郡 이하는 3인으로 정하여 유향소의 座首와 色掌을 삼아서 鄕風을 규찰하게 하며, 만일 사사로움을 끼고 작폐하는 자가 있으면 관찰사 및 경재소에서 탄핵하여 철저히 징계하게 하소서."하니, 그대로 따랐다.(『成宗實錄』138, 성종 13년 2월 신축)

吏曹에서 올린 啓門에 따르면 의논끝에 유향소를 다시 세우기로 하였다고 한다. 그리고 복설에 따른 구체적인 절목까지 마련하여 아뢰었다. 이 당시 이조판서는 이승소였다.59) 그는 좌리공신으로 조정을 장악하던 공신집단의 한 사람이었다. 그가 이조판서로서 자세한 절목을 마련하면서까지 유향소 복설을 주선하고 나선 것이다. 사림파의 영수로 이야기되는 김종직이 유향소 복설을 주장하고 나선 것은 성종 15년 5월에 처음 보인다.60) 그런데 이전부터 이미 많은 사람들이 복설의 필요성을 주장하고 나섰다. 더욱이 그 사람들은 사림과 훈구로 갈라서 사림에 속

---

59) 『성종실록』 135, 성종 12년 11월 병술에 임명되어, 『성종실록』 137, 성종 13년 1월 경진에 활동하고 있음이 보인다. 따라서 이 상소를 올린 성종 13년 2월 신축에도 이승소는 이조판서였다고 본다.
60) 『성종실록』 166, 성종 15년 5월 계사

하는 사람들만은 아니었다. 이른바 훈구로 분류되는 사람들도 여기에 뜻을 같이하였다. 대표적인 훈구대신으로 지목되는 한명회나 유자광 조차도 유향소 복설을 지지하였다.[61] 그런가하면 대사간, 좌부승지 등을 지내며 성종대에 활발한 언론활동을 펴던 성준은 유향소 복설 논의가 나오자마자 이에 대한 반대의 뜻을 표명하였다.[62]

결국 유향소를 다시 세우자는 주장을 편 사람들을 검토해 보면, 거기에는 이른바 훈구나 사림이라고 알려진 양 측의 사람들이 모두 포함되어 있다. 유향소의 복설이 제기되고 그것이 가결된 것은 경연 등을 통해 여러 차례 논의된 결과였다. 유향소를 다시 세우자는 것은 조정의 관료들이 거듭 논의하여 뜻을 모은 결과였다. 그런데 그것을 놓고 이른바 사림과 훈구로 갈라지는 동향은 찾아보기 힘들다.

그렇다면 여기에서 생각해 보아야 할 점은 복설이 결정되기까지 이를 놓고 갈등한 세력은 누구이며 그 까닭은 무엇인가 이다. 물론 관료들 사이에도 이를 반대하거나 우려하는 목소리는 있었다. 그런데 무엇보다도 중요한 까닭은 반대 여론의 중심에 성종이 서 있기 때문이었다. 성종은 유향소에 관한 논의가 나올 때마다 그 복설에 대해 매우 부정적인 태도를 드러냈다. 김대의 건의에 의해 유향소 복설에 대한 논의는 성종 13년 1월 경인에 시작되었다. 그 뒤로 복설이 결정되는 성종 19년에 이르기까지『성종실록』에 따르면 적어도 15여회 이상 조정의 왕과 관료들이 모여 이에 관해 논의하는 자리가 있었다.[63] 그런데 그 자리에서마다 가장 부정적이고 회의적인 의사를 개진한 사람은 바로 성종이었다.

유향소 복설이 제기된 자리에서 성종이 보인 즉각적인 반응은 일단 영돈녕 이상이 의논하라는 것이었다.[64] 그런데 이후에 성종은 사뭇 완

---

61)『성종실록』165, 성종 15년 4월 기묘 및『성종실록』215, 성종 19년 4월 병진 등
62)『성종실록』138, 성종 13년 2월 신축
63) 유향소 복설은 성종 19년에 이루어졌다. 이에 관해서는 이수건, 앞의 논문, 329~330쪽.

고한 태도로 유향소 복설을 반대하였다. 유향소 복설에 대한 성종의 반응은 크게 보아 다음과 같이 정리할 수 있다. 지방의 향리와 백성을 다스리거나 풍속을 바로잡는 일 등은 감사에게 달려있는 일이라는 것이다.[65] 시골의 풍속교정은 국가가 해야 할 일이라는 뜻이다.[66] 더욱이 수령도 인재를 얻기 힘든 상황에서 유향소 일을 맡아 볼 적당한 인재를 얻기는 한결 더 어렵다고 하였다.[67] 성종은 이러한 이유들을 들어 이미 혁파한 유향소를 다시 세울 필요가 없다는 입장을 고수하였다.[68]

이러한 상황을 종합해 보면 성종대 유향소 복설을 둘러싼 갈등은 국왕과 관료사이의 마찰로 나눌 수 있다. 관료들 사이에서도 반대와 찬성으로 나뉘기는 하였다. 그러나 반대하는 사람들과 찬성하는 사람들이 정치적으로 딱히 구분되는 세력은 아니었다. 찬성과 반대의 보다 뚜렷한 구분선은 국왕과 관료였다. 그렇다면 이제 찬성과 반대의 주장의 근거는 무엇인가를 살펴 볼 필요가 있다. 그것은 곧 성종대 국왕과 관료들이 지방통치를 놓고 일어난 갈등과 타협을 이해하는 길인 것이다.

2. 유향소복설론과 외관제강화론의 마찰과 절충

조선초기부터 국가가 지방을 통치하는 방식은 외관제와 사족의 영향력을 수용하여 이를 보완하게 하는 두 방향으로 진행되어 왔다. 조선이

---

64) 『성종실록』 137, 성종 13년 1월 경인
65) 『성종실록』 159, 성종 14년 10월 계해
66) 『성종실록』 166, 성종 15년 5월 계사
67) 『성종실록』 성종 15년 5월 계사. 이 밖에『성종실록』 성종 15년 11월 을미를 보아도 성건이 유향소 품관 자리에 적당한 사람을 얻을 수 있느냐면서 회의적인 입장을 보였고, 성종도 여기에 동조하였다.
68) 『성종실록』 138, 성종 13년 2월 신축 ;『성종실록』 174, 성종 16년 1월 기축,『성종실록』 198, 성종 17년 12월 신사 등을 보아도 성종은 이미 혁파한 유향소를 왜 하필 다시 세우려하느냐며 이에 대해 반대하고 있다.

건국된 뒤 국가가 지방을 통치하는 방식은 외관제도의 개혁 정비를 통하여 보다 직접적인 국가의 통치력을 강화하는 방향으로 추진되었다. 관찰사-수령제도로의 개혁 정비가 그것을 대변하여 준다. 이와 더불어 국가는 보다 효과적인 지방통치를 위하여 사족을 적극 끌어들이는 여러 방안을 마련하였다. 면리임이나 권농관 등을 비롯하여 향촌에 마련된 각종 직임이 그것을 말하여 준다. 이러한 방안은 새로운 체제를 안정·강화해 가는데 매우 효과적이었다. 이와 같은 두 가지 방향은 서로 대립하거나 마찰을 일으키기 보다는 서로 조화를 이루며 국가의 지방통치를 이루어나갔다.

유향소 복설을 둘러싼 갈등의 본질도 국가가 지방을 통치하는 방식을 놓고 벌어진 갈등이었다. 어느 한편에 보다 더 비중을 두는 사람은 유향소의 복설을 지지하기도 하고, 반대하기도 하였다. 다시 말하면 사족의 영향력을 적극 수용하여 국가의 지방통치를 거들게 하자는 입장은 유향소 복설을 주장하는 편에 섰을 것이다. 이와 달리 국가의 보다 직접적인 지배방식을 선호하여 외관제의 강화를 주장하는 사람들은 유향소 복설에 대해 회의적인 태도를 보였을 것이다. 여기에서 국왕은 당연히 후자의 지배방식을 선호하였다.

성종이 유향소 복설을 반대한 이유는 두 가지로 정리할 수 있다. 첫째는, 향풍규찰이건 향리를 통제하는 일이건 지방을 통치하는 일은 감사와 수령을 통해서 이루어져야 한다는 것이다.[69] 둘째는, 유향소에 적당한 인재를 구하기 어렵다는 점이다. 수령도 인재를 얻기 어려운데 하물며 시골에서 어떻게 향중규찰의 임무를 맡길만한 인재를 얻을 수 있겠느냐는 우려를 보였다.[70]

---

[69] 『성종실록』 159, 성종 14년 10월 계해를 보면 성종은 향풍규찰을 위해 따로 법령을 만들 필요가 없다면서 그것은 감사의 규찰활동에 달려있는 일이라 하였다.
[70] 『성종실록』 172, 성종 15년 5월 계사, 11월 을미 등

유향소 복설론이 제기되기 시작한 성종 13년이면 성종이 원상제를 혁파하고 친정을 시작하여 왕권을 구축해가던 시기였다. 이러한 시점에서 외관제의 강화는 당연히 국왕의 통치력의 강화와 직결되는 길이었다. 성종은 당연히 국왕의 보다 직접적인 통치를 선호하였다. 그러므로 성종은 계속되는 논의의 자리에서 유향소를 복설하면 오히려 폐단이 심할 것이며, 지방통치를 위해서는 외관제를 강화하면 될 것이라는 입장을 고수하였다. 성종의 의도는 지방을 통치하는 일은 전적으로 국왕의 명을 받아 파견된 지방관의 소임이라는 뜻이다. 지방관은 곧 국왕의 통치를 대행하는 존재로 국왕은 지방관을 통한 지방통치에 무게를 두고 싶었던 것이다. 유향소는 자칫 그러한 국가의 행정체계를 분산시킬 위험성이 있다고 판단하였다. 그것은 곧 국왕의 통치권의 분산을 의미하는 일이기 때문이었다.

그런데 유향소의 복설이 결정된 것은 이 갈등이 절충되었기 때문이었다. 그 절충안의 시말을 열어간 사람이 김종직이었다. 그 절충안을 이해하기 위하여 김종직의 제안을 분석해 보기로 하자. 김종직이 유향소 복립에 대해 의견을 피력하기 시작한 것은 성종 15년에 들어서 보인다. 유향소를 다시 세우자는 그의 주장은 향리를 제어해야 한다는 것에서부터 출발하였다.[71] 그런데 국가가 지방을 통치하는데 있어서 향리가 간여하는 틈을 가능한 막자는 논의는 사실 국가의 직접 지배방식을 확대·강화하자는 것과 통한다.

> B-1. 석강에 나아갔다. 『前漢書』를 강하다가, 賈誼傳 治安策에, '풍속을 옮겨 바꾸어서 천하로 하여금 道에 향하게 하는 것은 俗吏의 능히 할 바가 아니다.'라고 한 데에 이르러 參判 김종직이 아뢰었다. "… 留鄕所를 혁파한 뒤로부터 奸吏가 방자하여 비록 풍속을 해치는 일이 있더라도 검찰하는 자가 없기 때문에 방자하게 행동하고 꺼림이 없습니다. 고

---

71) 『성종실록』 166, 성종 15년 5월 계사

려조에는 事審官이 5백 년 풍속을 유지하였는데, 이제 만약 유향소를 다시 설치하면 경박한 풍속이 거의 종식될 수 있을 것입니다."(『成宗實錄』 172, 성종 15년 11월 을미)

김종직은 지방에서 향리를 단속해야 할 것을 지적하면서 이를 위해 유향소를 세우자고 하였다. 향리를 보다 철저하게 사족의 감시아래 두자는 뜻이다. 그런데 이를 반대하는 목소리는 잘 알려진 것처럼 유향소에 적당한 인물을 얻을 수 있느냐는 것이었다. 이러한 우려에 대한 김종직의 대안은 외관의 역할이었다. 유향소로 하여금 향리를 감독하게 하고, 유향소 품관은 관찰사와 수령이 감찰하면 된다고 하였다.

> B-2. 임금이 말하기를, "州郡의 유향소에 어떻게 모두 적당한 사람을 얻겠는가?"하니, 김종직이 아뢰기를, "열 가구의 작은 고을에도 반드시 충성되고 미더운 사람이 있다고 하는데, 아무리 작은 고을이라고 하더라도 어찌 한두 사람의 이치를 아는 자가 없겠습니까? 만약 사람을 골라서 검찰하면 풍속을 해치는 무리가 거의 줄어들 것입니다. 만약 검찰하는 자가 폐단을 만들면 또한 관찰사와 수령이 있습니다."하였다.(『성종실록』 172, 성종 15년 11월 을미)

성종의 우려에 대한 김종직의 대안은 유향소 품관은 어디까지나 관찰사와 수령의 감찰 아래 있다는 것이다. 다시 말하면 유향소 품관을 비롯한 지방의 사족을 관찰사와 수령의 통제 아래 두면 된다고 하였다. 이렇게 보면 김종직이 말하는 사족 중심의 향촌 질서라는 것은 지방관의 일정한 감독 아래의 사족 중심이라고 말할 수 있다. 김종직의 의도는 지방관은 지방관대로 그 권한을 강화하고, 사심관-유향소 제도를 회복하여 그것을 보완하자는 것이었다.

유향소 복설을 놓고 정치세력으로는 왕과 관료가 갈라진 셈이지만, 지방을 통치하는 방식으로 보면 지방통치를 위해 외관제를 강화하자는 입장과 유향소를 통해 그것을 보완하자는 입장으로 갈리는 것이었다. 이

두 주장의 마찰을 융화시킨 김종직의 절충안은 유향소를 세우되 관찰사와 수령의 보다 확실한 감독 아래에 두자는 것이다. 이러한 타협에 의해 유향소 복설은 실현을 보게 되었다. 그것은 유향소를 다시 세우면서 반포한 절목에 정리되어 있다.

> 世宗大王十年戊申 留鄕所復設磨鍊節目 … 一 留鄕所品官 府以上五人 郡四人 縣三人 爲等如差定爲乎矣 令京在所擇定 一 留鄕所設立本意殷 傳爲糾察惡吏 以正鄕風爲白去乙 品官等不顧本意 假杖權威 爲作弊 今後乙良 所在官守令及京在所 嚴假痛禁 必有罪犯者 報觀察使科罪這這改差 上之十年 五月 二十七日 同副承旨 臣崔應賢次知 啓依允敎事(『鄕憲』 1 留鄕所節目)

이것은 성종 19년에 유향소를 다시 설치하면서 그 소속 품관을 규제하기 위한 조목을 제정한 '留鄕所作弊禁防節目'이다.[72] 이 기록에 따르면 국가가 유향소에게 기대한 최우선적 역할은 악질 향리를 규찰하는 일이었다. 유향품관들은 향리를 잘 감시하고 다스려 향촌사회를 바르게 하라고 하였다. 그렇게 함으로써 국왕의 통치를 대신하는 지방관을 도우라는 뜻이다. 이 절목의 제정과 반포는 유향소 품관에게 향리에 대한 지배권을 국가가 확실하게 보장해 준 것이다. 유향소는 국가의 후원아래 향촌사회에서 일정한 권한과 더불어 향리통제에 대한 책임을 지게 되었다.

---

[72] 이 留鄕所復設節目이 제정된 시기에 대하여서는 두 가지의 견해가 있다. 이태진은 위의 자료에 보이는 연대를 그대로 인정하여 世宗 10년 6월에 그 동안 혁파되었던 유향소를 복설하였다고 보았다(이태진, 1972·1973, 「士林派의 留鄕所復立運動 – 朝鮮初期 性理學 定着의 社會的 背景」 『震檀學報』 34·35 ; 1986, 『韓國社會史硏究』, 지식산업사, 147쪽). 朴翼煥도 1992, 「鮮初 留鄕所 置廢經緯再考」 『水邨朴永錫敎授華甲紀念 韓國史學論叢』 上, 785쪽에서 위 절목이 제정된 시기를 세종 10년으로 보아야 한다고 하였다. 그러나 이수건은 이 유향소 복설절목이 成宗 19년에 제정된 것이라고 논증하였다(이수건, 1989, 「地方自治的인 諸機構와 鄕村統制體制」 『朝鮮時代地方行政史』, 民音社, 329~330쪽). 필자는 이수건의 연구를 따라 성종 19년설을 받아들였다.

그런데 국가는 유향소가 국가의 뜻을 무시하거나 저버리는 것을 용납할 수 없었다. 따라서 국가는 유향소를 국가의 통제아래 두는 방책을 마련하였다. 먼저 국가는 유향소에 소속될 수 있는 품관의 수를 府에는 5명, 郡에는 4명, 縣에는 3명으로 제한하였다. 이것은 유향품관들이 제 마음대로 유향소에 들어갈 수 없게 하였다는 점에서 그들에 대한 제약이었다. 또한 각 지방행정 단위별로 복수의 인원을 유향소 품관으로 선발하였다는 점도 유향품관들을 제약하는 일이었다. 여러 명의 유향품관이 지방에서의 일을 둘러싸고 타협하는 경우도 있겠지만 갈등이나 대립을 일으키는 경우도 일어났을 것이다. 따라서 유향소에 소속된 품관은 서로 견제와 조화를 이룰 수밖에 없었다. 그러한 상황 속에서 유향품관이 국가의 뜻을 함부로 저버리기는 어려웠을 것이라고 생각된다.

다음으로 유향소를 국가의 통제 안에 두기 위해 마련한 보다 중요한 방책은 관찰사가 이 일을 맡고 나서도록 조치한 점이다. 물론 수령과 경재소에서 유향소 품관의 비행을 막을 권리는 있었지만, 그것이 효과적이지는 않았다. 그러나 이제 보다 강력한 권한을 가진 관찰사가 나섬으로서 유향소 품관의 여러 비행과 범죄가 다스려질 수 있었다. 관찰사는 죄를 저지른 품관을 다스리고 내 쫓아 버릴 수 있었다. 이러한 상황 속에서 유향소 품관이 관찰사의 감시와 통제를 벗어나기는 어려웠다.

이러한 유향소 복설절목은 지방통치를 위한 두 가지 길이 조화를 이루었기 때문에 탄생할 수 있었다. 즉 지방통치는 외관을 통해 이루어야 한다는 것과 유향소를 통해 그것의 효과를 높일 수 있다는 두 가지 논의가 절충된 것이다. 이러한 타협이 이루어졌기에 유향소는 복설될 수 있었다. 조선시대에 국가의 지방통치방식을 이해하기 위한 분석의 관점은 이러한 조화와 절충에 맞추어야 한다고 생각한다. 어느 한편의 일방적인 독주와 그에 대한 충돌과 마찰이라기보다는 긴밀한 교류를 통한 조화의 관계였던 것이다. 그러한 양방향의 소통은 국가와 지방사회를 갈라지고 충돌하게 하기 보다는 일체성을 강화해 가는데 일정한 역할을 하였다고 설명할 수 있을 것이다.

3. 유향소 복설과 향촌교화

1) 경향사대부의 유대와 일체성의 강화

성종 대에 이르러 중앙의 대다수의 관료들은 무엇 때문에 유향소의 복설을 끊임없이 주장하였는가. 그것은 당연히 유향소가 필요하다는 판단을 내렸기 때문이었다. 유향소는 유향품관의 집결체였다. 그런데 중앙의 관료들이 나서서 그러한 유향소의 필요성을 주장하고 나섰다. 그 까닭을 분석하는데 있어서 가장 먼저 떠오르는 것은 향리에 대한 문제이다. 잘 알려진 것과 같이 유향소의 복설을 주장하는 자리에서는 언제나 향리에 대한 문제가 거론되었다. 성종 대 기록상 가장 먼저 유향소의 복설을 거론한 헌납 김대도 향리를 통제하기 위하여 유향소가 필요하다는 주장이었다. 백성을 괴롭히는 무리로 향리만한 자들이 없으니 그들을 유향소로 하여금 통제하게 하자는 것이다.[73]

과연 백성들이 일상적인 삶을 영위하는데 있어서 그들을 가장 괴롭히는 무리가 향리였을까? 그렇다면 지방관이나 그 지방의 품관 등은 어떠하였을까? 향리와 달리 그들은 백성들의 편에 서거나 적어도 괴롭게 만들지는 않았다고 생각할 수 있을까? 그것을 견주어 판단을 내리기는 쉽지 않을 일이다. 하지만 적어도 분명한 것은 국가가 백성을 통치하는

---

73) "獻納 金臺가 아뢰기를, '백성을 괴롭힘이 향리보다 더한 자가 없는데, 수령도 반드시 다 어질 수는 없습니다. 그래서 백성이 편안하게 살 수가 없는데, 비록 京在所라 하더라도 귀와 눈이 미치지 못하는 곳에는 규명해낼 수가 없습니다. … 留鄕所의 법은 매우 훌륭했습니다만 중간에 폐지함으로 인하여 이러한 큰 폐단이 생겼으니, 다시 세우는 것이 어떻겠습니까?'하니, 임금이 좌우에게 물었다"(『성종실록』 137, 성종 13년 1월 경인).

일에 있어서 지방관이나 유향품관이 백성들과 접촉하는 것은 논외의 문제였다. 중앙의 관료들이 지방을 통치하는 일과 관련하여 초점으로 삼는 것은 향리가 백성들을 가까이에서 대하면서 영향력을 행사하는 문제였다.

김종직이 유향소의 유향소 복설론에 있어서도 그 논의의 중심은 향리에 대한 우려였다.

> C-1. 우부승지 金宗直이 아뢰기를, "고려 태조는 여러 고을에 영을 내려 공변되고 청렴한 선비를 뽑아 향리의 불법을 규찰하게 하였으므로 奸吏가 저절로 없어졌습니다. (고려가) 5백년간의 風化를 유지한 것도 그 때문이었습니다. 우리 조정에서는 李施愛의 난 이후 留鄕所가 혁파되자 간악한 아전들이 불의를 자행하여서 건국한 지 백 년도 못되어 풍속이 쇠퇴해졌습니다. 열 집이 사는 마을에도 반드시 충신이 있다고 하는데, 한 고을이 아무리 적다하나 어찌 한 고을의 착한 선비가 없겠습니까? 청컨대 다시 유향소를 설립하여 鄕風을 규찰하게 하소서."하였다.(『成宗實錄』166, 성종 15년 5월 계사)

김종직은 고려가 오백년 동안 풍화를 유지한 까닭으로 사심관을 두어 향리를 규찰한 것을 지적하였다. 그런데 조선에 들어와 유향소가 혁파되자 향리가 불법을 자행하여 풍속이 쇠퇴해 졌다고 하였다. 이미 성종 13년부터 많은 사람들이 조정에서 유향소 복설의 필요성을 제기하였으며, 그 때마다 향리제어가 유향소 복설의 주요한 필요성으로 거론되어 왔다. 김종직 역시 그 주장의 근거로 유향소가 향리를 제어하는 일에 효과적이라는 것을 지적하였다. 이로부터 몇 달 뒤인 성종 15년 11월에 김종직은 夕講에서 성종에게 다시 유향소를 세우는 것이 좋겠다는 뜻을 표한 일이 있다. 이 때에도 김종직은 고려시대에도 사심관이 있어 풍속을 유지하는데 도움이 되었다고 하며, 유향소를 혁파한 뒤부터 향리가 풍속을 해치는 일이 있어도 검찰하는 자가 없으니 더욱 거리낌이 없어졌다고 하

였다.74)

　조정의 논의는 유향소를 다시 세워 향리를 감독하고 통제해야 한다는 것이다. 그런데 유향소 복설론이 나오는 성종 무렵에 이르면 이미 국가가 지방을 통치하는 데에 있어서 향리는 크게 위협적인 존재는 아니었다고 여겨진다. 물론 백성을 직접 상대하며 말단 행정의 실무를 담당한다는 점에서 국가는 그들에 대한 경계를 늦출 수 없었다. 하지만 성종 대에 이르면 향리가 국가의 통치에 걸림돌이거나 향촌에서 지방관이나 사족과 맞서 긴장과 갈등을 일으킬 만한 권위나 권력을 가진 사람으로서의 성격은 퇴조했다고 말할 수 있다. 그렇다면 무엇 때문에 향리를 감찰해야 한다는 사실이 새삼스럽게 유향소 복설론에서의 초점이 되었는가. 그 가닥은 김종직의 발언에서 잡을 수 있다.

> C-2. 석강에 나아갔다. 『前漢書』를 강하다가, 賈誼傳 治安策에, '풍속을 옮겨 바꾸어서 천하로 하여금 道에 향하게 하는 것은 俗吏의 능히 할 바가 아니다.'라고 한 데에 이르러 참판 김종직이 아뢰었다. "금 풍속이 요박하여 前 古阜郡守 李箴이 밖에서 官衙로 돌아오는데, 어떤 향리가 막대기로 길에서 맞이하여 치므로, 이잠이 달려서 관아 안으로 들어갔습니다. 또 이잠의 族人이 찾아보러 왔다가 돌아가는데, 향리가 길에서 맞이해 싣고 가는 물건을 모두 빼앗았습니다. 이는 비록 이잠이 먼저 도리를 잃은 것이나, 향리의 간악함이 더할 수 없이 심합니다. 그래서 이잠은 貶黜되고, 그 향리도 변방으로 옮겼습니다. 요즈음 아들이 그 아비를 쳐서 그 아비가 官에 고소한 자가 있으니, 풍속의 문란함이 이처럼 극도에 이르렀습니다."(『성종실록』 172, 성종 15년 11월 을미11)

　김종직이 고전까지 끌어대면서 한 말의 의도를 분석해 보면 조선왕조의 통치이념과 명분을 확인할 수 있다. 백성들을 道에 이르게 하는 것이 바로 治者의 통치행위이다. 치자로서 도를 실현해 가는 사람들, 그리하여 백성들도 도에 나아갈 수 있게 해주는 사람들이 바로 사족들이었다.

---

74) 『성종실록』 172, 성종 11년 11월 을미

道로써 나라를 이끌어 가고 백성을 다스리는 것은 사족들의 일이었으며, 그것은 사족이 갖는 치자로서의 명분이었다. 국가는 이러한 사족들이 이끌어 가는 것이며 백성들도 이러한 사족들의 영향력 아래 있어야 하였다. 그 사이에 향리의 간여는 용납할 수 없는 일이었다. 그 까닭은 유학자가 아닌 향리는 백성을 교화할 자질과 능력을 갖춘 사람이 아니기 때문이다.

김종직 등은 향리가 풍속을 해치니 이를 바로 잡아야 한다는 것이다. 그렇다면 향리가 풍속을 해친다는 것의 의미는 무엇인가 분석해 보자. 거기에는 향리가 사족을 능멸하거나 수완을 부려 착복을 하는 것 이상의 의미가 있다고 생각한다.

> C-3. 사헌부에서 유향소를 다시 세울 절목을 아뢰니, 명하여 領敦寧 이상에게 아뢰게 하였다. 洪應이 아뢰기를, "… 또 신은 생각하건대, 人主는 몸소 위에서 시행하고 大臣은 아래에서 받들어 시행하게 되면, 주·부·군·현에도 왕의 은택이 미치지 않음이 없어 호령이 시행되고 정교가 밝아지며, 따라서 인심이 맑아지고 풍속이 순박해질 것이니, 이것은 조정의 책임입니다. 어찌 유향소를 기다려 그 사이에 손을 쓸 필요가 있겠습니까? 留鄕員으로서 마땅한 사람을 얻지 못하면 鄕吏와 결당해서 수령을 기망하고 백성을 침어하여 이로움은 없고 손해만 있을 것이니, 설치하지 않는 것만 못합니다."하자, 전교하기를, "사헌부에서 아뢴 대로 시행하라."하였다.(『성종실록』 217, 성종 19년 6월 경신)

통치라는 것은 국왕이 위에서 힘써 행하고 대신들이 아래에서 받들어 시행하면 州府郡縣에 承流 즉 왕의 은택이 미치게 되는 것이다. 그렇게 되면 호령이 행하여지고 정교가 밝아지며 인심이 맑아지고 풍속도 순박해진다는 것이다. 그런데 향리는 그 가운데에서 이를 가로막고 훼방하는 존재였다. 사족은 경우에따라 마땅하지 않은 사람들이 향리와 작당하여 백성을 괴롭힐 수 있었지만, 향리는 그 자체가 왕의 교화에 걸림돌이 되는 사람들이었다. 국왕의 교화가 지방의 백성에게 고루 미치게 하기 위해서는 향리를 최대한 제어해야 하였다. 향리가 왜 국왕의 교화를 중간에서 가로막는 존재인가에 대한 명분은 간단하다. 그것은 그들이 儒者로서 백성을 교화시킬 수 있는 자질을 갖춘 사람이 아니기 때문이다. 그러므로 국가는 향리가 백성에게 영향력을 미치는 길은 가능한 봉쇄하고, 상대적으로 사족과의 연결의 끈은 가능한 많이 마련하려던 것이었다.

김종직 등 중앙에서 벼슬을 하고 있던 사람들 입장에서 백성을 다스릴 치자로서의 자격을 갖춘 사람들은 사족이었다. 그런데 그들이 생각하는 치자로서 사족에는 지방에 거주하는 사족도 포함되어 있었다. 다시 말하면 나라를 다스리는 사족에는 현재 중앙의 관료인 사람과 더불어 전국에 흩어져 살고 있는 이미 관료였던 또는 관료가 될 사족까지도 포함되어 있었다. 그러한 사족의 일체성의 강화는 역설적으로 향리가 있어서 더 강화될 수 있었다. 말하자면 사족들은 향리를 타자화하면서 내부적으로 사대부의 일체성을 확대, 강화해 나갔던 것이다. 유향소 복설을 주장하는 자리에서 불거져 나온 향리에 대한 논의는 16세기에 중앙의 사족이 지방의 사족을 보다 강하게 의식하면서 그들과의 일체성을 발전시켜 가고 있음을 보여준다.

이와 같이 유향소를 다시 세우자고 주장한 사람들은 사족의 역할에 힘입어 국왕의 은택을 온 나라에 고루 미치게 하여 향풍을 바로잡고 민심을 도탑게 하자는 입장이었다. 이것은 곧 유교적 이념으로 지방사회를 교화시키는 일이었다. 그런데 풍속을 이끌어 가는 일을 지방관에게만 기대할 수는 없었다. 따라서 다른 한편으로는 그 일에 지방의 사족을 적극적으로 끌어들이고자 하였다. 그를 위한 효과적인 방법의 하나가 유향소라는 판단이었다.

그런데 위로는 국왕을 받들고 아래로는 백성들을 몰아서 善으로 나가게 하는 도의 실현자이기 위해서 유향소의 품관들은 당연히 유교적인 교양을 갖춘 선비이어야 하였다. 따라서 유향소품관의 자격으로 늘 거론된 것은 '識理人'[75] '善士'[76] '剛直品官'[77]이었다. 이와 더불어 또 다른 자격 조건으로 늘상 강조된 것은 관직을 역임한 일이 있는 사람이었다. 즉 '지방에 살고 있지만 일찍이 顯職을 지낸 사람'[78]이거나 '지위와 명망이 있으면서 향리에 退去한 사람'[79]이나 '이치를 알고 신망이 있으면서 村莊에 물러나온 사람'[80] 등을 유향소품관으로 삼자고 하였다. 관직을 역임한 일이 있는 사람을 지목한 것은 무엇보다 국가의 뜻을 잘 헤아릴만한 사람에게 유향소 일을 맡기고자 한 의도를 드러낸다.

결국 중앙의 관료들은 지방에 거주하는 사족을 국가에서 분리되거나 대립된 사람으로 간주하지는 않고 있었다. 오히려 그들은 지방의 사족을 자신들과 마찬가지의 치자집단으로서 인정하고 있었다. 유향품관도 자신을 국가와 분리되거나 대립되는 지방인으로 의식하지는 않았다고 본다. 그들은 지방에 거주하지만 자신들의 정체성을 중앙에서 벼슬을 하고 있

---

75) 『성종실록』 137, 성종 13년 1월 경인
76) 『성종실록』 166, 성종 15년 5월 계사
77) 『성종실록』 214, 성종 19년 3월 병인
78) 예컨대 아래의 기록에서 그러하다.
 "吏曹啓 前日命議諸邑留鄕所復立便否 靑松府院君沈澮等議 自留鄕所革去之後 鄕風習俗 日就澆薄 復立爲便 但留鄕人員 或挾私作弊 在世祖祖以此革罷 如此等輩 不可不懲 令該司節目磨鍊以啓 臣等叅詳留鄕人作弊 果如所議 請令諸邑京在所 擇居鄕曾經顯職識理人 府以上四員 郡以下三員 定爲留鄕所座首色掌 糾察鄕風 如有懷私作弊者 觀察使及京在所 擧劾痛懲 從之"(『成宗實錄』138, 成宗 13년 2월 辛丑)
79) "御經筵講訖 … 克基曰 今者陵上之風滋甚 吏民指守令爲盜賊 船軍指萬戶爲盜賊 甚非美風也 先王祖 有位望退去鄕里者 稱爲留鄕所 糾正鄕風 今革留鄕所 鄕風不美正 以此耳 上曰 不必別立科條 專在監司 察擧耳"(『成宗實錄』159, 成宗 14년 10월 癸亥)
 이 기록에 따르면 이미 잊신 황내에서도 지위와 명망이 있으면서 향리에 退去한 사람들로 유향소가 이루어졌음을 전하여 준다. 그에 해당되는 사람들은 대부분 전직 관리들이라고 보아도 좋을 것이다.
80) 『성종실록』 165, 성종 15년 4월 己卯에 따르면, 이 날에 있은 유향소 복립논의에서 이극배는 '識理有物望 而投在村莊者'를 유향소품관으로 삼자고 하였다.

는 사족들과 동일한 집단으로 인식하였다고 보아진다.[81] 이와 같은 국가와 지방사회의 유력자들 사이에 존재한 일체적, 지속적 관계를 통해 조선왕조는 한층 안정을 이루면서 발전해 나갈 수 있었다고 본다. 이러한 양측의 유기적인 관계에 기초하여 유향품관은 지방에서 세력가로, 국가는 지방통치의 안정이라는 목적을 각기 이루어 나갈 수 있었던 것이다.

유향소 복설론에서 찾아지는 이러한 조화를 이해하기 위해서는 향촌사회의 사족의 성장을 염두에 두어야 한다. 김종직의 제안도 향촌에서 사족의 성장을 배경으로 하여 나온 것이었다. 유향소를 세우려는 김종직의 의도가 이른바 관권 중심의 향촌 통치 질서를 부정하는 의미는 아니라고 이해된다. 김종직 등을 대표로 하여 제기된 유향소 복설론은 조정의 많은 관료들이 국가의 지방통치에 있어서 향촌의 사족을 보다 크게 의식하게 되었다는 것을 반영한다. 그 결과 국가의 통치에 있어서 향촌 사족의 영향력을 보다 증대시키고자 한 것이다.

결국 성종대 중앙에서 유향소를 다시 세우자는 주장이 제기된 것에서 중앙관료들이 지방에 산재하고 있는 품관을 보다 강하게 의식하는 현상이 나타났다는 것을 알 수 있다. 중앙관료들은 지방 사족들의 公論을 헤아리고자 하였다. 조선의 정치가 이른바 공론정치로 발전되면서 중앙관료들은 유향품관을 비롯한 지방의 사족들의 뜻을 헤아리고 그들의 수렴된 의견을 들을 수 있는 기구인 유향소를 필요로 하였다. 이와 같이 성종대에 이르러서 중앙의 관료들이 지방의 품관을 비롯한 사족들을 보다 더 강하게 의식하는 현상이 나타난 것은 중앙과 지방을 대표하는 세력의 일체적인 관계가 발전하였기 때문이라고 판단된다. 이와 같은 연대감은 성종대 이후 새로운 정치적인 발전을 여는 터전이 되어 주었다. 즉 유향소는 지방사회는 물론 중앙의 정치에도 변화를 일으켰다고 이해된

---

81) 사실 지방에서 사족들이 행사하는 영향력이나 그들이 지닌 권위도 이러한 중앙과의 연결이 큰 비중을 차지하고 있었다고 생각된다.

다. 유향소를 통한 유향품관의 활동은 지방사회에 영향을 미치고 중앙관료의 지방에 대한 인식에도 발전과 성숙을 가져왔던 것이다.[82]

2) 지방관과의 교류와 협조

유향소를 복설할 것인가를 놓고 일어난 갈등은 지방통치를 위해 감사-수령으로 이어지는 외관제를 강화할 것인가, 경재소-유향소로 이어지는 기능을 보강할 것인가였다. 전자를 보다 중요시하는 사람들은 유향소의 복설에 대해 회의적이었다. 하지만 후자의 효과를 기대하는 사람들은 이를 찬성하였다. 사실 중앙 관료들의 기본적인 입장은 지방사회의 풍속을 바로잡는 일은 국왕에서 대신에서 지방관으로 이어지는 정부의 책임이라는 것이었다. 다만 거기에 유향품관의 역할을 공식적으로 보다 활성화할 것인가 아닌가를 놓고 의견 절충이 필요하였다. 김종직 역시

---

[82] 이러한 사실에 관하여는 鄭杜熙의 견해가 참조된다. 정두희는 성종대에 이르면 향촌사회에 뿌리를 둔 사대부들의 사회경제적인 지위가 향상되면서 중앙의 정치에 일정한 영향력을 행사하고자 하였으며, 중앙에서도 이들의 점증하는 욕구를 무시할 수 없었다고 하였다. 즉 조선의 지배자들이 더욱 향촌사회에 뿌리를 둔 사대부들의 세계를 의식하게 되었고, 조선왕조의 정치는 더욱더 이들 사대부계층 전체의 이상을 반영하려는 방향으로 진전되어졌다는 것이다.
그는 이러한 당시의 정치·사회적인 발전이 일게 된 까닭으로 성종·중종을 거치면서 중앙의 명문가문과 지방에 거주하는 사대부가문이 신분상으로 구분된다기보다 양자 사이의 일체적인 관계가 더욱 발전하고 있었다는 것을 지적하였다. 그렇기 때문에 지방에 거주하는 사람들이 중앙의 정치에까지 영향력을 행사할 수 있었다는 것이다. 따라서 성종대의 사회적인 변화는 이른바 사림/훈구라는 이질적인 두 계층간의 대립이라는 측면이 아니라 정치적인 발전이라는 면에서 해석하여야 한다고 하였다(정두희, 1992,「朝鮮前期 支配勢力의 形成과 變遷」『韓國社會發展史論』, 일조각, 107~125쪽 및 1994,『朝鮮時代의 臺諫研究』, 일조각, 202~203쪽 참조).
이러한 사실과 관련하여서는 정두희의 성종대 臺諫制度의 발전에 대한 분석도 참고된다. 성종대는 전에 없이 대간의 활동이 활발하였던 시기로서 이는 대간제도가 일반관료들 뿐만이 아니라 사대부계층의 理想과 公論을 더욱 적극적으로 반영하는 기구로 발전하였다는 것이다(정두희, 1994, 앞의 책, 201~202쪽).

지방통치에 있어서 기본은 지방관이어야 한다는 점을 거듭 강조하였다.

> D-1. 주강에 나아갔다. 鄭誠謹이 아뢰기를, "신의 본관인 晉州는 옛부터 士族이 많다고 일컫고 풍속도 순후하였는데, 근래에 풍속이 점점 나빠져서, 晋山君 姜希孟이 일찍이 첩을 두었는데 죽은 뒤에 고을 아전이 다투어 간통하였습니다. 예전에 卿大夫는 풍속을 규정하는 것이 있었으니, 우리 조정의 留鄕所가 바로 그 남은 법입니다. 청컨대 그 법을 다시 회복하게 하소서." 하니, 임금이 말하기를, "… 유향소는 폐한 지 오래되었으므로 다시 회복할 수 없다." 하였다. 金宗直이 아뢰기를, "수령을 다 적당한 사람을 얻기는 진실로 어렵고, 관찰사가 어질면 풍속을 고칠 수 있으나 다만 빨리 갈리기 때문에 그 일을 행할 수 없습니다. 만약 관찰사를 골라 보내어 30朔으로 기한하면 가할 것입니다." 하였다.(『成宗實錄』 198, 성종 17년 12월 신사)

鄭誠謹은 풍속이 점점 악하여졌다는 점을 지적하면서 이를 바로잡기 위하여 유향소를 다시 설치하자고 말하였다. 이 자리에서 김종직은 어진 감사라면 풍속을 고칠 수 있다고 하였다. 다만 임기가 짧아 그 일을 제대로 행할 겨를이 없으니 감사의 임기를 2년 6개월로 늘리자고 하였다. 김종직이 감사의 임기를 연장하자고 주장한 것은 지방사회를 유교이념에 따라 교화하는 일에 있어서 감사에게 그만큼의 기대를 건다는 뜻이다. 결국 그는 지방사회를 교화시킬 수 있는 책임자로서 왕의 다스림을 대신하는 감사에게 커다란 비중을 두었다.

이러한 입장은 성종 19년에 유향소의 복립에 관해 논의한 金楣도 마찬가지였다. 경연을 마치자 김미는 소매 속에서 글을 내어 올렸다고 한다. 그 글은 크게 보아 두 부분으로 나눌 수 있다. 앞부분에서는 자신이 金堤郡守로 6년동안 재임하였던 경험으로 전라도를 예로 들어 지방에 풍속이 무너진 것을 개탄하였다. 强盜・水賊・죄인을 감추어주는 것・귀신숭상・간통과 사치・상하의 분별이 무너진 것 등의 여섯 가지를 그 예로 들었다.[83] 그 다음 부분은 이러한 문제를 해결하기 위한 방책으로 이루어져있다.

> D-2. 金楣가 또 소매 속에서 글을 내어 올리니, 그 글에 이르기를, "… ① 監司가 된 자는 비록 그 폐단을 통렬히 혁신하려고 하여도 1년 안에 겨우 한 두 번 순행하니, 수령의 賢否를 알 수가 없는데, 어느 겨를에 풍속을 고쳐 경박한 것을 뒤집어서 순후한 데로 돌아가게 하겠습니까? … 신의 생각으로는, 마땅히 강명 정대한 자를 택하여 감사를 삼되, 그 임무를 오래 맡도록 하여 3년이 지나서야 체차하면, 완악한 풍속이 점점 혁신 될 것입니다. ② 혹은 또 말하기를, '예전에는 1鄕 가운데에 정직한 品官 1, 2員을 택하여 鄕有司를 삼아서 풍속을 바로잡게 하고 이름을 유향소라고 하였었는데, 혁파한 이래로 향풍이 날로 투박하여졌다.' 고 합니다. 신의 생각에도 다시 유향소를 세워, 강직한 품관을 택하여 鄕有司를 삼으면, 비록 갑자기 야박한 풍속을 변모시킬 수는 없더라도 또한 향풍을 유지하여 완흉한 무리가 거의 조금은 그칠 것으로 여겨집니다."하였다.(『成宗實錄』 214, 성종 19년 3월 병인)

김미가 내놓은 방안은 두 가지였다. 먼저 제시한 것은 김종직이 건의하였던 것처럼 감사의 임기를 연장하자고 하였다. 감사가 지방풍속에 보이는 그러한 폐단을 통렬히 혁신하려고 하여도 1년 안에 겨우 한두 번 순행하니 어느 겨를에 이를 바로잡을 수 있겠느냐고 반문하였다. 이에 감사의 임기를 3년으로 연장하면 악한 풍속이 점점 혁신될 것이라고 하였다(①). 김미는 지방의 풍속을 바로잡기 위해서는 감사의 실질적인 역할이 중요하다고 판단하였고, 이 때문에 감사제도를 보완하자고 주장하였다. 다음으로 제시한 것이 유향품관의 활동을 기대한 것이었다. 비록 갑자기 야박한 풍속을 변화시킬 수는 없더라도 유향품관이 유향소의 이름을 걸고 향풍을 잘 이끌어 가면 악행을 저지르는 사람도 조금은 줄어들게 될 것이라고 전망하였다(②). 홍응도 유향소의 복립을 적극 반대하지는 않았지만, 지방사회의 풍속을 바로잡는 일은 국왕에서 대신에서 지

---

83) 『성종실록』 214, 성종 19년 3월 정묘

방관으로 이어지는 정부의 책임이라는 입장이었다.[84]

결국 유향소 복설이 결정되는 것은 이러한 두 가지 길이 절충되었기 때문이었다. 앞에서 언급한 것과 같이 유향소를 복설하되 그것을 지방관의 통제 아래에 있게 한 것이다. 어떻든 지방관과 유향소는 지방사회에서 일정한 관계를 맺을 수밖에 없었다. 그리고 지방관과 유향소와의 관계는 긴밀한 협조 관계였다고 보아진다.[85] 이러한 사실은 조선 초기 유향소의 사례를 보아도 알 수 있다. 관직에서 물러난 뒤 지방으로 내려간 사람이 마을 사람들과 더불어 모임을 만들기도 했고, 경우에 따라서는 지방관이 유향소를 세우기도 하였다.[86] 김종직도 선산부사로 있을 때

---

84) 洪應은 『성종실록』 166, 성종 15년 5월 癸巳에 따르면 김종직과 함께 유향소 복립을 찬성하였다. 그런데 『성종실록』 217, 성종 19년 6월 경신을 보면 유향소를 세워야 한다면 사헌부에서 아뢴 절목에 따라서 하되, 유향원으로 마땅한 사람을 얻지 못하면 향리와 결당하여 수령을 속이고 백성에게 해를 입히게 될 것이라면서 복설이 다소 회의적인 면도 있다는 태도를 취하고 있다.
85) 이러한 관계는 크게 보아 조선초기에도 마찬가지였을 것이라 본다. 이 점에 관하여서는 최선혜, 2002, 앞의 논문 참조.
86) 이러한 사실은 지금까지 연구된 조선초기 유향소의 예를 보아도 알 수 있다. 기존의 연구에서 밝혀진 몇 가지 경우를 간략하게 표로 정리하여 보이면 다음과 같다.

성 명	경 력	유향소와 관련된 행적
金文發	형조참판, 황해감사 등	퇴사한 뒤 鄕人들과 함께 풍속을 교화, 이 모임은 뒷날 光州鄕約의 효시가 됨
李先齊	본관 光州. 세종 1년에 문과급제, 예문관제학 동지춘추관사겸 경연참찬과세자우부빈객 역임. 경창부원군	鄕案을 始治, 향약을 행함. 그가 향약을 행할 때 鄕社堂 건물이 있었음 (문종대 이전의 일)
榮川郡守 潘渚		세종 15년에 종래의 학당을 중축하여 鄕社堂 건물로 쓰고 鄕會를 열었음.
南富良	태종대 무과에 급제, 府使를 역임	安東에 鄕射堂 세움. 세종 21년 이전의 일

典據 : 金龍德, 『향청연구』 70~71쪽 ; 李泰鎭, 1986, 앞의 책, 168쪽 ; 朴翼煥, 앞의 책, 57~58쪽.
위의 표에 보이는 김문발이나 이선제·남부량 등은 모두 전직 관리였다. 관직에

마을에서 행실이 좋은 사람을 골라 향사례 향음주례를 행하였다. 그리고 부사 김종직이 베푼 이 예에 선택되지 못한 사람들은 모두 이를 부끄럽게 여겼다고 한다.87) 이처럼 지방관이 유향소 등의 유향품관의 모임에 적극적이었던 까닭은 지방통치와 관련하여 그것이 유용했기 때문일 것이다. 즉 유향소는 유향소에 모여든 유향품관에게는 물론 지방관에게도 유용하였다는 뜻이다. 사정이 이러하므로 유향소와 지방관은 일상적으로 긴밀한 교류를 맺고 있었다고 해석된다.

잘 알려진 것과 같이 중앙에서는 왕왕 유향소 품관들이 권위를 빌어 백성을 괴롭힌다든지 경우에 따라서 지방관을 무시한다든지 하는 비판의 목소리도 있었다. 그러나 지방사회를 들여다보면 사실 지방관과 유향소 품관의 관계는 서로 교유하며 가까운 관계를 유지하던 것이 일상적인 모습이었다. 참고로 성종대의 기록은 아니지만 『묵재일기』를 보면 이러한 지방사회의 모습이 잘 드러난다.88) 지방관은 유향소 품관들과 자리

서 물러난 뒤 지방으로 내려가 마을 사람들과 더불어 모임을 만들었으며, 이것은 유향소로 이해되고 있다. 또한 영천군수처럼 경우에 따라서는 지방관이 유향소를 세우기도 하였다.
87)『성종실록』174, 성종 16년 1월 기축
88) 이문건의 생애와 그의 일기인『묵재일기』에 관하여서는 기본적인 이해는 국사편찬위원회에서 원본을 脫草·正書하여 간행한『묵재일기』영인본에 수록된 김현영의 해제를 통해 얻을 수 있다. 김현영, 1998,「『묵재일기』해제」『묵재일기』하, 국사편찬위원회, 737~752쪽. 이문건과『묵재일기』에 관한 연구로는 다음과 같은 것들이 있다.
이복규, 1999,『"묵재일기"에 나타난 조선전기의 민속』, 민속원.
정긍식, 1999,「묵재일기에 나타난 가제사의 실태」『법제연구』16, 한국법제연구원.
김경숙, 2000,「16세기 사대부집안의 제사설행과 그 성격」『한국학보』98.
김소은, 2000,「사대부의 생활」『조선시대생활사』2, 역사비평사.
안승준, 2000,「16세기 이문건가의 노비사환과 신공수취」『고문서연구』16·17.
김동진, 2001,「16세기 성주와 임천지역의 관둔전경영」, 한국교원대학교 석사학위논문.
김성우, 2001,「16세기 중반 국가의 군역 동원방식과 성주 사족층의 대응」『조선시대사학보』18.

를 함께하며 친밀한 관계를 유지하고 있었으며 지방통치와 관련하여 자주 자문을 얻기도 하였다. 예컨대 유향소 좌수인 洪述之 등 품관들이 府使와 더불어 술자리를 갖기도 하고[89] 신임 牧使 李元孫이 매양 유향소 별감 李國良에게 민간의 병폐에 대해서 물었다고 한다[90] 이러한 경향이 갑자기 형성된 것은 아니라고 본다. 경우에 따라서 유향소와 지방관이 충돌하는 일도 있었겠지만 대체적으로 지방사회에서 서로 공존하기 위한 조화를 이루어 나갔다고 본다.[91] 그것은 지방관이나 유향품관

김소은, 2001, 「16세기 양반가의 혼인과 가족관계」 『국사관논총』 97.
김현영, 2001, 「16세기 한 양반의 일상과 재지사족」 『조선시대사학보』 18.
심희기, 2001, 「16세기 이문건가의 노비에 대한 체벌의 실태분석」 『국사관논총』 97.
이성임, 2001, 「16세기 이문건가의 수입과 경제생활」 『국사관논총』 97.
김인규, 2001, 「16세기 경북 성주지역의 장인연구-이문건의 『묵재일기』를 중심으로-」, 서강대학교 박사학위논문.
김소은, 2002, 「이문건의 생애와 "묵재일기"의 구성」 『홍경만교수정년기념 한국사학논총』, 경인문화사.

89) 『묵재일기』 상, 1553(명종8)년 4월 10일, 609쪽. 이 기록에서는 '品官 洪述之'라고 나오지만 1552년 3월 24일, 486쪽을 보면 그는 유향소의 좌수였다. 이문건의 『묵재일기』는 국사편찬위원회에서 1998년에 영인한 책의 해당 쪽수를 보였다.
90) 『묵재일기』 상, 1554(명종9)년 1월 28일, 684쪽 및 685쪽.
91) 이러한 관계는 사마소도 마찬가지였다고 생각한다. 성종대 유향소가 복설되었지만 곧 훈구재상들이 경소를 통해 유향소를 장악하였다고 하였다. 이에 사림파 계열의 생원 진사들은 사마소란 것을 따로 세워 이에 반발하였다고 한다. 이태진, 1986, 앞의 책, 176~177쪽. 그런데 사림파가 유향소 복설을 그토록 주장하여 결국 복설되었고 그것이 사림파의 승리, 중소지주층의 승리라고 설명되고 있는데 정작 복설된 뒤 곧 그 주도권이 어떻게 훈구대신에게 돌아가게 된 것인지에 관한 경위는 잘 모르겠다. 아무튼 성주에 살던 유향품관인 이문건이 남긴 기록을 보면 그에 의해 관찰되고 기록된 사마소의 모습은 유향소와 크게 다르지 않았다고 보인다. 사마소원들은 유향소 품관들과 더불어 자주 연회의 자리를 가졌다(예컨대 『묵재일기』 상, 1552(명종7)년 2월 21일, 476쪽). 사마소원들이 지방관과 유향품관 등과 더불어 즐기는 자리를 갖기도 하였다(예컨대 『묵재일기』 상, 1552(명종7)년 4월 24일, 494쪽). 사마소원들은 생원·진사시에 합격한 소장파였다. 그러므로 그들이 지방사회에서 유향소 품관들과 뜻을 달리하며 활동하기는 어렵지 않았을

이나 양 측이 모두 지방사회를 안정적으로 이끌어나가야 한다는 합의점이 있기 때문이었다.

3) 유교적 이념의 고취와 체제의 강화

유향소를 복설하자는 주장이 나올 때마다 거론된 것은 유향소로 하여금 시골 풍속을 교화하게 하자는 것이었다. 그렇다면 국가가 지방사회를 교화하기 위해 유향소에게 기대한 구체적인 내용은 무엇인가를 분석해 볼 필요가 있다.[92] 유향소 복설을 주장한 자리에서 이루어진 풍속에 관한 논의를 보면 그것은 대개 부부의 도가 무너진 것을 개탄하는 것이었다.

> D-3. 曹偉가 또 아뢰기를, "근래에 풍속이 몹시 야박하여 밀양 사람 成立은 三寸叔의 첩 禿德을 간통하였고, 柳季源은 삼촌숙의 첩 奉德을 간통하였으며, 선산 사람 無量은 嬭母 남씨와 간통하였으니, 이런 등의 풍속은 엄하게 막지 아니할 수 없습니다." 하니, 임금이 말하기를, "이는 천지 사이에 용납할 수 없는 일이다." 하고, 곧 홍문관 전한 成健을 선산에 보내고, 부응교 鄭誠謹을 밀양에 보내어 국문하고 겸하여 수령의 불법과 민간의 고통을 살피게 하였다.(『성종실록』 149, 성종 13년 12월 경진)

경연을 마친 뒤 조위는 근래에 풍속이 크게 무너졌다고 개탄하였다. 이 자리에서 조위도 무너진 풍속의 예로 여러 가지 간통사건을 들었다. 이 논의에 이어 조위는 유향소를 세워 바르지 못한 사람을 규찰하게 하자는 건의를 올렸다. 유향소로 하여금 행실이 바르지 못한 사람을 규찰하게 하자는 것이다.[93] 이처럼 유향소 복설을 주장하는 자리에서 제기

까 한다.
92) 李成茂는 유향소가 수령과 사족이 지방민을 유교적 지배이념으로 교화시키는데 협력하였다고 언급하였다(이성무, 1970, 「朝鮮初期의 鄕吏」 『韓國史研究』 5, 80쪽).

되어 온 풍속의 주된 내용은 이른바 '夫爲婦綱'을 바로 잡아야 한다는 것이었다. 정성근의 이야기를 들어 보자.

> D-4. 주강에 나아갔다. 鄭誠謹이 아뢰기를, "신의 본관인 晉州는 옛부터 士族이 많다고 일컫고 풍속도 순후하였는데, 근래에 풍속이 점점 나빠져서, 晉山君 姜希孟이 일찍이 첩을 두었는데 죽은 뒤에 고을 아전이 다투어 간통하였습니다. 예전에 卿大夫는 풍속을 규정하는 것이 있었으니, 우리 조정의 留鄕所가 바로 그 남은 법입니다. 청컨대 그 법을 다시 회복하게 하소서." 하니, 임금이 말하기를, "지금 풍속이 아름답지 못하여 아내가 혹 남편을 죽이는 자가 있고 親屬이 혹 서로 간통하는 데 이르니, 어떻게 하면 풍속이 바르게 될 것인가 알지 못하겠다. 유향소는 폐한 지 오래 되었으므로 다시 회복할 수 없다."하였다.(『성종실록』 198, 성종 17년 12월 신사)

정성근은 죽은 강희맹의 첩을 향리들이 간통한 사건을 들어 두 가지의 문제점을 말했다고 생각한다. 하나는 사족의 첩을 향리들이 간통한 것을 용납할 수 없다는 것이다. 다시 말하면 이것은 향리와 사족과의 엄격한 구분을 흩트리는 일을 용납할 수 없다는 뜻이다. 다른 하나는 이처럼 무너진 풍속을 바로잡아야 한다는 것이다. 정성근을 이 간통사건에 대한 논의를 유향소 복설을 주장하는 것으로 연결시켰지만 이에 대해 성종은 부정적인 태도를 표명했다. 그러나 정성근이 지적한 이른바 간통사건에 대한 조처는 즉각 취하여졌다.

> D-5. 사헌부에 전교하기를, "진주 향리들이 강희맹의 기생첩을 간통하였으니,

---

93) "조위가 또 아뢰기를, '鄕大夫가 鄕三物로 만백성을 다스렸으니, 이는 옛 제도입니다. 청컨대 留鄕所를 회복시켜 바르지 못한 사람을 규찰하여 시골에 나서지 못하게 해야 할 것입니다. 그리고 또 鄕射禮는 이미 드러난 법이 있는데도 수령이 전혀 준행하지 아니하니, 청컨대 거행하게 하소서.'하니, 임금이 말하기를, '유향소의 법은 선왕조에 이미 폐하였으니, 회복할 수 없다.'하였다"(『성종실록』 149, 성종 13년 12월 경진)

그 도의 관찰사로 하여금 끝까지 推劾해 아뢰게 하라."하였다.(『성종실록』 198, 성종 17년 12월 신사)

성종은 정성근의 말을 들은 바로 그날 관찰사에게 이 사건을 철저하게 다스리라는 엄명을 내렸다. 이러한 조처에 이어 바로 이틀 위에는 각 도의 관찰사에게 풍속을 바로 잡는 계책을 아뢰라는 명을 내렸다.

> D-6. 여러 도의 관찰사에게 글을 내리기를, "풍속이 후하고 박한 것은 治道의 성쇠에 관계되는 것인데, 한 도민의 풍속은 책임이 監司에게 있는 것이다. 요즘 듣건대 시골 풍속이 예전과 같지 아니하여 날로 점점 어지럽고 천하다고 하는데, 감사가 소홀히 하여 마음을 쓰지 아니하니, 이것이 어찌 내가 맡긴 뜻이겠는가? 경은 풍속의 박한 것을 돌이켜서 후한 데로 돌아오게 할 계책을 자세하게 계략을 다하여 아뢰라."하였다.(『성종실록』 198, 성종 17년 12월 계미)

성종 자신의 말처럼 풍속이 순하다 또는 어지럽다는 유교이념에서는 국왕의 덕치가 잘 이루어지고 있는가의 척도이기도 하다. 그러므로 성종의 입장에서는 경연에서 그러한 간통사건이 거론된 것을 크게 의식할 수밖에 없었을 것이다. 성종이 간통을 저지른 죄인을 잡아들이라는 엄명과 더불어 관찰사에게 풍속교화의 책임을 물은 데에는 풍속교화를 위해 유향소를 세우자는 정성근의 주장을 희석시키기 위한 정치적 고려가 있었다고 생각된다.

아무튼 이 자리에서도 바로 잡아야 할 풍속으로 각별히 부부 사이의 도리를 지키는 것이 지적되었다. 정성근의 말을 받은 성종은 풍속이 아름답지 못하여 부부 사이의 도리가 제대로 지켜지지 않고 있다고 개탄하였다. 부부의 윤리가 무너진 것을 개탄하는 논의는 곧 지방의 풍속을 바로잡아야 한다는 논의로 발전하였으며 그것은 다시 유향소 복설론으로 이어졌다. 앞에서 본 조위가 여러 가지 간통사건을 예로 들면서 유향소를 세워야 한다는 논의를 전개하기 하루 전날에도, 조정에서는 三綱의 하나인 부부의 윤리가 무너지고 있다는 것을 개탄하는 자리가 열렸다.[94]

부부와 부자의 윤리 등 삼강이념은 조선시대 유교이념의 가장 기본적이고도 중요한 이념이었다. 조선을 이끌어간 사람들은 삼강이념의 뜻으로 보아 그들은 왕권의 절대성을 강조하고 가부장적인 체제가 수립되는 사회를 소망하였다. 그들은 삼강이념이 실천되는 사회 즉 君臣·父子·夫婦의 분수를 밝히고 君權·父權·夫權의 절대성·우월성이 확립되는 사회를 그렸던 것이다.

그런데 특히 삼강이념은 군주에 대한 충성과 군권의 절대성을 강조하므로 건국 초기에 강력한 왕권을 바탕으로 한 중앙 집권체제를 정립하는 데 매우 유용한 이념이었다. 이 때문에 조선초기에는 중앙의 집권자들이 특히 삼강이념을 군주에 대한 충을 강조하는 이념으로 강조하였다. 한편 父權과 夫權을 옹호하는 측면은 가부장적인 사회를 수립하는 윤리로서 필요하였다. 즉 조선의 건국과 더불어 삼강이념이 적극 강조된 까닭은, 그것이 왕권을 강화하고 가부장적인 체제를 뒷받침하는 이념이기 때문이었다.

조선은 건국이후 점차 적장자를 중심으로 하는 가부장적인 사회의 성격이 강해져갔다. 그에 따라 가정에서 아버지와 지아비의 권위는 절대적인 것이었다. 삼강을 기본으로 하는 유교이념은 이러한 체제를 뒷받침하고 있었다. 그러므로 체제의 안정과 지속을 위해서 유교이념의 고취는 무엇보다 중요한 통치행위의 하나였다. 그리고 이와 같은 유교이념의 고취야말로 재

---

94) 예컨대 성종이 여러 신하 및 성균관원들과 더불어 경서를 강하는 자리에서도 다음과 같은 이야기가 나오고 있다.
"同副承旨 金礪石이 사헌부의 차자를 가지고 와서 올렸는데, 그 대략에 이르기를, '부부는 인륜의 근본이며 三綱의 하나이기 때문에『詩經』에는 관저(關雎)를 첫머리로 하였고, 예는 관례와 혼례를 첫째로 하였습니다'"(『성종실록』149, 성종 13년 12월 기묘)

지 사족들의 절대적인 협력이 필요한 일이었다. 국가가 유향소를 중심으로 하는 품관들에게 기대한 풍속교화의 내용은 이것이라고 생각된다. 성종대 유향소가 필요하다고 주장하는 사람들은 유향소의 이와 같은 기능을 살리고자 한 것이었다. 이 점은 유자광도 다음과 같이 증언하고 있다.

> D-7. 경연에 나아갔다. 강하기를 마치자, … 유자광이 아뢰기를, "유향소는 다시 세우지 않을 수 없습니다. 말하는 자는 혹 생각하기를, '유향소의 관리가 향곡에 위엄을 보이므로, 향리가 이를 두려워하기를 고을 수령보다 지나치게 하여, 그 폐단이 적지 않습니다.'라고 합니다. 그러나 風化에 도움이 있는 것도 많았습니다. 이전에 유향소가 폐지되지 않았을 때 혹 어떤 한 사람이 孝順으로써 일컬어지면 유향소에서 반드시 효순으로써 천거하고, 혹 어떤 한 사람이 惡行으로써 일컬어지면 유향소에서 또한 반드시 악행으로써 내쳤으니, 이로써 선한 자가 권장되고 악한 자가 징계되었습니다. 신의 뜻으로는, (유향소를) 다시 세우지 않을 수 없다고 여깁니다." 하니, 임금이 말하기를, "혹은 가하다고도 하고 혹은 불가하다고도 하니, 마땅히 다시 의논하여서 해야 할 것이다."하였다.(『성종실록』 215, 성종 19년 4월 병진)

유자광은 예전에 유향소는 풍속을 교화하는데 도움이 되었다고 하였다. 유향소가 孝順의 행실을 보인 사람을 반드시 천거하여 바른 행실을 적극적으로 권장하고 악행을 저지른 사람은 반드시 내쫓았다고 한다. 즉 유향소는 孝順 등의 유교이념의 실천을 고취시키고 그것을 무시하거나 위배하는 행위는 징계하는 활동을 하였다.

孝順이나 貞節의 이념을 실천하였다는 명목으로 사람들을 발탁하여 상을 내리고 그 반대의 경우에 해당되는 사람을 징계하는 일은 유교이념을 고취시키는데 매우 효과적임은 말할 나위 없다. 많은 사람들에게 유교적 이념에 따른 선행을 기억하게 하고, 그것을 어긴 악행에 대한 부정적인 생각을 갖게 한다는 점에서 그러하다. 실제로 건국 초기 이래 각 지방민 가운데에서 이러한 유교이념을 실천하였다는 이유로 많은 사람에게 상을 내리고, 役을 면제해 주고, 旌門을 세워주고, 경우에 따라서는 벼슬자리까지 주는 일이 꾸준하게 그리고 적극적으로 추진되었다.[95] 유향소가 이러한 기능을 담당하고 있었다는 것은 지방사회에서 유향소가 유교이념의 수호자로서의 중요한 몫을 담당하고 있었다는 뜻이다. 말할 나위 없이 그것은 조선왕조의 통치체제를 항고하게 만드는 유용한 방편이었다. 유향소를 다시 세우자는 주장을 편 사람들은 이러한 기능을 지닌 기구가 다시 세워지기를 기대한 것이다.

유향소 복설과 더불어 논의된 또 하나의 문제는 향사례·향음주례였다. 향사례에 대한 조위의 지적을 들어보면 수령이 향사례를 준행하는 것은 이미 법에 드러나 있는데도 전혀 시행되지 않고 있다고 하였다. 그러니 이제 수령이 향사례를 준행하게 하자고 청하였다.[96] 조위의 논의를 통해 향사례는 수령에게 부여된 공무였음을 알 수 있다. 김종직도 부사로 재직하던 시절에 이를 시행하여 크게 권장하였다고 한다. 여기에서 다음 기록을 잘 살펴볼 필요가 있다.

> D-8. 정성근이 아뢰기를, "① 鄕射禮와 鄕飮酒禮는 비록 우활한 것이나 또한 풍속을 바로잡는 한 실마리입니다. 국가에서 이미 여러 고을로 하여금 행하게 하여 법령에 나타나 있으나 하나도 행하는 것이 없습니다. 신이 듣건대 金宗直이 일찍이 善山府使로 있으면서 향중에 행실이 있는 자를 골라서 향사례와 향음주례에 참여하게 하니, 그 선발에 참여하지 못한 자는 모두 부끄러워하여 권장하는 뜻을 품은 자가 많았다고 합니다. 청컨대 이 법을 거듭 밝혀서 거행하게 하소서. ② 留鄕所는 국가에서 폐단이 생기는 것을 염려하여 혁파한 지 이미 오래인데, 이제 비록 회복하지는 않더라도 다만 향중에 덕망이 있는 한두 사람을 골라서 온 고을을 규찰하게 하면 풍속이 저절로 바를 것입니다."하니, 임금이 말하기를, "향사례와 향음주례는 근래에 國喪으로 인하여 거행하지 못하였

---

95) 이와 관련하여 朴珠, 1990, 『朝鮮時代의 旌表政策』, 일조각 및 최선혜, 1997, 앞의 논문, 141~152쪽 참조.
96) 앞의 주 93)과 같음.

으나, 상을 마치면 법을 다시 밝혀서 거행하는 것이 좋겠다. 유향소는 국가에서 이미 없앴고, 또 새로 교정한 『大典』에도 기록하지 아니하였는데, 하필 다시 세울 것인가?"하였다.(成宗實錄』174, 성종 16년 1월 기축)

정성근이 하고 있는 이야기는 향사례와 향음주례의 법을 거듭 강조하여 거행하게 하자는 것(①)과 유향소를 복설하자는 것(②)의 두 가지이다. 먼저 향사례·향음주례는 비록 迂闊한 것이지만 풍속을 바로잡는 한 실마리라고 하였다. 그러나 여러 고을에서 하나도 시행하지 않고 있다는 것이다. 이 때문에 김종직이 선산부사로 있을 때 이를 시행한 것이 모범적 사례로 거론되었다. 향사례·향음주례를 여러 邑에서 행하게 하는 것이 법령에 실려 있다고 한 것에서 알 수 있듯이, 이것은 각 지방의 수령이 시행해야 하는 일이었다. 이 이야기에 이어 정성근은 유향소를 복설하자는 것도 건의하였다. 그런데 유향소를 딱히 향사례와 향음주례를 시행할 기관으로 복설하자는 뜻은 아니었다. 다만 유향소와 향사례·향음주례가 함께 논의되는 것은 두 가지가 모두 지방사회에 유교적 이념을 확산시키는데 유용한 것이기 때문이었다.97)

결국 향촌교화의 내용은 백성들까지도 삼강이념을 중핵으로 하는 유교적 이념의 실천자로 독려하고자 하는 것이었다. 이것은 국왕과 관료로부터 백성에 이르기까지 유교적 이념을 따르고 실천하는 국가를 이루기

---

97) 지금까지 유향소의 복립을 주장한 사람들은 鄕射禮·鄕飮酒禮를 실천할 기구로서 유향소를 거론하는 특징을 보인다고 하였다. 따라서 향사례·향음주례가 지방사회를 유교적 이념으로 교화하는 주요한 의례로 인식되어 왔다. 그러나 성종대까지만 해도 향사례·향음주례는 제대로 시행되지 않고 있었다. 오히려 고려말 이래 소신조기에 유향소가 수행한 풍속교화의 주요하고도 구체적인 내용은 앞에서 설명한 것과 같이 유교이념의 실천을 적극 권장하여 그것을 실천한 사람은 칭송하여 중앙에 천거하거나 반대로 그것을 어긴 자는 징벌하는 일 등이었다고 생각한다. 그러므로 성종대 유향소를 다시 세워 풍속을 바로 잡자는 주장은 유향소의 이와 같은 기능을 다시 살리자는 뜻이 보다 더 강했다고 여겨진다.

위한 이상적인 방안이었다. 비록 그것이 현실적으로 불가능한 일일지라도 군주와 관료, 더 나아가 사대부들은 유교이념을 앞서서 실천하며 백성들까지도 몰아서 善으로 나아가게 해야 하였다. 그것이 그들이 치자로서 가지는 지위와 권위가 정당화되는 길이었다. 이렇게 보면 사족들이 나서서 백성들을 교화하는 책임과 기능을 지닌 유향소는 유교적 왕도정치 내지는 덕치를 구현하기 위해 명분적으로 실질적으로 중요한 의미를 지니는 기관이었다. 그러한 기관의 존재가 곧 사족들의 유교적 이상정치 구현의 의지를 드러내는 일이기 때문이었다.

성종대 유향소 복설은 이 문제가 본격적으로 제기된 뒤로부터 여러 해가 흐른 뒤에야 이루어졌다. 그 동안 조정에서는 유향소 복설을 놓고 여러 차례 깊은 논의가 이루어졌다. 여기에서는 그 과정의 논의를 분석하여 국가와 지방 사회를 아우르는 조선사회의 구조를 이해해 보고자 하였다.

첫째 유향소 복설의 필요성이 제기되자 이를 반대하는 중심축에 서 있던 사람은 국왕인 성종이었다. 조정 관료들도 반대론자와 찬성론자로 나뉘기는 하였다. 그러나 반대하는 사람들과 찬성하는 사람들이 정치적으로 구분되는 세력은 아니었다. 찬성과 반대의 뚜렷한 구분선은 국왕과 관료였다.

둘째 유향소 복설을 둘러싼 마찰은 국가가 지방을 통치하는 방식을 놓고 일어난 갈등이었다. 관찰사-수령으로 이어지는 국가의 직접 지배 방식을 중시하는 사람들은 유향소 복설을 반대하였다. 향촌을 교화하고 다스리는 일은 전적으로 국왕의 명을 받아 그 다스림을 대신하는 지방관의 소임이라는 것이다. 유향소 복설론이 제기된 성종 13년이면 성종이 원상제를 혁파하고 친정을 시작하여 왕권을 구축해가던 시기였다. 이러한 시점에서 성종은 당연히 국왕의 직접적인 지방통치 방식을 선호하였다. 지방관은 곧 국왕의 통치를 대행하는 존재였다. 유향소는 자칫 그러한 국가의 지방통치를 분산시키고 나아가 국왕의 통치력을 약화시킬 위험성이 있다는 판단을 내렸던 것이다. 이와 달리 경재소-유향소 제도를 통하여 사족들의 영향력을 적극 수용하자는 입장에 선 사람들은 유향소 복설을 주장하였다. 국가의 지방통치에 유향소의 기능을 살려 이를 적극적으로 활용하자는 것이다.

셋째 유향소 복설은 지방통치를 위해 외관제의 운용과 재지사족의 참여와 활동이라는 두 가지 길이 적절하게 절충되어 이루어 질 수 있었다. 그 절충안의 시말을 연 사람이 김종직이었다. 유향소를 복설하여 유향품관의 권위를 살리고 역할을 후원하되 이에 대한 관찰사와 수령의 감독을 강화한다는 것이다. 이러한 타협 내지 절충의 모습은 성종대 국가와 지방사회의 관계는 어느 한편의 일방적인 독주와 그에 대한 충돌의 관계가 아니라 긴밀한 교류를 통한 조화의 관계였음을 보여준다.

넷째 유향소 복설론을 통해 중앙의 관료와 지방의 사족은 분리되거나 대립된 집단이 아니라 일체적·지속적 유대관계를 강화하고 있음을 이해할 수 있다. 이들은 향리를 타자화해가며 치자·유자라는 공통의 바탕 위에서 일체성을 보다 강하게 인식하고 있었다. 이러한 일체성의 바탕 위에서 국가는 향촌에 흩어져있는 사족들을 보다 강하게 의식하고 그들의 목소리에 귀를 기울이게 되었으며, 향촌의 사족들도 국가와의 긴밀한 연대감을 강하게 인식하고 있었다고 이해된다.

다섯째 유향소와 지방관과의 관계는 크게 보아 일상적으로 교류와 협조의 관계였다고 이해된다. 지방관은 유향소 품관들과 자리를 함께하며 지방통치와 관련한 자문도 얻고 협조도 얻을 수 있었다. 유향품관에게도 지방관과의 긴밀한 관계가 유용한 것이었음은 당연한 일이다. 양 측이 모두 치자로써, 사족으로써 지방사회와 나아가 국가를 이끌어 나가는 사람들이라는 공통점과 합의점이 그러한 조화를 가능하게 하였던 것이다.

여섯째 유향소는 유교적 이상국가의 건설이라는 이상아래 건국 초기부터 향촌에 三綱을 중심으로 한 유교적 이념을 보급·강화하는데 중요한 기능을 하였다. 유향소는 지방에서 효자, 열녀 등을 추천하여 상을 받게 하고 이른바 미풍양속을 어기는 사람은 적절히 징계하는 활동을 폈다. 이러한 향촌교화는 백성들까지도 유교적 이념의 실천자로 독려하는 일이었다. 비록 그것이 현실적으로 불가능하더라도 군주와 관료, 더 나아가 사대부들은 유교이념을 앞서서 실천하며 백성들까지도 몰아서 선으로 나가게 해야 하였다. 그것이 그들이 치자로서 가지는 지위와 권위를 정당화하는 명분이었다. 이렇게 보면 사족들이 나서서 백성들을 교화하는 책임과 기능을 지닌 유향소는 유교적 왕도정치 내지는 덕치를 구현하기 위해 명분적으로 실질적으로 중요한 의미를 지니는 기관이었다.

조선이 건국된 뒤 국가의 통치체제는 안정적으로 정비되어 나갔다. 국가의 체제는 그 자체가 국가는 국가에게 대로, 그 구성원은 구성원에게 대로 각자의 목적과 이익을 추구하는 방향으로 활용·유지되어 진다. 그러므로 국가의 체제와 사람들 사이에는 항상 갈등과 타협이 교차되기 마련이다. 국가의 통치체제는 그 안에서의 행동을 요구한다는 의미에서 사람들의 활동에 일정한 제한을 가하게 된다. 그것은 동시에 사람들의 요구를 수용하는 방향에서 정비되기 마련이다. 즉 국가의 체제는 국가를 이끌어가는 정치인들과 그 구성원들 사이에 이익이 조화되는 방향으로 짜여질 때 안정·지속되기 마련이다.

이러한 점에서 보면 개국 이후 안정적으로 통치체제를 정비해 간 조선왕조는 크게 보아 국가를 이끌어가는 중앙의 관료와 지방에 거주하던 사족들이 서로 갈라지고 충돌하기 보다는 조화를 이루며 체제를 유지해 나갔다고 보아진다. 어느 한편의 일방적인 독주라기보다는 양 측이 조화를 이루고 이익을 공유해 가며 왕조를 이끌어 나간 것이다. 유향소도 이러한 흐름 안에서 이해해야 한다고 본다.

제3장

留鄉品官을 통한 儒教的 理念과 儀禮의 확산

제1절 三綱理念에 의한 향촌교화정책
제2절 山川祭를 통한 향촌통치정책
제3절 유향품관의 기복 민속의식

제1절 三綱理念에 의한 향촌교화정책

국가의 지방에 대한 통치를 안정시키기 위해 무엇보다 중요한 과제의 하나는 새로운 질서를 뒷받침해주는 이념을 세우고 보급하는 일이었다. 물론 그 이념은 당연히 유교 이념이어야 하였다. 이 점에서 삼강 이념이 주목된다. 왜냐하면 삼강 이념은 고려 말부터 강조되기 시작하여 조선시대에 지배적인 사회이념의 하나로 확립되었기 때문이다. 그러므로 거기에는 일정한 정치적 의도가 깔려 있다고 판단된다.

본래 三綱理念은 통일제국을 이룬 漢나라에서 강조되기 시작하였다. 삼강은 君·父·夫에 대한 臣·子·婦의 절대적 복종을 강조하며 君權·父權·夫權의 영구성·절대성·우위성을 강조한 수직적인 사회윤리였다. 수직적인 사회윤리로서 삼강이 강조된 것은 더 이상 分權을 용납하지 않는 한나라에서 군주권을 강화하고자 한 정치적 의도와 직결된 일이었다.[1]

---

1) 三綱은 漢나라 성립 이후 董仲舒가 강조한 것이다. 한대 이전의 유가에 따르면 사회에는 五倫, 즉 다섯가지 주요한 인간관계가 있다고 한다. 오륜 중에서 동중서는 세 가지를 뽑아 三綱(君爲臣綱 父爲子綱 夫爲婦綱)이라 하였다(馮友蘭, 1947, 『中國哲學史』; 鄭仁在 譯, 1989, 『중국철학사』, 형설출판사, 250쪽). 삼강에 관한 동중서의 견해는 다음 자료에 나타나 있다.
"凡物必有合 合必有上 必有下 … 陰者陽之合 妻者夫之合 子者父之合 臣者君之合 物莫無合 而合各有陰陽 … 君臣 父子 夫婦之義 皆取諸陰陽之道 君爲陽 臣爲陰 父爲陽 子爲陰 夫爲陽 妻爲陰 … 王道之三綱 可求於天"(『春秋繁露』 基義 53)
위 글을 보면 만물은 반드시 上下가 있다고 하여 陰陽의 合을 말하였다. 이 논리에 의거하여 妻夫·子父·臣君을 음양의 관계인 상하관계로 파악하여 妻·子·臣에 대한 夫·父·君의 우월성을 논하였다.
또한 동중서는 삼강을 天의 의지라고 하고 王道의 삼강을 하늘에서 구할 수 있다고 함으로써 삼강에다 天 즉 神의 권위를 더하였다. 이러한 이론을 통하여 동중서는 皇權·父權·夫權의 합리성 영구성 절대성을 논증하였다(任繼愈 편저, 전

이러한 三綱理念이 고려 말에 강조되기 시작하여 조선 시대에 접어들어 지배적인 사회이념의 하나로 확립되고 지방사회에까지 널리 확산되었다. 그 까닭은 조선의 건국을 주도한 사람들이 각별한 정치적 목적을 갖고 삼강이념을 강조하였기 때문일 것이다. 그런데 삼강이념이 지방사회로 확산되가는 일에 유향품관을 돌려놓으면 설명되기 어렵다. 삼강이념을 확산시키는 정책을 그들과 관련지어서 검토해 보는 일이 필요하다.

이러한 문제를 해결하기 위해서 먼저 이 시기에 무엇 때문에 삼강이념이 강조되기 시작하였는가를 알아보았다. 유교이념 가운데에서도 특별히 삼강이념을 필요로 한 시대적 요구가 무엇이었는지에 주목하였다. 다음으로는 조선 초기 중앙의 위정자들이 펴 나갔던 삼강이념 강조정책의 구체적인 내용을 살펴보았다. 특히 삼강이념 강조정책이 유향품관을 대상으로 하여 적극 추진된 점을 집중적으로 분석하였다. 또한 유향품관은 국가의 삼강이념 강조정책에 대하여 어떠한 태도를 취하였으며 왜 그러하였는가 하는 점도 알아보았다. 마지막으로 삼강이념을 강조하여 이를 확산시키는 정책이 거두게 된 결실인 『三綱行實圖』에 관한 문제를 검토하였다.[2] 특히 삼강이념이 강조된 보다 구체적인 역사적 의미와 관

택원 역, 1990, 『中國哲學史』, 까치출판사, 197쪽).

[2] 『三綱行實圖』에 관한 연구들은 다음과 같다.

金元龍, 1965, 「＜三綱行實圖＞ 刊本攷」『東亞文化』 44, 서울대학교 동아문화연구소.

柳鐸一, 1974, 「初刊 三綱行實圖에 對하여」『國語國文學』 11, 1974, 부산대학교 국어국문 학회.

金元龍, 1982, 「＜三綱行實圖＞에 대하여」『三綱行實圖』, 세종대왕기념사업회.

河宇鳳, 1983, 「世宗代의 儒敎倫理普及에 대하여 - ＜孝行錄＞과 ＜三綱行實＞를 중심으로 -」『全北史學』 7.

이와 관련하여 朴珠, 1990, 『朝鮮時代의 旌表政策』, 일조각도 참고된다.

그런데 『삼강행실도』에 관하여서는 다음의 몇 가지 점들이 다시 검토되어야 한다고 생각한다. 먼저 『삼강행실도』가 편찬된 까닭에 관한 문제이다. 지금까지는 『삼

련지어 그 책을 간행한 목적과 그 역사적 의의에 관심을 기울였다. 각별히는 『삼강행실도』에 수록된 사람이 대부분 유향품관이나 유학자, 향리 등의 지방세력가라는 점에 유의하여 검토하였다.

1. 三綱理念의 수용과 君主權의 옹호

삼강이념이 정치적으로 강조되기 시작한 것은 고려 말 斥佛論者의 상소문에서부터였다. 그 내용을 알아보기 위해 다음 글을 보도록 하자.

> A-1. (공양왕 3년 6월)병조좌랑 鄭擢이 상소하기를, "제가 들건대 金貂가 異端을 배척하여 거리낌없이 말한데 대하여 전하가 先王이 정해 놓은 법전을 파괴하였다 하여 장차 극형에 처하려 한다고 하시니 저는 전하를 위하여 한탄하는 바입니다. 서경에 이르기를 선왕이 정해 놓은 법에 의하여 정치를 한다면 영구히 과오를 면할 것이라 라고 하였는데 이른바 선왕의 成憲이란 三綱五常에 불과한 것입니다. 불교는 모두 이에 위배되니 김초가 선왕의 성법을 파괴한 것이 아니라 전하가 스스로 파괴하는 것입니다. 원하건대 김초가 지극히 충직한 데서 얻은 죄를 용서하기 바랍니다."라고 하였다.(『高麗史』 117, 鄭夢周傳)

강행실도』가 편찬된 목적이 막연히 실천윤리의 강조라는 점에서 설명되었다. 그러나 삼강이념이 강조된 보다 구체적인 역사적 의미와 관련지어 『삼강행실도』의 편찬이 갖는 뜻이 설명되어야 할 것이다. 다음으로 지금까지 『삼강행실도』는 일반 백성들에게 실천윤리를 강조하기 위해서 편찬되었다고 보았다. 그러나 『삼강행실도』에 수록된 사람의 신분은 유향품관이나 유학자, 향리 등 지방 세력가들이었다. 더욱이 책의 형식도 한문으로 서술되어 있으며 漢詩까지 삽입되어 있다. 책을 올리는 서문에 따르면 그림을 삽입한 까닭은 그 감동을 더욱 높이기 위한 목적 때문이라고 한다. 또한 『삼강행실도』는 일차적으로 士族 등에게 배포하게 되어 있었다. 이 점에서 조선 초기에 『삼강행실도』가 일반 백성을 염두에 두고 간행된 책이라고 보기는 어렵다. 『삼강행실도』를 편찬하면서 일반 백성들까지 고려하게 된 것은 언문으로 번역되고 수록자의 신분도 일반 백성들의 비중이 늘어나게 되는 조선 중기 이후라고 생각한다.

A-1은 공양왕이 김초가 불교를 배척하여 올린 상소를 문제삼아 그를 극형에 처하려 할 때 이를 반대하여 鄭擢이 올린 상소문의 일부이다. 이들이 불교를 반대하면서 내세운 가장 중요한 논리는 그것이 선왕이 이룬 법인 三綱五常[3]위배된다는 것이었다. 이러한 주장은 成均生員 朴礎 등이 공양왕의 崇佛을 문제 삼아 불교를 공격한 아래의 글에 보다 자세하게 기록되어 있다.

> A-2. (공양왕 3년 6월) ① 臣等竊聞 有天地然後有萬物 有萬物然後有男女 有男女然後有夫婦 有夫婦然後有父子 有父子有然後有君臣 有君臣然後有上下 有上下然後禮義有所措 此天下之達道 古今之常經 不可須臾離也 苟或廢焉者 則覆載所不容 日月所不照 鬼神所共殄 天下萬世公論之所共誅也 ② 彼佛何人也 以世嫡而叛其父 絶父子之親 以匹夫而抗天子 滅君臣之義 以男女居室爲非道 … 三綱五常之道 竟何寓於其間哉 夫佛本夷狄之人 與中國言語不類 衣服殊制 口不言先王之法言 身不服先王之法服 不知夫婦 父子君臣之倫 … ③ 奈何殿下以英明之資 惑於浮屠讖緯之說 往遷于南 以國君之尊 親行檜菴 以倡無父無君之敎 以成不忠不孝之俗 以毁我三綱五常之典 臣等爲殿下中興之美惜也(『東文選』 53, 朴貂 「闢佛疏」)

위 글의 내용은 대략 세 부분으로 나누어 볼 수 있다. 첫번째 부분은 천지 만물이 있은 뒤에 부부와 부자와 군신이 있다는 내용이다(①). 두번째에서는 그런데도 불구하고 부처는 맏아들로서 아비를 배반하여 부자의 親을 끊고 匹夫로서 天子에게 항거하여 군신의 義를 멸하며 남녀가 함께 사는 것[夫婦]을 道가 아니라고 하였다는 것이다. 불교에는 夫婦·父子·君臣의 윤리가 없다는 것이다(②). 세번째에서는 공양왕이 불교를 신봉하는 일을 비난하였다. 공양왕이 아비와 임금을 무시하는 가

---

3) 동중서를 비롯하여 한대에 儒家들은 五常(仁義禮智信)을 五行에 관련시켜 설명하였다. 三綱이 사회윤리인데 비해 五常은 개인의 덕목이라고 한다(馮友蘭 著, 鄭仁在 譯, 1989, 앞의 책, 250쪽 및 勞思光 著, 鄭仁在 譯, 1987, 『中國哲學史-漢唐篇』, 探求堂, 20~22쪽 참조).

르침을 주창하여 불충과 불효의 습속을 이룩함으로써 삼강오상의 법전을 허물어 버린다는 것이다(③). 즉 박초 등은 왕이 불교에 미혹되면 불충·불효의 습속이 일어나서 삼강오상이 무너진다고 강조하였다. 그들은 부부·부자·군신의 윤리 즉 삼강이념은 어떠한 경우에도 반드시 지켜야 할 道인데 불교는 그것을 부정한다고 하였다.

이와 같이 삼강이념은 고려 말에 신진사대부들이 불교를 배척하면서 본격적으로 강조되기 시작하였다. 그들이 불교를 배척한 것은 곧 옛 체제를 공격한 것이었다. 따라서 신진 사대부들이 기존의 사회를 공격하면서 삼강이념을 내세운 것은 그들이 지향하는 새로운 사회에 삼강이념이 각별한 의미를 지니고 있기 때문이었다. 삼강의 의미를 생각해 볼 때 그들은 君權·父權·夫權의 절대성·우월성이 확립된 사회를 꿈꾼 것이다. 그들은 삼강이념의 실천 즉 君臣·父子·夫婦의 名分을 밝히고 군권·부권·부권의 절대성이 분명하게 인정되는 사회를 소망하였다.

이러한 사실을 알아보기 위해 鄭道傳의 경우를 살펴 볼 필요가 있다. 정도전은 조선 건국을 주도한 핵심적 인물로서 새로운 통치체제를 정비해 나간 사람이다. 그의 저술인 『三峯集』은 새 왕조의 통치체제에 대한 이상이 체계화되어 있는 글이다. 그 가운데 다음의 기록을 보도록 하자.

> A-3. 釋迦牟尼라는 자는 西域 왕의 아들로, 아비의 位를 不義라하여 받지 않았으니 백성을 다스릴 자가 아니며, 남자가 농사짓고 여자가 베 짜는 일을 不義라 하여 버렸으니, 힘써 일한 것이 무엇이 있는가? 父子와 君臣과 夫婦가 없는 것이니 이 또한 선왕의 도를 지키는 자가 아니다.(『三峯集』 5, 「佛氏雜辨」 佛氏乞食之辨)

정도전은 석가모니를 세 가지 측면에서 비판하였다. 그것은 석가모니의 가르침에는 父子도 없고 君臣도 없고 夫婦도 없으니 선왕의 도를 지키는 것이 아니라는 것이다.[4] 그 스스로 불충·불효하여 치자의 덕을 가지지 못한 자이며 지아비로서의 의로움마저 저버렸다고 비판하였다. 결국 정도전이 말하고자 한 것은 삼강 이념의 절대성이었다. 그는 父權·君權·夫權의 절대적인 우위에 바탕을 둔 부자와 군신과 부부간의 윤리가 지켜지는 사회를 강조한 것이다.

그런데 조선 건국 초기에는 삼강이념을 통해 특히 군주권을 옹호하고자 하는 경향이 있었다. 이를 위해 조선 초기 위정자들이 사용한 삼강이념의 한 예를 알아보도록 하자. 아래의 기록은 權近이 태종대 저술한 역사서인 『東國史略』가운데 일부이다.[5]

> B. 阿達羅王 十二年(丙午) 高句麗王(제8대 新大王) 以答夫爲國相(按) 君臣之分 猶天壤 然弑逆之賊 無彼此一也 故春秋之法 國君有爲弑逆所立而不能討其賊 則是與聞乎 故而不克首惡之名矣 今答夫弑遂成而立伯固(신대왕) 伯固初遁于野 未嘗與聞乎 故然徒知立己之爲有德 而不思弑君之爲當討 反寵任之 以爲國相 是擧國君臣 皆爲弑逆之黨 三綱淪 而人紀滅矣(『陽村集』34,「東國史略論」)

B는 權近이 고구려의 新大王이 明臨答夫를 國相으로 삼은 사실을 기록하고 그 일에 관해 논평한 글이다. 명림답부는 次大王(7대)을 弑害

---

4) 이 밖에도 정도전은 불교는 군신 부자의 정을 끊어 버리려고 하므로(『三峯集』5 「佛氏雜辨」事佛甚謹年代尤促) 신하는 그 임금을 임금으로 여기지 않고 아들은 그 아버지를 아버지로 여기지 않아 綱常이 땅에 떨어 졌다(동상 事佛得禍)는 등의 의견을 개진하기도 하였다.

5) 권근이 편찬한 『東國史略』은 건국 초기 통치이념의 정립이라는 수찬목적이 크게 반영된 사서라고 한다. 『東國史略』에 대해서는 다음의 연구들이 참고된다.
鄭求福, 1975,「東國史略에 대한 史學史的 考察」『歷史學報』68.
韓永愚, 1981,「15世紀 官撰史書의 編纂」『朝鮮前期史學史研究』, 서울대학교 출판부.
鄭杜熙, 1985,「朝鮮前期의 歷史認識」韓國史研究會 編,『韓國史學史의 研究』, 을유문화사, 117~118쪽.
권근의 정치적 지위와 역할에 관하여서는 최선혜, 1995,「朝鮮初期 太宗代 藝文官의 設置와 그 歷史的 意義」『震檀學報』80, 99~111쪽 참조.

하고 신대왕을 세웠으며 신대왕은 그 2년에 명림답부를 국상으로 삼았다. 권근은 신대왕이 명림답부를 국상으로 삼은 것은 온 나라의 임금과 신하가 모두 시역의 무리가 된 것이니 三綱이 무너지고 인륜의 기강이 없어졌다고 비난하였다. 이것을 통해 삼강이 특히 군주에 대한 忠을 강조하기 위한 이념으로 거론된 것을 알 수 있다.

결국 조선 초기에 중앙의 위정자들이 삼강이념을 적극적으로 강조한 것은 왕조를 건국한 초기에 왕권의 절대성을 옹호하는데 그것이 매우 유용한 이념이기 때문이라고 헤아려진다. 그런데 국가가 군주에 대한 충성을 가장 먼저 다짐받고 싶은 대상의 하나는 유향품관과 같은 지방세력가였다. 국가는 우선적으로 그들에게 새로운 왕조의 국왕에 대한 충성을 이끌어내어야 하였다. 새 왕조에 대한 그들의 동의와 후원이 절대적으로 긴요하였던 것이다. 그러므로 국가는 우선적으로 유향품관에게 삼강이념을 강조하는 정책을 적극적으로 펴 나갈 필요가 있었다.

2. 유향품관을 통한 三綱理念의 확산

국가가 지방에 산재하여 있는 유향품관을 상대로 삼강이념을 강조하는 정책은 태조가 즉위한 직후부터 추진되었다. 이를 위해 먼저 아래의 기록을 보도록 하자.

> C-1. 中外의 대소신료와 閑良·耆老·軍民들에게 교지를 내리었다. "왕은 이르노라. … 1. 충신·효자·義夫·節婦는 풍속에 관계되니 권장해야 될 것이다. 소재 관사로 하여금 순방하여 위에 아뢰게 하여 우대해서 발탁 등용하고, 門閭를 세워 旌表하게 할 것이다. …"하였다.(『太祖實錄』 1, 태조 원년 7월 정미)

위 교서가 반포된 태조 원년 7월 정미는 조선이 건국된 지 불과 10일째 되던 날이다. 본래 이 교서는 과거제도를 비롯하여 租稅·刑律·田法 등에 관한 16개의 항목으로 이루어져 있다. 또 교서를 지은 사람은 정도전이라고 한다.6) 따라서 이 교서는 태조는 물론 정도전을 비롯한 중앙의 위정자들이 새로운 통치체제를 정비해 나가기 위한 기본적인 정책을 담고 있다. 그런데 이 교서는 중앙과 지방의 관료들뿐만이 아니라 閑良·耆老·軍民들까지도 대상으로 삼아 선포된 것이었다. 이 가운데 지방의 한량은 유향품관이었다.7) 耆老로 표현된 사람들도 일반 백성이라기보다는 일정한 사회적 지위에 있는 사람들로 보아진다. 즉 위 교서는 중앙의 관료들뿐만이 아니라 지방의 유향품관과 같은 사람들까지도 대상으로 하여 국가의 시책을 널리 알리고자 한 것이다.

이와 관련하여 주의가 가는 것은 위의 교서에서 충신·효자나 부부 사이의 의리를 지닌 사람들을 장려한다는 조항이 있다는 점이다. 태조가 충신이나 효자·절부 등을 선발하여 포상하고자 한 의도는 삼강이념을 고취시키는데 있었다. 이 점은 다음 기록에서도 확인된다.

> C-2. 어떤 열녀의 자손이 상언하기를, "충신과 효자의 자손은 모두 표창하여 서용함을 입었으나, 오로지 열녀의 자손은 서용되지 못하였으니, 이제 百官에게 加資하는 때를 맞아 특별한 은혜를 입게 하소서."하니, 임금이 말하기를, "충신·효자·열녀는 모두 三綱의 중한 일이니, 비록 이전의 例는 없을지라도 모두 쓰는 것이 마땅하다. 그것을 예조에 내려서 자세히 의논해 아뢰게 하라."하였다.(『文宗實錄』 6, 문종 원년 2월 기축)

위 글을 보면 충신·효자·열녀는 모두 삼강의 중요한 일이라고 되어있다. 충신·효자·열녀를 사회적으로 추앙받게 하는 것은 三綱의 이념을 강조·확산시켜 나가는 방도의 하나였다. C-1에 따르면 충신·효자나 節婦 등에게는 등용될 기회를 주고 門閭를 세워 표창한다고 하였

---

6) 『太祖實錄』 1, 태조 원년 7월 정미
7) 한량과 유향품관에 관하여서는 이 책 서론 3~7쪽 참조.

다.8) 아래의 기록에서도 旌門을 세워 표창하자는 이야기가 보인다.

> C-3. 국가에서 법을 세워 군주에게 충성하고 부모에게 효도하며 부부의 도리를 온전히 지킨 사람이 있으면, 모두 그를 위하여 정문을 세워 표창해 주어 의로운 행실을 장려하고 풍속을 순후하게 하는 것이다. 臣은 그런 까닭으로 이 篇名을 지은 것이니, 진실로 그러한 일이 있으면 계속하여 기록하는 것이 옳다.(『三峯集』 13, 朝鮮經國典 上 旌表)

C-3에 따르면 정도전은 군주에게 충성하고 어버이에게 효도하며 부부간의 도리를 온전히 지킨 사람들 즉 삼강이념을 실천한 사람들에게 旌門을 세워 줄 것을 주장하였다. 중앙 정부가 특히 삼강이념을 실천한 사람들에 대한 포상으로 정문을 세워준 까닭은 정문이 주는 상징적 의미가 컸기 때문이었다. 높이 솟은 정문은 善行의 기념물로서 세워져서 많은 사람들에게 오랫동안 지속적으로 그 행동을 기억하게 하는데 커다란 효과가 있으리라는 점에서 그러하다. 국가는 정문의 건립을 통해 지방사회에 삼강이념을 보다 극적으로 오랫동안 더욱 폭넓게 확산시키는 효과

---

8) 조선시대 旌表政策에 관해서는 朴珠, 1990, 『朝鮮時代의 旌表政策』이 참고 된다. 朴珠는 정표는 성리학적 이념을 바탕으로 하는 조선 왕조에서 유교적인 지배 윤리를 위한 도덕규범을 장려하기 위해 시행된 것이라고 하였다. 따라서 정표정책은 조선사회에 유교윤리로 풍속을 교화하는데 중요한 의의를 지닌다고 지적하였다. 이 연구를 통해 조선시대 정표정책의 경향과 더불어 그 구체적인 사례와 신분에 따른 분포나 포상한 내용 등에 대해 자세하게 이해하게 되었다. 그런데 이 연구는 정표정책에 초점을 맞추었기 때문에 조선 초기에 중앙의 위정자들이 삼강이념의 보급정책을 추진한 까닭에 관한 분석에는 관심을 기울이지 않았다. 정표정책을 지방세력가와 관련지어 분석하지도 않았다. 그는 또한 조선 초기 정표정책은 고려시대 忠·孝·烈의 유교적 윤리를 잘 지킨 사람들에 대한 정표정책을 그대로 계승하였을 뿐만 아니라 더욱 강화하였다고 하였다(29쪽). 그런데 고려시대 忠·孝·烈의 유교적 윤리를 지킨 사람들에 대한 정표정책이 어떤 것이었는지는 분석되어 있지 않아 어떤 점을 계승하고 강화하였는지가 잘 이해되지 않는다. 조선시대에 접어들면서 어떠한 사회적 변화가 삼강이념을 필요로 하였는가에 관한 분석이 필요하다고 생각된다.

를 얻고자 하였다.

그런데 여러 계층가운데에서도 삼강의 이념을 특별히 따르도록 기대된 사람들은 유향품관이었다. 앞의 C-1을 보면 삼강이념을 실천한 사람들에게는 정문을 세워주는 것과 더불어 우선적으로 발탁해서 기용한다고 되어 있다. 지방에서 발탁되어 벼슬을 갖게 되는 기회에 가장 가까이 있는 사람들은 유향품관이었다. 태조가 교서를 반포하여 삼강이념을 따르고 실천하도록 이끌고 싶은 대상은 각별히 유향품관이었던 것이다. 그리고 태조는 이 일을 관찰사가 맡도록 하였다. 태조는 소재 관사가 삼강이념을 실천한 사람들을 찾아내어 방문하고 보고하라고 하였다(C-1). 이 일은 관할 지역을 순행하며 왕의 교화를 펴는 임무가 주어진 관찰사가 수행해야 할 일이었다. 관련되는 몇 개의 사례를 보이면 다음과 같다.

> D-1. 전라도 도관찰사 趙璞이 도평의사사에서 보고하였다. "전라도 경내에 들어와서 노인들의 말을 들으니, 죽은 판개성부사 鄭地가 처음으로 전함을 만들어서 능히 왜구를 막아내었으되 長浦의 승리와 南原의 승첩에 그 공이 커서 한때 유명하였고, 그 덕택으로 지금 바닷가에 있는 백성들이 옛날과 같이 생업을 회복하였다 하오니, 그 집을 旌表하여 후세를 권장하소서." 사사에서 임금에게 아뢰니, 그대로 윤허하였다.(『太祖實錄』 6, 태조 3년 9월 갑인)

D-1에 따르면 全羅道觀察使 趙璞은 그 곳의 父老들에게 卒한 判開城府事 鄭地가 전함을 만들어 왜구를 물리쳐 해안의 백성들이 다시 생업에 임하게 되었다는 말을 들었다고 하며 그의 門閭에 정표를 세워주자는 건의를 올렸다. D-2도 京畿右道觀察使 金希善이 절개를 지켜 죽임을 당한 부녀자에게 정표를 세워줄 것을 청한 기록이다. 이에 대해 중앙은 모두 그대로 시행하게 하였다. 그런데 鄭地는 全羅道에 살고 있었지만, 그 이전에는 중앙에서 判開城府事를 지낸 적이 있었다. 즉 그는 전라도 지역의 유향품관의 하나였다.

D-2. 右道觀察使 金希善이 도평의사사에 보고하였다. "喬東 사람 전 別將 李堤의 아내 百丁은 曹長壽의 딸로서 일찍이 왜구에게 사로잡혀 수절하고 죽었사오니, 그 閭里를 정표하소서." 使司에서 아뢰니 임금이 이를 따랐다.(『太祖實錄』 7, 태조 4년 5월 정미)

여기에서 정표를 받은 사람도 전직 別將인 李堤의 처였다. 이 두 경우의 사람들은 모두 유향품관이거나 유향품관의 부인이었다. 관찰사의 추전을 받아 유향품관이나 그의 가족이 忠이나 貞의 이념을 실천하였다는 이유로 포상을 받았다. 삼강이념에 의한 교화정책을 펴 나가는 일에 우선적인 대상은 지방의 유향품관이었으며, 그 일은 관찰사에게 크게 기대된 일이었다.

이러한 사실은 태조가 관찰사에게 효자나 절부 등을 조사해 올리게 한 사례를 검토해 보면 더욱 자세하게 알 수 있다.

D-3. 임금이 좌·우정승에게 분부하였다. "지금 각도에서 보고한 孝子·順孫·義夫·節婦 등은 모두 실제 행적이 있으니 마땅히 포상을 더하고 門閭에 정표하되, 役이 있는 자는 復戶하게 하고, 가난한 자에게는 구휼하여 주어 풍속을 가다듬게 하라."(『太祖實錄』 8, 太祖 4년 9월 丁未)

위 글에 따르면 태조는 각 도에서 보고한 효자·순손·의부·절부 등에게 포상을 더하고 문려에 정표하며 役이 있는 사람은 면제하여 주고 가난한 사람은 구휼하도록 하였다. 이 때 각 도에서 보고 된 사람들을 표로 정리하여 보이면 <표 1>과 같다.

<표 1>에 나타난 사람들을 보면 대부분이 署令·副正·萬戶·別將이나 散員 등을 지낸 일이 있는 유향품관들이다(2·7·9·10·12·13·14·16). 또한 현재 監務인 사람의 어머니도 있다(15). 그리고 及第나 學生·生員 등으로 기록되어 있는 사람들도 있다(1·3·11). 이들은 아직 벼슬자리에 오르지는 못하였지만 유학자들로서 그 지위가 일반 백성들

보다는 조금 위에 있던 사람들이라고 할 수 있다. 즉 삼강이념의 실천자로 추천되어 상을 받게 된 사람들은 대부분 유향품관이거나 그 지방의 유력자들인 경우가 대부분이다.

〈표 1〉 太祖 4년 9월 丁未에 각 道에서 보고된 孝子·節婦

	성 명	신 분	지 역	항 목	行蹟의 內容
1	卓 愼	及第	光州	孝	父 3년상 봉행, 母 극진 봉양
2	金四知	前 署令	全義縣		老母 봉양
3	孔都知	學生	牙州		제향
4	林安貴		林州		부모상, 8년간을 侍墓
5	孫 禧	戶長	淸州		倭 침입시 母 구출
6	勿 金	官奴	寧州		부 봉양, 3년간 侍墓
7	李英奇	前 散員	金化		祖父母·父母 섬김
8	方君正	백성	喬洞		母 봉양
9	梁希賢	前 副正	江陰縣		母 봉양
10	李好生	前 萬戶	廣州		父에게 효성, 3년간 侍墓
11	李 造	生員	水原		母 3년상
12	金桂同	前 別將	水原		母 3년상
13	洪 氏	夫:前 散員		貞	倭 침입시 절개를 지킴
14	盧 氏	夫:判事	咸悅		남편 死後 廬幕에서 侍墓 9년
15	李 氏	子:狼川監務	春州		남편 死後 守節
16	曺 氏	夫:前 別將	喬洞		倭 침입시 절개를 지킴

전거 : 『太祖實錄』 8, 태조 4년 9월 정미

이러한 사정은 태종대에도 마찬가지였다.9) 태종 13년에 충청도·경상도 등에서 관찰사가 올린 보고에 따라 孝子·節婦의 문을 정표하라는 명이 내려졌다. 이 때 충청도와 경상도의 관찰사의 보고에 의해 포상을 받게 된 사람은 <표 2>와 같다.

---

9) 삼강이념의 보급정책과 관련하여 태종대 취해진 다음과 같은 조처도 주목된다.
"始以漢江都相董仲舒 元中書左丞許衡 從祀文廟"(『太宗實錄』 25, 太宗 13년 2월 丁巳)
이에 따르면 董仲舒와 許衡을 文廟에 종사하게 하였다. 동중서는 삼강이념을 정립한 인물이다. 그러므로 이 조치는 삼강이념을 더욱 강조하기 위하여 동중서의 위상을 높인 것이라고 해석된다.

〈표 2〉 태종 13년 2월 병진에 충청도·경상도에서 보고된 孝子·節婦

	성 명	신 분	항 목	행 적
1	卞鍾生	抱州監務 卞熙의 딸	孝	13세에 母喪 3년 侍墓, 父喪 지극히 마침
2	孫 氏	朴厚의 처	貞孝	守節(30~현재), 母喪 3년 侍墓
3	全慶生	전 別將	孝	부·모상 3년 侍墓
4	吳 氏	戶曹義郎 李克壽의 처	貞孝	夫喪에 侍墓, 媤母喪 지극히 마침
5	金 氏	전 散員 兪天桂의 처	貞	호랑이에게 잡힌 남편 구출
6	金 氏	풍산인 이강의 처, 安東의 전 中郞將 김천의 딸	貞	사망한 남편을 따라 53일 만에 20세의 나이에 병으로 죽음
7	崔 氏	晉州戶長 鄭滿의 처, 崔仁祐의 딸	貞	진주에 침입한 왜적 앞에 절개를 지켜 죽임을 당함
8	宋 氏	咸陽人 전 驛丞 鄭寅의 처	貞	왜적에게 대항하여 죽임을 당함
9	金自强	星州 花園縣 사람	孝	母喪이 나자 3년 시묘, 그 뒤 부모 합장 뒤 다시 3년 여묘 살이

전거 : 『太宗實錄』25, 태종 13년 2월 병진

<표 2>를 보아도 삼강이념을 실천하여 포상을 받게 된 사람들은 대개 감무·별장·중랑장·호장·역승 등의 직을 가진 사람이거나 그 가족이었다.

이러한 상황은 태종 15년에도 마찬가지였다. 15년 1월 을묘에 경상도와 영길도에서 보고 된 효자와 절부의 門閭에 旌門하라고 명이 있었는데, 그 대상자는 <표 3>과 같다.

〈표 3〉 태종 15년 1월 을묘에 慶尙道·永吉道에서 보고된 孝子·節婦

	성 명	신 분	항 목	행적의 내용
1	上佐	寧海 사람	孝	13세에 父母喪을 지극히 치룸
2	鄭氏	新寧監務 柳惠至의 처	貞	남편 死後 세 살난 딸을 데리고 廬墓 살이
3	石氏	前 副令 石斯珍의 딸, 學生 沈致의 처	貞孝	남편 死後 3년상, 守節(20세 이후)하면서 媤母 봉양
4	莫莊	學生 李萬松의 딸, 咸州 사람 林永守의 처	貞	29세 혼자되어 수절하며 시부모 봉양

전거 : 『太宗實錄』29, 태종 15년 1월 을묘

<표 3>을 통해 그 해당인물들의 신분을 보면 역시 유향품관이거나 학생으로 기록된 유학자이다. 결국 이와 같은 일련의 사실들을 종합해 볼 때 중앙의 집권자들이 집요하게 삼강이념으로 교화시키고자 한 대상은 유향품관이었다. 그것은 동시에 국가가 삼강이념의 실천자로 부추키어 향촌사회에서 추앙받는 대상으로 세우고 싶은 대상도 유향품관이었다는 사실을 보여준다.

태조·태종대에 이어 세종 대에도 이러한 삼강이념의 보급정책은 더욱 적극적으로 추진되었다. 이를 위하여 다음 사례들을 보도록 하자.

> D-5. 임금이 처음 즉위하여 중외에 교서를 내리어, 효자·節婦·義夫·順孫이 있는 곳을 찾아 실제 행적을 아뢰라고 했더니, 무릇 수 백명이 되었다. 임금이 말하기를, "마땅히 그 중에 특별한 행적이 있는 자를 추리라."하고, 鄭招에게 명하여 예조에 올린 행장 기록을 가지고 좌·우 의정과 의논한 결과 무릇 41인이었다.(『世宗實錄』 7, 세종 2년 1월 경신)

D-5에 따르면 서울을 비롯하여 각 도에서 올린 효자·절부 등이 그 이전과 달리 수백 명에 달하였다. 그 가운데에서 41명을 추려 내었다는 것이다. 이 기록은 세종 대에 이르러 더욱 적극적으로 삼강이념을 강조하는 정책이 추진된 사정을 전하여 준다. 이 때 가려내어진 41명을 표로 정리하면 <표 4>와 같다.

〈표 4〉세종 2년 1월 庚申에 보고 된 孝子·節婦

	성 명	신 분	지 역	항 목	행 적
1	李成萬	戶長	忠淸道 大興	孝	동생과 극진히 父母 봉양, 侍墓
2	林上左	船軍	海美	〃	母 侍墓, 제사 극진
3	朴蕤			〃	母 侍墓, 제사 극진
4	金閏		仁同	〃	母 지극 간호, 사후 3년 侍墓
5	沈 氏	學生 李格의 처	珍原	〃	7세 父 사망하자 시묘, 제사 극진

제3장 留鄕品官을 통한 儒敎的 理念과 儀禮의 확산　209

6	高 氏	縣監 鄭自丘의 처	忠淸道 公州	貞	守節(33세~), 侍墓·제사
7	耿 氏	少監 沈仁高의 처	沔川	〃	守節(28세~)
8	召 史	私奴 莫金의 처	忠淸道 瑞山	〃	守節(24~, 현54세)
9	許 氏	及第 金問의 처	連山	〃	3년상, 守節(20세~)
10	徐 氏	郎將 金鼐의 처	慶尙道 大丘	〃	守節(24~, 현48세)
11	藥加伊	船軍 趙乙生의 처	善山	〃	왜적에 잡혀 실종된 남편 돌아올때까지 기다림
12	佛 非	學生 金玽의 처		〃	守節(20~), 媤母봉양
13	金 氏	前 權務 朴希後의 처	咸昌	〃	守節(23~)
14	鄭 氏	郎將 李鮮의 처	永川	〃	守節(24~), 不食肉
15	吳 氏	提控 李登의 처	迎日	〃	守節(27세~)·극진히 제사, 媤祖母봉양
16	裵 氏	前 錄事 尹弘道의 처	黃海道 金海	〃	守節(19세~)·제사, 媤母봉양, 사후에 제사 극진
17	石 氏	學生 沈致의 처	宜寧	〃	守節(20~), 媤母봉양
18	韓 氏	前長興庫副使 張友良의 처	陜川	〃	媤父母 6년상, 제사
19	召 史	記官 李瓊의 처	全羅道 全州	〃	守節(26세~)·媤父母봉양, 제사
20	劉 氏	散員 陳慶의 처	全羅道 井邑	〃	守節(30~), 媤母봉양
21	韓 氏	副正 林英順의 처	忠淸道 錦山	〃	守節(26~, 현61세)
22	召 史	前 散員 李盆의 처		〃	守節(25~, 현67세)
23	朴 氏	別將 洪瑛의 처	全羅道 光州	〃	守節(30세~현51세), 시모봉양
24	羅 氏	翰林 趙琢의 처	全羅道 羅州	〃	守節(24~)
25	林 氏	前 司正 朴造의 처	泰仁	孝	화재 중 시모를 求
26	文邦貴	前 注簿	濟州	〃	3년상, 朱子家禮 모범, 많은 제주인이 따름
27	權 景	前正	서울 南部	〃	홀어머니 봉양
28	全思禮	幼學	서울 中部	〃	3년상, 홀어머니봉양
29	林 暮	前 判撫山顯事	忠淸道 公州	〃	왜적침입시 父母를 求
30	兪仁奉		舒州	〃	부모봉양, 6년 侍墓
31	林 雨	前 別將	海美	〃	왜적침입시 父구출
32	鄭孝新	幼學		〃	13세에 父亡, 3년侍墓
33	沈 腆	散員	安陰	〃	왜적에 잡힌 父구출
34	田益修	學生	善山	〃	父사후, 祖父봉양, 사후에 3년 시묘
35	申孝良	幼學	咸昌	〃	祖父를 3년侍墓
36	申孝溫	幼學		〃	부3년상, 祖母·母 봉양
37	金生禹	生員	全羅道 務安	〃	6년侍墓

38	鄭安義	幼學		海美	〃	祖母侍墓
39	姜用珍	前 郞將		慶尙道 晋州	忠	牧使박자안과 倭에 항쟁
40	鄭 坤	前 敎授官		金堤	〃	私財로 書院건립, 교육
41	崔保民	生貝		全羅道 光州	〃	私財로 書院건립, 교육

전거 :『世宗實錄』7, 세종 2년 1월 경신

    <표 4>에 나타난 사람들의 신분을 보면 그 이전과 마찬가지로 전·현직 관리들과 학생 등의 유학자 및 향리 등이거나 그러한 신분을 가진 사람의 부인들이다. 이러한 사실은 조선 전기에 중앙 정부가 각별히 삼강 이념으로 고취시키고 싶은 대상이 바로 이들이기 때문이었다. 세종은 이성만(1)부터 박조의 처 임씨(25)에 이르는 사람들에게는 마을에 정문을 세우고 요역을 면제해 주도록 하였다. 여기에 해당되는 사람들 가운데 대부분은 부녀자였으며 향리나 船軍 등의 역을 지고 있던 사람들이었다. 각별히 문귀방(26)으로부터 최보민(41)에 이르는 15명의 사람들에게는 적절한 벼슬을 내려 주라고 하였다. 이들의 신분을 살펴보면 전직 관리이거나(26·29·31·39·40), 散職을 가진 사람(33), 또는 생원이나 學生·幼學으로 표시된 유학자들(28·32·34·35·36·37·38·41) 등이다.[10] 이들은 각종 鄕任이나 수령 등 관찰사가 요량해서 내릴 수 있는 자리를 비롯하여 천거나 추천 등 여러 가지 경로를 통해 벼슬길에 나아가는 주요한 고리를 잡을 수 있게 되었다.[11] 또한 정문이 세워지고 역을 면제받는 것 역시 상징적이고 또 실제적인 명예와 혜택이었다. 이와 같이 중앙 정부는 큰 포상을 내리며 지방에서 일정한 지위와 영향력을 지닌 사람들

---

10) 『世宗實錄』7, 世宗 2년 1월 경신
11) 예컨대 조선 초기에 李彛倫은 진사였는데 효자로 알려져 특명으로 서용되었다는 기록이 있다. 이는 이이륜의 손자로서 예조 정랑, 대사간, 예조 참의 등을 거쳐 뒷날 구암정사를 세워 후진 양성에도 힘쓴 李楨(1512~1571)의 묘지명에 나와 있다(曺植,「贈嘉善大夫 戶曹參判 兼 同知義禁府事 李公 神道碑銘」,『남명집』보유편 ; 경상대학교 남명학 연구소 편역, 1995,『교감 국역 南冥集』, 이론과 실천, 314쪽).

부터 삼강 이념을 실천한 행적을 드러나게 하였다. 또한 그들이 삼강이념을 앞장서 실천했다고 부추키어 일반 백성들에게까지 효과적으로 이념을 확산하는 효과를 얻고자 하였다.

그런데 세종 대에는 그 전에 비해 이러한 사람들 가운데 貞의 윤리를 실천한 인물이 차지하는 비중이 커졌다. 앞의 표를 보아도 보고 된 인물의 반은 貞을 실천하였다고 인정받은 부녀자들이다. 이러한 경향을 좀 더 알아보기 위해 세종 13년 6월에 있은 강원도관찰사의 보고를 보기로 하자.

> D-6. 강원도 감사 高若海가 아뢰기를, "부모를 섬기고 喪祭를 정성껏 하여 효행이 온전히 갖춘 자와, 남편이 죽었으되 신의를 지키고 정절을 굳게 지키며, 시부모를 지극한 효성으로 섬긴 자를 삼가 아래에 기록하오니, 청컨대, 旌門을 세워 풍속을 가다듬게 하옵소서. …"하니, 예조에 내려 잘 조사하여 아뢰게 하였다.(『世宗實錄』 52, 세종 13년 6월 정사)

다음의 <표 5>를 통하여 강원도관찰사가 올린 인물들을 보면 신분은 여전히 유향품관이나 유학자 등이 주류를 이루고 있다. 그런데 여기에서도 <표 4>에서와 마찬가지로 貞의 윤리를 고양시켰다하여 추천된 부녀자들의 비중이 그 이전에 비해 늘어났다. 貞은 夫權에 종속되는 개념이다. 그리고 포상된 인물들이 보인 행적은 부부 사이의 도리에 해당되는 문제뿐만 아니라 시부모를 극진하게 봉양하거나 喪을 잘 치룬 것, 주자가례를 준행한 것, 수절하면서 아들을 교육시켜 벼슬하게 한 것 등이 그 주된 내용이다. 앞의 <표 1>에 보인 사람들의 행적을 보아도, 孝의 항목에 해당되는 사람들은 부모를 잘 봉양하거나 3년 상을 준행한 경우 등 이다. 貞의 경우는 수절하거나 시묘 살이를 잘 한 것 등이다.

<표 3>에 경상도관찰사가 조사하여 올린 효자와 절부의 경우를 보아도 부모의 喪을 잘 치르거나 여성의 경우 단순히 수절한 것 보다는

3년 상을 치르거나 수절하면서 시부모를 잘 봉양한 행적을 보인 사람들이다. 이러한 사실을 통해 孝와 더불어 貞이 강조되어진 까닭은 그것이 가부장적 체제를 수립하는데 필요한 윤리였기 때문이었다.[12]

〈표 5〉 세종 13년 6월 정사에 강원도에서 보고된 **孝子 · 節婦**

	성 명	신 분	지 역	항 목	행적의 내용
1	李成茂 李善茂 李春茂 李陽茂	前 郞將 前 司直 司直 司正 :故 判事 李長密의 아들들	江陵	孝	父가 죽고 母가 79세, 극진히 봉양, 치병
2	朴 簽	前 知泰州事 朴子良의 아들			母喪을 극진히, 父를 성심봉양
3	高 肅	前 敎導	橫城		父喪에 家禮준행, 3년 侍墓, 벼슬(通川敎導)사양, 母 봉양
4	韓 氏	故 將軍 朴思德의 처	春川	貞	夫 死後 아들들은 못하게 하고 자신이 4년 侍墓, 守節
5	金 氏	故 雲山郡事 黃載의 처	平康縣	貞 孝	妾이 있어도 투기않고, 夫 死後 守節, 媤母봉양, 3년상
6	小 莊		울진군	貞 孝	守節, 媤父母 봉양
7	某 氏	金俊의 처	原州	貞	夫 3년상, 시댁에서 守節
8	某 氏	金仲陽의 처	旌善郡	貞 孝	守節, 媤父母 봉양
9	某 氏	記官 李奉彦의 처		貞	守節
10	某 氏	黃歸仁의 처	平海郡	貞 孝	守節, 媤父母 봉양, 媤母3년상

전거 : 『世宗實錄』 52, 세종 13년 6월 정사

그것은 다음 자료를 통해서도 짐작해 볼 수 있다.

E. 예조에서 계하기를, "… 1. 영락 10년에 사헌부가 계한 것인데, 부부가 있

---

[12] 삼강이념이 강조되기 시작한 漢나라에서도 『白虎通』 『女誡』 등 貞女나 烈女를 다룬 서적이 편찬되었는데, 이러한 책들 전체의 근본적 특징은 가부장적인 가족 제도를 강조하는 내용이라고 한다(金秉駿, 1993, 「秦漢時代 女性과 國家權力 −課徵方式의 變遷과 禮敎秩序로의 編入」 『震檀學報』 75, 93∼95쪽 참조).

은 뒤에 군신도 있게 되는 것이므로, 부부라는 것은 인륜의 근본이 되나니, 嫡妻와 妾의 구별을 문란케 할 수 없는 것이다. 그러나 고려 말기에 禮義의 교화가 시행되지 못하여 부부의 도가 드디어 문란하게 되었다. 卿士大夫로서 흔히 妻가 있으면서 또 처를 두게 된 자도 있고, 때로는 妾으로 처를 삼은 자도 있게 되어, 드디어 지금에 이르러 妻·妾이 서로 송사하기에 이른 폐단이 생겨서, 원망과 싸움이 자주 일어나게 되어 화기를 손상하고 변괴가 일어나게 되니, 이것은 적은 손실이 아니다. 이것을 바로잡지 아니할 수 없는 것이니, 신 등은 삼가 안찰하건대, 『大明律』에 말하기를, '무릇 妻를 妾으로 삼은 자는 杖 1백 度로 하고, 처가 있는데 첩으로 처를 삼는 자는 杖 90도의 형으로 한다고 모두 개정한다.' 하였으며, '만약 처가 있는데 또 처를 맞이하게 된 자는 또한 杖 90도에 처하고, 다음에 얻는 妻는 따로 떠나게 한다.' 하였으니, 신 등은 청컨대, 중매 절차와 혼례식의 구비하고 소략한 것으로 처와 첩을 작정하게 하고, 남자 자신이 현재에 첩을 처로 삼은 자나, 처가 있는데 또 처를 맞이한 자는 모두 법률에 의하여 죄를 주라 하였다. …" 이상 30가지 조목을 다 그대로 따랐다.(『世宗實錄』 10, 세종 2년 11월 신미)

부부는 인륜의 근본이며 嫡妾의 구분은 어지럽게 할 수 없는데 고려 말에 이것이 무너지게 되었다고 하였다. 그러니 처첩을 엄격히 구분지어 질서를 바로 잡아야 한다는 주장이다. 일부 일처제를 강조하면서도 첩을 두는 것은 문제로 삼지 않았다. 다만 처첩의 분변을 더욱 엄격히 하여 질서를 유지하겠다고 하였다. 이는 결국 夫權을 일방적으로 옹호하는 입장이다.[13] 결국 세종 대에 이르러 정의 윤리가 강조되는 것은 가부장제의 확립과 밀접한 관련이 있는 일이었다. 효의 윤리도 가부장권을 옹호하는 윤리이기 때문에 더욱 강조되었다고 생각된다.

지금까지 <표 1>~<표 5>를 통해 살펴 본 것과 같이 각 지방에서 삼강이념을 실천한 인물들로 보고 된 사람들은 대부분이 유향품관과 같은 지방세력가였다. 그들은 대체로 전·현직 관리이거나 산직을 지닌

---

[13] 이 점은 위의 <표 5> 5항에 보인 金氏의 경우를 보아도 알 수 있다. 그녀가 포상된 이유의 하나는 첩이 있어도 투기하지 않았다는 것이다.

사람들이 중심을 이룬다. 중앙의 집권자들은 유향품관에게 우선적으로 삼강이념을 적극 강조하고 나섰던 것이다. 국가는 삼강이념을 통해 유향품관에게 새 왕조에 대한 절대적인 충성을 정당화하고 효·정을 통해 가부장을 중심으로 하는 사회체제를 확립하고자 하였다.

유향품관도 이러한 중앙의 정책에 적극적으로 호응하였다. 삼강이념의 실천자로 중앙에 보고 된 사람들이 대부분 유향품관이었다는 사실이 그러한 점을 뒷받침해준다.14) 유향품관의 입장에서 볼 때 삼강이념의 실천자로 발탁되면 최고의 도덕적 가치를 실천한 인물로 인정받는 일이었다. 그러한 자격을 지닌 사람으로 중앙에 보고가 되고, 중앙에 올라가 상을 받아 내려오기도 하며, 더러는 벼슬자리로 나아가는 길까지 열리는 혜택을 얻게 되는 일이었다. 앞에 보인 기록 C-2에 어떤 열녀의 후손이 '충신·효자의 후손들은 모두 포상되거나 서용되었다'고 한 것은 그러한 사정을 전하여 준다. 또한 旌門의 건립을 통해 그 주인공은 자신으로 말미암아 그 지방의 자부심을 한껏 높인 공로를 세울 수 있었다. 이러한 포상책은 지방사회에서 유향품관의 권위를 세워주기에 충분한 일이었다. 유향품관은 그 지방에서 우월한 사회적 지위에 있었지만, 삼강이념의 실천자로 발탁되는 일로 해서 그러한 지위는 더욱 강화될 수가 있었다.

이와 같이 삼강이념을 널리 보급하고 그 실천을 강조하는 정책은 군주를 정점으로 하는 수직적인 사회윤리를 강조하고 가부장권을 옹호하는 새로운 사회체제를 정당화하려던 중앙정부와 자신들의 권위를 세우

---

14) 이와 같이 많은 사람들이 삼강이념의 실천자로 발탁되고 이 일로 말미암아 지방사회에 삼강이념이 확산되기까지는 특히 留鄕所의 활동이 크게 기여하였다고 본다. 그것은 유향소 품관이 수행한 가장 핵심적인 역할이 향리를 규찰하는 일과 더불어 마을에서 유교이념을 잘 실천한 사람들은 반드시 천거하였고 이를 어긴 사람들은 또한 반드시 내치는 일이었던 것을 보면 알 수 있다. 유향소 품관은 삼강이념 등 유교적인 이념에 따라 마을을 규찰하는 활동을 적극적으로 펴 나갔던 것이다. 유향소 품관의 이와 같은 활동에 관하여서는 이 책 제2장 제3절 특히 195~202쪽 참조.

고 실질적인 이익도 얻을 수 있는 유향품관의 소망이 일치하여 더욱 확산되어 갔다.15)

　국가는 우선적으로 유향품관에게 삼강이념의 실천을 강조하였다. 이를 통해 국가는 유향품관에게 새로운 왕조의 국왕에 대한 충성을 다짐받고자 하였다. 또한 유향품관을 삼강이념의 실천자로 부추키어 향촌사회에서 추앙받게 하고 싶었다. 그것은 유향품관을 향촌사회의 대표자로 세우고자 한 국가의 정책에 크게 도움이 되는 일이었다.16) 유향품관의 선행을 드러내고 그에 대해 국가가 적절하게 포상하는 정책은 향촌사회에 삼강이념을 확산시키는 일에도 매우 효과적이었다. 유향품관도 이러한 국가의 정책에 적극적으로 호응하였다. 삼강이념의 실천자로 발탁되는 일로 해서 실질적인 혜택도 얻고 자신들의 지위가 더욱 강화될 수 있기 때문이다. 관찰사가 나서서 이러한 일의 중요성을 알리고 권위를 더하게 되었다. 『삼강행실도』는 이러한 정책을 상징하는 기념비와도 같은 것이었다.

3. 유향품관과 『三綱行實圖』

　태조 대부터 적극적으로 추진된 삼강이념 보급정책은 『삼강행실도』로 커다란 결실을 거두게 되었다. 『삼강행실도』의 편찬에 대한 아래의 글을 보도록 하자.

---

15) 세종 대 이후에도 계속해서 관찰사에게 효자나 절부 등을 찾아 아뢰고 또 그 진위를 자세히 조사하라는 하교가 내려졌다. 각 왕대 별로 한 사례씩을 들어 보면 다음과 같다. 『文宗實錄』 5, 文宗 즉위년 12월 戊戌 ; 『端宗實錄』 1, 端宗 즉위년 5월 庚戌 ; 『睿宗實錄』 7, 睿宗 원년 9월 壬申 ; 『成宗實錄』 4, 成宗 원년 3월 庚寅 등.
16) 중앙의 집권자들이 유향품관을 향촌사회의 대표자로 세우고자 하였던 사실과 관련하여서는 이 책 제1장 제1절 「高麗末 李成桂勢力의 士族 우위정책의 추구」 참조.

F-1. 집현전에서 새로 『三綱行實』을 편찬하여 올리었다. 그 서문에 이르기를, "천하에 통달하는 道는 다섯 가지 있는데, 삼강이 그 첫 자리에 있으니, 실로 삼강은 經綸의 큰 법이요, 모든 교화의 근본이며 원천입니다. … 선덕 신해년에 우리 주상 전하께서 측근의 신하에게 이렇게 명령하셨습니다. '三代의 정치가 훌륭하였던 것은 다 인륜을 밝혔기 때문이다. 후세에 들어 교화가 점점 쇠퇴하여져 백성들이 君臣·父子·夫婦의 윤리에 친숙하지 아니하고, 거의 다 타고난 天性에 어두워서 항상 각박한 데에 빠졌다. … 내가 그 중 특별히 남달리 뛰어난 것을 뽑아서 그림과 기록을 만들어 중앙과 지방에 나누어주고, 우매한 남녀들까지 다 쉽게 보고 느껴서 분발하게 되기를 바란다. 그렇게 하면, 또한 백성을 교화하여 풍속을 이루는 한 길이 될 것이다.'고 하셨습니다. …"하였다. (『世宗實錄』 56, 세종 14년 6월 병신)

천하의 道 가운데 삼강이 그 으뜸에 해당된다고 하였다. 이어 世宗은 三代가 잘 다스려졌음은 모두 인륜을 밝혔기 때문인데 지금은 교화가 무너져 군신·부자·부부의 인륜이 천박한 데로 떨어졌다고 하였다. 삼강이념은 세종이 이상으로 생각하는 治國을 위한 윤리였던 것이다. 이와 관련하여 「삼강행실도를 올리는 箋」의 내용을 보도록 하자.

F-2. 집현전에서 새로 『三綱行實』을 편찬하여 올리었다. … 그 箋文에 이르기를, "인륜의 道는 진실로 三綱에서 벗어나는 것이 없고, 天性의 참됨은 진실로 萬代에 같은 것입니다. 마땅히 이전 사람들의 행실을 모아 오늘의 모범을 삼아야 하겠습니다. 그윽이 살펴보건대, 임금에게 충성하고 아버지에게 효도하고, 남편에게 貞烈함은 하늘의 도리에 근원하는 것이고, 신하로서 이것을 하고, 아들로서 이것을 하고, 아내로서 이것을 하는 것은 순종하는 땅의 도리에 근원하는 것입니다. 오직 하늘의 법과 땅의 도리의 정해진 원리는, 예전이나 지금이나 조금도 다른 것이 없습니다.(『世宗實錄』 56, 세종 14년 6월 병신)

이에 따르면 삼강이념을 유일한 윤리로 강조하였다. 그런데 임금이 되고 아버지가 되고 지아비가 되는 것은 하늘에 근본하고 신하가 되고 자식이 되고 지어미가 되는 것은 땅에 근원한다고 설명하였다. 이것은

臣・子・妻에 대한 君・父・夫의 절대적인 우월성을 강조한 것이다. 즉『삼강행실도』는 군권・부권・부권의 절대성을 강조하여 그것이 절대적인 지위를 차지하는 사회를 수립하고자 하는 집권자들의 의도가 담겨있었다. 세종이 삼강이념으로 백성을 교화시키고 풍속을 아름답게 하자는 것은 절대적인 군주권 아래 가부장권이 존중되는 사회를 이루자는 뜻이었다.

그런데 여기에서 짚고 넘어가야 할 사실은『삼강행실도』의 序文과 箋文인 F-1, I-2를 보면 삼강은 忠・孝・貞의 순서로 강조되어 忠이 가장 우선적인 윤리로 제시되고 있다는 점이다. 고려 말에 천하의 道를 부부・부자・군신의 순서로 이야기하고 삼강도 정・효・충 또는 효・충・정의 순서로 되어 있는 것과는 차이가 있다.[17] 조선시대로 접어들어 삼강이 충・효・정의 순서로 자리를 잡게 된 까닭은 집권자들이 갖고 있던 정치적 의도 때문일 것이다. 왕조를 건국한 초기에 군주에 대한 절대적인 충성을 얻어 내고자 하는 집권자들의 정치적 요구가 있었기 때문에 忠이 가장 앞자리에 오게 된 것이라고 생각된다. 그것은 또한 국가가 유향품관에게 가장 강조하고 싶은 이념도 忠이기 때문이었을 것이다.[18]

유향품관을 주된 대상으로 삼아 삼강이념을 강조해 온 국가의 정책이 결실을 맺은 것이『삼강행실도』였다. 이 점을 알아보기 위해서 먼저 각 항목별로 수록된 사람들에 관해 검토하고자 한다. 이를 위하여『三綱行實圖』「烈女圖」가운데 조선시대의 사례를 정리한 다음 <표 6>을 보도록 하자.

---

17) 이 책 198쪽에 보인 A-2.
18) 한영우는 삼강을 이야기하면서 성리학의 윤리사상은 君臣관계보다 父子관계가 더 일차적인 의미를 갖는다고 하였다(韓永愚, 1983,『朝鮮前期社會思想研究』, 을유문화사, 62~64쪽).

〈표 6〉『三綱行實圖』「烈女圖」 - 조선시대편

	성명	신분	지역	상	추천자	행적의 내용	『實錄』기록
1	林氏	待聘齋 學生의 딸, 崔克孚의 처	完山	旌門	觀察使	斷足	太祖 7 太祖 4년 4월 庚寅
2	金氏	前 散員 兪天桂의 처	安東	上同	觀察使	撲虎	太宗 25 太宗13년 2월 丙辰
3	金氏	前 中郎將 金?의 딸	豊山	上同	觀察使	上同	上同
4	宋氏	前 驛丞 鄭寅의 처	咸陽	上同	觀察使	誓死	上同

* 행적은 『삼강행실도』에 실린 제목을 인용하였음.

<표 6>에 보인 열녀들은 관직을 지낸 일이 있는 사람의 딸이거나 부인이다. 이러한 사정은 「孝子圖」의 경우도 마찬가지이다.

〈표 7〉『三綱行實圖』「孝子圖」 - 조선시대편

	성명	신분	지역	상	추천자	행적의 내용	『實錄』기록
1	金蟲介	中郎將 金沙安 加勿의 아들	嘉州	포상, 旌表	察理使	어머니 治病위해 斷指	
2	石 氏	前 副令 石斯珍의 딸, 學生 沈致의 처	宜寧		觀察使	20세에 과부, 守節하며 媤母봉양	太宗25 13년 2월 丙辰
3	林 氏	前 司正 朴造의 처	泰仁		觀察使	화재 중 媤母구함	世宗7 2년 10월 庚申
4	孝 新	(내용이 기록되어 있지 않음)					
5	金自强		星州			家禮 봉행, 3년 侍墓	
6	兪石珍	高山縣吏				父의 치병위해 斷指	
7	梁貴珍	父:梁仁吉		旌門 復戶		父의 치병위해 斷指	
8	朴 善		安岳			13세에 父喪, 3년 侍墓	
9	恩 時	父:水軍 恩光右	泰川	旌表 復戶		父 치병위해 斷指	世宗23 6년 3월 甲午
10	金四月	父:軍人 金末巾		旌門 復戶		母 치병위해 斷指	
11	李成茂	郎將	江陵			母를 극진히 간호	世宗52 13년 6월 丁巳
12	尹殷保 徐驚	知宜州事 張志道의 제자	知禮縣	旌門, 관직 제수		스승 張志道의 3년 상을 치름	世宗57 14년 9월 戊辰

<표 7>을 보면「효자도」에 수록된 사람들도 신분은 대체로 유향품관이나 학생 등으로 나타나는 사람들이 중심을 이루고 있다.『삼강행실도』는 유향품관을 중심으로 편찬된 책이었다.19)

 한편『삼강행실도』에 실린「忠臣圖」의 의미를 고찰해 보아야 할 것이다.「충신도」는 고려시대까지 정리되어 있는데 그것을 표로 작성하여 보이면 다음과 같다.

〈표 8〉『三綱行實圖』「忠臣圖」- 고려시대편

	시 기	성 명	신 분	행적의 내용
1	仁宗 4	金粲 安甫鱗 崔 卓 吳 卓 權 秀 高 碩 吳子升 高甫俊	內侍 內侍 上將軍 上將軍 大將軍 將軍 吳卓의 子 高碩의 弟	이자겸과 척준경을 제거하려다가 살해됨
2	高宗 4	鄭 顗	西京分司 臺椽大將軍	서경에서 반란을 일으킨 崔光秀 제거, 서경의 畢玄甫 반란에 반대, 살해됨
3	高宗 18	文 大 李希勣	郎將 判官	몽고병 침입시 항전하다 살해됨 몽고병 침입시 항전하다 자결함
4	元宗 11	洪文系 宋松禮	中丞 大將軍	林惟茂 제거
5	忠宣王	禹 卓	監察糾正	충선왕의 失政을 직간, 은거하며 주자학연구, 義理의 學을 밝힘
6	忠惠王	李兆年		원 중서성에 충숙왕이 참소입음을 호소, 충혜왕에게 직간, 조적에게 반대
7	恭愍王	鄭 樞 李存吾	司議 正言	신돈을 반대하는 상소를 올려 귀양감
8		鄭夢周	내용이 기록되어 있지 않음 (제목: 夢周隕命)	
9		吉 再	내용이 기록되어 있지 않음 (제목: 吉再拒節)	
10		金原桂	내용이 기록되어 있지 않음 (제목: 原桂陷陳)	

---

19) 참고로『삼강행실도』에 실린 고려시대의 경우를 보아도 충신은 말할 나위도 없지만, 효자·열녀도 將軍·直學·士人·萬戶·進士·書雲正·驛丞·散員同正·郎將·散員 등의 관직을 지니고 있거나 지냈던 사람의 자손이나 부인들이다.

<표 8>을 따라 『삼강행실도』의 「충신도」에 충신으로 실린 인물들을 보면 이자겸이나 중앙에 대항하는 반란군과 싸운 사람들(1·2), 무인집권자를 제거한 사람들(3), 몽고병에게 항거한 사람들(4) 등이다. 거기에 더해서 直諫을 하거나 朱子學을 연구하여 義理의 학문을 밝힌 사람 및 忠直하여 고려 말 중앙정부에서 물러나게 된 사람 등(5·6·7)이 수록되어 있다. 이것은 편찬을 주도한 사람들이 反武人政權·反元的 태도를 보인 인물들에 더하여 直諫을 하고 朱子學을 연구하며 왕에게 忠直한 사람을 충신으로 인식하고 있었던 것을 보여준다. 무인정권과 같은 정변을 인정하지 않고 조선 건국의 주도 세력들이 反元 정책을 폈던 것을 정당하게 여기고 주자학을 연구하며 왕에게 충직하고 꼿꼿한 유학자로서의 자질을 키우는 사람이 조선왕조의 체제를 강화하는데 필요한 충신이라는 점을 강조한 것이다.

그런데 『삼강행실도』의 「충신도」에는 정몽주·길재 등 조선에 사환하지 않은 인물들도 포함되어 있다. 세종은 이미 그 12년 11월에 정몽주와 길재를 「충신도」에 수록하도록 명령한 일이 있다.[20] 이러한 사정은 태조 대 편찬된 『고려사』 충의전과는 다른 것이다. 그 차이의 의미를 이해하기 위해 다음 <표 9>를 보도록 하자.

<표 9>에 실린 충신들도 이자겸이나 중앙정부에 대해 반란을 일으킨 무리와 싸운 사람들이거나(1·2·3), 몽고병·삼별초군에게 항거한 사람들(4·5·6)이다. 『三綱行實圖』와는 달리 直諫을 하거나 忠直하여 고려 말 중앙정부에서 물러나게 된 사람과 고려왕조에 대한 절개를 지킨 인물들은 실려 있지 않다. 그러나 『삼강행실도』에는 정몽주나 길재가 수록되어 있다. 이것을 통해 세종 대에 이르면 왕실의 권위를 세우는 일에 자신감이 확립되어 있었다는 사실을 확인할 수 있다. 그러한 자신감

---

20) "上謂偰循曰 侍中鄭夢周 守死不變 注書吉再 執節不移 上疏乞退 於所撰忠臣圖內 並圖形作贊"(『世宗實錄』 54, 世宗 13년 11월 壬申)

이 바탕이 되어 중앙의 집권자들은 조선 건국에 부정적 입장을 지닌 채 지방에 한거하던 재지세력가들까지도 포용한 것이라고 여겨진다.

<표 9> 『高麗史』 121, 忠義傳

	시기	성명	신분	충의행적
1	仁宗	洪 灌	司空尙書左僕射	李資謙 난에 왕을 시종하다가 살해됨
2	仁宗	高甫俊	兄:大將軍 碩	이자겸의 난을 반대하여 자결함
3	高宗	鄭 顗	西京分司 臺吏 大將軍	서경에서 반란을 일으킨 崔光秀 제거 서경의 畢玄甫 반란에 반대, 살해됨
4	高宗	文 大	郞將	몽고병 침입시에 항거하다 살해됨
5	高宗	曹孝立	文學	몽고병 침입시에 항거하다 자결함
6	元宗	鄭文鑑	直學	삼별초군에 반대하여 자결함

지금까지 살펴본 것과 같이 삼강이념을 고취시키는 행적을 보인 사람이라고 인정되어 중앙에 보고 된 사람들은 대부분 유향품관이었다. 중앙은 이러한 사람들에게 우선적으로 삼강이념을 강조하고 그들을 주축으로 하여 지방사회에 그 이념을 더욱 확산시키고자 하였다. 이러한 중앙의 의도는 『삼강행실도』의 보급에 관한 다음 기록을 통해서 알 수 있다.

> G. 삼강행실도를 국문으로 번역하여 중앙·지방의 士族의 家長 父老, 또는 그 敎授 訓導 등으로 하여금 부녀, 어린이들을 가르쳐 깨닫게 하고 만약 그 대의에 통하고 행실이 뛰어난 자가 있으면 서울은 한성부가, 지방은 관찰사가 왕에게 계문하여 시상한다.(『經國大典』 3, 禮典 獎勸)

G는 중앙과 지방의 士族의 家長·父老들과 향교의 敎授官·訓導 등은 언문으로 번역된 『삼강행실도』를 어린이, 부녀자, 향교의 교생 등에게 가르치라는 뜻이다. 경우에 따라 관찰사의 계문에 따라 상을 내린다고 하였다. 즉 가장 먼저 『삼강행실도』를 숙지하고 이를 실천·교육할 대상으로 지목된 사람들은 중앙과 지방의 士族의 家長·父老였다. 士族은 지방의 경우에 유향품관이나 유학자 같은 지방세력가에 속하는

인물이라고 해석해도 좋을 것이다. 또한 家長과 父老가 특별히 언급된 것은 이미 살펴보았듯이 삼강이 가부장권을 옹호하는 윤리라는 사실을 돌려놓고는 설명하기 어렵다.

즉 국가는 유향품관에게 『삼강행실도』를 배포하여 왕에 대한 충성과 가부장제를 강화하는 윤리를 강조하고 널리 보급하는 일에 그들을 적극 가담하게 하였다. 유향품관의 지지와 협조를 얻는 일은 국가의 정책이 실효를 거두기 위해서 가장 효과적이고 긴요한 일이었다. 그것이 유교 이념의 보급일 경우에는 더욱 그러하였다. 그들을 먼저 국가가 강조하고픈 유교 이념에 고무되게 하고 그것을 통해 더욱 많은 사람들의 공감과 호응을 얻어 내고자 하였다. 이러한 이유로 중앙의 집권자들은 꾸준하게 유향품관을 대상으로 삼강이념의 실천을 강조하고 그 이념의 확산을 위해 그들을 끌어들였다.

한편 지금까지 알아 본 것과 같이 지방사회에 있어 삼강이념을 실천한 인물을 찾아내어 보고하는 일은 관찰사가 담당하였다. 앞에서 검토한 것과 같이 『삼강행실도』 조선시대편에 수록된 인물들도 대부분 실록에 기록되어 있는 관찰사가 보고한 사람들과 중복된다. 비록 추천자가 명확하게 기록되어 있지 않더라도 대개 관찰사에 의해 포상을 받게 된 인물들이라고 보아도 큰 무리는 없을 것이다. 이와 같이 관찰사가 나서야 했던 까닭은 두 가지를 지적할 수 있다. 첫째는 이 정책 시행의 대상이 유향품관을 비롯한 지방세력가였기 때문이고, 둘째는 이 정책은 매우 정신적인 문제인 유교 이념에 관한 것이기 때문일 것이다. 지방을 순방하며 지방세력가와 접촉하고 그들에게 적절한 포상책을 약속해 주며 삼강이념의 실천을 강조하는 일은 관찰사를 돌려놓고는 기대하기 어려운 일이었다.[21]

---

21) 이 점은 아래의 일화에서도 잘 드러난다.
　"孫判院聚古人三休四休之說 稱七休居士 爲人純謹無他 每事徑情直行 若關

그런데 관찰사의 활동이 성과를 거두기 위해서는 수령은 물론 유향품관의 협조가 컸을 것이다. 삼강이념의 실천자로 포상을 받은 사람들이 대부분 유향품관이나 유학자가 중심을 이루고 있는 점으로 보아 각 지방의 유향품관은 자신들의 집단 가운데에서 포상 대상을 추천하였다고 보아진다. 이 점은 특히 유향소의 활동을 통해서도 드러난다. 이미 앞에서 알아 본 것과 같이 유향소의 품관은 孝順 등의 유교이념을 실천한 사람을 반드시 천거하고 이에 비해 그것을 어기거나 무시한 사람을 징계하는 활동을 펴 왔다. 유향품관의 협조와 호응을 통해 지방사회에 삼강이념은 확산되어 나갔던 것이다.

지금까지 조선 초기에 삼강이념이 적극적으로 강조되어 지배적인 이념으로 자리 잡게 되는 문제를 유향품관을 염두에 둔 중앙의 지방통치정책과 관련하여 살펴보았다. 여기에서 알게 된 사실들을 정리하면 아래와 같다.

첫째 삼강이념은 고려 말 신진 사대부들이 斥佛論을 편 상소문에서부터 본격적으로 강조되기 시작하여 조선이 건국된 뒤 더욱 내세워졌다. 그 까닭은 삼강이념이 조선의 건국을 주도한 사람들이 세우고 싶던 새로운 사회에 걸맞는 이념이었기 때문이다. 삼강이념의 뜻으로 보아 그들은 왕권의 절대성을 강조하고 가부장적인 체제가 수립되는 사회를 소망하였다고 보아진다. 그들은 삼강이념이 실천되는 사회 즉 君臣·父子·夫婦의 분수를 밝히고 君權·父權·夫權의 절대성·우월성이 확립되는 사회를 그렸다.

　風俗綱常 必先致意 … 又爲慶尙監司 若過孝子烈女門閭 必下馬再拜 雖雨不避"(『慵齋叢話』 7)
　경상도관찰사이던 孫某는 효자나 열녀의 문여를 지날 때 반드시 말에서 내려 재배하였으며 비록 비가 내려도 이 일을 피하지 않았다는 것이다. 이것은 관찰사가 삼강이념을 강조하기 위해 의도적으로 취한 행동이었다고 해석된다.

그런데 삼강이념은 군주에 대한 충성과 군권의 절대성을 강조하므로 건국 초기에 강력한 왕권을 바탕으로 한 중앙 집권체제를 정립하는데 매우 유용한 이념이었다. 이 때문에 조선초기에는 중앙의 집권자들이 父權과 夫權을 옹호하는 측면은 가부장적인 사회를 수립하는 윤리로서 필요하였다. 즉 조선의 건국과 더불어 삼강이념이 적극 강조된 까닭은, 그것이 왕권을 강화하고 가부장적인 체제를 뒷받침하는 이념이기 때문이었다.

둘째 국가가 삼강이념을 따르도록 독려하고 싶은 대상은 각별히 유향품관이었다. 국가는 유향품관을 삼강이념의 실천자로 부추켜 향촌사회에서 추앙받게 하고 싶었다. 국가는 유향품관에게 새로운 왕조의 국왕에 대한 충성을 이끌어내어야 하였다. 더 나아가 유향품관의 선행을 드러내고 그에 대해 국가가 적절하게 포상하는 일은 그들이 가진 영향력만큼 향촌사회에 미치는 효과가 컸다. 유향품관도 그 지방에서 우월한 사회적 지위에 있었지만, 삼강이념의 실천자로 발탁되는 일로 해서 그러한 지위는 더욱 강화될 수 있었다. 따라서 유향품관도 이러한 중앙의 정책에 적극적으로 호응하였다. 삼강이념의 실천자로 추천을 받아 중앙에 보고 된 사람들은 대부분 유향품관이었다. 이러한 일의 중요성을 알리고 권위를 더하기 위해 관찰사가 나섰다.

셋째 조선 건국 직후부터 있어온 삼강이념 보급 정책은 『삼강행실도』로 커다란 결실을 거두게 되었다. 『삼강행실도』에 수록된 사람들 가운데 조선시대에 해당하는 인물들은 유향품관이 중심을 이루고 있다. 또한 중앙은 유향품관에게 『삼강행실도』를 숙지하고 다른 사람들에게도 그 의미를 깨우쳐주고 그것을 몸소 실천하도록 권장하는 역할을 부여하였다. 중앙은 유향품관을 중심으로 하여 지방사회에 삼강이념을 보급하여 군주권을 강조하고 가부장권을 옹호하는 새로운 통치체제를 이루어 나가고자 하였던 것이다.

제2절 山川祭를 통한 향촌통치정책

조선시대에 지방에서는 마을사람들이 모여서 지내는 여러 가지 종교적 행사가 행하여졌다. 산천제도 그 가운데 하나이다. 산천제는 이미 오래전부터 지내오던 제사였다.[22] 그런데 조선이 건국된 뒤에 산천제는

---

22) 산천제의 유래나 산천제의 정비 등과 관련하여서는 조선초기 祀典의 정비에 주목하면서 부분적으로 산천제에 관해서도 관심을 기울인 아래의 연구들이 참고 된다.
中村榮孝, 1970,「朝鮮世祖の圜丘祭祀について(上)」『朝鮮學報』 54.
한우근, 1976,「조선왕조 초기에 있어서의 유교이념의 실천과 신앙·종교-사제(祀祭)문제를 중심으로-」『한국사론』 3.
김태영, 1973,「조선초기 사전의 성립에 대하여-국가의식의 변천을 중심으로」『역사학보』 58.
한영우, 1983,「조선전기의 국가관·민족관」『조선전기사회사상연구』, 지식산업사.
이범직, 1991,「조선초기의 오례 운영」『한국중세예사상연구-오례를 중심으로』, 일조각.
한형주, 2002,『조선초기 국가제례연구』, 일조각.
이러한 연구를 통하여 유교적인 제례의 수용에 따른 사전 체제의 성립에 대하여 이해할 수 있었다. 특히 고려시대 이래 제사의 대상이던 자연신 등이 유교적 길례 체제로 융합되는 예론에 따라 고려시대의 雜祀가 조선시대의 吉禮로 편성되었다고 한다(한우근, 위의 논문, 29~30쪽 및 이범직, 위의 논문, 234·394쪽 등). 또한 한우근은 국가의 권력이 보다 집권화되던 시기인 조선초기에 종래의 민속신앙 내지는 귀신신앙 등이 '國祭'로 편성되어지게 되었다고 지적하였다(한우근, 앞의 논문, 25쪽). 이범직은 조선왕조의 오례는 새 왕실을 안정시키고 왕권을 강화하려는 명분으로 오례의 예론을 적극 활용하였다는 점을 분석하였다. 그 가운데 예제의 편제는 중앙집권화에 따른 군현제와 궤를 같이하는 것이라고 지적하였다(이범직, 앞의 논문, 249~250쪽 및 403~406쪽). 한형주는 국조오례의를 바탕으로 제천례, 사직제, 오묘제, 중사 및 소사 등 국가제례의 범주에 포함되는 의례를 분석하였다. 이와 같은 연구에 힘입어 필자는 조선시대 사전의 개편·정비, 오례의 내용과 구조 및 그것이 가지는 역사적 의의 등에 관한 지식을 얻을 수 있었다. 그런데 지금까지의 연구는 마을의 제사나 기복 민속의식 등에 얽힌 국가와 유향품관의 갈등과 입장 등에 관해서는 주목하지 않았다. 더욱이 그러한 의식에 대한 유향품관의 이해와 국가의 정책 및 그 변화에 관심을 기울여 분석하지는 않았다.

새롭게 개편・정비되어야만 하였다. 그 까닭은 크게 다음의 몇 가지로 정리할 수 있다.

첫째, 유교가 지배적인 이념으로 자리잡았기 때문이다. 조선건국을 주도한 세력은 유교를 정신적 지주로 삼아 異端을 배척하고자 한 사람들이다. 여러 가지의 제사가 유교적 제례로 개편・정비되거나 폐지될 수밖에 없었다. 둘째, 중앙집권화 정책과 더불어 지방에서 행하여지던 제사도 국가가 보다 강력하게 통제하는 시책이 추진되었기 때문이다. 조선의 집권자들은 국왕을 정점으로 하는 통치체제를 확립해 나갔다. 그 통치를 돕기 위해서는 禮가 필요하였다. 즉 중앙집권적 통치체제와 관련하여 그것에 걸맞는 적절한 예가 이루어지게 하는 일도 중요하였다. 따라서 종래의 여러 가지 제사를 개편해야 하였다. 셋째, 明과의 외교관계도 일정한 영향을 미쳤다. 잘 알려진 것과 같이 조선의 집권자들은 유교적인 이념에 따른 예제를 받아 들였고, 조선의 국왕은 명 황제에게 諸侯의 예를 취하게 되었다. 따라서 예제도 그에 맞게 정비되어야 하였다. 산천제도 여기에서 벗어날 수는 없었다. 넷째, 지역에서 이루어지는 산천제에 유향품관이 간여하였기 때문이다. 산천제는 그 지역의 전통과 권위를 상징하는 일이기도 하다. 따라서 지방의 산천제는 지방에 뿌리를 내리고 세력가로 성장하던 유향품관이 참여하기 마련이었을 것이다. 유향품관을 주시하던 중앙정부로서는 그들이 관련된 산천제를 새로운 사회질서에 맞추어 개편할 수밖에 없었다. 이와 같은 까닭으로 조선이 건국된 뒤 국가는 산천제를 정리할 필요가 있었다. 여기에서는 이러한 문제들을 알아보려고 한다.

이를 위해 먼저 조선이 건국된 뒤 유교적 제례를 수용하면서 일게 된 산천제의 의미변화에 대해 검토한다. 산천제의 개편작업이 불가피하였던 것은 제사의 의미가 그 이전과 달라졌기 때문이었다. 다음으로는 산천제에 대한 중앙정부의 시책과 그 개편과정을 분석한다. 중앙정부에서는 지방의 산천제에 대한 입장을 정리하여 둘 필요가 있었다. 그것은 특히 중앙의 권위에 밀접한 관련이 있는 일이기 때문이다. 지방의 산천제에 중앙정부의 위치를 어떻게 설정할 것인가 하는 문제를 풀어야 하였다. 따라서 산천제를 둘러싸고 보여 준 중앙정부의 정책과 유향품관의 동향을 살펴본다. 마지막으로 유향품관은 어떤 까닭으로 지방의 산천제에 관여하였는가 하는 점을 알아본다. 이와 더불어 유향품관과 지방민에 대한 통치를 염두에 두고 국가가 산천제를 통해 얻어 내려는 것은 무엇이었는가도 밝혀본다.

1. 儒敎的 祭禮의 수용과 山川祭의 변화

이성계 등 조선 건국의 주도세력은 易姓革命에 대한 명분을 세워 조선의 건국을 합리화해야만 하였다. 이성계를 비롯하여 조선 건국을 주도한 대부분의 사람들은 고려 왕조의 관료였다. 따라서 이들은 조선의 건국에 대한 명분을 마련하여 자신들의 입장을 정당화하여 왕조를 안정시켜야 하였다.

이러한 문제를 해결하기 위한 국가의 노력을 알아보기 위하여 우선 다음의 기록을 보기로 하자.

> A-1. 南誾이 위화도에서 군사를 돌이킨 때로부터 趙仁沃 등과 더불어 비밀히 태조를 추대하기로 의논하였는데, 돌아온 후에 전하[태종]에게 알리니, 전하가 말하기를, "이것은 대사이니 경솔히 말할 수 없다."하였다. 이때 여러 사람들의 마음이 다투어 서로 추대하려고 하여, 혹은 빽빽하게 모인 많은 사람이 있는 중에서 공공연하게 말하기를, "天命과 人心이 이미 소속된 데가 있는데, 어찌 빨리 왕위에 오르기를 권고하지 않습니까?"하였다.(『太祖實錄』 1, 총서)

앞의 기록에 따르면 南誾이 趙仁沃 등과 더불어 태조를 왕으로 추대하기로 하였고, 이를 태종에게 알렸다고 한다. 그런데 이러한 일의 추진에 있어 天命과 人心이 이미 태조에게 소속되었는데 어찌 빨리 왕위에 오르기를 권고하지 않느냐는 말이 공공연히 있었다고 한다. 즉 이 글은 태조가 천명을 받고 인심이 이에 귀부하여 왕이 되었다는 점을 강조하고 있다. 그리고 이 무렵에 상대적으로 恭讓王에게서는 천명이 가버리고 인심이 떠났다고 되어있다.23) 태조 자신도 즉위식을 하기에 앞서 예부터 帝王이 일어남은 천명이 있어야 한다고 하였다.24) 즉 태조와 그를 추대하여 조선을 건국한 세력들은 태조가 왕위에 오른 것은 천명을 받았기 때문이라는 명분을 내세웠다.

태조가 즉위한 명분과 관련하여 조선이 건국된 직후에 사헌부가 시무 10조를 열거하여 올린 상소문도 참고된다. 이 글은 조정의 중앙 관리들의 뜻이 담겨있는 글이다. 그 제일 첫부분이 아래와 같다.

> A-2. 사헌부에서 또 상소하였다. "삼가 생각하옵건대, 전하께서 하늘의 뜻에 순응하여 혁명을 일으켜 처음으로 왕위에 오르게 되었습니다.『書經』에 '皇天上帝께서 그 元子와 이 큰 나라인 殷나라의 命을 改替시켰으니, 왕의 天命을 받으심이 한없이 경사로우나, 또한 한없이 근심이시니, 아아! 어찌 하겠습니까! 어찌 공경하지 않겠습니까?'하였습니다. 대체 敬이란 것은 한 마음의 主宰이고 모든 일의 기반이니, 그러므로, 큰 일로는 天을 섬기고 帝를 祭享하는 것과, 작은 일로는 일어나고 자고 밥먹고 휴식하는 것까지 이를 떠날 수는 없습니다. …"하였다.(『太祖實錄』1, 태조 원년 7월 기해)

태조가 하늘의 뜻에 순응하여 혁명을 일으켜 처음의 왕위에 오르게 되었다는 것이다. 그것을 합리화하기 위해『書經』에 皇天上帝가 殷나

---

23) "(趙)庸 時(恭讓王 4년 7월 甲申 : 朝鮮建國 7일 前)兼史官 書曰 … 天命已去 人心已離 區區之盟 不可賴也"(『太祖實錄』1, 總書)
24)『太祖實錄』1, 태조 원년 7월 병신

라로 命을 바꾸었다는 고사를 인용하였다. 그리고 왕이 되는 천명을 받았으니 하늘을 섬기고 上帝를 제향하는 일이 왕이 해야할 큰 일이라고 하였다.25) 즉 태조는 천명을 받아서 왕위에 올랐으며, 이에 대한 공경의 뜻으로 상제를 제향해야 한다는 것이다.

그러나 조선은 上帝를 제향하기 어려운 상황을 맞게 되었다. 그것은 조선이 주자학적 명분론을 보다 철저하게 받아들인 결과일 것이다.26) 또한 明과의 관계 때문이기도 하였다. 명이 건국된 뒤 조선은 명의 諸侯國이라는 입장에 처하게 되었다. 이미 명 태조 洪武帝는 명을 건국한 직후에 고려의 산천이 天子의 영토[職方]에 들게 되었다고 하며 高麗의 山川神들은 고려의 국왕을 도와 주라는 내용이 적힌 비석을 개경에 세운 일이 있다.27) 고려의 국왕은 天帝가 아니라 山川神의 보살핌을 받는 대상으로 되었다.

이러한 사정은 조선이 명과 친선관계를 유지하는 정책을 취하면서 더욱 굳어지게 되었다. 홍무제도 태조에게 封彊 즉 제후의 도리를 조심하여 지키라는 내용의 글을 전해왔다.28) 이에 대한 조선의 입장을 알아 보도록 하자.

---

25) 사헌부의 상소문에는 이 밖에도 태조에게 늘 상제가 굽어 보고 계신 듯이 행동하며 하늘을 섬기고 상제를 제향하는 공경을 다한다면 천심이 감동할 것이라는 등의 내용이 기록되어 있다.
26) 조선시대에 접어들어서도 국왕의 廟號로 '太祖' '太宗' 등의 명칭을 쓰거나, 災異가 생기면 이를 중국 천자의 탓으로 돌리지 않고 왕 자신의 책임임을 인정하는 등의 일은 여전히 지속되었다. 사실 조선의 국왕은 제후로서 중국에 조공하면서도 국내에서는 중국 황제가 지니는 지위와 역할을 지녔다. 이러한 이중성은 매우 오래된 관행이었다. 그렇지만 조선시대에 접어들어 중국에 대하여 이른바 '僭越'한 일은 많이 줄어들었다. 그 까닭은 조선이 주자학적 명분론을 보다 철저하게 받아들인 결과라고 여겨진다. 이와 더불어 고려말·조선초에 긴장되었던 명과의 관계도 일정하게 영향을 주었을 것이다.
27) 『高麗史』 42, 공민왕 19년 4월 경진
28) 『太祖實錄』 2, 태조 원년 10월 경오

B-1. 門下侍郎贊成事 정도전을 보내어 중국 남경에 가서 사은하고 말 60필을 바치게 하였다. 表文은 이러하였다. "陪臣 조반(趙)이 남경에서 돌아와 禮部의 箚子를 가지고 와서 삼가 황제의 勅旨를 받았는데, 고유(誥諭)하심이 간절하고 지극하셨습니다. … 마침내 자질구레한 자질로 하여금 封疆을 지키는 데 조심하게 하시니, 臣은 삼가 시종을 한결같이 하여, 더욱 성상을 섬기는 성심을 다하여 억만년이 되어도 항상 朝貢하고 축복하는 정성을 바치겠습니다."(『太祖實錄』 2, 태조 원년 10월 계유)

태조는 홍무제에게 자신을 臣이라 표현하며 封疆 즉 제후의 도리를 지키겠다는 내용의 표문을 지어 올렸다. 조선은 명에게 제후국의 예를 취하게 된 것이다. 또한 홍무제는 조선으로 도망해 온 女眞人을 송환해 줄것을 독촉하는 조서를 내린 일이 있다. 그런데 그 글에서 다음과 같이 태조를 책망하였다.

B-2. 欽差內史 黃永奇·崔淵 등이 황제의 手詔를 받들고 오니, 임금이 백관을 거느리고 宣義門 밖에서 맞이하여 앞을 인도해서 수창궁에 이르러 詔書를 듣고 예를 거행하였다. "1. 지난번에 浙東·浙西의 백성 중에서 불량한 무리들이 그대를 위하여 소식을 보고하기에, 이미 수십 집을 죽였소. 그 고려의 山川鬼神이 어찌 그대가 화란을 일으켜 재앙이 백성에까지 미치게 될 줄을 알지 못하겠는가? … 짐은 또 장차 上帝에게 밝게 고하고, 동방을 정벌하도록 명을 내려 업신여기고 혼단을 일으킨 두 가지 일을 설욕할 것이다. …"고 하였다.(『太祖實錄』 3, 태조 2년 5월 정묘)

이 기록에 따르면 조선의 국왕은 산천귀신과 연결되고 명 황제는 상제와 연결된다. 이제 조선의 국왕은 上帝 곧 天과 직접 연결될 수 없었다. 이것은 이성계 등이 조선의 건국을 합리화 하는 명분으로 내세웠던 천명 이론을 사실상 성립되기 어렵게 하는 일이었다.

한편 조선은 홍무제에게 태조의 즉위를 인정하는 誥命과 印信을 청하는 표전에서 『孟子』의 구절을 인용하여 태조가 천명을 받았다는 것을 주장한 일이 있다. 홍무제는 표전의 이와 같은 내용을 크게 문제삼았다. 홍무제가 조선의 표전을 문제삼은 것과 관련하여 다음의 글이 주목된다.

> B-3. 計稟使 鄭摠 일행들이 북경에서 왔다. (예부의) 咨文에, "… 이제 조선이 명절을 당할 때마다 사람을 보내어 表箋을 올려 하례하니, 예의가 있는 듯하나, 文辭에 있어 경박하고 멋대로 능멸히 하여 근일에 印信과 誥命을 주청한 장계 안에 紂의 일을 인용했으니 더욱 무례하였다. 혹 국왕의 본의인지, 신하들의 희롱함인지, 아니면 印信이 없는데도 거리낌없었으니, 혹 사신이 받들어 가지고 오다가 중도에 바꿔치기 한 것인지도 모두 알 수 없으므로 온 사신을 돌려보내지 않겠다. 만약에 글을 만들고 교정한 인원을 전원 다 내보낸다면 사신들을 돌려보내겠다. …"
> (『太祖實錄』9, 태조 5년 3월 병술)

B-3에 따르면 홍무제는 조선이 인신과 고명을 청하는 奏文 안에 紂의 일을 인용한 것에 대해 질책하였다. 조선은 홍무제에게 올린 표전에 이성계의 즉위를 합리화하는 명분으로 『孟子』에 나오는 桀·紂의 고사를 인용하였다.29) 그러나 천명을 받아 明을 건국하였다는 것을 내세우던 홍무제는 제후국으로 대우하던 조선의 국왕이 천명을 받았다고 한 사실이 매우 불쾌하였다. 더욱이 홍무제는 그 3년에 『孟子』를 처음 읽을 때 크게 분노하여 맹자를 享配에서 빼고 이를 諫하는 자는 활로써 다스리도록 한 일이 있다.30) 홍무제는 군주의 弑害를 합리화하는 걸·주의

---

29) 이 表箋은 鄭道傳이 지은 것이다. 『孟子』 梁惠王章句 下에 맹자와 齊宣王과의 대화에서 나오는 桀·紂의 고사는 이미 태조 초기부터 그 즉위를 합리화하는 명분으로 인용되었다. 예컨대 『太祖實錄』 1, 太祖 원년 9월 기해 司憲府의 상소 참조.
정도전은 태조 2년에도 '武王이 紂를 정벌할 때 朕의 꿈이 짐의 점<卜>과 합하여 좋은 祥瑞에 합치되었다고 말하였다'는 것을 인용하여 태조에게 '天命을 받은 祥瑞와 정치를 보살핀 아름다운 점을 樂詞로 3편을 지어 바칩니다'라며 箋文과 樂詞를 지어올린 일이 있다(『太祖實錄』 4, 태조 2년 7월 기사).
30) 曹永綠, 1984, 「明太祖(재위 1368~1398)의 君主權 강화와 言路 개방책」 『高柄翊先生回甲紀念史學論叢-歷史와 人間의 對應』, 116쪽.

고사를 황제의 절대성·신성성에 정면으로 대항하는 논리로 받아 들였다. 이러한 홍무제였기 때문에 조선이 표전에서 紂의 고사를 인용한 것에 대해서 분개하였다.

이처럼 조선의 국왕이 명 황제에 대하여 제후의 예를 취하게 되면서 여러 가지 제례도 그에 따라 개편할 수밖에 없었다. 명 황제는 천자로서 천명을 받들어 하늘을 대신하여 덕을 행하는 사람이므로 천제에게 제사지내며, 조선의 국왕은 직접 天에게 제사할 수 없는 입장이 되었다. 그는 다만 제후로서 조선의 명산대천에 山川祭를 지낼 수 있을 따름이다.[31] 조선의 국왕은 祭天儀禮를 시행할 수 없게 되었다.[32] 사정이 이

홍무제대에 벌어진 '文字獄'도 『孟子』에 나오는 구절을 儒臣들이 인용한 것에서부터 시작되었다(朴元熇, 1975, 「明初 文字獄과 朝鮮表箋問題」『史學硏究』 25, 95쪽).

[31] 이러한 예론은 『禮記』에 따른 것이다. 『禮記』 5 王制 6을 보면 天子는 天地에 제사를 지내고 天下의 명산대천에도 제사지내지만, 諸侯는 명산대천으로서 자신의 領地 안에 있는 것을 제사한다고 되어있다. "天子祭天地 諸侯祭社稷 大夫祭五祀 天子祭天下名山大川 … 諸侯祭名山大川之在其地者"(『禮記』 5, 王制 6 : 四部刊要編校委員會, 臺北, 1953, 43~44쪽). 그리고 제후가 산천제를 거행하지 않는다면 이는 천자에 대한 불경이며 불효였다. 그러한 일이 있으면 그의 封地를 삭감한다는 것이다. "山川神祇 有不擧者 爲不敬 不敬者 君削以地"(동상, 42쪽). 예컨대 『成宗實錄』 143, 成宗 13년 7월 甲申條를 보면 조선에서도 천자는 천지에, 제후는 산천에 제사지낸다는 것의 근거로 『禮記』를 삼고 있음이 확인된다.

이렇게 보면 조선의 국왕이 나라 안의 명산대천에 산천제를 지내는 것은 천자에 대한 의무로서 공경과 충성의 뜻을 나타내는 일이었다. 다른 한편으로 그것은 자신이 다스리는 지역-즉 조선-에서 최고 통치자로서의 권위를 상징하는 일이었다.

[32] 고려시대 이래 祭天儀禮로는 圓丘(園丘 : 天子의 祭天壇)祭가 있었다. 그런데 조선이 건국되면서 원구제는 혁파되어 국가의 祀典에서 제외되었다. 그러므로 『世宗實錄』에 실린 「五禮」나 『國朝五禮儀』에도 원구제는 수록되어 있지 않다. 그러나 조선초기에 원구제는 그 치폐를 둘러싸고 논의가 거듭되었다. 이 문제를 본격적으로 주목한 사람은 中村榮孝이다. 그는 태종이 몇 년에 걸친 노력 끝에 중국의 책봉을 받게 되었으며 이에 원구제가 天子에 대한 僭上의 뜻이 있다하여 결국 이를 폐지하도록 명하였다고 지적하였다. 태종은 祭天의 禮는 천자의 것이지 諸侯의 儀禮가 아니라는 태도를 견지하였다는 것이다. 이에 비해 세조가 왕권

렇게 되다보니 조선에서 산천제는 왕만이 지낼 수 있는 제사가 되었다. 그리고 그것에 대한 제사권은 곧 왕의 권위를 상징하는 것이 되었다. 따라서 왕이 아닌 사람들은 더 이상 산천제를 지낼 수 조차 없게 되었다. 그러나 사람들은 이미 오래전부터 산천제를 지내오고 있었다. 중앙정부는 산천제에 대한 입장을 정리해야 하는 과제를 풀어야 하였다.

2. 山川祭의 개편과 國王의 권위

산천제는 이제 국왕의 권위를 상징하는 것이 되었다. 그러나 그럼에도 불구하고 왕이 아닌 사람들도 산천제를 지내왔다. 따라서 국가에서는 산천제에 대한 해결책을 모색해야 하였다. 그것은 특히 국가의 권위에 밀접한 관련이 있는 일이기 때문이다. 국가의 권위를 유지하면서 한편으로 지방민들을 효과적으로 다스릴 수 있는 방향을 세워야 하였다. 그러기 위하여 국가는 지방의 산천제에 어느정도 간여해야 하는가, 또한 유향품관을 비롯한 지방인의 참여도를 어느 수준까지 인정해야 하는가 하는 문제를 해결해야 하였다. 이를 위해 국가가 모색한 방안을 알아 보아

의 확립을 도모하고 지배체제를 강화하는 등의 목적을 위해 원구단을 세워 제천례를 성대하게 치룬 사실은 특히 주목된다고 하였다. 中村榮孝, 앞의 논문, 5~7쪽 및 9쪽.

이와 같이 조선초기에 그 치폐를 둘러 싸고 논의가 이는 가운데 일시적으로 원구제가 시행된 일이 있지만 그것은 다만 한 때의 權道로서 시행되었을 뿐이다. 이러한 사실은 다음의 연구들에 밝혀져있다.

金泰永, 1973, 「朝鮮初期 祀典의 成立에 對하여-國家意識의 變遷을 中心으로-」『歷史學報』58, 111~118쪽.

韓沽劤, 1978, 「朝鮮王朝初期에 있어서의 儒教理念의 實踐과 信仰・宗教-祀祭問題를 中心으로-」『韓國史論』3 ; 1996, 『朝鮮時代思想史研究論攷』, 일조각, 193~204쪽.

李範稷, 1991, 『韓國中世禮思想研究-五禮를 中心으로-』, 일조각, 230~232쪽.

야 할 것이다. 먼저 아래의 기록을 보면서 산천제에 대하여 가지고 있었던 국가의 기본적인 태도부터 헤아려보았으면 한다.

> C-1. 禮曹典書 趙璞 등이 상서하였다. "신등이 삼가 역대의 祀典을 보옵건대, 宗廟・籍田・社稷・山川・城隍・文宣王의 釋奠祭는 고금에 널리 통행되었으며 국가의 常典인 것입니다. 지금 月令의 規式대로 아래에 갖추어 기록하오니, 청하옵건대, 유사에 내릴 때에 따라 거행하소서. 圓丘는 天子가 하늘에 제사지내는 예절이니, 이를 폐지하기를 청합니다. 여러 神廟와 여러 주군의 城隍은 나라의 祭所이니, 다만 某州, 某郡 城隍의 神이라 일컫고, 位板을 설치하여, 각기 그 고을 수령에게 매양 봄・가을에 제사를 지내도록 하고, 奠物・祭器・酌獻의 예는 한결같이 조정의 예제에 의거하도록 하소서. …"(『太祖實錄』1, 태조 원년 8월 경신)

조선이 건국된 직후에 국가는 祀典을 새롭게 개편하였다. 이때 정부에서는 산천제를 국가의 일상적인 법식으로 인정하는 방침을 세웠다. 고려시대에는 산천제가 사전에 오르지 않았다. 하지만 이제 산천제를 새로이 나라의 常典으로 祀典에 올리자고 하였다. 산천제가 국왕의 권위를 상징하는 의미를 지니게 되었으므로 그것을 새롭게 개편해야 하였다. 圓丘祭는 天子만이 지내는 제사라는 것을 이유로 폐지하게 되었다.[33]

---

33) 이범직은 사대부들이 왕으로 하여금 제천례를 못하도록 하였으며, 따라서 원구제가 폐지된 것은 사대부 정치력의 승리라고 파악하였다. 이범직, 앞의 책, 403쪽. 그러나 원구제를 두고 국왕과 사대부가 대립적인 입장에 서서 갈등하였다고는 생각되지 않는다. 따라서 그것이 폐지된 것도 사대부들이 국왕의 의사를 꺾은 것으로 생각되지 않는다. 원구제의 폐지는 명이 건국되면서 조선이 제후국의 입장이 되었고, 또 조선이 유교적 의례체제를 수립한 것이 보다 직접적인 원인이었다고 여겨진다. 이미 明 太祖 洪武帝는 명을 건국한 직후에 고려의 산천이 天子의 영토안에 들게 되었다고 하며 高麗의 山川神들은 고려의 국왕을 도와 주라는 내용이 적힌 비석을 개경에 세운 일이 있다(『高麗史』42, 恭愍王 19년 4월 경진). 이것은 조선이 명의 제후국이라는 사실을 천명한 것이다. 조선이 건국된 뒤에도 홍무제는 명황제는 상제와 연결되고 조선의 국왕은 산천신과 연결된다는 내용의 조서를 내리기도 하였다(『太祖實錄』3, 太祖 2년 5월 정묘). 조선으로서는 이러한 사실을 수용할

산천제는 왕만이 지낼 수 있는 제사로서, 그것에 대한 제사권은 곧 왕의 권위를 상징하는 것이 되었다. 산천제의 제사권을 가진 사람은 그 음덕의 수혜자인 국왕이다. 그러므로 산천제는 국왕이나 국왕을 대신하여 지방관이 지내야 하는 것이었다.

이와 같이 산천제의 의미가 달라지게 됨에 따라 국가는 산천제를 개편해야만 하였다. 이를 위해 먼저 나라안에 있는 유명한 산천을 정리하여 사전에 올리고자 하였다.

> C-2. 吏曹에서 境內의 名山・大川・城隍・海島의 神을 封하기를 청하니, 松岳의 城隍은 鎭國公이라 하고, 和寧・安邊・完山의 城隍은 啓國伯이라 하고, 智異山・無等山・錦城山・鷄龍山・紺嶽・三角山・白嶽의 여러 산과 晉州의 城隍은 護國伯이라 하고, 그 나머지는 護國의 신이라 하였으니, 대개 大司成 劉敬이 진술한 말에 따라서 예조에 명하여 상정한 것이었다.(『太祖實錄』3, 태조 2년 1월 정묘)

나라 안에 있는 명산・대천과 성황・해도의 신을 公・伯 등으로 등급을 나누어 봉하고 그 밖의 것은 호국의 신이라고 명명하였다. 왕이 다스리는 지역의 산천신들을 등급을 나누어 책봉한 것이다. 이것은 각 지역의 명산대천이 국왕의 다스림을 받는 곳이라는 점을 강조하고 그곳의 신은 국왕의 밑으로 귀속된다는 의미를 드러내는 일이다. 따라서 그곳에 대한 제사권도 중앙의 국왕에게 있다는 뜻이다. 그러나 이와 같은 국가의 정책은 시행되는데 어려움을 겪고 있었다.

> C-3. 의정부에 명하여 神・佛의 일을 의논하게 하였다. 임금이 말하였다. "天子는 天地에 제사지내고, 諸侯는 山川에 제사지내지만, 이제 大臣들이 松岳과 紺嶽에 제사지내는 일로 휴가를 청함은 무슨 禮인가? 또 망자의 넋을 건져주기 위하여 모두 佛事를 일으키니 잘못된 일이다." 사간 이육이 "신등이 저번에 상소하였으나, 아직 윤허를 받지 못했습니

수밖에 없었다.

다."하매 … 그 疏를 정부에 내려 時散의 대소 각품들로 하여금 회의하여 아뢰게 하니, 모두 "혁파함이 가합니다."하였다. 오직 星山君 李稷만이 말하였다. "禁佛 一節은 유사로 하여금 고금을 참작해서 상정하여 시행토록 하고, 禁神 一節은 밖으로는 鄕社와 里社가 있고, 士·庶人들도 모두 제사하는 곳이 있는데, 나라 안에 정해진 법제가 없어 城隍은 비록 높은 산에 있으나, 서낭에 제사지낸다고 일컫고 있은 즉, 이른바, 山川에 제사지낸다는 것과는 같지 않은 듯하니, 이것도 유사로 하여금 古典을 참고해서 시행하게 하소서." 또 武官 5,6인이, "神事와 佛事는 이미 오래된 일이니, 갑자기 혁파함은 불가합니다."하니, 이 일은 드디어 정지하였다.(『太宗實錄』24, 태종 12년 11월 을사)

 의정부의 논의는 제후 즉 조선의 국왕이 산천에 대한 제사권을 가진 사람인데 관리들이 松岳이나 紺岳에 제사를 지내니 이것은 예가 아니며 잘못되었다는 주장이다. 司諫 李陸이 예전에 태종에게 허락해 주기를 요청하여 올렸다고 한 상소문의 내용도 왕이 아닌 사람들이 산천제를 지내는 일을 금지하고 불사를 일으키지 못하게 하자는 것이었다고 추측된다. 즉 관료들은 고려시대 이래의 관습대로 여전히 명산대천에 제를 올렸다. 그것은 이제 국왕의 권위에 대한 일종의 도전과도 같았다.
 이 논의를 통하여 조선의 건국과 더불어 산천제가 지니는 의미가 달라졌음에도 불구하고 국가의 의도대로 이에 대한 엄중한 규정이 제정되어 시행되지 못하고 있음을 알 수 있다. 의정부나 司諫 李陸이 대신들이 산천제를 지내는 일을 문제삼았을 때 태종이 時散을 가리지 않고 모든 품관들에게 이 문제를 회의하게 한 것은 아직 마땅한 방안이 마련되지 않았기 때문이었다. 또한 C-3에 나타나있듯이 지방의 사족이나 서인들이 모두 일정한 장소에서 제사를 지내고 있었지만 그것에 관한 규정도 정해지지 않았다.[34] 국가가 제례를 마련하여 이를 엄중하게 추진하지

---

34) C-3에 있는 李稷의 말을 빌면 城隍은 비록 높은 산에 있지만 '城隍(서낭)'에게 제사지내는 것을 칭하니 산천에 제사지내는 것과는 다르다고 하였다. 조선시대에 성황신앙과 산천신앙은 다소 혼동되고 있었다고 보아진다. 성황신앙과 산신신앙

못한 까닭은 위 기록에서 그대로 드러난다. 중앙의 대신이나 지방의 사족들이 이미 오래전부터 지내오던 것을 갑자기 혁파할 수가 없기 때문이었다. 이것이 국가에게는 보다 심각한 고민이었다. 국가는 그들의 뜻을 일방적으로 제압하지 못하였다.

> C-4. 祀典을 개정하여 예조에서 아뢰었다. "… 前朝에 境內의 산천에 대하여 각기 봉작을 가하고, 혹은 처첩·자녀·생질의 像을 설치하여 모두 제사에 참여했으니 진실로 편치 않았습니다. 우리 태조가 즉위하자 본조에서 건의하기를, '각관의 城隍之神 작호를 혁거하고, 단지 某州의 성황지신이라 부르게 하소서.'하여, 즉시 윤허를 받아 이미 뚜렷한 법령으로 되었으나, 유사에서 지금까지 그대로 따라 이를 행하지 않아 爵號와 像說이 아직도 그전대로 있어서 淫祀를 행합니다. 엎드려 바라건대, 태조가 이미 내린 교지를 거듭 밝혀 단지 '某州의 城隍之神이라' 부르게 하고, 神主 1位만 남겨 두되 그 妻妾 등의 신은 모두 다 버리게 하소서. 山川·海島의 신 역시 主神 1위만 남겨 두고 모두 木主에 쓰기를, '某海·某山川之神'이라 하고, 그 像設은 모두 다 철거하여 祀典을 바르게 하소서." 임금이 그대로 따랐다.(『太宗實錄』 25, 태종 13년 6월 을묘)

祀典을 바로잡자는 예조의 계문에 따르면 고려시대와 달리 태조가 즉위한 초에 산천신에 붙은 작호를 없애고 어느 州의 신이라고만 칭하

의 관계에 대해서는 연구자에 따라 다소 견해의 차이가 있다. 일찍이 한우근은 성황신과 산천신은 유사하지만 서로 다른 것이라고 하였다. 그러나 조선시대에 산신과 성황은 相馳性을 가지는 경향이 있다고 설명하였다. 한우근, 앞의 논문, 1996, 24쪽. 산천신과 성황신을 같은 것으로 파악한 견해도 있고, 이를 구분하는 주장도 있다. 이러한 논의에 대해서는 金甲童, 1991, 앞의 논문, 9~10쪽 참조. 그런데 한우근이 시사한 것 처럼 조선초기에는 산천신앙과 성황신앙이 서로 다른 것이라 하더라도 산천제와 성황제가 크게 구분되지는 않은 것 같다. C-3을 보아도 국가에서는 산천제를 문제삼으면서 성황제도 산천제의 하나로 간주하고 있었던 것이 드러난다. 李稷이 성황이 높은 산에 있어서 산천제와 더불어 비슷하지만 같은 것은 아니라고 한 것도 성황제와 산천제가 크게 구분되지 않고 있던 현실을 반영한다고 생각된다. 이러한 사정 때문에 산천제와 성황제는 다소 구별하기 어려운 경우가 있다.

게 하였는데 여전히 爵을 칭하고 像이 설치되어 있어 淫祀가 행해진다고 하였다. 따라서 각 지역의 산천신 등에 붙어 있는 대왕·왕 또는 태왕·태후의 작호를 없애고 主神의 신위만을 남기고 신상은 철거하라는 것이다. 그리고 아무개 산천의 신이라는 명칭만을 사용하도록 하였다. 이는 태조대에 예조전서 조박이 건의한 것과 마찬가지이다.[35]

이것은 다음의 몇 가지 중요한 의미를 지닌다. 먼저 신의 호칭으로 그 지역의 명칭이나 산천의 이름을 사용하게 한 점이다. 본래 산천신에는 봉작이 가해져서 대왕·왕 등의 호칭이 사용되었다. 이럴 경우에 각 지방의 산천신에 왕의 호칭이 사용되고 지방세력가들이 그것을 섬기는 의식을 주관한다는 것은 중앙의 권위에 대하여 커다란 침해를 주는 일이었다. 따라서 국가는 이제 왕의 호칭을 들먹여서 국가의 권위를 무색하게 하는 일을 못하도록 하였다. 그 대신 정부에서는 지방행정구역의 명칭을 사용하게 하였다. 각 지방의 산천신들의 독자성은 부정되었다. 각 지역의 산천신에게 왕 등의 호칭을 사용하지 못하게 함으로써 국가는 왕의 권위를 세우고 지방세력가들의 기세를 꺾는 효과를 얻을 수 있었다.

다음으로 산천신이나 성황신, 海島의 신 등 사전에 오른 신위라 할지라도 그 호칭이 중앙이 정한대로가 아니거나 신상 따위가 설치되었거나 主神말고 妻·妾·子·女·姆 등의 다른 신을 함께 제사지낸다면 그것은 모두 음사로 간주하였다는 사실이다.[36] 이것은 종래의 자연신을 유교적인 예제에 끌어들이고 그 형식도 유교적인 체제로 마련한 것이다.

또한 이 때 개정된 사전은 태조대와 달리 각 지방에서 성황제·산천

---

[35] 이것은 이미 고려 공민왕대 홍무제가 요구한 사전개편의 내용과도 거의 같다(『高麗史』 42, 恭愍王 19년 7월 임인). 이 점에서 원구제의 혁파나 산천제의 개편 등은 명과의 관계가 일정한 작용을 하였다고 판단된다.
[36] 이러한 국가의 뜻을 이루는데 첨병역할을 한 것은 지방관이었다. 예컨대 『新增東國輿地勝覽』 33, 全羅道 全州府 祠廟에 따르면 麒麟峯에 城隍祠가 있는데 이곳에 있는 塑像을 觀察使 李彦浩가 부서버리고 位版을 세웠다고 한다.

제는 지방관만이 지낸다는 원칙이 명기되어 있지 않다. 하지만 국가가 이 원칙에서 물러선 것은 아니었다. 이미 사람들이 사사로이 松岳에 기복하는 것을 금한다는 명령이 내려진 일이 있기 때문이다.37) 즉 국가는 각기 그 고을의 지방관으로 하여금 중앙에서 정해준 예제에 따라 정기적으로 제사를 지내도록 하였다. 이것은 각 지방의 제례를 국가에서 통제하겠다는 뜻이다. 제사를 주관하는 권리를 지방세력으로부터 왕의 명령을 받아 지방을 다스리는 지방관에게 귀속시키고자 하였다. 그 뿐만이 아니라 성황제나 산천제를 국가의 中祀에 편입시켰으며, 각 지방에 성황사나 산천단을 세워주었다.38) 중앙에서 세워준 성황사·산천단 등에서 제를 지내도록 한 것은 지방의 제사를 국가가 통제한다는 것을 의미한다.

이어서 산천제를 보다 일원적으로 통제하기 위하여 아래와 같은 조처가 취해졌다.

> C-5. 예조에서 山川의 祀典 제도를 올렸다. "… 本朝에서는 前朝의 제도를 이어받아 山川의 제사는 等第를 나누지 않았는데, 境內의 名山大川과 여러 山川을 빌건대 古制에 의하여 등제를 나누소서." 임금이 그대로 따라서 嶽·海·瀆은 中祀로 삼고, 여러 山川은 小祀로 삼았다.(『太宗實錄』 28, 태종 14년 8월 신유)

산천의 제사를 등급을 나누어 정하여서, 嶽·海·瀆 등의 큰 산과

---

37) 司憲府에 명하여 대소 인원이 松岳의 城隍에 기복하는 것을 금하게 하니, 왕래가 끊기지 않기 때문이었다고 한다(『太宗實錄』 24, 太宗 12년 12월 辛未). 이 뒤에 세종대 마련된 사전에서도 지방의 제사는 철저하게 관찰사와 수령의 주관아래 치룬다는 것이 강조되고 있다.
38) 『太宗實錄』 12, 太宗 6년 윤7월 戊寅에 따르면 원단·적전·사직·산천단·城隍堂의 壇場과 欄園을 수리하게 하고, 그것을 관리하는 人丁을 차등있게 주었다고 한다. 이로 미루어 지방에 있는 산천단이나 성황사도 중앙의 뒷받침을 받아 세워진 것이라고 보아진다. 그것은 산천단이나 성황사 등이 각 군현에 고루 설치되었고 지방관으로 하여금 致祭하게 한 사실로도 짐작된다.

바다, 큰 강 등은 中祀로 삼고 그 밖의 산천은 小祀로 편입하였다. 그리고 그 지방의 지방관으로 하여금 제사를 행하게 하였다. 이와 같은 조처는 지방의 행정구역을 정비하듯이 산천도 등급을 정하여 정비한 것이다. 지방행정체제가 정비된 것과 같이 각 지방의 명산대천도 편제하여 그것이 중앙의 지배와 통제아래 있다는 명분을 세웠다. 그리고 그것을 드러내어 강조하기 위해 왕이 직접 별감이나 향축 등을 내려보내기도 하였다.

> C-6. 內侍別監을 보내어 楊根의 城隍과 龍文山의 神에게 제사하였다.(『太宗實錄』 30, 태종 15년 9월 경신)
>
> 7. 비를 中外의 여러 神에게 빌었다. 무당을 雩祀壇에 모아서 三角山・木・漢江・風雲雷雨・山川・城隍의 신에게 비를 빌고 아울러 祈禱를 행하였다. 또 香祝을 각도의 嶽・海・瀆・山川의 신에게 나누어 보냈다.(『太宗實錄』 31, 태종 16년 5월 경술)

C-6에 보인 것과 같이 왕의 명령을 직접 받은 내시별감을 보내에 산신에게 제사한 것은 왕이 그에 대한 제사권을 가진다는 직접적인 표현이다. 또한 C-7에서처럼 중앙에서 각 도의 크고 작은 산천의 신에게 지낼 제사의 향축을 보낸 것도 그 주관자로서의 지위를 나타낸다. 국가는 보다 확실하게 산천제에 관여하였다.

> C-8. 禮曹에서 嶽瀆・山川에 제사를 행하는 식을 올리기를, "畿內는 朝官을 보내고 畿外는 소재지의 감사와 각 고을의 수령이 때에 맞춰 제사하여 고하게 하소서."하니, 그대로 따랐다.(『太宗實錄』 32, 태종 16년 9월 신묘)

국가는 각 지방의 관찰사와 수령으로 하여금 중앙에서 정해준 예제에 따라 정기적으로 제사를 지내는 것을 법식으로 세웠다. 관찰사와 수령은 왕을 대신하여 백성들을 다스리는 것처럼 왕의 명을 받들어 그를 대신하여 제를 올리라는 것이다. 이와 같이 산천제의 시행에 미쳐서는 수령과 함께 관찰사까지도 참여하게 하였다. 실제로 관찰사는 중앙에서 내려온 향축을 받들고 산천제를 올렸다.[39] 관찰사를 내세운 것은 그만큼 지방의 제사에 중앙의 권위를 가지고 무게를 더하게 하는 효과가 있었다. 뿐만 아니라 관찰사가 산천신의 司祭者로서의 권위까지 가질 수 있게 됨으로써 그의 지방통치가 보다 수월해질 수가 있게 되었다. 수령과 관찰사는 사실에 있어서 지방에서의 제사권을 거의 장악하였다고 보아도 지나치지 않다.[40] 이것은 나아가 지방의 제사를 중앙에서 독점하였다는 의미도 된다.

세종대 중앙과 지방의 제사를 놓고 일어난 예조의 의논을 보면 다음의 몇 가지 사실을 알 수 있다. 첫째, 지방의 산천 등에 지내는 제사는 중앙에서 파견된 사자나 지방관이 치루었다. 이것은 영험한 데에도 불구하고 제사하지 않고 있는 산천에도 사자를 보내어 예를 행하자는 논의 등이 있는 점에서 드러난다. 둘째, 각 도의 감사는 제사를 치른 뒤에 예조에 보고하게 되어 있었다. 지방의 제사는 중앙의 지배와 통제아래 있었다. 셋째, 岳・瀆・山川 등으로 나뉘어진 祭品에 따라 제를 지낼 때 국고의 미곡으로 하였다. 지방의 산천제는 중앙의 통제를 받는 중요한 국가행정의 하나였다. 이 점을 확실하게 하기 위해 국고의 미곡으로 치르게 하였다.[41]

그런데 이 때의 논의에서 눈 여겨 볼 대목은 국가가 제사지낼 만하다

---

39) 『太宗實錄』 32, 太宗 16년 9월 壬寅을 보면 全羅道觀察使 權軫이 山川祭의 香祝을 받들고 가는 기록이 있다.
40) 『新增東國輿地勝覽』 9, 仁川都護府 山川條에 따르면 봄, 가을에 岳・海・瀆에 제사를 지낼 때에 수령이 친히 행한다고 되어 있다. 사족과 서인에게는 자신들의 조상에 대한 제사의 사제권만이 허용된 셈이다.
41) 『世宗實錄』 46, 세종 11년 11월 계축

고 특정한 산천을 정한 것이 사실상 지켜지기 어려웠다는 지적이다.[42] 사전에 기록되어 있지 않거나 특별히 영험하다고 인정된 곳이 아닌 산천에도 제사지내는 것을 용인하자는 말이다. 이것은 국가가 산천제에 관하여 세운 시책을 강력하게 몰아 부치지 못하던 현실을 보여준다. 그 까닭은 지방에 지방제사의 중앙독점의 원칙에 따르지 않는 세력이 있기 때문이었다. 그들은 당연히 종래 관련 기득권을 가지고 있던 유향품관이었다. 산천제를 놓고 국가와 유향품관과의 타협이 쉽게 이루어지지 못하고 있었던 것이다. 사실 태조대 이래 추진되어 온 지방제사의 중앙독점은 궁극적으로 지방에 대한 중앙의 통치력을 강화하고자 하는 국가의 뜻을 반영하는 것이다. 국가는 유향품관을 제압하여 가면서 동시에 제사권을 거두어가야 하였다. 그러나 유향품관의 기득권을 일거에 포기하게 하는 것은 어려웠다. 이러한 사정을 알아 보기 위하여 아래의 기록을 주목하여 보기로 하자.

> D-1. 사간원에서 상소하기를, ① "… 옛날에 天子는 天地에 제사지내고, 諸侯는 山川에 제사지내고, 大夫는 五祀에 제사지내고, 士庶人은 祖考에게 제사지냄에, 각각 등급이 있어서 서로 문란하게 하지 않았던 것입니다. … 淫祀를 금하는 법령이 『元典』에 실려 있습니다. 그러나 백성들이 구습에 오래 젖어서 귀신을 숭상하는 풍조가 오히려 없어지지 않고, 무당과 박수의 요망하고 허탄한 말을 믿어 생사와 화복이 모두 귀신의 소치라고 하고, 淫祀를 숭상하여 … 禮에 지나치고 분수를 어기는 데 이릅니다. 山川과 城隍에 사람마다 모두 제사지내며 떼지어 술 마시고 돈을 허비하여, 집을 결단내고 가산을 탕진하여 한 번 수재나 한재를 만나면 문득 굶주린 빛이 있사오니, 이 유행의 폐단이 가히 염려됩니다. ② 이것은 비단 백성들만 그러할 뿐이 아니옵고, 卿大夫의 집까지도 대개 보통으로 여겨서 괴이하게 여기지 않사와, 혹은 은혜를 빈다고도 하

---

42) 『世宗實錄』 46, 세종 11년 11월 계축
   이 자리에서 변계량도 周公이 사전에 기록되어 있지 않은 곳에도 모두 제사하였다는 점을 진실로 이치가 있는 말이라고 거론하였다. 예조도 영험한 곳인가의 여부를 가리지 말고 제를 올리자고 청하였다.

고, 혹은 半行한다고도 하여, 귀신에게 아첨하는 등 하지 아니하는 바가 없습니다. 심지어 제 조상의 귀신으로 하여금 무당집에 가서 먹게 하니, 귀신이 만일 안다면 어찌 즐겨 받아 먹겠습니까. 심한 자는 제 계집과 딸을 데리고 가서 몸소 기도를 드리면서도 조금도 부끄러움을 알지 못하오니, 한갓 귀신의 이치에 어두울 뿐만 아니라 또한 집을 바르게 다스리는 도리를 잃는 것입니다. 그 조상을 높이고 종가를 공경하는 예가 어디에 있사오며, 귀신을 공경하되 이를 멀리 한다는 뜻이 또한 어디에 있습니까.(『世宗實錄』 34, 세종 8년 11월 병신)

D-1의 사간원의 상소에 따르면 사람들이 모두 산천제와 성황제를 지낸다고 하였다(①). 사간원의 이야기에 좀 과장이 있는 것은 분명하지만, 그러나 거의 모든 사람들이 비용을 많이 들여서 산천제와 성황제를 지낸 사실도 또한 분명하다. 더욱이 백성들 뿐만이 아니라 경대부가 몸소 부인과 딸을 데리고 가서 기도를 드린다고 하였다(②). 지방의 경대부로 지목된 사람들은 특히 유향품관이다.[43] 그들이 일반 백성들과 더불어 산천제와 성황제를 지내고 있었다. 또한 사람들이 모이고 비용이 많이 들어가는 일에 유향품관이 직접 참여하였다는 점에서 그들이 제사를 주관하는 역할을 하였다고 보아도 좋을 것이다. 이러한 점은 崔潤德이 下三道를 두루 살피고 온 뒤에 올린 계문을 통해서도 드러난다.

D-2. 정사를 보았다. 판부사 최윤덕이 아뢰기를, ① "前朝의 말기에는 佛法이 성행한 까닭으로 급작히 개혁할 수 없었으나, 우리 조정에서는 聖君이 서로 이어받아서 절을 모두 혁파하였는데, 신이 지난해에 하삼도의 절들을 순찰하였는데, 거의 다 혁파하여 버렸으나 淫祀만이 크게 성행하여, 半行遠山林神野祭라고 일컫고는 노비를 붙여 준다든가 혹은 가

---

[43] 조선초기에 직급의 높고 낮음을 가리지 않고 모든 관인들을 가르킬 때에는 大夫・士 또는 더 세분해서 卿(2품 이상)・大夫・士로 열거하여 표시하였다고 한다(劉承源, 1987, 『朝鮮初期身分制研究』, 을유문화사, 63쪽). 따라서 지방의 경대부는 각별히 실직이건 산직이건 전・현직 관리들을 지칭한 것이다. 그러한 사람들이 유향품관이었다.

산을 맡기기도 합니다. ② 무식한 무리가 그러할 뿐만 아니라, 士夫의 집에서도 모두 공공연하게 복을 비니 무당의 풍속을 이루 금할 수가 없습니다. … 앞으로는 이 폐단을 통렬하게 금하시기 바라옵니다. …"하였다.(『世宗實錄』52, 세종 13년 5월 戊寅)

崔潤德의 목격담에 따르면 山林의 신에게 지내는 野祭를 위해 奴婢를 내놓거나 가재를 전당잡힐 정도로 많은 비용을 쓰고 있다고 한다(①). 그런데 여기에서도 국가가 각별히 문제삼은 것은 지방에 있는 士夫조차 몸소 이러한 제사를 지낸다는 점이다(②). 최윤덕이 지방의 사족들이 공공연하게 산천제를 지낸다고 보고한 것은, 지방의 사족들이 산천제를 지내는 일에 적극적으로 나섰던 현실을 전하여 준다.

결국 유향품관은 많은 비용을 들여서 마을 사람들과 더불어 산천제를 지냈다. 그들은 산천제를 주관하면서 지방사회에서 자신들의 권위와 지위를 높이고 지방민과의 친숙함을 맺을 수 있는 계기를 가질 수 있었다. 그것은 지방세력가로서 영향력을 키우는데 매우 유용한 길이었다. 이들이 백성들을 모아 산천제를 지속적으로 이끌어간 까닭은 여기에 있었다고 생각한다.

결국 국가가 지방의 제사에 대해 엄중한 조처를 취하지 않고 있던 까닭은 그 일이 유향품관과 연관되어 있기 때문이었다. 국가에서는 지방의 새로운 세력가로서 최고의 혈통과 지식과 도덕을 지니고 여러 가지 제사에까지 관여하는 유향품관의 협조가 필요하였다. 특히 그들이 뿌리를 내리고 있는 지방에 대한 중앙의 지배에 있어서 그러하였다. 따라서 국가는 그들을 상대로 중앙의 입장만을 일방적으로 강요하지 않고 있었다. 이것은 고려 말 개혁세력이 집권한 이래 조선 초기에 이르기까지 국가가 향리에 대해 취한 강력한 정책과 대조적이다.[44]

---

44) 이 책 제1장 제1절 「高麗末 李成桂勢力의 士族 우위정책의 추구」에서 '鄕吏政策의 내용과 의도' 참조.

그런데 유향품관을 대하는 국가의 생각은 이중적인 측면이 있었다. 하나는 유향품관이 자신들과 같은 사족이라는 점이다. 중앙의 관료와 지방의 품관은 같은 신분으로서 나라에 도움이 되는 일이라면 서로 일정한 수준에서 타협하고자 하였다. 다른 하나는 유향품관들이 관직세계를 놓고 자신들과 가장 경쟁이 되는 존재라는 점이다. 따라서 이 점을 고려하면 중앙정부로서는 유향품관을 중앙의 권력체계와는 일정한 거리를 두게 만들고 싶었다. 즉 중앙정부는 유향품관에게 같은 사족이라는 공통점을 내세워 지방민을 잘 위무하여 나라를 이끌어가자는 점을 강조하면서, 다른 한편으로는 중앙의 권력체계나 권위에는 도전하지 말라는 양면적인 생각을 갖고 있었다.

그러나 중앙정부와 유향품관 사이에 타협이 이루어진 까닭은, 그것이 지방사회를 사족이 이끌게 하는데 도움이 된다는 점에 견해를 같이 하였기 때문이라고 해석된다. 지방의 전통적인 제사를 주관한다는 것과 지방을 누가 대표하는가의 문제는 서로 밀접한 관련이 있다. 국가가 산천제에 개입하고, 제사에 관한 문제를 대표적인 지방세력이었던 향리를 돌려놓고 사족과 타협해나갔다는 것은 지방의 대표를 교체하는 의미를 지니는 일이다. 결국 지방제에 관한 국가의 조치로 말미암아 재지사족은 지방의 대표성을 확보해가는 계기를 마련할 수 있었으며, 향리의 입장에서는 그 대표성에 타격을 입는 또 다른 계기가 되었다. 국가는 종래의 산천제를 정례화하고 국가가 지원함으로서 지방민들을 우대한다는 의도를 드러냈고 그 지방민의 대표자로 향리보다는 사족을 선호한다는 입장을 표명하였다. 지방사회를 사족이 영도해 나가는 일에 국가와 유향품관이 입장을 같이하였던 것이다. 이러한 점이 국가가 유향품관을 지방의 대표자로 인정해주고 그들의 산천제 봉행을 용인하게 된 배경이라고 생각된다. 국가는 중앙의 권위에 순종하는 대가로 향촌에서의 유향품관들의 권위를 인정해주었다. 중앙에 맞설 수 있는 충분한 힘을 가지지 못한 유향품관으로서도 중앙의 정책에 순응할 수밖에 없었다. 그러나 그러면서도 유향품관이 얻어낸 것은 향촌에서 우월한 지위를 유지할 수 있게 되었다는 사실이다.

즉 사족중심의 유향품관의 제사권을 어느정도 묵인할 수밖에 없었던 것이 당시 국가의 입장이었다. 그러나 여기에는 일정한 조건이 주어졌다. 말하자면 그것은 조건부 승인이었다. 이 조건부 승인은 지방의 유향품관과 중앙의 정부사이에 이루어진 일종의 타협을 반영한다. 이 뒤로 국가가 지방에서 행하여지는 제례에 대해 너그러운 태도를 유지한 까닭은 국가와 재지사족 사이에 이러한 타협이 이루어졌기 때문이라고 보인다.

한편 조선에서 천자만이 천제를 지내고 제후는 산천제를 올린다는 유교적인 예제가 철저하게 이행되지 않은 것은, 비록 중국을 중심으로 하는 유교적인 의례를 수용하였지만 그 실제 운용은 조선의 현실에 맞게 변통시켜 나갔다는 것을 보여준다. 엄연히 국왕이 올리는 제례인 산천제를 지방의 유향품관까지도 적당한 격식을 갖추어 지낼 수 있었다. 산천제가 국왕만이 지낼 수 있는 제사라는 점이 철저하게 지켜지지 못한 것은 조선의 국왕과 사대부들이 갖는 관계의 특징에서 크게 비롯된 일이라고 해석된다. 물론 국왕의 지위는 절대적인 것이었고 사대부들이 그것에 대해 반발하지는 않았다. 그러나 국왕의 통치권은 일반 관료들 뿐만이 아니라 유향품관까지도 포함한 사대부계층 앞에서 상대적으로 절대적이지 못하였다. 오히려 사대부계층이 갖는 정치적·사회적인 영향력이 보다 강하게 왕을 견제하였다. 이 때문에 산천제를 놓고도 양자 사이에 적당한 타협이 이루어질 수밖에 없었다.[45]

---

[45] 조선이 명과 더불어 하나의 유교적인 의례체제에 속하게 되었음에도 불구하고 그 실제 내용이 서로 다르게 나타난 까닭을 이해하기 위해서는 과거제도나 대간제도에 관한 연구를 통해 한·중관계사에 관한 안목을 제시한 아래의 연구들이 참고된다.

3. 유향품관과 地方民과 山川祭

　국가의 지방민 지배에 있어서 정작 중요한 것은 일반 백성이었다. 그들로부터의 수취가 없이는 국가의 존립이 어려웠다. 그런데 이들 일반 백성들로부터의 수취를 원활하게 하기 위해서는 그들에게 직접적인 영향력을 행사하고 있는 지방 유력자의 협조가 필요하였다. 사정이 그러하다면 지방 유력자의 우월적인 지위가 보장되고, 그들과 일반 백성의 관계도 보다 친밀하게 유지되어야 했다. 일반 백성과의 유대가 깊은 속에서 영향력을 미칠 수 있는 지방세력의 도움을 받게 되면 국가의 지방민 지배와 수취가 보다 쉬워질 터이기 때문이다. 국가가 산천제를 유향품관들이 봉행하는 것을 인정해 준 것은 바로 이러한 국가의 정치적 의도와 관련이 있다고 믿어진다. 이 문제를 자세하게 알아보기 위해 먼저 산천제가 지니는 사회적・정치적 의미를 좀더 깊이있게 음미해 볼 필요가 있다.

　宋俊浩, 1981,「科擧制度를 통해서 본 中國과 韓國」『科擧-歷史學大會 主題討論』; 1987,『朝鮮社會史硏究』, 일조각, 458쪽 및 471~473쪽.
　鄭杜熙, 1994,『朝鮮時代臺諫硏究』, 일조각, 1994, 201~202쪽.
　이에 따르면 과거제도나 대간제도는 한국과 중국에 모두 있었지만 그 제도가 발전・운영되는 양상은 매우 달랐다. 그 까닭은 조선과 중국과는 정치제도와 그 운영 및 사회구조가 서로 달랐기 때문이었다고 한다. 즉 조선과 명은 최고 통치자와 관료들과의 역학적 상관관계에 차이가 있었다. 명은 황제의 통치권이 거의 절대적이라고 할 만큼 강하였다. 이에 비해 조선은 국왕의 통치권이 상대적으로 약하고 오히려 관료를 비롯한 사대부들이 왕권을 견제하는 정도가 더 강하였다는 것이다.
　따라서 명에서 제천례를 황제 이외의 사람이 넘보는 경우는 결코 일어날 수 없었다. 그러나 조선에 있어서는 산천제가 국왕만이 지낼 수 있는 제사로 준행되기 어려웠던 것이다. 조선에서는 국가에서 정해놓은 격식에 따른다면 지방의 사대부들도 지낼 수 있다는 타협책이 마련될 수밖에 없었던 것이다.

F-1. 朴英規는 후백제 임금 견훤의 사위이다 … 신검을 베자 태조는 영규에게 이르기를, "임금이 이미 나라를 잃었는데 경의 내외가 홀로 그 아비 (견훤의 사위였으므로)에게 정성을 다하고 겸하여 아름다운 공을 내게로 돌려 보냈으니, 그 의리를 잊을 수 없도다."하고 인하여 左丞 벼슬을 주고 그의 두 아들도 벼슬을 시켰다. 죽어서 해룡산신이 되었다. 朴蘭鳳은 죽어서 인제산신이 되었다.(『輿地』 40, 順天都護府 人物)

朴英規와 朴蘭鳳은 순천의 토성의 하나인 박씨의 조상이었다. 이 두 사람은 각기 그 지방에 있는 海龍山과 麟蹄山의 神이 되었다고 한다. 順天 사람들은 그 산신의 음덕을 입고자 제사를 올렸다. 이러한 견지에서 보면 산천제는 지역 내의 여러 계층 사람들을 하나의 마음으로 묶을 수 있는 기능을 하였다. 그것은 강한 지역성과 사회성을 가지는 마을의 제사였다. 그런데 박영규나 박란봉은 이미 중앙에서 이름을 날린 위인들이었다. 지방의 산천제의 다른 예에서도 특정한 중앙의 인물이 연결되어 있는 경우가 많다. 특정한 중앙의 인물이 죽어서 지방의 산천신이 되었다는 전설이 각 지역에 산재하여 있는 것이다.46)

박영규를 비롯하여 산천신이나 성황신이 되었다는 인물이나 그 지역 출신 인물로서 사당에 모셔진 사람들은 대개 중앙에서 높은 지위를 차지하였던 사람들이다. 그 제사가 모셔진다는 것은 국가가 중앙의 최고 지위에 올랐던 인물과 지방민과의 연관을 인정해 준다는 뜻이다. 국가는 그것을 통해 지방민의 자긍심을 높여주는 성과를 얻을 수 있었다. 또한

---

46) 그 밖에도 지방의 산천제나 성황제에는 특정한 중앙의 인물이 연결되는 경우가 많다. 특정한 인물이 죽어서 성황신이나 산천신이 되었다는 전설이 각 지역에 산재하여 있다. 예컨대 아래의 경우를 보자.
"金摠 仕甄萱 官至引駕別監 死爲府城隍神"(『新增東國輿地勝覽』 40, 順天都護府 人物)
김총이 죽어서 그 府의 성황신이 되었다고 한다(『輿地』에 따르면 순천부의 토성은 張·朴·金·姜이다). 이밖에 죽어서 본관의 성황신이 된 경우를 예로 들면 義城의 金洪術, 密陽의 孫競訓, 谷城의 申崇謙 등이 있다.

그것은 중앙과 지방이 나뉘어진다기 보다는 그 연결성과 공통성을 드러내는 일이다. 즉 중앙과 지방의 갈등을 줄이고 타협과 조화를 이루는 효과적인 방책이다. 이와 같이 제사를 통해 중앙에서 높은 벼슬을 하거나 큰 공을 세운 사람과 지방민과의 연결을 확인시켜 주는 일은 지방민을 다독거려 민심을 수습하여 중앙의 지방지배를 안정시키려는 높은 수준의 지방민 통치방식의 하나였다. 이를 위해 국가는 모든 군현에 산천단을 마련하였으며[47] 香과 祝文을 내려주었다.[48] 뿐만 아니라 정부가 나서서 특정한 인물을 모시는 사당을 설치해 주었으며[49] 그 제사를 정례화해 주기도 하였다. 그리고 이미 앞에서 설명한 것처럼 국가는 재지사족들이 이러한 제사를 주관하는 일을 후원하였다. 조선 초기에 자신들의 권위를 높이고 싶은 유향품관에게 산천제의 주관이 주는 의미는 매우 큰 것이었다.

유향품관이 마을에서 치루어지는 제사를 주관하면서 자신의 위상을 높이려고 한 사실과 관련하여 충청도에 살았던 유향품관인 朴晉의 경우를 살펴보는 일도 도움이 된다. 정종대 校書郞 崔直之라는 사람의 외삼촌인 朴晉은 진사시에 합격하여 內侍・守令 등을 지낸 뒤 충청도에서 살고 있었다. 그는 아버지가 임종하자 여러 선비의 글을 모아 아버지의 덕을 기리는 책을 펴내고자 하였다. 그리하여 자신의 조카인 校書郞 崔

---

47) 고려시대에도 명산대천에는 산천단이 있었다는 기록은 있다. 그러나 모든 군현에 빠짐없이 산천단이 설치된 것은 조선시대에 접어들어서의 일이었다. 각 군현에 산천단을 설치하고 관찰사와 수령으로 하여금 정기적으로 제를 지내게 하였다.
48) 성황제나 산천제를 위해 국가는 향이나 축문 따위를 내려주기도 하였다. 그것은 국가가 지방의 성황제나 산천제를 주관하고 통제한다는 상징적인 의미를 나타내기 위한 일이었다고 본다.
49) 『新增東國輿地勝覽』 29, 慶尙道 善山都護府 祠廟條에 따르면 금오산 아래 吉再祠가 있는데 觀察使 南在가 세운 것이라고 한다. 남재는 개국공신으로서 태조와 태종대에 활약한 인물이다. 그가 관찰사로 부임하여 길재사당을 세운 것은 국가의 의도와 별개의 일일 수 없을 것이다.

直之에게 사람을 보내 이를 부탁하였다.50) 최직지는 권근에게 그 책의 서문을 부탁하였다. 그 가운데 다음과 같은 구절이 있다.

> F-2. 내가 의리로 보아 (이 글을) 사양할 수 없어 다음과 같이 쓴다. "옛날에 시골 선비로서 도학을 갖추고 벼슬하지 않으며, 살아서는 능히 그 덕으로 한 고장을 잘 교화시키고 죽어서는 그 향촌의 제사를 받는 분이 있었으니, 그대의 외할아버지가 바로 그런 분이다. …"(『陽村集』 20, 「贈朴淸道廬墓詩序」)

이에 따르면 權近은 朴晉의 아버지가 그 향촌의 제사를 받을 만한 사람이라고 하였다. 박진은 자신의 아버지가 중앙의 사람들과 연결되어 있었음을 과시하고 향촌에서 그 제사가 받들어지는 것을 원하였다. 유향품관은 자신이 그 지방의 대표자로서 그 지방의 권위를 상징하는 존재가 되고자 하였다. 이를 위해서 자신들의 조상이 마을에서 떠받들어 지기를 원하였다. 그리고 그 제사를 자신들이 주관하고 싶어하였다. 유향품관은 이러한 소망을 산천제를 통해서도 이룰 수 있었다.

이러한 제사를 통해 한편으로 유향품관은 지방민과 친밀하게 연결되는 계기를 확보할 수 있었다. 이와 관련하여 아래의 몇 개의 기행문이 참고된다.

> F-3. 嶺東의 민속이 매년 3·4·5월 중에 날을 가려 무당을 맞이하여 水陸의 별미를 잘 차려 山神에게 제사를 드린다. 부자는 말바리로 실어오고, 가난한 자는 이고 지고 와서 신전에 차려 놓고 피리를 불고 비파를 타고 연 삼일을 재미나게 놀고 취해 배부른 연후에야 비로소 집으로 내려와 사람과 매매를 한다. 만약 제사를 아니 지내면 한 자치의 베도 사람과 매매를 못한다. 고성의 민속제는 바로 이날인지라, 가는 길 곳곳마다 남녀들이 몸단장을 하고, 줄대어 끊어지지 아니하며 왕왕 저자와 같이 많이 모인 데도 있었다.(『續東文選』 21, 南孝溫, 「遊金剛山記」)51)

---

50) 『陽村集』 20, 「贈朴淸道廬墓詩序」.
51) F-3은 성종대 활약한 남효온이 금강산을 유람하며 쓴 기행문의 일부이다. 그 가운

F-3은 남효온이 유람다니면서 영동지방의 민속에 대해 기록한 글의 일부이다. 이 기록에 따르면 영동의 사람들은 매년 3·4·5월 중에 날을 가려 무당을 맞이하다가 산신에게 제사를 드리는 풍속이 있다고 한다. 여기에는 말바리로 祭物을 실어오는 부자도 있고 손수 이고 지고 오는 가난한 사람들도 있었다. 이들은 제사를 지낸 뒤에야 매매 행위를 할 수 있었다. 제사를 지내지 않은 사람은 한 치의 베도 매매할 수 없었다.

즉 산천제는 그 고장 사람들이 모두 참여하는 행사였다. 이것은 그 고장 사람들의 공동체적인 결속을 다지는 의미를 지니는 행사였다. 그 제사에 참여하지 않으면 사람들과 더불어 살아가는데 지장을 받을 정도였다. 따라서 이러한 제사에 영향력을 행사하는 사람은 지방에서 더욱 우월한 지위를 보장받을 수 있었다. 그들은 제사날을 가리고 많은 비용을 들이고 사람들이 제사에 참여한 여부를 가려 일정한 제제를 가하기도 하는 등의 일을 했다고 여겨진다. 이러한 역할은 사회·경제적으로 지방민들보다 우월한 지위에 있던 유향품관이 맡았다고 생각된다. 이와 관련하여 頭流山에 다녀온 기록인 다음의 글이 참고된다.

> F-4. ① 해 저물 녘 산봉우리에 오르니, 정상에 石壘가 있는데 겨우 한간 판옥을 수용할만 하고, 판옥 아래에는 石婦人像이 있는데 이른바 天王이다. 紙錢이 어지러이 들보 위에 걸리고, "嵩善 金宗直·季昷과 高陽 兪好仁·克己와 夏山 曹偉 및 大虛가 成化壬辰(성종 3년 : 1472) 中秋日에 함께 오르다."는 몇 글자가 있었다. 그리고 예전에 구경온 사람들의 성명을 보니 당세의 호걸들이 많았다. ② 인하여 종을 시켜 두 그릇에 제물을 갖추게 하여, 사당에 보고를 드리려 제문을 지었다. 그 글

데 영동지방에 전해 내려오는 민속을 소개하고 있다. 시대가 조금 뒤의 기록이기는 하지만, 풍속이란 어느날 갑자기 생기는 것이 아니기 때문에 전체의 논지를 전개하는데에는 큰 무리가 없을 것이라고 생각된다. 김일손이 남긴 기록인 F-4의 경우도 마찬가지이다.
※ F-3의 인용문은 『韓國文集叢刊』 16에 수록된 「秋江集」 5, 21B에도 수록되어 있다. 「추강집」에는 '高城民俗祭'가 '高城俗所祭'로 되어 있다.

에, "옛날 先王이 상하의 구분을 제정하여 五岳四瀆은 오직 천자만이 제사할 수 있고, 諸侯들은 다만 자신의 封地안의 山川만을 제사하고, 公卿大夫들은 각각 해당되는 제사가 있었다. 후세에 이르러 名山大川에서 祠廟에 이르기까지 무릇 文人으로 그 아래를 지나는 자는 반드시 제물을 갖추어 奠祭를 드리며 告由하는 일도 있다. ③ 생각건대 頭流山은 멀리 海邦에 있어 수 백여 리를 뻗치어 호남·영남 두 경계의 鎭山이 되고, 그 아래 수십 고을을 옹위해 있으니, 반드시 크고 높은 신령이 있어 雲雨를 일으키고, 정기가 저축되어 영원토록 백성에게 복리를 깨쳐 주어 마지않을 것이다.(『續東文選』21, 金馹孫, 「續頭流錄」)

위 글에 따르면 산봉오리에 있는 石壘의 板屋 안에는 부인모양의 석상이 있었는데 이른바 天王이라고 한다. 산꼭대기에 세워진 것으로서 김일손이 하룻밤을 留宿한 이 祠宇는 산천단이었고 그 안의 석상은 그 곳의 山神을 상징하는 것이라고 생각된다. 그런데 그 곳에 金宗直 등이 다녀갔다는 기록이 있었다고 한다. 그 밖에도 예전에 다녀간 사람들의 이름을 보니 당세의 호걸들로 불리던 사람들이 많았다고 한다(①). 이어 김일손은 본래 천자와 제후와 공경대부가 각각 구분되어 지내는 제사가 구분되어 있었는데, 후대에 이르러 명산대천에도 文人이나 그 곳을 지나가는 사람들이 제를 올리게 되었다고 하였다(②).

김일손이 김종직을 거론한 뒤 豪傑이라고 지목한 사람들은 대개는 그와 비슷한 지위에 있는 사람들이었을 것이다. 또한 文人으로 설명한 사람들도 대부분이 사족이었을 것이다. 따라서 이 기록을 통해 관리들을 비롯하여 그와 비슷한 지위에 있는 사람들이 산천제에 적극적 이었던 점을 짐작할 수 있다. 그들이 평상시에 산천제를 통해 자신들이 얻는 이익이 있었다는 이야기이다. 앞의 F-3에서 산천제는 공통체적인 결속을 다지는 행사로서, 그것에 영향력을 행사하는 사람은 지방에서의 지위를 더욱 우월하게 할 수 있었다는 점을 알아 보았다. 이와 더불어 F-4의 ③에 따르면 두류산은 수백여 리에 걸쳐 있는 산으로 그 아래 수십 고을을 옹위해 있으니, 반드시 크고 높은 신령이 있어 영원토록 백성에게 복리를 끼쳐 줄 것이라고 되어 있다. 즉 산천제는 백성을 위해 산신에게 복을 빌어주는 일이었다. 이와 같은 의미를 지니는 산천제에 유향품관이 적극적으로 관여하고 나선 것이다. 지방사회에서 그 의미가 중요한 만큼 그 제사도 그들이 주관하였다고 보는 것이 온당하다.

결국 함께 모여 제사를 지내고 먹고 마시며 상행위까지 이루어지는 행사를 통해 유향품관은 지방민과 일정한 유대감을 가질 수 있었다. 또한 백성에게 복을 내려주는 신령에게 제사를 드리는 일을 주관한다는 것은 그 지방사회를 대표하는 존재라는 것을 상징하는 일이다. 더욱이 본래 산천제는 국왕의 권위를 상징하였다. 그러한 제사에 유향품관이 관여함으로써 그들은 지방사회에서 자신들의 권위를 한껏 높일 수 있었다고 여겨진다. 지방의 제사를 주관하면서 유향품관은 이러한 이익을 얻을 수 있었다.

유향품관의 각자의 정치·경제·사회적 지위나 입장 및 소망 등은 달랐을 것이다. 그러나 그들의 공통적인 특징의 하나는 지방사회에서 자신들의 기반과 지위를 확보하는 일이었다. 유향품관이 산천제에 관여한 것도 그것에 도움이 되기 때문일 것이다. 국가는 산천제를 새로운 국가의 제례로 정비하고, 축향을 내려보내는 등 그것을 국가가 통제한다는 점을 분명히 하였다. 그리고 국가가 정한 예제대로 제사하고 하였으며 지방관이 관여하게 하였다. 따라서 유향품관이 산천제를 지내는 것은 국가의 통제아래 놓인 제사를 행하는 것이었다. 국가는 그와 같은 의식을 통해 유향품관을 관찰사·수령을 중심으로 통합시키고 그 너머에 있는 국왕을 정점으로하여 결집시키고자 하였다. 이러한 종교의식은 구성집단을 통합하고 유지시키는 역할을 한다. 유향품관은 산천제를 통해 그러한 통합의 중심적 역할을 할 수 있었다. 그러면서 지역사회에서의 권위도 얻어내었다. 그리고 이를 허용한 국가는 그렇게 함으로서 지방민에 대한 지배와 그로부터의 수취를 보다 원활하게 할 수 있었다.

지금까지 유향품관과 산천제에 관한 문제를 검토해 보았다. 그것은 대체로 조선이 건국된 뒤 일게 된 산천제의 의미 변화, 산천제를 둘러싸고 벌어진 국가와 유향품관과의 갈등과 타협, 유향품관에게 산천제가 지니는 의미 등을 알아보는 일이었다. 아래에 그 내용을 몇 가지로 요약하였다.

첫째, 조선시대에 접어들어 산천제는 국왕만이 지낼 수 있는 제사가 되었다. 그 까닭은 조선이 명에게 제후국의 예를 취하였기 때문이다. 명 황제는 천자로서 하늘을 대신하여 덕을 행하는 자이므로 천제에게 제사 지내며, 조선의 국왕은 다만 제후로서 조선에 있는 명산대천에 산천제를 지낼 수 있게 되었다. 산천제는 왕만이 지낼 수 있는 제사로서, 그것에 대한 제사권은 곧 왕의 권위를 상징하는 것이 되었다. 그러나 중앙의 대신이나 지방의 사족들은 이미 오래전부터 산천제를 지내왔었다.

둘째, 산천제의 의의가 변화하게 되었으므로 국가는 산천제를 개편하였다. 산천제는 크게 세가지 방향으로 개정되었다. 먼저 산천신을 등급을 나누어 국왕이 책봉하고 그들의 호칭으로 종래에 사용되던 대왕・왕이라는 칭호대신에 그 지역의 명칭이나 산천의 이름을 사용하게 하였다. 다음으로 祀典에 오른 산천신에게 중앙에서 정해준 예제대로 지내게 하였다. 그리고 산천제의 제사권을 가진 사람은 그 음덕의 수혜자인 국왕이므로 산천제도 국왕이나 국왕의 다스림을 대신하는 지방관이 그 제사권을 가지게 하였다. 이와 같은 조처는 지방의 행정구역을 정비하듯이 산천도 등급을 정하여 정비함으로써 그것이 중앙의 통제아래 있다는 명분을 세운 것이다. 또한 산천제를 위해 왕이 향축을 내려 보내고 국고의 미곡으로 치루게 하거나 지방관이 주관하게 하는 등 왕이 산천에 대한 제사권을 가진다는 뜻을 드러내었다.

그러나 국가는 산천제에 관하여 세운 시책을 철저하게 집행하지는 않았다. 이미 고려후기 이래 유향품관은 지방에서 산천제를 지내왔다. 유향품관의 협조가 긴요하였던 중앙정부로서는 그들의 뜻을 무시하고 일방적으로 국가의 입장만을 강요하기 어려웠다. 따라서 중앙에서 정해준 예제를 따르고 거기에서 크게 벗어나지 않은 한 지방에서 행하여지는 제사에 대해 관대한 태도를 보였다. 즉 국가는 유향품관이 산천제를 지내는 것을 일정한 조건아래 묵인하였다. 그 까닭은 유향품관이 지방민을 잘 위무하여 지방사회를 이끌어 나가는데 산천제가 도움이 된다고 판단하였기 때문이다. 국가는 중앙의 권위에 순종하는 선에서 향촌에서의 유향품관의 권위를 인정해주었다. 중앙에 맞설 수 있는 충분한 힘을 가지지 못한 유향품관으로서도 중앙의 정책에 순응할 수밖에 없었다. 그러나 그러면서도 유향품관이 얻어낸 것은 향촌에서 우월한 지위를 유지할 수 있게 되었다는 사실이다.

결국 조선에서는 엄연히 국왕이 올리는 제례인 산천제를 지방의 유향품관까지도 적당한 격식을 맞추어 지낼 수 있었다. 이와 같이 산천제가 국왕만이 지낼 수 있는 제사라는 점이 철저하게 지켜지지 못한 것은 조선의 국왕과 사대부들이 갖는 관계의 특징에서 크게 비롯된 일이라고 해석된다. 물론 국왕의 지위는 절대적인 것이었고 사대부들이 그것에 대해 반발하지는 않았다. 그러나 국왕의 통치권은 일반 관료들 뿐만이 아니라 유향품관까지도 포함한 사대부계층 앞에서 상대적으로 절대적이지 못하였다. 오히려 사대부계층이 갖는 정치 사회적인 영향력이 보다 강하게 왕을 견제하였다. 이 때문에 산천제를 놓고도 양자 사이에 적당한 타협이 이루어질 수 있었다.

셋째, 산천제를 통해 유향품관은 지방민과 친밀하게 연결되는 계기를 확보할 수 있었다. 그와 같은 종교의식은 구성집단을 통합하고 그 유대를 지속시키는 역할을 하기 때문이다. 유향품관은 산천제를 통해 그러한 통합의 중심적 역할을 할 수 있었다. 또한 유향품관은 산천제에 관여함으로써 지방사회에서 자신들의 권위를 한껏 높일 수 있었다. 산천제는 국왕의 권위와 그 지역의 전통을 상징하는 것이었기 때문이다. 백성에게 복을 내려주는 신에게 제사를 드리는 일을 주관한다는 것은 그 지방사회를 대표하는 존재로서의 지위를 상징하는 일이었다.

그러나 유향품관이 산천제를 지내는 것은 국가의 통제아래 놓인 제사를 행하는 것이었다. 국가는 그러한 의식을 통해 유향품관과 지방민을 지방관을 중심으로 결합시키고 더 나아가서 국왕을 정점으로하여 결집시키고자 하였다. 이와 같이 산천제를 통하여 지방민이 유향품관을 중심으로 하여 친밀한 유대관계가 증대되고 더 나아가 국왕을 정점으로 하여 통합되는 것은 국가가 지방민을 통치하는 일에 도움이 되었다.

제3절 유향품관의 기복 민속의식

기복적 성격을 지닌 민속의식은 산천제 만큼이나 오래된 관습이었다. 국가가 유교적 이념으로 제사의 내용이나 형식을 정하고 거기에서 벗어나는 것을 폐지·통제했지만, 민속의식은 집단적으로, 또는 개인적으로 여전히 설행되었다. 비단 일반 백성들만이 아니라 경·향을 막론하고 사족들까지도 의식에 있어 그와 같은 이중적 측면을 보이고 있다. 사정이 이와 같으므로 향촌에서 행하여지는 제사는 물론 기복 민속의식도 유향품관과 무관할 수 없었다. 이에 그러한 의식에 얽힌 국가와 유향품관의 이해나 입장이 궁금해진다. 이 의문에 대한 해답은 그 의식의 시행에 담긴 유향품관의 의도와 목적을 분석함으로써 얻을 수 있을 것이다.

이 문제를 검토하기 위해 시기적으로 조금 뒤이기는 하지만 중종 대에서 명종 대까지 살았던 李文楗(1494~1567)의 경우를 분석해 보고자 한다. 이문건은 중앙의 관료로 활동하다가 뒤에는 성주에서 오래도록 유배생활을 하였던 사람이다. 그러므로 그가 남긴 일기인 『默齋日記』[52]

를 통해 지방에서 행하여지던 마을의 제사나 음사에 관한 생생하고 구체적인 기록을 얻을 수 있다. 또한 그는 중앙의 관인으로도, 그리고 지방에 거주하는 유향품관으로도 살았던 사람이다. 그러므로 이문건은 국가의 공식적인 입장과 그와 분리된 유향품관의 입장을 균형 있게 파악하기 위한 좋은 사례가 되리라고 본다.

이 글에서는 먼저 조선이 건국된 뒤 추진된 음사와 민속의식에 관한 정책을 분석하였다.[53] 그와 더불어 이문건이 살던 중종 대에 음사철폐론이 새삼 빈발한 정치적 원인을 분석하였다. 다음으로는 지방에서 시행된 여러 가지 제사와 재지품관과의 관계에 대해 검토하였다. 여기에서는 먼저 재지품관이 무엇 때문에 마을에서 행하여지는 여러 가지 제사에 관심을 가졌으며 여기에서 어떤 역할을 담당하였는가 하는 점을 분석하였다. 자연히 지방 사회에서 국가와 유향품관이 제사를 통해 얻어 낸 것과, 거기에서 차지하는 유향품관의 역할에 논의의 초점을 맞추었다. 마지막으로 유향품관이 직접적으로, 또는 간접적으로 시행한 기복 민속의식이 가지는 의의를 이해해 보았다. 마을에서 유학자로서 일정한 권위와 영향력을 지녔던 이문건 스스로도 매우 빈번하게 巫事나 점술 등의 기복 민

---

52) 『묵재일기』에 관해서는 이 책 180~181쪽 주 88) 참조.
53) 이 글과 관련하여 조선시대 무속에 관해서는 다음의 연구를 참고하였다.
　이복규, 1999, 『'묵재일기'에 나타난 조선전기의 민속』, 민속원.
　최종성, 2002, 『조선조 무속 국행의례 연구』, 일지사.
　이복규의 연구는 특히 이 글에서 주된 분석의 대상으로 삼은 『묵재일기』에 보이는 민속・무속 등을 다룬 연구이므로 매우 유용하였다. 최종성의 연구는 조선시대 유교사회에서 거행된 국행 무속의례에 관한 연구이므로 특히 무속 국행기은제, 기우제 등에 대한 이해를 얻는데 많은 도움이 되었다. 1992년 발견된 「순창 성황대신사적기」를 중심으로 하여 순창지역의 성황신앙, 성황제 및 그 주도세력 등에 관한 다양하고 깊은 연구가 망라되어 있는 한국종교사연구회편, 1998, 『성황당과 성황제』, 민속원도 크게 도움이 되었다. 조선시대에 성황신앙・성황제 등은 마을제 내지 민속제 등과 긴밀한 연관을 맺고 있었으므로 위의 연구서를 통해 이에 관한 보다 깊은 이해도 얻을 수 있었다.

속의식을 지냈다. 그것이 개인 구복을 위한 것이건 아니건 간에 이문건 개인의 비밀스럽고 은밀한 의식은 아니었다. 이에 유학자를 자처하는 이문건을 비롯한 유향품관이 공공연하게 기복 민속의식을 벌인 사회적 의의를 짚어 보고자 한다.

조선전기 유향품관은 유학자로서 한편으로는 성리학적 이념에 충실할 것을 강조하면서, 다른 한편으로는 기복 민속의식을 시행하는 양면성을 갖고 있었다. 결국 시기와 내용에 따라 매우 다양하게 분화되지만 크게 보아 조선전기 유향품관에게는 유교적 제례를 준행해야 할 필요성과 기복 민속의식도 붙잡고 있어야 할 까닭 모두가 있었다. 그러므로 이 문제를 면밀하게 검토하는 일은 조선전기 사회구조의 성격과 유향품관의 다양하고 실제적인 성격을 이해하는데 중요한 문제라고 생각한다.

1. 국가의 제사정책과 음사·기복 민속의식

조선에서 유교는 국왕과 관료에 의해 짜여진 정치 질서에 동반자와도 같은 성격을 지니면서 초자연적 질서와 연결되는 세계였다. 유교적 의식은 개인의 신앙이나 믿음의 표현을 넘어 매우 공적이고 정치적인 의미를 지니는 것이었다. 이러한 정치적 고려 아래 모든 의식이 국가가 마련한 유교적 예제 안에 편입되어 등급과 그에 따른 절차가 매겨졌다. 그 결과 종래에 지내오던 많은 의식이 새로운 예제에 맞게 개편 또는 폐지되었다. 이것은 국가가 권력과 권위를 중앙으로 집중시키는 조처인 동시에 사대부와 일반 민들의 의식세계까지도 통제하려는 조처였다. 특히 지방에서 거행되던 각종 제사나 의식의 변천은 조선 건국 후 추진된 중앙집권적 통치체제의 확립과 궤를 같이 하는 일이다. 예제를 향한 이와 같은 정치적 목적으로 말미암아 국가가 세운 예제에서 벗어나는 것은 통제와 비난을 받게 되었다. 그러한 여타의 의식은 淫祀로 지목되어 철폐와 비난의 대상이 되어 버렸다.

　그런데 조정의 논의에서 나오는 음사는 사실 여러 가지 의식이 포괄적으로 포함된 개념이었다. 기본적으로 국가가 음사로 지목한 것은 제사 자체야 사전에 이름이 오른 제사라 할지라도 제주가 제사할 제 귀신이 아닌 것에게 올리면 그 제사는 음사였다. 또한 도교나 불교의 의식, 그리고 巫事 등의 민속의식 까지도 음사로 지적되었다.[54] 즉 제사의 종류는 물론 형식과 절차 등에서 조차 국가가 마련한 예제에서 벗어나는 것은 음사로 격하되었다. 구체적인 경우를 예로 들어보면, 중종대 시강관 최숙생은 경연에서 음사를 금하자고 아뢰면서 野祭와 佛事 등과 더불어 왕실의 忌晨齋까지 모두 금해야 할 음사로 지목하였다.[55] 이 당시 최숙생은 앞장서서 음사폐지를 주장했던 사람이다. 그는 다른 상소문에서도 음사의 성행을 개탄하면서 소격서의 태일제, 忌晨에 부처에 올리는 예와 더불어 國巫・衙巫를 비롯한 무당이 지내는 의식 등을 음사로 몰아 비난하였다.[56] 중종대 또 다른 경연의 자리에서도 음사를 숭상하는 풍속을 통절하게 막아야 한다며 지방에서 행해지는 巫事와 靈撤夜 등이 혁파되어야 할 음사로 거론된 일이 있다.[57] 지방에서 사람들이 자의적으로 지내는 성황제 역시 음사로 지목되었다.[58]

　사실 이러한 음사론은 종교적인 것이라기보다는 정치적이고 관료적

---

54) 국가의 제사 정책에 관한 논의에서 사용한 음사라는 표현은 조정의 논의에서 나온 것처럼 국가가 정한 예제대로 행하여지는 제사를 제외한 다른 많은 의식을 포괄하는 개념으로 사용하였다. 그런데 사실 조선시대에 도교나 불교는 이를 폄하하려는 정치적 의도 아래 흔히 左道라고 지칭되었다. 이에 이 책에서 기복 민속이라고 함은 주로 치병이나 개인 구복 등을 위해 개인적으로 행한 무사나 점술 등의 민속의식을 표현한 것이다.
55) 『중종실록』 5, 중종 3년 3월 정미
56) 『중종실록』 21, 중종 9년 10월 갑인
57) 『중종실록』 8, 중종 4년 6월 갑자
58) 『중종실록』 25, 중종 11년 6월 계축

인 이념에 따른 조처였다. 그러므로 새 왕조 질서의 수립에 대한 정치적인 긴박감이 완화되면 자연히 누그러지게 마련이었다. 대체적으로 새로운 왕조가 안정되고 祀典 체제가 정비된 세종 무렵 이후로 넘어가면 음사에 대한 국가의 정책은 완화되었다. 국가가 각별히 주시하는 문제는 대개 국가의 권위에 직접적으로 저해되는가 여부였다. 다시 말하면 국가는 공식적으로 마련된 예제에 따라 치러지는 제례와 사회 조직에 직접적으로 부딪히는 경우에 대해서 민감하게 반응하였다.[59]

물론 이후로도 음사는 계속 문제시 되었다. 조정에서는 꾸준히 음사를 없애자는 논의가 일어나고 무지한 백성들뿐만이 아니라 사대부와 심지어 公家에서까지 무당을 불러들여 음사를 지낸다며 개탄하였다.[60] 하지만 논의의 핵심이 음사 자체는 아니었다. 예컨대 세종 25년 정사를 의논하는 자리에서 우의정 신개는 백성들이 음사와 불공을 드리는데 곡식을 허비한다며 개탄하였다.

  A-1. 우의정 신개가 아뢰기를, "근래에 국가가 일이 많았고 해마다 흉년이 들었기 때문에, 민생이 어려워 [의창곡을] 쉽게 가져다 바치지 못하였나이다. 그러나 의창은 진실로 上敎와 같이 관계되는 바가 지극히 중하오니, 경솔하게 반을 감할 수 없사옵니다. 때맞추어 거두고 흩어 주어 군

---

59) 예컨대 각도의 산천제나 성황제를 올리는 곳에 신상이 여전히 설치되어 있거나 '아무개 王'・'아무개 侯'・'아무개의 位' 등의 호칭을 사용하고 있는 경우에 대해서는 제재조처를 가하였다(『세종실록』 49, 세종 12년 8월 갑술). 그러한 경우는 통상 태종 13년에 확립된 예제를 근거로 신상을 철거하고 나무로 된 神主만을 남기게 하고 호칭도 '아무개 신'이라고 하거나 단지 누구라는 명칭만 사용하게 하였다. 지방의 신상에 위와 같은 호칭을 사용하는 것은 정치적으로 중앙의 권위에 직접 위배되는 일이기 때문이다. 이는 예제가 국가 통치 질서를 보존하기 위한 초자연적 세계와 연결되는 동반자와도 같은 의미를 지니는 상황에서 용납될 수 없는 일이었던 것이다. 이러한 문제에 대해서는 이 책의 앞절 참조.
60) 백성들은 물론 사대부와 公家에서 조차 野祭를 지내거나 무녀를 불러 병을 치료하게 하는 등의 의식을 시행한 사실에 관하여서는 최선혜, 1998, 앞의 논문, 177~180쪽에 밝혀두었다.

량을 충족하게 하는 것만 같지 못하옵니다. 또 보통 백성들은 아껴 쓰는 것을 알지 못하옵고, 겨우 몇 斗의 곡식을 수확하면 淫祀와 불공을 드리는 데에 하지 않는 것이 없어서, 만 가지로 허비하여 다 없애버립니다. 그러니 다시 의창에서 내어 가기를 해마다 그렇게 하여, 마침내 다 바칠 때가 없는 것이옵니다. …"하였다.(『世宗實錄』93, 세종 23년 6월 무인)

신개는 사람들이 수확한 곡식을 음사와 불사 등에 써버린다며 개탄해 마지않았다. 그런데 이날 논의에서 음사가 문제로 지적되기는 하였지만, 사실 이 비판의 핵심은 의창제도의 합리적인 운영방안을 마련하는데 있었다. 즉 음사에 대한 비판의 목소리는 그것이 국가의 통치 질서를 저해하는 일에 연결되었을 때 강하게 터져 나왔다. 하지만 그것과 연관되지 않은 음사 자체에 대해서는 관용적인 태도를 취하였다. 세종 25년에 있었던 다른 경우를 하나 더 보기로 하자. 전라도 무주현에서 유향품관과 수령과의 갈등이 터져 나왔는데, 그 빌미가 된 것이 음사였다.

A-2. 처음에 전라도 茂州縣 사람 前 齊用判事인 鄭載의 처가 금법을 어기고 淫祀를 행하였다. 현감 李桂遂가 사실을 밝혀내어 載의 처의 속죄로 그 종을 곤장형에 처했다. 이에 재가 원한을 품고 이계수를 都事 姜元亮에게 은밀히 고소하였다. 이에 원량이 감사 琴柔에게 고발하여 계수를 문초하는지라, 계수가 品官과 향리를 사주하여 정재를 본읍 수령을 고소한 죄로 고발하여 사헌부에서 재와 원량을 문초하였으나 모두 불복하였다. 사헌부는 고을 백성으로서 본읍 수령을 은밀히 고소함은 풍기에 관계된다 하여, 위에 아뢰어서 본인을 불러다가 문초하기를 청하니, 의금부에 내리어 문초하게 하였다. 의금부에서 재는 곤장 1백 대와 流三千里에, 원량은 곤장 1백 대에, 금유는 태형 30에, 계수는 곤장 80대에 각각 해당되는데, 재는 범죄가 은사 전에 있은 것이어서 면죄되는지라, 의금부에서 다시 아뢰기를, "재는 사리를 아는 朝士로서 계수가 밝히어 낸 것이 비록 좀 부당하였다 할지라도 진실로 마땅히 꿀 먹은 듯이 욕됨을 참아야 할 것인데, 도리어 아내의 범법한 것을 부끄럽게 여기지 않고 원한을 품어 해치고자 한 것이 지극히 내숭스럽습니다. 더구나 유와 원량과 계수는 모두 죄를 받았는데, 재는 은사 전이라 하여 혼자만

면한다면 가볍고 무거움이 올바르지 못하여 뒷사람들을 징계할 수가 없
사옵니다. 청하옵건대, 집을 파산시키고 고을에서 쫓아내어 풍속을 바로
잡아야 할 것이옵니다."하니, 그대로 따랐다.(『世宗實錄』 99, 세종 25년
3월 무인)

위 사건의 표면적인 발단은 음사지만, 근본적인 원인은 평상시에 있어 온 정재 등 유향품관과 현감 이계수와의 갈등이었다고 보인다. 국가가 이 사건을 다루는 입장도 정재의 집안에서 음사를 지낸 것 자체 보다 본읍 수령고발을 금지하는 풍기에 관한 죄를 다스린 것이었다. 이 일로 인해 현감 이계수와 감사·도사 등은 죄를 받았지만 오히려 정재는 처벌 받지도 않았다. 의금부가 다시 정재에게도 죄를 물었지만, 그 죄목은 음사의 설행이 아니라 수령을 고발하였기 때문이다. 오히려 의금부의 논의는 이계수가 정재 집안의 음사를 들추어내 죄를 다스린 것이 다소 부당했다는 입장이다. 음사의 설행이 금법을 어긴 것이기는 하지만 그것이 죄를 물릴 정도로 문제를 삼을 일은 아니라는 뜻이다. 즉 국가가 예의 주시한 것은 어떤 형태로든 음사가 국가의 공적 질서에 직접 저해될 때였다. 그렇지 않은 다음에야 어떻게 일일이 음사를 막을 수 있느냐는 입장이었다.

세조대의 경우를 보아도 기어코 음사를 금지시키려 한다면 그것이 오히려 지나친 일이라는 주장이다. 세조는 신하들과 더불어 지나친 법령이 오히려 폐단을 일으키는 일에 관해 논한 자리에서 다음과 같이 말하였다.

A-3. 전지하기를, "… 良家의 부인이 淫祀에 참여하는 것을 금하는 일 같은 것
은 실행하는 자가 없을까 염려함에서이다. 만약 이로 인하여 淫放하게 된
다면 마땅히 그 죄를 다스려야 하나, 그렇지 않다면 귀신을 섬기는데 무엇
을 금지하겠느냐? … 내 들으니, 헌부에서 근일에 문밖에서 평민 가운데
귀신을 제사하는 자가 있으면 잡아다가 죄를 논하였다 하니, 심히 말도 안

되는 소리이다."하고, 이어 掌令 金瑞陳을 불러 전지하기를, "내가 都統府에 있을 때부터 가혹하게 사찰하는 것을 싫어하여 자질구레한 禁令은 모두 시행하지 말게 하였었다. … 음사를 금지하는 것은 작은 일인데, 내가 누차 금하지 말라고 명했는데도 헌부에서 그대로 꾸짖고 들추어낸다니, 근일에 논핵한 사람이 얼마이며, 또 누구누구인가? … 이제 음사란 것도 금지지 말아야 할 일인데도 유사에서 그것을 반드시 금하려고 하니 … 내 [음사지낸] 이들을 잡아다가 告하는 자를 매우 그르게 여긴다. 그 일을 논결할 적에 누가 주장을 하였느냐? … 이전에 '가혹하게 사찰하지 말라'고 내가 이미 전교했었다. …"하였다.(『世祖實錄』4, 세조 2년 5월 을해)

세조는 음사는 失行을 하는 등 사회적인 물의를 일으키는 일과 달리 단지 귀신을 섬기는 일일 뿐인데 금지할 필요가 있느냐고 하였다. 오히려 음사는 금하지 말아야 하며, 이를 금하려고 하는 것이 매우 잘못된 일이라는 것이다. 이에 國忌日만이라도 음사를 금지할 것인지에 대해 논의하였지만 결국 국기일조차 음사를 금지할 필요가 없다는 결론이 내려졌다. 이러한 결론은 세조의 자의적인 의견이 아니었다. 이날 모였던 구치관·한명회, 장령 김서진 및 승지 등 여러 신하들과 더불어 내린 결론이었다. 국왕이나 관료의 입장에서 그러한 의식은 개인의 삶의 신비적인 측면을 만족하는 의미를 지닐 뿐, 국가의 공적인 질서에 직접 저해되는 것은 아니었기 때문이다.[61]

---

61) 이러한 흐름에 중국 唐·宋 교체기 불교 의식에 대한 송대 유학자 관료들이 취한 태도가 비교·참고가 된다. 잘 알려진 것과 같이 송의 유학자 관료들은 불교에 대해 강한 비판을 견지하였다. 그것은 우선적으로 唐代 불교가 가졌던 정치·경제적인 영향력 때문이었다. 하지만 송의 유학자 관료들이 불교에 대한 비판의 목소리를 늦추지는 않았지만, 일반 백성들이 불교적 의식을 지내는 것에 대해서는 목소리를 낮추었다. 즉 행정 관료로서 지나치게 광적인 사람들은 지방의 사원을 부수고 신성하게 여겨지는 나무를 자르기까지 하였지만, 대부분의 사람들은 백성들의 반응을 우려하여 그러한 행동은 금지하려는 생각을 가지고 있었다. 그들이 문제시하여 진압하는 경우는 단지 공식적으로 정비된 새 왕조의 의식과 사회에 직접적으로 저해될 때라고 한다. 이러한 송대의 공적인 예제에 관한 개괄적인 이해는, Gernet, Jacques, *Daily Life in China on the Eve of the Mongol Invasion*

이러한 관용적인 태도 속에서 성종 대 이르러서도 도성 안에서조차 음사가 끊이지 않고 무지한 백성은 물론 유식한 자나 조정 관료까지도 음사를 지낸다는 점이 지적되고 있다.62) 이에 무녀를 도성 밖으로 추방하고 야제를 금지한다는 법이 재삼 강조되기는 하였다. 그러나 인가에서 설행되는 음사를 금지하는 일을 놓고 성종 스스로도 법을 그렇게 가혹하고 각박하게 할 수는 없다는 뜻을 비치었다.63) 이렇게 음사가 간간히 문제되기는 하였지만 심각한 논쟁거리로 터져 나오지는 않았다. 유교적 의식에서 벗어나는 민간의 기복 의식은 물론 국왕이 관여된 도교의 제사나 기은제 등의 무속의례에 대해서도 공격의 목소리가 크지 않았다.

그런데 중종 대에 이르러 돌연 왕실의 음사 문제로 조정에 큰 파문이 일어나게 되었다. 사실 국왕을 포함하여 왕실의 사람들이 지내는 이른바 국행 음사는 조선 전기에도 내내 시행되던 의례였다. 왕과 왕자의 안녕을 위해 무녀가 지내는 기은제가 그 대표적 무속 의례이다.64) 도교의 초제 역시 건국 이래 국가적 행사로 거행되어왔다.65) 하지만 음사 철폐 정책이 한참이던 조선 초기에도 이러한 의례가 논란의 대상이 되지는 않았다. 그런데 중종 대에 이르러 이에 대한 비판의 목소리가 불거져 나왔다. 낭관들이 직접 육조낭관의 이름으로 차자를 올려 초제를 지내던 소격서를 혁파하자고 주장하고 나서는 정도였다.66) 소격서 혁파 건의는 조선

1250-1276, Stanford University Press, 1962. 특히 197~218쪽이 참고가 된다.
62) 『성종실록』 14, 성종 3년 1월 신축·임자 및 같은 책 58 성종 6년 8월 계미, 같은 책 236, 21년 1월 정사 등.
63) 『성종실록』 58, 성종 6년 8월 계미. 이날 경연에서 사간 박숭질이나 영사 정창손 등이 백성은 물론 朝士의 집에서조차 음사가 성행한다면서 음사금지 법령을 거듭 밝히자고 청하였다. 그러나 성종은 법을 그와 같이 가혹하고 각박하게 할 수 없다며 난색을 표하였다. 다만 도성 안의 음사가 너무 심하다면 다시 법을 제정하자고만 하였다.
64) 최종성, 2002, 앞의 책, 참조.
65) 최선혜, 2001, 「조선초기 태조·태종대 醮祭의 시행과 왕권 강화」, 『한국사상사학』 17 참조.

시대에 낭관들이 '육조낭관계'라는 형식을 통해 상호 결속된 의사를 직접 표출한 대표적 사례 가운데 하나였다.67) 중종 7년 4월부터는 4개월이 넘도록 집중적으로 무속을 성토하는 일이 벌어지기도 하였다.68) 이와 같이 중종 대에 이르러 소격서에서 지내던 제사나 기은제 등을 폐지하자는 관료들의 주장과 이를 거부하는 국왕과의 사이에 긴 줄다리기가 벌어졌다. 이른바 음사를 빌미로 길고 치열한 정치적 갈등이 일어났던 것이다.

　이 줄다리기를 이해하기 위해서는 중종 대 이후 일어난 정치적 변화와 당시 문제가 된 음사의 성격을 고려해야 하지 않을까 한다. 중종 대에 접어들어 조선왕조의 정치는 더욱 이념적인 성격이 강해졌다. 국왕도 성리학의 가르침을 따라야 하였으며, 어느 경우에나 성리학의 이념이 우선해야 한다는 입장이 강해졌다.69) 즉 국왕의 권위나 위상도 성리학을 초월할 수 없다는 이념이 팽배하게 되었다.70) 그리하여 성리학을 벗어나 도교의 이론을 끌어들여 국왕의 신성함을 드러내는 초제나 특정 신격을 모시는 기은제 등은 혁파의 대상으로 지목되었다. 사실 음사로 거론

---

66) 소격서의 폐지에 관한 기존의 연구에 대한 검토는 최선혜, 2001, 앞의 논문, 386쪽 참조.
67) 이 문제를 비롯하여 중종 대 이후 정치구조 변동에 관하여서는 다음의 연구가 참고된다.
　최이돈, 1994, 『朝鮮中期 士林政治構造硏究』, 일조각.
　정두희, 2000, 『조광조』, 아카넷.
68) 위의 주 67)과 같음.
69) 정두희, 2000, 『조광조』, 아카넷, 68쪽 및 172~173쪽 참조.
70) 예컨대 기은제에 대한 관료들의 비판이 봇물처럼 터지기 시작하였을 때 사간원이 올린 상소를 보면 임금이 덕을 닦지 않고 음사로 복을 누하는 것은 治化에 누가 되는 일이라는 것이다. 이 일은 음사의 금지를 빌미로 내수사 등 국왕의 사적인 재산에 대한 경제적인 제재조처의 성격도 지녔다. 관료들은 음사의 폐지와 더불어 국왕이 자의적으로 내수사의 재산을 사용하는 것에 대하여서도 비판의 박차를 가하였다. 이러한 사실은 『중종실록』 15, 중종 7월 4월 임진, 계사, 갑오, 계묘 등을 비롯한 이 무렵의 실록을 통하여 알 수 있다.

된 의식이라도 민간에서 행하여지던 야제나 무사, 점술 등의 민속의식에 대해서는 그다지 문제 삼지 않았다. 여기에서 다음 몇 가지 기록을 통하여 국행 기은제나 야제 등 국행 무속의례와 백성들이 지내는 의식에 대한 이중적인 입장을 확인해 보도록 하자.

> B. 시강관 崔淑生이 아뢰기를, "요즈음 민간에서 후하게 장사지내는 폐단은 없어지고, 다만 무당이나 淫祀만을 믿어, '野祭'라고 일컫고 있으며, 또 佛事를 베풀어 재산을 다 없애 가면서 귀신에게 빌고 있습니다. 이것은 마땅히 엄하게 금지해야 하는데, 반드시 위에서 먼저 스스로 금지한 후에라야 백성들이 곧 본받을 것입니다. 국가에서 조종 때로부터 忌晨齋를 설치한 것은 예절에 어긋난 행사입니다. 신이 듣건대, 그 날 조종의 위패를 목욕하여 편문으로 인도해 들이고 정로를 통하지 않으며, 부처에게 밥[摩旨]을 올리고 중에 대한 공양을 마치기를 기다려 비로소 神位에 제사를 지낸다 하니, 선왕의 혼령을 더럽히고 욕되게 함이 이보다 심할 수 없습니다. 살아 계실 때 섬기기를 禮로써 하고, 돌아가서 제사지낼 때 예로써 하며 제사를 모실 때 예로써 함이 옳습니다. 청컨대, 엄하게 금지하여 이 행사를 행하지 못하게 해야만 백성들의 淫祀를 금할 수 있을 것입니다."하였다.(『中宗實錄』 5, 중종 3년 3월 정미)

이 당시 최숙생은 가장 앞장서 국행 무속을 공격한 사람 가운데 하나였다. 여기에서도 민간에서 음사를 믿어 야제나 불사 등이 시행되는 것을 비판하고 있다. 그런데 국가가 먼저 기신재와 같은 무속의례를 폐지해야 한다는 것이다. 최숙생이 정작 말하고 싶은 것은 기신재의 혁파였다. 백성들의 음사 운운은 그것을 관철하기 위해 끌어들인 명분이었을 뿐이다. 그러나 아무튼 음사 자체는 국가가 금지하는 일이었다. 따라서 음사는 경우에 따라서 언제든지 정치적 문제로 연결될 수 있는 불씨와도 같았다. 중종 내에도 음사가 정치적 문제로 불거지기는 하였지만 거기에는 사실 국왕의 위상을 놓고 벌어진 정치적 갈등이 내재되어 있었다. 이와 달리 백성들이 지내는 야제 등 각종 음사에 대해서는 관용적인 태도를 보였다.

> C-1. 전교하였다. "지금 충청도 관찰사의 서장을 보니, 전 直長 金礪成과 正兵 宋貴成의 아내 注伊는 孝行과 節義가 뛰어났다. 진실로 아름다운 일이니 상을 내려 장려하도록 하라." … 注伊는 淸州 사람인데 남편이 죽고 얼마 안 있다가 시부모가 작고했다. 그러자 어떤 사람이 媒婆를 놓아 간음하려 하자 주이는 백일탈상한 후에 따르기로 약속하고 백일 날에 亡夫의 野祭를 지낸 뒤 밤중에 방에 들어가 남몰래 목매어 죽었다.(『中宗實錄』 5, 중종 3년 3월 정미)

충청도 관찰사는 正兵 宋貴成의 아내 注伊의 절의를 칭송하며 그것을 기리기 위한 서장을 올렸다. 이러한 일은 조선 건국 이래 유교적 이념을 보급·강화하기 위해 적극적으로 추진되어 온 정책의 하나였다. 관찰사의 서장에 따라 注伊는 지어미의 본분인 '貞'을 목숨을 버리면서까지 실천한 열녀로 포상을 받았다.[71] 거기에 국가가 금지하는 野祭를 지낸 것은 그녀의 명예와 아무런 상관이 없었다. 오히려 야제의 시행은 비난의 논조 없이 실록에까지 수록될 정도로 일반적인 현상이었다고 해석된다.

> C-2. 林百齡이 죽었다. 그는 사은사로 중국에 갔다 돌아오던 중 永平府에 이르러 병들어 죽었다. … 또 史臣은 논한다. 임백령은 海南의 촌사람이요, 鄕吏의 외손으로 의용이 아름답고 언어가 공교로왔으며, 겉으로는 공손한 듯하나 속으로 칼날을 숨기고 있어 조그마한 혐의도 반드시 갚고야 말았다. … 이때에 이르러 도중에 병을 얻어 죽게 되자, 애써 일어

---

71) 忠·孝·貞(烈)의 삼강이념은 고려말 신진사대부들이 불교를 배척하면서 일정한 정치적 의도아래 본격적으로 강조되기 시작하여 조선 건국이후 국가의 기본 이념으로 자리잡아갔다. 이를 위해 관찰사는 각 지방에서 그에 합당한 행적을 보인 사람을 중앙에 추천하여 올렸다. 조선 전기만 하여도 그 대상자는 주로 지방의 품관들이었다. 최선혜, 1998, 앞의 논문, 136~162쪽. 삼강이념의 확산정책은 조선시대 정표정책과 긴밀한 관련을 맺고 있다. 조선시대 정표정책에 관하여서는 박주, 1990, 『조선시대의 정표정책』, 일조각이 참고 된다.

나 애걸하는 모양을 지으면서 '누가 나를 죽이려 한다.' 하고는 드디어 죽었다. 뒤에 그의 아내가 그를 위하여 野祭를 지낼 때 무당의 말도 그와 같았으므로 듣는 이들이 자못 화제로 삼았다. 全城正의 家難도 이로 말미암아 발생하였는데, 이후부터 그 이웃 사람들이 길에서 임백령의 집 사람을 만나면 기가 죽어 고개를 숙인 채 감히 흘겨보지 못하였고 참봉 成濯도 담 쌓는 일로 서로 힐난하다가 마침내 刑訊을 당하기에 이르렀다. 이 때문에 이웃 사람들 중에 그 화를 두려워하여 집을 팔고 이주하는 자가 많았다.(『명종실록』 4, 명종 원년 7월 계유)

임백령의 아내 역시 사망한 지아비를 위하여 야제를 지냈다. 史臣은 임백령의 생전의 언행과 연관지어 야제를 통해 드러난 무당의 신통력을 지적하였다. 임백령은 중종 대로부터 명종 대를 걸쳐 이조·호조판서 등 요직을 두루 거친 고위 관료였다.[72] 그의 아내가 공개적으로 야제를 지낸 것 역시 그의 명망과 마찰을 일으키는 일이 아니었다. 이처럼 국가의 관료들이 사망하였을 때조차 공공연하게 야제가 거행되었다. 아마 일반적으로 부인이나 자녀 등 다른 가족원이 사망한 경우에도 야제는 베풀어졌을 것이다. 결국 야제는 조선시대에 보편적인 장례문화의 하나였다. 그것이 국가의 공적 질서에 직접적으로 위협이 되는 것이 아니라고 판단된 한 개인의 음사는 국가로부터 질책을 당하지 않았다.

이와 같이 16세기에 이르기까지 조선에서는 유교식 제례와 더불어 음사로 지목되는 여러 가지 의식이 병행되고 있었다. 비단 백성들뿐만 아니라 지방의 사족과 조정의 관료까지도 의식의 시행에 있어서 그러한 이중적인 측면을 갖고 있었다. 그 까닭은 그들에게 이 모순된 듯한 두 가지의 의식이 모두 주는 의미가 컸다는 뜻이다. 이제 이러한 문제를 생각해 봐야 할 것이다.

---

[72] 임백령의 관력은 『중종실록』 101, 중종 39년 1월 임인 ; 『명종실록』 1, 명종 즉위년 8월 무신 ; 『명종실록』 2, 명종 즉위년 11월 기사 등 참조.

2. 지방의 제사와 유향품관의 역할

지방에서는 사람들이 모여서 지내는 여러 가지 제사가 행하여졌다. 향교에서 거행되는 석전제나 산천제, 기우제 등과 같은 제사에 유향품관이 무관할 수 없었다. 그렇다면 유향품관은 마을의 이러한 제사에서 어떤 역할을 하였으며, 거기에서 그들이 얻는 것은 무엇이었을까. 이에 유향품관이 지방의 제사를 놓고 가졌던 정치·사회·사상적 이해를 검토할 필요가 있다. 이 문제는 다음 몇 가지 방향으로 생각해 볼 수 있다.

먼저 유향품관이 지방제사에 연결되는 가장 중요한 연결의 고리는 무엇보다도 祭文을 짓는 능력이었다. 지방에서 지방관의 주관 아래 거행되는 제사에는 중앙으로부터 제문이 내려오는 경우도 있었다. 하지만 많은 경우에 지방에서 자체적으로 제문을 지어야 하였으며, 그러한 경우 대개 유향품관의 협조가 매우 긴요하였다고 생각한다.

『묵재일기』를 보면 이문건은 山祭의 제문을 지어달라는 부탁을 받았다. 부탁을 한 사람은 송경정이라는 사람이다.[73] 이문건은 여기 나오는 송경정과 더불어 이태연, 이우웅 등의 사람들과 가깝게 지냈다. 그런데 이문건의 일기에 따르면 송경정·이태연·이우웅 등은 군적을 처리하면서 실수를 저질러 감옥에 갇혔던 일이 있다.[74] 특히 이우웅의 직함은 감관으로 나타난다. 이태연은 향교에서 음복연을 여는데 헌관으로 나오기도 하고,[75] 이우웅은 향교 유생 40여명이 연회를 여는데 그와 대작했

---

73) 『묵재일기』 하, 1555(명종 10)년 10월 28일, 62쪽. "宋慶庭의 아들이 와서 山祭의 祭文을 구하였다. 齋戒 중이므로 나가 보지 못하고 이에 답하지 않았다"
며칠 뒤인 11월 2일에 같은 청을 다시 받자 이문건은 종손자 이천택에게 이를 짓게 하였다. 이천택은 『묵재일기』에 매우 자주 나오는 사람으로, 이문건의 종손자이다. 그는 뒷날 이문건의 묘비명을 지은 이기도 하다.
74) 『묵재일기』 상, 1554(명종 9)년 9월 9일, 738쪽.
75) 『묵재일기』 하, 1556(명종 11)년 2월 8일, 98쪽.

다는 기록도 보인다.76) 이러한 기록으로 보아 여기에 보인 사람들은 품관으로서 지방행정에 일정하게 관여하던 사람이라고 보아진다. 그렇다면 송경정이 부탁한 산천제의 제문은 국가의 명을 받들어 봉행하는 그 지방 공동의 산천제를 위한 제문으로 짐작된다.77)

기우제의 경우도 이와 유사하였다. 『묵재일기』 1551(명종 6)년 5월 12일 일기를 보면 성주와 더불어 기우제를 지냈는데 비가 오는 경사가 있었다고 한다. 그런데 이날 홍계현, 이경명 등이 헌관이었고 그 제문은 洪述이 지었다고 한다. 이문건은 홍술이 지은 제문의 글이 자못 좋았다고 평하였다. 여기 홍술은 다음해인 명종 7년 3월에 성주유향소의 座首가 된 사람이다.78) 아마 홍술은 유향품관으로서 그 지방에서 나름대로 필력을 인정받던 사람으로 보인다.

석전제도 이와 마찬가지였으리라 판단된다. 『묵재일기』에 따르면 수령은 석전제를 시행하면서 이문건과 같은 지방의 사족들을 적극 초청하였다. 때로는 향교의 훈도나 유생이 와서 참석해 달라고 청하기도 하고, 어떤 때는 유향소 품관이 와서 말을 전하기도 하였다. 석전제의 참석은 지방에서 사대부에게 매우 중요한 의미를 지니는 일이었다. 향교에서 거행되는 석전제에는 대개 수령과 훈도, 유생뿐만이 아니라 그 지방에서 명망이 있는 사족들이 참석하였다. 그러므로 지방에서 유학자로 행세하는데 석전제가 주는 의미는 컸을 것이다. 이문건이 누가 와서 참석을 청하였는지, 거기에 누가 참석하였는지 등 석전제에 관하여 비교적 소상하게 적어둔 것도 이러한 사실을 반영한다. 이문건은 특별한 경우가 아닌 한 석전제에 부지런히 참석하였다. 이문건과 더불어 그의 손자인 이천택도 마찬가지였다.79) 이와 같이 수령은 석전제 마다 이문건 등 품관의 참

---

76) 『묵재일기』 하, 1555(명종 10)년 5월 6일, 10쪽.
77) 이러한 논의는 최선혜, 2003, 「조선전기 지방의 산천제(山川祭)와 재지품관」, 『민속학연구』 13, 308~309쪽 참조.
78) 『묵재일기』 상, 1552(명종 7)년 3월 24일, 486쪽.

석을 유도하고, 또 제를 마친 뒤에는 각종 제물을 보내주었다.

> D-1. 향교에서 석전제를 행하였는데 술 한 병과 새끼 양고기 한 肢를 李惟明이 와서 전하고 갔다.(『默齋日記』上, 1554년 8월 3일, 637쪽)

수령이 이러한 인사치례를 한 까닭은 제사 봉행에 유향품관이 갖고 있던 비중과 역할을 단적으로 드러낸다.[80] 그것은 여러 가지가 있겠지만 이들이 제문저술에서 매우 중요한 몫을 한다는 것과 긴밀한 관련이 있다고 보인다.[81] 향교의 석전제나 산천제 등은 지방관에게 매우 중요한 임무 가운데 하나였다. 이것이 유향품관과의 긴밀한 관련 속에서 보다 잘 치러질 수 있었다. 지방관은 유향품관의 유학자로서의 권위를 세워주며 제사 봉행이라는 업무에 보다 원활을 기할 수 있었다. 유향품관은 비록 수령이 주관이 되어 거행되는 제사지만 거기에 중요한 몫을 담당하면서 향촌에서 존경과 권위를 더해 나갔다.

사실 이문건과 같은 유향품관은 석전제 등의 제문뿐만이 아니라 마을의 여러 가지 제사의 제문을 거의 도맡았다고 보아진다. 예컨대 金珊壽가 呂座首의 銘旌(죽은 사람의 성명, 관위를 쓴 기)을 놓고 이름과 字가 명확하지 않아 이천택을 통하여 이문건에게 물어왔다. 이문건은 이름은

---

[79] 『묵재일기』에 따르면 석전제가 열릴 때 대개 하루나 이틀 전에 지방관이 참석을 청하기도 하고 좌수나 유생, 훈도 등이 청하러 오기도 하였다. 그리고 이문건은 당일 제에 누가 참석했는지, 어떻게 거행되었는지 등에 관하여 기록하였고, 더러는 제물을 나눈 기록을 해 두기도 하였다.

[80] 이 밖에 본문에 보인 기록 외에도 『묵재일기』에는 수시로 지방관들이 이문건에게 각종 물품을 보내온 일이 기록되어 있다. 그 중에는 제사를 지내고 술이나 떡, 고기 등의 제물을 보내온 경우도 있다.

[81] 제사에 제문이 필요했다면 점을 칠 때는 축문이 필요하였다. 팔자를 점치고 치병을 기원하는 등의 목적으로 축문을 지어 읽으며 기원하였다. 양반들은 이 축문을 직접 저술하였다(정구복, 2002, 『古文書와 兩班社會』, 일조각, 47~48쪽). 아마 필력이 약한 다른 사람의 것을 대신 써주는 경우도 있지 않았을까 한다.

항렬의 예에 따라 서주었으나 字는 들어본 일이 없어 단지 '呂公之柩'라고 쓰는 것이 가할 것이라고 답하였다.82) 그리고 뒷날 여좌수에게 제를 올릴 때 이문건은 손자 천택에게 떡과 술을 갖추고 제문까지 주어 제를 대신하게 하였다.83) 경우에 따라서는 절친한 친구의 제문을 짓기도 하고, 마을 사람이 찾아와 자신의 아비의 묘비명을 청하기도 하였다.84)

다음으로 유향품관은 지방제사를 통하여 국가와 지방민들 사이에서 일정한 영향력을 행사하였다. 그리고 그것은 국가에게도, 유향품관에게도 보다 유익이 있는 일이었다. 유향품관은 제사를 통해 지방민들을 어우르기도 하고 통제하기도 하였다. 釋奠祭에는 지방관을 비롯하여 향교의 훈도, 유생, 그리고 마을의 사족들이 참여하였다. 그런데 이 석전제는 유생을 격려하기도 하고 통제하기도 하는 주요한 수단의 하나였다. 이는 아래에 보인 것 같이 여러 명의 유생들이 석전제 문제로 이문건을 찾아 온 사연을 보면 드러난다.

權末龍이란 사람은 형 應龍이 향교의 제에 참석하지 않아 장차 큰 벌을 당할 것이라 염려하여 이를 구원하여 주기를 청한다는 말을 하였

---

82) 『묵재일기』 하, 1555년 윤11월 2일, 하72~73쪽. 여기의 金珊壽는 향교의 교생으로서 이천택과 친분이 있는 사람이었다. 이는 천택이 김담수의 집에서 유숙하기도 하고, 이들이 향교에서 만나고 또 석전제에도 함께 참석한 사실로 알 수 있다. 이러한 사실은 『묵재일기』 하, 1556(명종 11)년 1월 27일조 및 2월 5일조, 95·97쪽 참조.
83) 『묵재일기』 하, 1556년 1월 27일, 95쪽.
84) 『묵재일기』 하, 1558(명종 13)년 9월 19일, 331쪽에는 '述書祭天章文 未畢'이라 하여 친구인 天章을 위한 제문을 지었으나 마치지 못했다고 한다. 다음날인 20일 일기에 '아침에야 祭文 짓는 일을 이에 마쳤다(朝書祭文乃畢)'고 되어있다. 또한 『묵재일기』 상 1552년 7월 5일, 513쪽을 보면 이문건은 자신에게 곽생원이라는 사람이 亡父의 묘비명을 청하였다는 것을 기록하며 누군지도 모르는 사람이니 가소로운 일이라고 하였다. 곽생원이 개인적으로 알지 못한데도 불구하고 이러한 청을 한 까닭은 향촌사회에서 이문건이 지닌 유학자로서의 명성 때문일 것이다.

다.85) 다시 응룡의 아버지 權續이라는 사람까지 와서 아들 응룡이 향교제에 불참하여 步兵에 정역되었으니 이를 구원해 줄 서찰을 써달라고 부탁하였다.86) 李瑄이라는 사람도 와서 교생석전제에 불참하여 군역을 지게 되었으니 목사에게 말해 감해 줄 것을 청하였다.87) 이문건은 이를 사양하였다고 기록하였다. 결국 권속의 아들 권응룡은 뒷날 향교적에서 삭제되고 말았다.88) 그가 이러한 징계를 받게 된 주된 원인이 향교에서 거행된 제사에 불참하였기 때문이다.

이처럼 향교의 석전제는 유생들을 한편으로는 격려하고 다른 한편으로는 통제하는 중요한 수단이었다. 아마 이문건이 자신에게 도움을 요청한 유생들의 사정을 지방관에게 적절히 설명하면 제사 불참이 면책되거나 불참이 참석으로 될 수 있었을지 모른다. 경우에 따라서는 그렇게 하여 책임추궁에서 벗어난 유생도 있을 것이고, 위에 보인 사례처럼 그것이 여의치 않은 경우도 있었을 것이다. 사정이 어떻든 간에 석전제는 향교 유생들에게 일정한 소속감과 명예를 갖게 해주는 의례였다. 그와 더불어 유생들에 대한 일종의 통제수단이었고, 거기에 유향품관의 재량권이 상당히 개입되어 있었다는 사실은 확인할 수 있다. 그런데 석전제가 단지 지방관과 유향품관, 그리고 향교의 훈도나 유생들만의 의식은 아니었다.

> D-2. 校生 李輔卿 등이 아침에 와서 말하기를 어제 州吏가 제물을 준비하지 못하였기 때문에 이를 질책당하였다고 하였다. 獻官 생원 등이 齋戒日에 이와 같을 수 있느냐며 장차 매질을 금할 것을 말하여 용서할 것을 청하였다고 한다.(『默齋日記』上, 1553년 2월 10일, 583쪽)

---

85)『묵재일기』 상, 1551년 8월 2일, 412~413쪽.
86)『묵재일기』 상, 1551년 9월 20일, 428~429쪽.
87)『묵재일기』 상, 1551년 8월 24일, 420~421쪽.
88)『묵재일기』 상, 1551년 10월 17일, 437쪽.

교생들은 제사의 신성함을 위해 향리를 보호하고 나섰다. 실제 제를 준비하는 사람으로부터 그것을 거행하는 사람 모두에게 제사는 삼가고 조심해야 하는 신성한 의식이라는 뜻이다. 이러한 마을제는 일반 백성들에게도 마찬가지의 의미를 지닌 것으로 강조되었다.

> D-3. 동쪽 마을 으슥한 곳에서 어떤 여인이 밤에 죽었다고 한다. 마침 祭로 인한 모임에 범죄가 있었으니 가히 혐오스러운 일이다.(『默齋日記』下, 1556년 2월 8일, 98쪽)

여기의 祭가 어떤 것이었는지는 분명하지 않지만, 이 날은 석전제가 있던 날이었다. 그래서 이날 이문건은 교생 李仁博·金珊壽 및 손자 천택 등과 더불어 음주를 즐기고 헤어졌다.[89] 그렇다면 여기에서 말한 祭도 석전제가 아닐까 한다. 하필이면 그날 살인이 일어난 것에 대해 이문건은 개탄해 마지않았다. 이 경우로 비추어 석전제는 다른 마을제와 마찬가지로 마을의 구성원들 모두에게 일정한 의미를 지니는 의식이었다고 해석된다.

결국 지방제사는 유향품관이 향촌에서 일정한 지위를 과시하고 영향력을 행사하는 주요한 수단의 하나였다. 유향품관이 마다않고 지방관과 더불어 석전제 등에 열심이었던 까닭을 여기에서 헤아려 볼 수 있다. 유향품관 각자의 정치·경제·사회적 지위나 입장 등은 차이가 있었다. 하지만 그들이 지니는 공통적인 특징의 하나는 지방사회에서 자신들의 지위와 권위를 강고하게 유지하는 일이었다. 유향품관들이 석전제, 기우제, 산천제 등에 적극 관여한 것도 그것에 도움이 되었기 때문일 것이다.

국가는 이러한 제례를 사전에 편입시켜 정비하고 지방관이 국가가 정한 예제대로 거행하게 하는 등 그것이 국가의 통제 아래 있다는 성격을 분명히 드러내었다. 국가는 이러한 의례를 통하여 지방사회를 지방관을

---

89) 『묵재일기』 하, 1556년 2월 8일, 98쪽.

제3장 留鄕品官을 통한 儒敎的 理念과 儀禮의 확산 275

축으로 하여 유향품관, 더 넓게는 재지사족을 중심으로 통합시킬 수 있었다. 그것은 국가의 지방통치에 유익한 방향이었다. 유향품관 역시 지방에서 권위를 지닌 제사에 관여하면서 얻는 유익이 컸다. 향촌에서 일정한 지위와 영향력을 행사하는 데 제사는 매우 유용한 수단이었다.

또한 유향품관에게 지방제사는 빈번하게 지방관들과 접촉하는 공식적, 비공식적인 통로가 되었다. 향촌에서 지방관은 지방관대로 유향품관과 일정한 관계를 유지해야 할 필요가 있었다. 유향품관에게도 지방관과의 긴밀한 관계 유지는 중요하였다. 서로가 일정한 관계를 유지하면서 지방관이 지방통치의 원활함을 기했다면, 유향품관은 향촌에서의 보다 많은 기득권을 노렸을 것이다. 이 양측은 여러 가지 방법으로 접촉하면서 자신의 목적을 위해 향촌에서 각기 한 축을 잡고 있었다. 그러한 목적에 적합한 수단 가운데 하나가 향촌에서 거행되는 제사였다고 생각된다.

예컨대 석전제만 보아도 함께 제를 올리고 妓樂이 베풀어지고 어우러져 음복연을 즐겼다.90) 이러한 자리는 유향소, 사마소 등에서 모이는 연회만큼 지방관과 그 지방의 재지사족들이 만나 친분을 나누는 자리였다. 그러한 친분이 양측 모두에게 중요한 일이었음은 말할 나위가 없다. 또한 제사의 봉행에 있어 제문 못지않게 필수적인 것이 제물이다. 『묵재일기』에 따르면 제가 있은 뒤에 지방관은 여러 제물을 이문건에게 보내왔다. 이에 대해 이문건은 감사의 편지를 보내곤 하였다.91) 지방관이 수시로 보내오는 여러 가지 잡물은 유향품관에게 매우 유용하고 보탬이 되었다.

결국 지방의 제사는 구성원들의 공동체적인 결속을 다지는 행사였다.

---

90) 『묵재일기』 하, 1556년 8월 1일, 139~140쪽.
91) 사실 여러 가지 제사를 지낸 뒤 제물을 나누는 것 이외에도 지방관은 각종 잡물과 음식물 등을 수시로 이문건에게 보내왔다.

그와 같은 의식에서 영향력을 행사한다는 것은 지방에서의 권위와 영향력을 크게 높이는 일이었다. 유향품관은 지방의 각종 제사에 적극적으로 관여하면서 이러한 유익함을 높일 수 있었다. 이와 맞물려 그들을 중심으로 유교적 사전체제를 따른 석전제나 산천제 등 유교적 제례도 지방 사회에 한층 확산되어 나갈 수 있었다.

3. 유향품관의 기복 민속의식 설행과 향촌사회

유향품관은 유교적 이념에 충실하고자 노력하는 유학자였다. 그러나 돌아서서는 그들 스스로 여러 가지 기복 민속의식을 봉행한 사람들이었다. 그 기복 민속의식에는 이른바 조정의 음사철폐론에서 민간의 음사로 지목된 巫事·佛事 및 점술 행위 등이 포함되어 있었다. 그렇다면 유향품관은 어떤 까닭으로 음사를 철폐해야 한다고 주장하면서도 다른 한편으로는 공공연하게 시행하였는가. 음사를 대하는 그들의 의식을 분석하고, 그것의 시행을 통해 얻어내려던 것이 무엇이었는가를 생각해 봐야 할 일이다.

향촌에서 유향품관은 개인적으로 또는 지방민과 어우러져 별다른 거리낌없이 국가가 음사라 하여 금지시킨 여러 의식을 시행하였다.[92] 유학자를 자처하는 사대부들이 대개는 집안에서, 또 더러는 백성들과 어우러져 음사로 지목되는 의식을 행하였다. 이들은 그러한 음사의 시행에 특별한 거리낌이나 비밀스러움을 구하지 않은 채 공공연하게 시행하였다.[93] 그렇다면 유학자로서의 명성과 권위를 지닌 유향품관이 설행한

---

[92] 이 책 261~262쪽 A-2의 자료에서 보인 것처럼, 사실 음사로 지목된 의식을 거행하는 것 자체는 경우에 따라서 비난이나 처벌의 빌미를 제공하는 위험성을 지닌 일이었다.
[93] 이러한 유향품관의 태도에 대해서는 이 글 앞절 참조.

그와 같은 의식에 대해 구체적으로 알아보자. 이를 위해 『묵재일기』에 보이는 관련 기록을 <표 10>으로 정리하여 아래에 보였다.94)

〈표 10〉『묵재일기』에 보이는 기복 민속의식(巫事・점술 등)에 관한 기록표

번호	날자	내 용	비 고	전 거
1	1537. 4.26.	맹인 金英昌이 와서 遷官에 대한 점을 쳐보게 함		상100
2	1545. 11.21.	奴卜인 맹인 朴敬孫이 와서 만났는데, 同宿하며 운명에 대해 이야기하고 破字를 함		상173 ~174
3	1546. 2.17.	고령에서는 늙은 맹인 陳氏에게 아들 熰의 사주 팔자를 점치게 함	방문한 呂顯라는 사람이 권함	상201
4¹⁾	1546. 7.29.	億수이 무녀를 찾아가 물어보니 종이를 공중에 매달고 기도해야 한다고 하여 종이를 찾아내어 줌	삼월이라는 노비의 어린 딸 치병을 위해	상245
5	1548. 1.11.	종 萬守를 시켜 액을 피하는 기양을 지내기 위한 제물을 가지고 점술인 金自粹에게 가게 함.	김자수는 이문건의 단골 점장이	상305
6	1548. 1.12.	종 萬守가 돌아와 말하기를 밤낮으로 중이 기양을 위한 醮를 하고 있다고 함		상306
7	1551. 1. 4.	점쟁이 김자수가 와서 점을 치기 위해 나서서 만남. 며느리의 출산날 등에 관해 점을 침		상345
8²⁾	1551. 1. 9.	辛亥(1551년)생의 팔자를 뽑아 子公을 보내 김자수에게 물어 보게 함	손자의 팔자점을 봄	상348
9	1551. 3.26.	아이의 度厄을 위해 점술인 金自粹를 청하여 초제를 지냄	하루 전에 이문건이 초제문을 썼음	상375
10	1551. 4. 4.	무녀로 하여금 해원을 위한 기도를 하고 귀신을 책망하였는데, 김자수의 점괘가 이러했기 때문임	부인이 아픔	상379
11	1551. 4.12.	부인의 병 등 집에 대해 김자수에게 점괘를 뽑게 함		상381
12	1551. 5.27.	맹인 김영창이 와서 부인과 손자의 명에 대한 점괘를 뽑음		상395
13	1551. 6.26.	귀손, 자공 등을 靈山의 溫井驛에 보내 용하다는 맹인을 찾아가 아이들의 명을 물음	權應仁이 추천함	상403
14	1551. 7. 2.	귀손, 자공 등이 아침에 와 溫井驛의 맹인이 말한 가족들의 점괘를 전함	이문건은 이 맹인은 術數에 정통하지 못하다고 비난	상404 ~405
15	1551. 7.29.	무녀 추월이를 불러 淑福(손녀)의 병을 구명하게 함		상412
16	1551. 8. 4.	家人이 神事를 지냄		상413

---

94) 『묵재일기』에 기록된 민속의식에 대한 이해는 이복규, 1999, 앞의 책이 크게 도움된다.

번호	날자	내 용	비 고	전 거
17	1551. 9. 24.	巫를 불러 告事를 지내니 淑吉(외손자)이를 위해서 임	숙길이 변 상태가 나쁘며 아픔	상430
18	1551. 10. 1.	김자수가 저녁에 와 술을 먹여 보냈는데, 숙길이의 병에 대해서 물음	10월 7일에도 김자수에게 숙길의 치병에 대해 물음	상432
19	1551. 10. 6.	숙길이의 병을 위해 神事를 벌였는데, 김자수의 말을 좇은 것임	숙길의 병세가 어제와 차도가 없음	상434
20	1551. 10. 6.	죽은 婢 春非의 사칠일이라며 그 남편 方實이 巫事를 벌임		상434
21	1551. 10. 7.	김자수를 불러 치병과 팔자 등에 관해 점을 봄		상434
22	1551. 10. 9.	김자수를 불러 점을 봄(11월에 액이 있으니 부부가 各處하라고 함)		상435
23[3]	1551. 10.15.	죽은 딸을 위해 집 뒷마당에서 巫事를 지냄		상436
24	1551. 10.15.	손자를 안봉사에 올려 보내 擇日 여부를 가리게 하니 22일이 길하다고 답해 옴		상436
25	1551. 10.17.	저녁에 김자수가 와서 老成(손자인 천택)의 질병 등에 관한 점을 봄		상436
26	1551. 1.29.	자부가 무녀를 불러 아이의 치병을 기원함		상468
27	1552. 8.23.	김자수가 와서 보기에 행차할 날을 물음		상527
28	1552. 8.23.	亡奴의 칠일이라고 豆수이 巫를 불러 제사함		상527
29	1552. 11.21.	손자가 아프다는 말을 듣고 竹字로 점을 처봄	이문건 스스로 글자점을 침	상554
30	1553. 2. 2.	安峯寺에가 제를 지냄		상580
31	1553. 2. 3.	安峯寺 影堂에서 제를 지냄		상580
32	1553. 윤3. 7.	靈山에 사는 맹인 文家를 청하여 팔자점을 봄		상599
33	1553. 4. 3.	김자수에게 아이의 학질에 대해 점을 보며 복채(石首魚 등)를 보내니 오후에 점괘를 말함		상607
34	1553. 5. 8.	김자수에게 며느리의 잉태를 점치게 하니 6개월에 들어섰으니 징후가 있을 것이라 하여 술과 음식을 보냄		상616
35	1553. 5.24.	盲人 文世恭을 불러 아이들의 명에 대해서 물음		상619
36	1553. 7.22.	무녀 추월을 불러 아이의 병을 구원함		상634

제3장 留鄕品官을 통한 儒敎的 理念과 儀禮의 확산   279

번호	날자	내 용	비 고	전 거
37	1554. 7. 5.	심부름꾼을 안봉사에 보내어 글로 아들의 치병을 기원하는 일을 물으니 12일에 가능하다하여 이것 저것을 챙겨보냄		상722
38	1554. 8. 9.	아들의 액막이를 위해 제물을 준비하여 안봉사에 보내 칠성제를 올림	손자가 다녀옴	상730
39	1554. 9.17.	숙길이가 눈병이 생겨 맹인에게 물어보게 함		상740
40	1554. 9.18.	무녀를 불러다 음식을 진설하여 아이의 안질이 속히 차도가 있기를 기원함		상740
41	1554. 12.18.	집에서 巫事를 일으켰는데, 내려가 보지는 않음		상765
42	1555. 4. 5.	아침에 김자수에게 천택 및 景晦, 天海 등의 팔자점을 보게 함		하3
43	1555. 6.10.	무녀를 초청		하22
44	1555. 6.15.	맹인 馬堂이 와서 아픈 사람⁴⁾에 대해 점을 치게 함, 또 무녀도 와서 병세에 대해 물음		하24
45	1555. 6.17.	처의 종이 무녀를 초청하여 다시 神事를 벌임		하24
46	1555. 7. 1.	무녀가 말하기를 구식하는 귀신이 있다하여 비에게 음식을 내놓고 기양하게 함	손자의 치병위해	하29
47	1555. 8.28.	김자수가 저녁에 와 만나 천택의 결혼에 관해 점침		하45
48	1555. 9.6.	오후에 무녀 추월에게 부인의 수명을 기양하게 함	부인의 치병위해	하48
49	1555. 윤11.14.	무녀 추월이 와서 아침부터 저녁까지 巫事를 지냄	이틀 전부터 부인이 '神事'를 준비함	하75
50	1556. 1.11.	중 普明이 歲謁하러 왔기에 설날 점에 대해 말했더니 점괘의 뜻에 대해 말함		하91
51	1556. 3.13.	부인이 무녀를 불러 귀신을 기양하고 아들의 병이 완화되기를 기양함		하108
52	1556. 3.15.	김자수가 와서 아들의 병을 점치게 함	아들의 병은 더욱 심해짐(3월 18, 20일 등) 26일자에 차도가 보임	하108
53	1556. 7. 3.	무녀 추월을 불러 疫神을 위로하는 神事를 일으킴	당시 마을에 돌림병이 돔	하133
54⁵⁾	1556. 8.20.	부인이 사물탕을 복용하고 무녀로 하여금 치병을 위한 제를 올리게 함		하144
55	1557. 1.25.	아이를 위해 巫를 초청하여 복을 기양함	2월 7일이 넘어가도록 차도없음	하185
56	1557. 8.13.	무녀 추월이 와서 內堂을 위한 巫事를 일으킴		하227

번호	날자	내 용	비 고	전 거
57[6]	1557.8.13.	野祭巫女 請于朴大鈞家 止接 花園人來宿		하-227
58	1557.8.14.	亡子의 49제일이라 집 남쪽 뜰에서 야제를 지냄. 花園巫女가 와서 모두 곡을 함. 이문건은 비록 사랑에 있었지만 귀가 조용할 수 없었다고 함		하-227
59	1557.12. 6.	무사를 일으킴. 무녀 추월이가 와서 춤을 춤.		하-257
60	1558.4.13.	莫同(맹인)에게 닭이 괴이하게 죽은 까닭을 물으니 구걸하는 귀신이 있으니 告事를 하라하여 술을 보냄		하-287
61	1558.4.15.	무녀 추월이를 불러 귀신을 제사하고 재해를 기양함		하-288
62	1558.5.25.	제물을 갖추어 손자를 안봉사에 보내어 星祭를 올리게 함, 부인은 맹인 점술사의 말에 따라 佛簇子 등 몇 가지 물건을 보냄		하-297
63	1558.9.18.	아침에 折草占을 치니 길하여 산에 올라갈 계획을 세움		하-331
64[7]	1558.10. 8.	현배가 시험(司馬試) 본 일에 대해 점을 봄		하-336
65	1558.11.10.	仁孫 등이 죽은 형제를 위하여 무사를 일으킴		하-345
66	1558.11.25.	집에서 巫事를 일으킴		하-348
67	1558.12.18.	무녀 추월을 불러 孝元을 제사지내니 마을 사람들이 와서 봄		하-354
68	1559.2. 2.	무녀를 불러 푸닥거리를 함		하-366
69	1559.4.21.	부인이 무녀 추월을 불러 아이의 병을 구원함		하-385
70[8]	1561.4. 6.	무녀 추월이 와서 성황당에 雞飯을 바쳐 기원을 올려 별 차도 없는 아이의 병세를 없고자 함		하-414
71	1561.윤5.15.	승려에게 여러 사람의 팔자를 물고 함께 아침을 먹음		하-433~434
72	1561.윤5.24.	맹인 呂家를 불러 사위를 맞을 길일을 택일하게 하니 10월 21일, 11월 3일이 길하다 함	실제 11월 3일에 혼례식을 거행함(479~480)	하-436
73[9]	1561.7.13.	무녀 추월을 불러 疫神을 기양하게 함		하-448
74	1561.10. 9.	무사를 일으켰는데, 추월이 갇혀있어서 전라도에서 그 어머니를 불러서 함		하-472
75	1561.12. 7.	무녀로 하여금 告事를 지내게 함		하-490

제3장 留鄕品官을 통한 儒敎的 理念과 儀禮의 확산 281

번호	날자	내 용	비 고	전 거
76	1562. 2. 4.	무녀 추월이 와서 부인의 병세를 가늠하고 고사 지내기를 권함. 맹인 呂家에게 神事에 대해 물으니 내일 하는 것이 좋다고 함. 權同의 집 앞에 사는 늙은 맹인에게도 병자의 길흉에 대해 물음	부인이 심하게 아픔	하506
77	1562. 4.17.	巫를 불러 馬病을 기양하게 함		하526
78	1562. 5. 3.	제사에 厄 여부가 의심스러워 '呼字占'을 쳐봄		하531
79	1562. 6.15.	아침에 다음날의 외출의 損卦에 대해 점을 쳐보고 마침내 행차 계획을 중지함		하540
80	1562. 9.14.	무녀 추월을 불러 굿을 함		하559
81	1562. 10.23.	무녀 추월을 불러 巫祀를 일으켰는데 밤이 깊도록 그치지 않음		하568
82	1563. 10.19.	神祀를 일으킴		하596
83	1563. 2. 4.	巫事를 일으킴		하620
84	1563. 10.20.	巫事를 일으킴		하638
85	1564. 3. 5.	巫事를 일으킴		하651
86	1564. 10.14.	巫事를 일으킴		하667
87	1565. 3.10.	巫事를 일으킴		하679
88[10]	1565. 4. 2.	가리현산에서 액막이하는 기양을 행함		하681
89	1565. 11. 2.	巫事를 일으킴		하696
90	1566. 3. 4.	巫事를 일으킴		하707
91	1566. 10.17.	巫事를 일으킴		하725
92	1566. 11. 5.	高靈의 여자 맹인무녀가 와서 문안을 물음		하728
93	1566. 11. 9.	무녀 추월이 와서 부인의 병을 기양함	12일에 부인별세	하729
94	1566. 2. 2.	삼칠일 野祭를 지냄(부인을 위한)		하730

* 여기에 보인 전거는 국사편찬위원회에서 1998년에 영인한 『묵재일기』의 해당 쪽수를 표시한 것이다.

1) 이문건 집안의 노비가 딸의 치병을 위해 벌이는 무사이고, 또 이문건이 이를 위해 무사를 위해 필요한 물품을 내어주었기 때문에 이문건 집안의 무사로 간주하여 여기 포함시켰다.
2) 다음날인 1월 10일에 김자수는 이문건 손자의 수명 등에 대한 답장을 보내왔다. 김자수는 액을 피하기 위해 命을 주관하는 星宿에 빌라는 등의 일을 권하였다. 이날 점괘에서 김자수는 아이를 친어미가 기르면 안 되며 반드시 유모에게 맡기라고 하였다. 『묵재일기』상, 1551년 1월 10일, 348쪽. 그러나 1551년 5월 27일(395쪽)에 맹인 김영창은 점괘가 친모가 아이를 직접 길러도 좋게 나왔다고 하였다.
3) 이문건은 이 날 점술인 김자수에게 택일점도 쳐서 22일이 좋다는 답을 얻었다. 그런데 무엇을 위한 택일인지는 정확하지 않다.
4) 일기에는 '病人'이라고만 기록되어 있어 이날 아픈 사람이 누구인지는 정확하지 않다. 그런데 아무튼 이문건이 이 사람을 돌보고, 그 아내까지도 종들을 시켜 간호하게 하는 것 등으로 미루어 이문건과 평소에 알고 지내던 사람인 것 같다.
5) 이문건의 부인은 19일부터 열이 나고 아팠는데 잘못 팔물탕을 복용하여 피로가 그치지 않아 오래 누워 앓았다고 한다. 이에 서울에서 사물탕을 가져와 이를 복용한 것이다.
6) 花原巫女가 깊은 밤에 대균의 집에 몰래 들어가니 사람과 말을 주어 호위하여 보냈다. 그 지아비가 몰래 잡으려고 하였기 때문에 달난 것이라고 한다. 『묵재일기』하, 1557년 8월 14일, 227~228쪽.
7) 다음날인 9일자 일기를 보면 현배는 사마방에 들지 못했다.
8) 하루 전에 아들을 무녀 추월에게 보내어 淑吉이 편치 않은 까닭을 물으니 내일 가서 굿을 하겠노라 말하였다고 한다. 『묵재일기』하, 1561년 4월 5일, 414쪽.
9) 이날 이문건은 巫事가 있어 내려가 보지 않고 당에 머물었는데 두통이 있어 편치 않았다고 한다. 『묵재일기』하, 1561년 10월 9일, 448쪽.
10) 이복규의 연구에 따르면 이날 올린 액막이 행사는 초제였다. 이 액을 막는 초제는 김자수의 말을 따른 것이었다고 한다. 이복규, 앞의 책, 53쪽.

　　<표 10>에 정리한 것처럼 이문건은 매우 빈번하게 여러 가지 巫事를 지내고 점을 치는 등 기복 민속의식을 하였다. 이 <표 10>을 통하여 먼저 다음 몇 가지 사실을 정리해 보고자 한다.
　　첫째, 기복 민속의식의 요청자이다. 각종 기복 민속의식은 대개 이문건의 요청에 따라 시행되었다. 흔히 알려진 것처럼 집안의 여성(어머니나 부인 등)의 주도로 열리게 된 경우는 별로 보이지 않는다. 그 때마다의 목적에 따라 점술가나 무녀, 또는 맹인 등을 부른 것은 대부분 이문건이었다. 여기에서 잠시 <표 10>의 (58)을 보면 이문건은 사랑에 머물고 야제에 나가보지 않았다. 이 날 이문건이 사랑에 머물러 있던 까닭이 의식을 피하기 위해서는 아니었다. 왜냐하면 표에 이미 보인 것처럼 이

문건은 스스로 각종 의식에 대해 적극적인 사람이었다. 이날 야제에 참석하지 않은 까닭은 그것이 자식의 野祭기 때문이었다. 즉 아비가 부모보다 앞서 사망한 자식의 야제에 참석할 수 없었기에 나가보지 못한 것이다. 또는 무녀 추월을 불러 역신을 기양하게 하였지만 두통이 있어서 무사에 나가보지 못했다는 기록이 있다(73). 이와 같이 몸이 불편하거나 특정한 까닭이 없는 한 이문건 역시 巫事에 참여하였다고 보인다. 결국 전체적으로 보아 이문건의 집안에서 일어난 기복 민속의식의 설행은 이문건의 의사에 따른 일이라고 해석된다.

 둘째, 기복 민속의식의 시행자이다. 이문건의 요청에 따라 점술 내지 무속 행위를 시행한 사람은 점술인 김자수, 무녀 추월, 여러 명의 맹인 등을 비롯한 이른바 무속인과 승려 등이었다. 특히 김자수나 추월은 이문건의 단골 점술인이며 무녀였다.95) 경우에 따라 이문건 스스로도 특정 사안을 놓고 글자나 풀로 점을 쳐보기도 하였다(29, 63, 78). 딱히 의식을 시행하기 위해서 뿐만 아니라 평상시에도 무속인들은 이문건과 일정한 관계를 유지하고 있었다. 이문건은 김자수에게 막상 점을 치거나 무사를 일으킨 일 이외에도 치병 등을 놓고 수시로 의논하였다.96) 그러한 과정에서 함께 술을 먹기도 하는(18) 등 늘 일정한 관계를 유지하고 있었다. 또한 승려에게 팔자를 묻고 함께 아침을 먹기도 하였고(71), 무녀 추월이 약을 구하러 와서 靈寶丹이라는 것을 두개 주어 보내기도 하였다.97) 일상적으로 안부를 묻기 위하여 무녀가 이문건을 방문한 일도 있다.(92) 즉 대개 이문건과 일정한 관련을 맺고 있던 다양한 무속인이 그의 집안을 드나들며 각종 기복 민속의식을 시행하였다.

---

95) 이문건은 무녀 추월이 죄를 받아 이른바 巫案이 일었을 때에도 죄를 다스리지 말 것을 적극 청하기도 하였다(『묵재일기』하, 1561년 9월 24일 및 1563년 4월 25일조 등, 468·626쪽).
96) 『묵재일기』상, 1551년 10월 1일, 432쪽.
97) 『묵재일기』상, 1552년 1월 23일, 467쪽.

셋째, 기복 민속의식을 시행한 목적이다. 가장 빈번하게는 치병과 기양, 그리고 귀신을 달래는 것 등이 그 목적이었다. 운명이나 팔자를 점치기도 하고 며느리의 잉태나 자손을 결혼시키는 일 등 집안의 행사를 놓고 의식을 베풀기도 하였다. 그런데 관직이 어떻게 바뀔 것인지(1), 손자가 과거에 합격할 것인지(64) 등에 대해서도 맹인 등을 불러 점을 쳤다. 또한 행차에 앞서 날을 잡는다거나 액이 없을지 등을 점친 연후에 일정을 잡기도 하였다(27, 63, 79). 특히 제사를 지내기에 앞서 액이 있는지 여부를 점쳐 보기도 하였다(78). 즉 이문건은 건강이나 만수무강 등 집안의 안녕을 위한 개인적인 문제에서부터 과거나 관직 생활과 같은 전형적인 관료로서의 삶에 관한 문제까지도 점을 쳤다. 유교식 제사에 앞서 점을 쳐본 일은 매우 모순되는 행위이다. 결국 개인적인 삶과 공적인 삶 전반에 걸친 문제, 즉 특정한 문제뿐만이 아니라 일상적인 삶에 얽힌 모든 문제를 놓고 기복 민속의식을 시행하였다.

넷째, 기복 민속의식에 대한 태도이다. 기복 민속의식의 빈번한 시행이 이문건 만의 특이한 경우일까 하는 점을 생각해 보기 위해서이다. 사실 이와 같이 빈번한 기복 민속의식의 시행에 있어 이문건이 갈등하거나 고민한 흔적은 보이지 않는다. 앞 장에서 살펴 본 것과 같이 국가는 음사를 금지하자는 목소리를 유지하고 있는 상황이었다. 그런데도 불구하고 이문건은 마을 사람이나 벗들 앞에서 공공연하게 巫事 등의 의식을 열었다. 그 아들이나 손자 역시 이를 문제 삼은 움직임은 나타나지 않는다. 이러한 분위기는 이문건의 벗들도 마찬가지였다. 이문건의 지인들은 이문건이 아들의 사주팔자를 점치거나 운명을 점치는 데 있어 용하다고 생각되는 점술인을 추천해 주기도 하였다(3, 13). 또한 이문건의 일기에 따르면 '동내 품관과 금산의 품관 등 이십 여명이 절에 모여 11일 칠성제를 어떻게 지낼 것인가 등을 의논하였다'는 기록도 보인다.[98] 이문건

---

98) 『묵재일기』 상, 1554(명종 9)년 8월 3일, 728~729쪽.

을 비롯한 지방의 품관들이 사찰에서 공공연하게 칠성제를 지낸 것이다. 이들에게 이러한 의식의 시행이 몰래 해야 할 부끄러운 일은 아니었다. 음사가 재지세력가로서의 권위나 명예에 손상을 입히는 일이었다면 아마 상황은 달라졌을 것이다.

　이와 같이 빈번하고 다양한 기복 민속의식의 시행에 담긴 유학자들의 믿음은 어떠한 것이었을까? 유학자라 할지라도 치병이나 기양 등을 무속에 의존하였다는 사실은 일반적으로 잘 알려져 있다. 이들은 수명이나 질병, 운명 등의 평안을 위해 무당, 점술인, 맹인 등 이른바 무속인들의 말에 따라 여러 음사를 일으켰다. 그런데 위의 <표 10>에 보이는 것처럼 무속인에게 이문건이 의뢰한 내용은 삶의 전반에 걸친 문제였고, 그 때마다 그들이 제시한 결과를 대체로 따랐다. 예컨대 집안의 혼사를 실제 길일로 잡아 준 날에 치른다든지(72) 행차하기에 앞서 점괘를 내어보고 계획을 중지해 버린다든지(63, 79) 등이 그것이다. 그들에게 무당이 치병을 기원하니 병이 나았냐고 묻는다면 무엇이라고 답할까. 그들은 유학자로서의 신념을 짐짓 보류하고 대중들과 그러한 미신을 공유하였던 것이다. 그들이 음사 폐지의 목소리를 높일 때는 그것이 조선 사회의 통치 질서에 직접적으로 부딪힐 때였다.[99]

---

99) 여기에서 중국 북송의 유명한 유학자인 歐陽修에 관한 일화를 소개하기로 한다. 중국 역시 당에서 송으로 교체되면서 斥佛의 움직임이 강하게 일었다. 이에 관료들 가운데 지방의 사원을 부수는 일은 물론 불교가 지닌 정치·경제력을 무너뜨리기 위한 조처들이 일었다. 뿐만 아니라 유학자들은 이념적이고 사상적인 측면에서 불교를 조목조목 비판하고 나섰다. 그러나 불교반대론자로 유명한 구양수도 집에서 자신의 아들을 小和尙이라고 불렀다. 이에 어떻게 저명한 유학자며 철저한 척불론자면서 아들에게 그런 이름을 줄 수 있냐는 질문을 받게 되었다. 그는 "이것은 마치 아이들에게 그들이 성인이 될 때까지는 개똥이, 말똥이 등과 같은 비천한 이름을 지어 주는 것과 마찬가지로, 아이를 보호하기 위한 관습에 지나지 않는다."고 답하였다. 즉 불교에 대한 비판은 불교의 신성함을 공격하는 것이 아니며, 누군가 불교를 비판했다면 그것은 단지 개인적인 믿음이 그러했기 때문이라는 것이다. 기본적으로 불교를 공격한 까닭은 그것이 황제와 그의 관료들에 의해

이러한 점은 마을 사람들에게도 말할 나위가 없었다. 이문건의 집에서 의식이 거행되면 마을 사람들이 거들고 나서기도 하였고, 구경을 오기도 하였다(67). 또한 이문건은 조상에게 지내는 집안의 제사를 마친 뒤에도 마을 사람들에게 제물을 나누어 주었다.100) 무사 등 기복 민속의식의 경우도 이와 마찬가지였을 것이다. 이러한 상황이 이문건 만의 경우는 아니었다. 앞에서 지적한 것처럼 국가가 음사를 비판할 때면 늘상 무식한 백성들뿐만이 아니라 사대부들도 이러한 의식에 어울린다는 것이었다. 결국 예제에서 벗어난 채 드렸던 성황제나 산천제를 비롯하여 무당이나 승려, 점술인 등을 불러 지낸 기복 민속의식은 유향품관은 물론 일반 백성들에게도 마을에서 시행된 다른 제와 마찬가지로 일종의 의식인 동시에 축제였다. 그러한 의식은 구성원들을 결속시키고 그들 사이의 공동체적인 유대를 증진시키는 일이었으며, 그 중심에 유향품관이 있었다.

기복 민속이 유향품관과 마을 사람들을 어우러지게 한 까닭은 그것이 지닌 중요한 특징 때문이라고 해석된다. 유교적 제례와 달리 기복 민속의식은 계층에 따른 차별이나 다름에 구애받는 것이 아니었다. 의식의 형식이나 종류 등에 신분적인 차이나 구별은 있을 수 없었다. 이 점은 국가를 이끌어가는 사람들이 계속 각종 음사를 비판한 주요 논거의 하나

짜여진 정치 질서와 그와 공식적으로 연관된 신성한 의식에 직접적으로 저항될 때라는 것이다. 이러한 사실에 대하여서는 Gernet, Jacques, 1959, *Daily Life in China on the Eve of the Mongol Invasion 1250-1276*, Stanford University Press, 1962. 204~205쪽 참조. 마찬가지로 조선시대에도 유학자라 할지라도 이처럼 국왕과 사대부 관료를 중심으로 한 사회 질서와 충돌하지 않는 한 개인의 巫事・佛事, 그리고 점술행위 등에 대해서는 관습적으로 용인되고 사회적으로도 관용되었던 것이다.

100) 『묵재일기』 상, 1546(명종 1)년 8월 15일, 249쪽을 보면 이문건은 7대조와 6대조에게 제를 올렸다. 제를 마친 뒤에는 제물을 주변의 노비 등에게 나누어주었다. 그 밖에도 노비가 제사에 쓰려한다면서 사용한 초를 줄 것을 청하자 이를 내어 주기도 하였다.

였다.101) 하지만 다른 한편으로는 유향품관이 백성들과 조화를 이루는 근거이기도 하였다. 사실 유향품관에게 일반 백성은 매우 중요한 존재였다. 그들의 순응과 그들로부터의 수취가 없이는 자신들의 존립이 어렵기 때문이다. 일반 백성들로부터의 순종과 수취를 원활하게 하기 위해서는 권위를 지키는 것 못지않게 그들과의 관계를 보다 긴밀하게 유지할 필요가 있었다. 이들이 석전제나 공식적인 산천제 등을 통해 유학자로서의 권위를 세웠다면, 그 밖의 의식을 통해서는 일반 백성들과의 거리를 보다 좁힐 수 있었다고 헤아려진다. 이 점에서 기복 민속의식은 유향품관이 일반민들에게 보다 가깝게 다가서는 통로이기도 하였고, 공동체에서 일정한 영향력을 행사할 수 있는 수단이기도 하였다. 이와 같이 유향품관이 일반 백성들과 만나는 접촉점이 있다는 사실은 조선시대를 이해하는데 매우 중요한 문제라고 생각한다. 그것은 유향품관과 백성들이 공유하고 서로를 의식하는 부분이 지속적으로 유지되고 있었다는 뜻이기 때문이다.

지금까지 조선이 건국된 뒤 국가가 취한 음사와 기복 민속의식에 관한 정책을 분석하고 그와 관련된 유향품관의 입장과 의의를 검토해 보았

---

101) 국초 이래 이문건이 살던 명종 대에 이르기까지 음사의 금지를 주장하는 논의를 보면, 이처럼 사회 계층에 따라 각각 제사를 드리는 예법이 있는데 음사는 그 분수를 어그러지게 한다는 것이었다. 그것은 다음과 같은 전형적인 논조를 지닌 비판이었다.
『세종실록』 34, 세종 8년 11월 병신. "사간원에서 상소하기를, '… 옛날에 天子는 天地에 제사지내고, 諸侯는 山川에 제사지내고, 大夫는 五祀에 제사지내고, 士庶人은 祖考에게 제사지냄에 각각 等級이 있어서 서로 문란하게 하지 않았던 것입니다'"
앞에서 이미 지적한 것처럼 유교는 통치 체제의 동반자로서 형이상학적 세계와 연결되는 것이었으며, 유교식 예제는 그 통치 체제를 유지해 나가는 구체적인 수단의 하나였다. 그러한 사회적인 질서와 서열에 따라 제사 역시 나뉘어진 등급대로 지내야 하였다. 그런데 음사는 이러한 예와 분수에서 벗어난다는 것이다.

다. 특히 유향품관과의 연관 속에서 지방에서 시행된 여러 제사와 기복 민속의식에 관한 구체적인 사실은 주로 『묵재일기』의 내용을 분석하였다. 이를 통해 조선시대 유향품관이 갖던 이중적 측면을 당시의 사회구조와 연관지어 이해하려 하였다.

조선 건국 이후 정비된 유교적 사전체제는 개인의 신앙이나 믿음의 표현을 넘어 매우 공적이고 정치적인 의미를 지니는 것이었다. 유교는 국왕과 관료에 의해 짜여진 정치 질서에 동반자와도 같은 성격을 지니면서 초자연적 질서와 연결되는 세계였다. 이에 국가가 정한 사전에 수록되지 않거나 절차나 형식 등이 제대로 지켜지지 않는 의식은 음사로 규정되어 정비의 대상이 되었다. 이것은 종교적인 신념보다는 정치적이고 관료적인 개념에 따른 조처였다. 그러므로 새 왕조 질서의 수립에 대한 정치적인 긴박감이 완화되면서 자연히 음사에 대한 국가의 정책은 완화되었다. 국가는 국가의 권위에 직접적으로 저해가 되는 의식에 각별히 주시하였다. 이와 달리 치병이나 점술 등을 위한 민간의 기복 민속의식에 대해서는 관용적인 입장을 취하였다.

사정이 이렇다 보니 음사가 간간히 문제되기는 하였어도 심각한 논쟁거리로 터져 나오지는 않았다. 그런데 중종 대에 이르러 돌연 음사 문제로 조정에 큰 파문이 일었다. 그것은 음사를 빌미로 하여 일어난 국왕과 관료들 사이의 길고 치열한 정치적 갈등이었다. 이와 달리 일반 백성들이나 사대부 등이 지내는 각종 음사에 대해서는 비교적 관용적인 태도를 보였다. 국가의 공적 질서에 직접적으로 위협이 되는 것이 아닌 한 개인의 기복 민속에 대해서는 그다지 질책하지 않았다.

이처럼 조선 전기에 유교적인 각종 제사와 기복적인 민속의식이 봉행된 것은 각기 그것이 주는 의미가 컸다는 뜻이다. 그렇다면 유향품관은 그러한 의식에서 어떤 역할을 수행하였으며 거기에서 잡은 의미는 무엇이었는가. 지방에서 유향품관은 제사에서 매우 중요한 祭文에 큰 비중을 가진 사람들이었다. 지방관의 주관 아래 거행되는 제사에는 국가가 제문을 내리는 경우도 있었지만 지방에서 자체적으로 제문을 짓는 경우도 많았다. 그러한 경우 유향품관의 협조가 매우 긴요하였다. 국가는 이러한 의례를 통하여 지방사회를 지방관을 축으로 하여 유향품관, 더 넓게는 재지사족을 중심으로 통합할 수 있었다.

유향품관에게도 향촌에서 일정한 지위와 영향력을 높이는 데 제사는 매우 유용한 수단이었다. 이러한 제사는 또한 지방관과 유향품관이 빈번하게 접촉하는 통로가 되었다. 향촌에서 이 양측은 여러 가지 방법으로 접촉하면서 자신의 이익을 구가하였다. 제사는 그러한 목적에 매우 적합한 수단의 하나였다. 그런데 유학자로서의 명예와 권위를 중시하는 사대부들조차도 대개는 집안에서 개인적인 목적을 위해서, 또 더러는 백성들과 어우러져 무사를 벌리고 점을 치고는 하였다. 이문건의 경우를 보아도 수시로 점술인, 무녀, 맹인 등을 비롯한 이른바 무속인과 승려 등을 청하여 점술 내지 무속 행위를 시행하였다. 일반 백성들은 더 말할 나위 없었다. 이들 역시 유교적 이념에 따른 제를 지내고 유교적 이념의 실천자로 추앙받기를 원하였지만, 돌아서서는 갈등이나 주저함 없이 기복 민속의식을 시행하였다. 사실 마을에서 지내는 여러 가지 기복 민속의식은 구성원들 사이의 일정한 유대감을 느끼게 하는 행사였다. 개인적인 의식이라 할지라도 사람들은 그것을 이웃과 공유하는 경우가 많았다. 유교적 제례와 달리 기복 민속의식은 계층에 따른 차별이나 다름에 구애되지 않았다.

이러한 측면은 향촌에서 유향품관과 마을 사람들이 어우러지게 하는 통로가 되기도 하였다. 유향품관이 석전제나 공식적인 산천제 등을 통해 유학자로서의 권위를 세웠다면, 그 밖의 의식을 통해서는 일반 백성들과의 거리를 보다 좁힐 수 있었다. 어쩌면 그러한 기복 민속은 유학자들이 유학자로서의 체면손상을 짐짓 뒤로한 채 백성들과 공유하는 부분이었다.

유향품관이 이와 같이 일반 백성들과 만나는 접촉점이 있다는 사실은 조선시대를 이해하는데 매우 중요한 문제이다. 유향품관과 백성들이 공유하는 의식과 서로를 의식하는 개념이 지속적으로 시행·유지되었다는 뜻이기 때문이다.

결 론

이 연구의 목적은 조선전기 지방 士族의 역사적 성립과정과 그들의 사회적 기반을 밝힘으로써 조선전기 사회의 구조를 이해하는데 있다. 지방의 사족은 특히 유향품관이 중심을 이루고 있다. 고려시대까지 지방사회는 향리들의 독무대였다. 그런데 조선시대에 들어와 지방사회의 주도세력은 향리에서 유향품관으로 변화하였다. 유향품관은 지방세력으로 머물던 고려시대 향리와는 전혀 다른 존재였다. 그들은 향촌에서 영향력을 행사하는 지방세력일 뿐만 아니라 국가의 정치에 직접적, 간접적으로 참여하는 세력이었다. 그들은 자신의 정치적 견해를 중앙에 직접 피력하였고, 科擧나 薦擧 등의 여러 경로를 통하여 관계에 나아가기도 했다. 이처럼 조선시대에는 중앙의 사대부만이 아니라 지방에 널리 깊게 뿌리를 내리고 있던 유향품관까지도 정치에 참여하며 사대부가 주도하는 조선사회를 이끌어갔다.

　이 점에서 조선사회에서 국가의 관료와 지방의 사대부 사이에는 공통점이 많았다. 이들은 최고의 사회적 지위를 지닌 사람들이었으며, 기본적으로 유교적인 이념을 따르는 사람들이었다. 다만 국가의 관료는 국가의 이익을 보다 중시할 수밖에 없었다. 지방의 사대부들은 지방 사회의 이해관계를 저버릴 수 없었다. 그러므로 국가의 관료와 지방의 사대부는 갈등을 겪기도 하고 타협을 이루기도 하며 조선사회를 이끌어갔다. 따라서 유향품관을 분석하는 일은 고려와는 크게 달라진 조선시대 지방세력의 특성을 이해하는 작업이다. 또한 이 작업은 유향품관과 국가와의 관계를 다각적으로 분석함으로써 사대부에 바탕을 둔 조선사회의 구조를 밝히는 일이다.

　이를 위하여 필자는 유향품관의 동향, 역할, 그리고 지위 등에 주목하였다. 특히 국가와 유향품관의 양측 입장을 모두 헤아려 그 타협과 조화의 결과를 중시했다. 유향품관과 지방통치체제의 정비를 밀접한 관련 속에 검토하였으며, 국가와 유향품관과 향리와의 삼각관계를 살피는 일에도 유념하였다. 유향품관이 향촌사회에서 백성들과 함께 공유하는 의식이나 제례의 문제도 다루었다. 이러한 관점에 따라 필자가 이 연구에서 얻은 결론의 대략적인 내용을 요약하면 아래와 같다.

제1장에서는 고려말 유향품관의 성장과 새로이 수립된 지방통치체제를 관련지어 검토하였다. 고려후기에 접어들면서 지방사회에 實職은 물론 檢校職·同正職이나 添設職 등을 받아 어떤 형태로든 국가의 관품을 갖게 된 사람들이 세력가로 자리를 잡아갔다. 이들은 留鄕品官으로 불리워질 수 있는 사람들이었다. 유향품관은 국가로부터 관품을 받은 사람이며 士族의 부류에 속한다는 점에서는 중앙관료들과 크게 다를 바가 없었다. 따라서 이성계 세력은 유향품관을 지방세력의 대표자로 인정하고 그들을 고려한 새로운 지방통치체제를 마련해야 하였다.

이를 위해 먼저 이성계 세력은 향리는 향리로 남아있으면서 그 신분에 따른 사회적 역할을 세습적으로 수행하게 하는 정책을 추진하였다. 그러한 정책을 통해 이성계 세력이 의도했던 것은 관직이 士族들에 의해 독점되도록 하는 것이었다. 이러한 바탕 위에서 이성계 세력은 지방통치에 있어서 국왕의 영향력을 보다 강화하기 위한 개혁을 추진하였다. 그 과정에 유향품관을 끌어들여 그들이 일정한 역할을 수행하도록 자리를 마련하였다. 지방을 통치하는 일의 수행과 관련하여 지방세력의 도움이 필요한 경우에 향리가 아니고 유향품관이 이를 행사하도록 하였다.

이와 같이 개혁세력은 유향품관을 중심으로 한 사족을 지방의 대표자로 세우고, 관료 중심의 지배를 강화하여 중앙집권을 확고히 하려는 정치적인 목적이 있었다. 그들은 고려말에 향리와 중앙의 권세가가 긴밀한 관계를 유지하면서 일으켰던 커다란 정치·사회적 폐단을 개혁하고자 하였다. 이러한 문제를 해결하기 위해 이성계 세력은 중앙의 권세가와 지방의 향리의 연결을 끊고자 하였다. 이렇게 함으로써 이성계 세력은 궁극적으로 그들 중심의, 그리고 중앙 중심의 새로운 지배권을 강화하고자 하였다. 그런데 이성계 세력은 재지사족에게도 국가에 대한 일정한 役, 즉 의무를 이행할 것을 기대하였다.

다음으로 이성계 세력은 유향품관의 성장과 짝하여 새로운 지방통치제도를 시행·정비하였다. 이들에 의해 이루어진 관찰사의 설치·파견은 각별히 유향품관과 같은 지방세력을 염두에 둔 것이었다. 유향품관의 성장으로 말미암아 예전의 안찰사나 수령으로는 지방통치의 성과를 거두기 어렵게 되었다. 그들은 이러한 문제를 관찰사제도의 운용을 통해 해결해 나갔다. 관찰사는 유향품관을 상대로 통제와 회유라는 양면정책을 신중하게 사용하면서 그들을 새로이 개편되는 통치체제에 순응하도록 이끌어갔다.

유향품관의 성장으로 말미암아 빚어진 지방통치의 어려움을 극복하기 위하여 수령제도도 개혁하였다. 먼저 수령직을 사족에게 맡겨야 한다는 방침을 세웠다. 중앙이 지방사회의 대표세력으로 사족을 선택하였으므로 그들과 긴밀한 관계를 유지하며 지방행정을 이끌어 나가야 할 수령은 당연히 사족이어야 하였다. 또한 出仕의 출발점으로 많이 활용되는 수령직을 사족이 맡아야 한다는 뜻을 분명히 하여, 사족을 새로운 통치체제로 끌어 들여 갔다. 그 밖에도 道의 여러 관직에 유향품관을 적극적으로 수용하였다. 국가는 유향품관이 牧民官의 자질을 갖추고 있다는 점을 인정해 주고, 그들의 협조를 이끌어 내고자 한 것이다. 한편 국가는 관찰사가 수령이 감당하기 어려운 유향품관을 상대로 보다 신중하게 중앙의 정책을 집행해 가기를 기대하였다.

그런데 국가가 관찰사에게 수령과 지방세력가들이 백성을 괴롭히는가를 잘 감찰하게 한 것은 지방사회를 안정시키고자 하는 의지의 표현이었다. 관찰사가 수령이 牧民官으로서의 직무를 충실하게 수행하는지를 감시한다는 것은, 수령의 잘잘못을 가려내어 백성들의 어려움을 덜어주겠다는 뜻이다. 유향품관을 비롯한 지방세력가가 백성에게 괴로움을 주는가를 감찰하는 일을 소홀히 하지 말라는 것도 같은 뜻이다. 국가가 이러한 점을 강조한 보다 중요한 목적은 수령은 물론 유향품관도 백성들의 생활이 보다 나아지도록 그들에게 각별한 관심과 배려를 베풀라는 데에 있었다. 이렇게 함으로써 국가는 유향품관을 새로운 질서로 끌어들이는 것을 물론, 지방민을 다독거려 민심을 달래는 효과를 얻고자 하였다. 관찰사의 巡行이 각별히 중시된 까닭도 이러한 성과를 얻기 위해서였다. 순행은 중앙의 권력이 직접적으로 지방에서 집행되는 것으로, 직접 지방민과 접촉하며 그들에게 귀를 기울이는 의지의 표현이었다.

　제2장에서는 유향품관이 그들이 가진 경험과 능력을 바탕으로 지방행정에서 일정한 역할을 담당하였고, 이와 더불어 鄕任이 활성화되는 문제에 관하여 검토하였다. 여기에서는 먼저 유향품관이 지방행정에 관여하고 나서기 시작하였으며 이와 더불어 시행된 面里任과 申明色에 관해 알아 보았다. 국가는 유향품관을 정부의 통제 아래 두려고 조치하였지만, 다른 한편으로는 이들이 가진 정치적 역량을 새 왕조의 통치체제로 적극 수용하는 정책을 펴 나갔다. 국가가 유향품관의 경험과 능력을 활용하기 위해 추진한 정책은 유향품관의 요구에도 부응하는 것이었다. 그러므로 面里任이나 申明色 등의 제도는 그것을 통하여 지방사회에서 주도적 입장에 있기를 바라는 유향품관과 이들을 끌어들여 지방통치를 효율적으로 이루고자 하는 국가 사이에 이루어진 타협의 산물이었다. 면리인이나 신명색을 맡음으로써 유향품관은 지방민을 통치하는 일에 일정한 몫을 갖게 되었다. 그것은 지방사회에서 유향품관이 가지는 우월한 지위를 국가가 인정한다는 사실을 뜻한다. 그대신 유향품관이 면리임이나 신명색 등을 맡거나 그 일에 협조한다는 것에는 국가의 통치체제에

순응한다는 의미였다.

　유향품관이 지방행정에 관여하는 폭이 확대되고 그들의 목소리가 커지게 되면서 신명색이 설치되었다. 신명색을 설치한 것은 하륜의 주장에 따라 이루어진 일이었고, 그것을 혁파한 것은 태종의 뜻이었다. 태종은 중앙의 정치 뿐만이 아니라 지방에 대해서도 국왕의 직접적인 영향력을 강화하고자 하였다. 태종의 의도는 지방통치에 있어서 관찰사와 수령의 권한은 가능한 확대하고 지방세력의 역할은 가능한 억제하는 것이었다. 면리임보다 영향력을 미칠 수 있는 범위가 확대되고 그 위상도 높아져 수령을 능멸하기까지 하는 신명색은 마땅히 혁파의 대상이 될 수밖에 없었다.

　이와 같이 향촌사회에 유향품관이 담당하는 직임을 활성화하면서 국가는 향리에 대한 유향품관의 우위를 보장하는 정책을 추진하였다. 유향품관이 향리에 대한 우위를 확보하기까지는 국가의 정책에 힘입은 바가 컸다. 국가는 향리의 세력을 약화시켜 향리에 대한 유향품관의 우위도 얻고, 지방통치에 대한 유향품관의 협조를 이끌어 내는 데도 성공을 거두어 갔다.

　향촌사회에서 유향품관이 영향력을 행사한 가장 큰 발판의 하나가 留鄕所였다. 국가가 지방을 통치하는 방식은 외관제도의 개혁·정비를 통해 보다 직접적인 지배를 강화하는 방향이었다. 그런데 국가는 보다 원활하고 효과적인 지방통치를 위하여 유향품관을 적극 끌어들이는 여러 방안을 마련하였다. 유향소도 그러한 조처가 제도화되는 과정에서 등장한 것의 하나라고 생각된다.

　유향소는 대부분의 경우 지방관과 서로 일정한 관계를 유지하면서 협조의 관계를 이루고 있었다. 유향소와 중앙관료와의 관계도 긴밀하기는 마찬가지였다. 중앙관료에게 유향소는 정치·경제적으로 유용한 존재였다. 중앙관료의 입장에서 유향소는 정치적으로는 지방통치의 안정을 도모하고, 경제적으로는 상당한 이익을 취할 수 있는 통로의 하나였다. 유향품관의 입장에서도 유향소를 통한 중앙관료와의 연결이 긴요하기는 마찬가지였다. 그와 같은 중앙과의 연결의 끈을 통하여 관직에 들어설 수도 있고, 여러 가지 청탁도 가능한 일이었다. 연결의 끈 자체가 향촌사회에서 권위와 권력을 신장시키는 일에 도움이 되기도 하였다.

결국 국가를 이끌어 나가고 체제를 유지하는 일에 있어서 국가와 유향소로 결집된 유향품관과는 서로의 필요를 충족시키며 유지된 긴밀한 협조의 관계를 유지하였다. 유향소를 통해 국가와 유향품관은 많은 경우에 갈등하거나 대립하기보다는 협조와 조화의 관계를 이루며 연대감을 발전시켜 나갔다.

이와 같은 연대감은 성종대 이후 새로운 정치적인 발전을 여는 터전이 되었다. 유향소를 통한 유향품관의 활동은 지방사회에 영향을 미치고 중앙관료의 지방에 대한 인식에도 발전을 가져왔던 것이다. 성종대에 이르면 중앙의 관료들이 유향품관을 비롯한 지방의 사족들을 보다 더 강하게 의식하는 현상이 나타났다. 중앙의 관료들이 지방 사족들의 公論을 헤아리고자 한 것이다. 이와 같이 성종대에 이르러서 중앙의 관료들이 지방의 품관을 비롯한 사족들을 보다 더 강하게 의식하는 현상이 나타난 것은 중앙과 지방을 대표하는 세력의 일체적인 관계가 발전하였기 때문이다. 이러한 바탕위에서 성종대에 유향소 복설에 대한 논의가 진행되었다고 본다.

성종대 유향소 복설은 이 문제가 본격적으로 제기된 뒤로부터 여러 해가 흐른 뒤에야 이루어졌다. 그 동안 조정에서는 유향소 복설을 놓고 여러 차례 깊은 논의가 이루어졌다. 유향소 복설의 필요성이 제기되자 이를 반대하는 중심축에 서 있던 사람은 국왕인 성종이었다. 조정 관료들도 반대론자와 찬성론자로 나뉘기는 하였다. 그러나 반대하는 사람들과 찬성하는 사람들이 정치적으로 구분되는 세력은 아니었다. 유향소 복설을 둘러싼 마찰은 국가가 지방을 통치하는 방식을 놓고 일어난 갈등이었다. 관찰사-수령으로 이어지는 국가의 직접 지배방식을 중시하는 사람들은 유향소 복설을 반대하였다. 향촌을 교화하고 다스리는 일은 전적으로 국왕의 명을 받아 그 다스림을 대신하는 지방관의 소임이라는 입장이다. 유향소 복설론이 제기된 성종 13년이면 성종이 원상제를 혁파하고 친정을 시작하여 왕권을 구축해가던 시기였다. 이러한 시점에서 성종은 당연히 국왕의 직접적인 지방통치 방식을 선호하였다. 이 방식을 선호하는 입장에 선 사람들은 유향소가 자칫 국가의 지방통치를 분산시키고 나아가 국왕의 통치력을 약화시킬 위험성이 있다고 판단하였다. 이와 달리 경재소-유향소 제도를 통하여 사족들의 영향력을 적극 수용하자는 입장에 선 사람들은 유향소 복설을 주장하였다. 국가의 지방통치에 유향소의 기능을 살려 이를 적극적으로 활용하자고 하였다.

유향소 복설은 지방통치를 위해 외관제의 운용과 재지사족의 참여라는 두 가지 길이 적절하게 절충되어 이루어 질 수 있었다. 그 절충안을 연 사람이 김종직이었다. 유향소를 복설하여 재지사족의 권위를 살리고 역할을 후원하되 이에 대한 관찰사와 수령의 감독을 강화하였다. 이러한 타협 내지 절충의 모습은 성종대 국가와 지방사회의 관계는 어느 한편의 일방적인 독주와 그에 대한 충돌의 관계가 아니라 긴밀한 교류를 통한 조화의 관계였음을 보여준다.

유향소 복설론을 통해 중앙의 관료와 지방의 사족은 분리되거나 대립된 집단이 아니라 일체적・지속적 유대관계를 강화하고 있음을 볼 수 있다. 이들은 향리를 타자화해가며 治者・儒者라는 공통의 바탕위에서 보다 강하게 일체성을 인식하고 있었다. 이러한 일체성의 바탕 위에서 국가는 향촌에 흩어져 있는 사족들을 보다 강하게 의식하고 그들의 목소리에 귀를 기울이게 되었고, 향촌의 사족들도 국가와의 연대감을 키워갔다.

유향소와 지방관과의 관계도 크게 보아 일상적으로 교류와 협조의 관계였다. 지방관은 유향소 품관과 자리를 함께하며 지방통치와 관련한 자문도 얻고 협조도 얻었다. 유향품관에게도 지방관과의 긴밀한 관계가 유용한 것이었음은 당연한 일이다. 양 측이 모두 치자로써, 사족으로써 지방사회와 나아가 국가를 이끌어 나가는 사람들이라는 공통점과 합의점이 그러한 조화를 가능하게 하였다.

 유향소는 유교적 이상국가의 건설이라는 이상아래 건국 초기부터 향촌에 三綱을 중심으로 한 유교적 이념을 보급·강화하는데도 중요한 기능을 하였다. 유향소는 지방의 효자, 열녀 등을 중앙에 추천하고 이른바 미풍양속을 어기는 사람은 적절히 징계하는 활동을 폈다. 이러한 향촌교화는 백성들까지도 유교적 이념의 실천자로 독려하는 것이었다. 비록 그것이 현실적으로 불가능한 일일지라도 군주와 관료, 더 나아가 사대부들은 유교이념을 앞서서 실천하며 백성들까지도 몰아서 선으로 나아가게 해야 하는 자였다. 그것이 그들이 치자로서 가지는 지위와 권위를 정당화하는 명분이었다. 이렇게 보면 사족들이 나서서 백성을 교화하는 책임과 기능을 지닌 유향소는 유교적 왕도정치 내지는 덕치를 구현하기 위해 명분적으로 실질적으로 중요한 의미를 지니는 기관이었다.

 조선이 건국된 뒤 국가의 통치체제는 안정적으로 정비되어 나갔다. 국가의 체제는 그 자체가 국가는 국가에게 대로, 그 구성원은 구성원에게 대로 각자의 목적과 이익을 추구하는 방향으로 활용·유지되기 마련이다. 그러므로 국가의 체제와 사람들 사이에는 항상 갈등과 타협이 이루어진다. 국가의 통치체제는 그 안에서의 행동을 요구한다는 의미에서 사람들의 활동을 일정하게 제한한다. 그것은 동시에 사람들의 요구를 수용하는 방향에서 정비되어 간다. 즉 국가의 체제는 국가를 이끌어가는 정치인들과 그 구성원들 사이에 이익이 조화되는 방향으로 짜여질 때 안정·지속되기 마련이다.

 이러한 점에서 보면 개국 이후 안정적으로 통치체제를 정비해 간 조선왕조는 크게 보아 국가를 이끌어가는 중앙의 관료와 지방에 거주하던 사족들이 서로 갈라지고 충돌하기 보다는 조화를 이루며 체제를 유지해 나갔다고 보아진다. 어느 한편의 일방적인 독주라기보다는 양 측이 조화를 이루고 이익을 공유해 가며 왕조를 이끌어 나간 것이다. 유향소도 이러한 흐름 안에서 이해해야 한다. 조선시대로 접어들어 감사에서 수령으로 이어지는 지방관, 거기에 수시로 파견되는 경차관, 순행사 등을 통해 국가의 지방지배는 보다 강력해졌다. 그러한 구조 안에서 지방 세력은 유향소나 각종 향임을 통해 지방관에게 협조하기도 하고, 맞버티기도 하였다. 그렇지만 향촌사회에서 지방관의 지위와 영향력은 절대적이었다고 해도 지나치지 않을 것이다.

제3장에서는 유향품관을 통해 향촌사회에 유교적 이념이 확산되고 유교적 의례가 준행되어 가는 문제를 알아 보았다. 먼저 유교이념 가운데에서도 三綱理念이 조선시대에 접어들어 향촌사회까지 확산되는 문제를 유향품관과 관련하여 주목해 보았다. 삼강이념은 고려말 신진 사대부들이 斥佛論을 주장하면서부터 본격적으로 강조되었다. 삼강이념은 君權의 절대성·지고성을 합리화하여 군주에 대한 충성을 강조하고 父權과 夫權의 우월성이 내세워지는 가부장적인 사회를 뒷받침해 주는 이념이기 때문이었다.

그런데 국가가 삼강이념을 실천하도록 독려한 우선적인 대상은 유향품관이었다. 유향품관도 이러한 중앙의 정책에 호응하였다. 국가는 유향품관에게 새로운 왕조의 국왕에 대한 충성을 다짐받고자 하였다. 그리고, 유향품관을 삼강이념의 실천자로 부추켜서 향촌사회에서 추앙받게 하였다. 유향품관은 그 지방에서 우월한 사회적 지위에 있었지만, 삼강이념의 실천자로 발탁되는 일로 해서 그러한 지위는 더욱 강화될 수가 있었다. 그것은 유향품관을 향촌사회의 대표자로 세우고자 한 국가의 정책에 크게 도움되는 일이었다. 또한 유향품관의 선행을 드러내어 국가가 적절하게 포상하는 정책은 향촌사회에 삼강이념을 고취시키는 일에 매우 효과적이었다. 이 일에 무게를 더하기 위해 관찰사를 직접 나서게 하였다. 건국초부터 추진되어 온 삼강이념 보급 정책은 『三綱行實圖』의 편찬이라는 결실을 거두게 되었다. 국가는 유향품관을 중심으로하여 지방사회에 삼강이념을 보급하여 군주권을 강조하고 가부장권을 옹호하는 새로운 통치체제를 이루어 나갔다.

다음으로는 지방통치를 위해 유교적인 예제를 시행해 나가는 국가의 정책과 그에 대한 유향품관의 대응을 알아 보았다. 조선의 집권자들이 중앙집권적 통치체제를 이루기 위해서는 그것에 걸맞는 禮가 이루어지게 하는 일이 중요하였다. 이 때문에 특히 지방통치와 관련하여서 산천제가 주목될 수밖에 없었다. 조선이 건국된 뒤 산천제는 새롭게 개편·정비되어야 하였다. 조선의 집권자들은 유교적인 이념에 맞게 여러 가지 예제를 정비하였다. 산천제도 여기에서 벗어날 수는 없었다. 또한 중앙집권화 정책과 더불어 지방에서 행하여지던 제사를 국가가 보다 강력하게 통제하는 시책이 추진되었다. 明과의 외교관계도 크게 영향을 미쳤다. 산천제는 그 지역의 전통과 권위를 상징하는 제례였으므로 지방의 산천제에는 유향품관이 참여하기 마련이었다. 유향품관을 주시하던 국가로서는 그들이 관련된 산천제를 새로운 사회질서에 맞추어 개편할 수밖에 없었다.

이러한 관점에서 먼저 유교적 제례를 수용하면서 산천제의 의미가 변화한 문제를 검토하였다. 조선시대에 접어들어 산천제는 국왕만이 지낼 수 있는 제사가 되었다. 祀典에 오른 산천신에게 중앙에서 정해준 예제대로 지내게 하고, 국왕이나 국왕의 다스림을 대신하는 지방관이 그 제사권을 가지게 되었다. 이러한 조처를 통해 산천제가 중앙의 통제아래 있다는 명분을 세웠다.

하지만 국가는 산천제에 관하여 세운 방침을 철저하게 집행하지는 않았다. 중앙에서 정해준 예제를 따르고 거기에서 크게 벗어나지 않는 한 관대한 태도를 보였다. 그 까닭은 유향품관이 지방민을 잘 위무하여 지방사회를 이끌어 나가는데 산천제가 도움이 되었기 때문이다. 유향품관으로서도 중앙의 정책에 순응할 수밖에 없었다. 그러나 그러면서도 유향품관이 얻어낸 것은 향촌에서 우월한 지위를 유지할 수 있게 된 것이었다.

결국 조선에서는 산천제가 국왕만이 지낼 수 있는 제사라는 점이 철저하게 지켜지지 못하였다. 그 까닭은 조선의 국왕과 사대부들이 갖는 관계의 특징에서 크게 비롯된 일이라고 해석된다. 물론 국왕의 지위는 절대적인 것이었고 사대부들이 그것에 대해 반발하지는 않았다. 그러나 국왕의 통치권은 일반 관료들뿐만이 아니라 유향품관까지도 포함한 사대부계층 앞에서 상대적으로 절대적이지 못하였다. 이 때문에 산천제를 놓고도 양자 사이에 적당한 타협이 이루어질 수밖에 없었다.

산천제를 통해 유향품관은 지방민과 친밀하게 연결되는 계기를 확보할 수 있었다. 그와 같은 종교의식은 구성집단을 통합하고 그 유대를 지속시키는 역할을 하기 때문이다. 유향품관은 산천제를 통해 그러한 통합의 중심적 역할을 해 나갔다. 또한 유향품관은 산천제에 관여함으로써 지방사회에서 자신들의 권위를 한껏 높일 수 있었다. 백성에게 복을 내려주는 신에게 제사를 드리는 일을 주관한다는 것은 그 지방사회를 대표하는 존재로서의 지위를 상징하는 것이었다.

그러나 유향품관이 산천제를 지내는 것은 국가의 통제아래 놓인 제사를 행하는 것이었다. 국가는 그러한 의식을 통해 유향품관과 지방민을 지방관을 중심으로 결합시키고 더 나아가서 국왕을 정점으로하여 결집시켰다. 산천제를 통하여 지방민이 유향품관을 중심으로 하여 친밀한 유대관계가 증대되고 더 나아가 국왕을 정점으로 하여 통합되는 것은 국가가 지방민을 통치하는 일에 도움이 되었다.

이와 같이 조선 건국 이후 정비된 유교적 사전체제는 개인의 신앙이나 믿음의 표현을 넘어 매우 공적이고 정치적인 의미를 지니는 것이었다. 유교는 국왕과 관료에 의해 짜여진 정치 질서에 동반자와도 같은 성격을 지니면서 초자연적 질서와 연결되는 세계였다. 이에 국가가 정한 사전에 수록되지 않거나 절차나 형식 등이 제대로 지켜지지 않는 의식은 음사로 규정되어 정비의 대상이 되었다. 이것은 종교적인 신념보다는 정치적이고 관료적인 개념에 따른 조처였다. 그러므로 새 왕조 질서의 수립에 대한 정치적인 긴박감이 완화되면서 자연히 음사에 대한 국가의 정책은 완화되었다. 국가는 국가의 권위에 직접적으로 저해가 되는 의식에 각별히 주시하였다. 이와 달리 치병이나 점술 등을 위한 민간의 기복 민속의식에 대해서는 관용적인 태도를 보였다. 사정이 이렇다 보니 음사가 간간히 문제되기는 하였어도 심각한 논쟁거리로 터져 나오지는 않았다. 국가의 공적 질서에 직접적으로 위협이 되는 것이 아닌 한 개인의 기복 민속에 대해서는 그다지 질책하지 않았다.

이처럼 조선 전기에 기복적인 민속의식이 여전히 봉행된 것은 각기 그것이 주는 의미가 컸다는 뜻이다. 그렇다면 유향품관은 그러한 의식에서 어떤 역할을 수행하였으며 거기에서 얻은 이익은 무엇이었는가. 지방에서 유향품관은 제사에서 매우 중요한 祭文에 큰 비중을 가진 사람들이었다. 지방관의 주관 아래 거행되는 제사에는 국가가 제문을 내리는 경우도 있었지만 지방에서 자체적으로 제문을 짓는 경우도 많았다. 그러한 경우 유향품관의 협조가 매우 긴요하였다. 국가는 이러한 의례를 통하여 지방사회를 지방관을 축으로 하여 유향품관, 더 넓게는 재지사족을 중심으로 통합할 수 있었다. 유향품관에게도 향촌에서 일정한 지위와 영향력을 높이는 데 제사는 매우 유용한 수단이었다. 이러한 제사는 지방관과 유향품관이 빈번하게 접촉하는 통로이기도 하였다. 향촌에서 이 양측은 여러 가지 방법으로 접촉하면서 자신의 이익을 구가하였다. 제사는 그러한 목적에 매우 적합한 수단의 하나였다.

그런데 유학자로서의 명예와 권위를 중시하는 사대부들조차도 대개는 집안에서 개인적인 목적을 위해서, 또 더러는 백성들과 어우러져 무사를 벌리고 점을 치고는 하였다. 수시로 점술인, 무녀, 맹인 등을 비롯한 이른바 무속인과 승려 등을 청하여 점술 내지 무속 행위를 시행하였다. 유교적 이념에 따른 제를 지내고 유교적 이념의 실천자로 추앙받기를 원하였지만, 돌아서서는 갈등이나 주저함 없이 기복 민속을 신봉하였다.

사실 마을에서 지내는 여러 가지 기복 민속의식은 구성원들 사이의 일정한 유대감을 느끼게 하는 행사였다. 개인적인 의식이라 할지라도 사람들은 그것을 이웃과 공유하는 경우가 많았다. 유교적 제례와 달리 기복 민속의식은 계층에 따른 차별이나 다름에 구애되지 않았다. 이러한 측면은 향촌에서 유향품관과 마을 사람들이 어우러지게 하는 통로가 되었다. 유향품관이 석전제나 공식적인 산천제 등을 통해 유학자로서의 권위를 세웠다면, 그 밖의 의식을 통해서는 일반 백성들과의 거리를 보다 좁힐 수 있었다. 어쩌면 그러한 기복 민속은 유학자들이 유학자로서의 체면손상을 짐짓 뒤로한 채 백성들과 공유하는 부분이었다. 유향품관이 이와 같이 일반 백성들과 만나는 접촉점이 있다는 사실은 조선시대를 이해하는데 매우 중요한 문제이다. 유향품관과 백성들이 공유하는 의식과 서로를 의식하는 개념이 지속적으로 시행·유지되었다는 뜻이기 때문이다.

지금까지 정리한 것처럼 고려에서 조선으로 왕조가 바뀌면서 지방사회의 세력가가 향리에서 유향품관으로 변화되었고, 그에 따라 중앙이 지방을 통치하는 방식도 달라지게 되었다. 조선초기에 이루어진 통치체제는 유향품관의 협조와 역할을 기대한 것이었다. 국가는 향촌사회에서 유향품관의 우월적인 지위를 후원·보장하여 주었다. 이러한 바탕위에서 국가는 새왕조를 지지하고 그것에 협조적인 사람에게는 혜택을 베풀면서 새로운 통치체제에의 참여와 협조를 이끌었다. 그러나 그렇지 않은 사람들에게는 적절한 징계조치를 가하는 두가지 측면의 정책을 신중하게 펴 나갔다. 국가가 이와 같은 정책을 추진한 까닭은, 유향품관을 통치의 대상으로만 파악하지 않고 있었다는 뜻이다. 중앙의 집권자들은 유향품관을 자신들과 마찬가지로 治者의 자격을 갖춘 존재로서 인정하였다. 이 때문에 유향품관의 향촌에서의 지위와 이익을 보장하고 뒷받침해주는 방향으로 지방통치체제가 정비되었다.

사실 중앙의 집권자들은 外官을 통하여 지방통치가 이루어지기를 기대하였다. 그러나 유향품관의 협조가 없이는 중앙의 안정도 지방의 통치도 어려운 것이 현실이었다. 따라서 지방통치에 있어서 국가가 유향품관에게 협조를 구한 것은 유향품관의 지위와 권익을 어느정도 허용하고 후원한다는 것을 의미한다. 그것은 또한 유향품관에게 정치·사회·경제적인 특권을 크게 보장한 것으로 국가가 상당한 정치적 양보를 한 것이다. 국가는 外官을 도와 지방행정을 처리하거나 지방민을 교육하는 등 향촌에 마련된 여러 가지 향임이나 기구에 참여하고 유교적인 이념이나 의례를 몸소 실천한 유향품관에게는 여러 가지의 혜택을 베풀었다. 국가는 유향품관의 의사를 수용하고 그들의 입장을 존중하며 지방통치를 위한 제도나 정책을 추진하고 시행해 나갔다.

유향품관도 중앙의 권위를 인정하고 그 정책의 시행에 협조하였다. 그렇지 않고는 자신들의 존립기반과 성장을 위한 발판이 와해될 것이므로 국가권력에 대한 순응은 그들로서 최선의 선택이었다. 그러나 그렇게 협조함으로써 그들은 적어도 향촌사회에서의 우월한 지위와 권위를 더욱 확고하게 할 수 있었다. 또한 유향품관은 일방적으로 국가의 지배를 받는 존재에 머무르는 것이 아니라 크게 보아 자신들도 그 통치의 주체가 되는 자리를 갖게 되었다. 유향품관은 향촌에서의 지위를 더욱 강화할 수 있었고, 그들의 중앙으로의 진출의 길도 확보해 나갈수 있었던 것이다. 결국 조선사회에서 중앙과 지방을 각기 대표하는 세력은 서로 대립하기보다는 많은 경우에 연대감 내지는 일체감을 갖고 협조의 관계를 이루어 나갔던 것이다.

따라서 중앙의 집권자들은 지방의 품관을 비롯한 사족들을 크게 의식할 수밖에 없었다. 국가 스스로가 유향품관을 중심으로한 지방의 사족들의 뜻을 헤아리고 그들의 수렴된 의견에 귀를 기울였다. 유향품관이 차지하는 지위와 역할의 크기 만큼 국가는 그들의 뜻을 더욱 적극적으로 헤아리는 방향으로 정책을 추진해 나가야 하였다. 또한 지방의 품관이나 사족들도 중앙의 정치에 대하여 직접적으로 관여하거나 간접적으로라도 영향력을 행사하였다. 조선시대에 들어와 정치에 참여하는 층은 크게 확대되었던 것이다. 이것은 조선사회에 유교적 이념이 중앙에는 물론 향촌사회에까지 널리 확산되어 간 사실을 보여준다.

참고문헌

1. 史料

『高麗史』
『高麗史節要』
『朝鮮王朝實錄』
『燃藜室記述』
『東文選』
『新增東國輿地勝覽』
『默齋日記』
『陽村集』
『三峰集』
『松堂集』
『掾曹龜鑑』
『慵齋叢話』
『三綱行實圖』
『經世遺表』
『禮記』
朝鮮總督府 編, 1919,『朝鮮金石總覽』;亞細亞文化社, 1976.
許興植 編,『韓國金石全文』, 一志社, 1984.
秦弘燮 編,『韓國美術資料集成 1』, 一志社, 1987.
金龍善 編,『高麗墓地銘集成』, 翰林大學校 아시아文化硏究所, 1993.

2. 硏究書

姜晋哲,『高麗土地制度史硏究』, 高麗大出版部, 1980 ; 一潮閣, 1991 改正版.
金光哲,『高麗後期世族層硏究』, 동아대출판부, 1991.
金塘澤,『元干涉下의 高麗政治史』, 일조각, 1998.
金龍德,『鄕廳硏究』, 한국연구원, 1979.

金龍德,『韓國制度史研究』, 一潮閣, 1983.
金忠烈,『高麗儒學史』, 고려대출판부, 1984.
金泰永,『朝鮮前期土地制度史研究』, 知識産業社, 1983.
金炫榮,『朝鮮時代의 兩班과 鄕村社會』, 集文堂, 1999.
梅原郁,『宋代官僚制度研究』, 同朋舍, 1985.
閔賢九,『朝鮮初期의 軍事制度와 政治』, 한국연구원, 1983.
朴恩卿,『高麗時代鄕村社會研究』, 一潮閣, 1996.
朴翼煥,『朝鮮鄕村自治社會史』, 三英社, 1995.
朴 珠,『朝鮮時代의 旌表政策』, 一潮閣, 1990.
邊東明,『高麗後期性理學受容研究』, 一潮閣, 1995.
邊太燮,『高麗政治制度史研究』, 一潮閣, 1971.
邊太燮 編,『高麗史의 諸問題』, 三英社, 1986.
서경 편집부 편,『조선시대의 중앙과 지방』, 서경, 2004.
宋俊浩,『朝鮮社會史研究』, 일조각, 1987.
劉承源,『朝鮮初期身分制研究』, 乙酉文化社, 1987.
李範稷,『韓國中世禮思想研究-五禮를 中心으로-』, 一潮閣, 1991.
李相伯,「李朝建國의 研究」『震檀學報』4·5·7, 1936 ;『李朝建國의 研究』
　　　1949.
李成茂,『朝鮮初期兩班研究』, 一潮閣, 1980.
＿＿＿,『韓國의 科擧制度』, 集文堂, 1994.
＿＿＿,『朝鮮兩班社會研究』, 一潮閣, 1995.
李樹健,『韓國中世社會史研究』, 一潮閣, 1984.
＿＿＿,『朝鮮時代地方行政史』, 民音社, 1989.
李佑成,『韓國中世社會研究』, 一潮閣, 1991.
李章雨,『朝鮮初期 田稅制度와 國家財政』, 일조각, 1998.
李存熙,『朝鮮時代地方行政制度研究』, 一志社, 1990.
李泰鎭,『韓國社會史研究』, 知識産業社, 1986.
李泰鎭,『朝鮮儒敎社會史論』, 知識産業社, 1989.
이해준,『조선시기 촌락사회사』, 민족문화사, 1996.
임용한,『朝鮮前期 守令制와 地方統治』, 혜안, 2002.
정구복,『古文書와 兩班社會』, 一潮閣, 2002.
鄭杜熙,『朝鮮初期政治支配勢力研究』, 一潮閣, 1983.
鄭杜熙 외,『韓國社會發展史論』, 一潮閣, 1992.
鄭杜熙,『朝鮮時代의 臺諫研究』, 一潮閣, 1994.

鄭杜熙, Edward J. Shultz 편,『한국사에 있어서 지방과 중앙』, 서강대학교 출판부, 2003.
정진영,『조선시대 향촌사회사』, 한길사, 1997.
蔡雄錫,『高麗時代의 國家와 地方社會-'本貫制'의 施行과 地方支配秩序-』, 서울대학교 출판부, 2000.
千寬宇,『近世朝鮮史研究』, 一潮閣, 1973.
최종성,『조선조 무속 국행의례 연구』, 일지사, 2002.
河炫綱,『韓國中世史研究』一潮閣, 1988.
韓永愚,『鄭道傳思想의 研究』, 서울대출판부, 1983.
_____,『朝鮮前期社會經濟研究』, 知識産業社, 1983.
韓㳓劤,『朝鮮時代思想史研究論攷』, 一潮閣, 1996.
洪承基,『高麗貴族社會와 奴婢』, 一潮閣, 1983.

3. 研究論文

權延雄,「朝鮮成宗代의 經筵」『韓國文化의 諸問題』1981.
_____,「조선시대 지방과 중앙의 공생관계」『한국사에 있어서 지방과 중앙』, 서강대학교 출판부, 2003.
金甲童,「高麗時代의 城隍信仰과 地方統治」『韓國史研究』74, 1991.
_____,「고려시대 순창의 지방세력과 성황신앙-'城隍大神事跡' 懸板을 중심으로-」『韓國史研究』97, 1997.
金光洙,「高麗時代의 同正職」『歷史教育』11·12합집, 1969.
金聲均,「京在所의 性格에 대한 一考」『亞細亞學報』1, 1965.
김소은,「이문건의 생애와 "묵재일기"의 구성」『홍경만교수정년기념 한국사학논총』, 경인문화사, 2002.
金元龍,「<三綱行實圖> 刊本攷」『東亞文化』44, 서울대학교 동아문화연구소, 1965.
_____,「<三綱行實圖>에 대하여」『三綱行實圖』, 세종대왕기념사업회, 1982.
金潤坤,「麗代의 按察使制度成立과 그 背景」『嶠南史學』 창간호, 1985.
김인규,『16세기 경북 성주지역의 장인연구-이문건의『묵재일기』를 중심으로-』, 서강대학교 박사학위논문, 2001.
金泰永,「朝鮮初期 祀典의 成立에 對하여」『歷史學報』58, 1973.
김현영,「『묵재일기』해제」『묵재일기』(하), 국사편찬위원회, 1998.

金勳埴,『朝鮮初期 義倉制度 研究』, 서울대학교 박사학위논문, 1993.
羅恪淳,『高麗 鄕吏의 身分變化에 관한 硏究』, 성균관대학교 박사학위논문, 1987.
朴元熇,「明初 文字獄과 朝鮮表箋問題」『史學硏究』25, 1975.
朴恩卿,「高麗後期 地方品官勢力에 관한 硏究」『韓國史硏究』44, 1984.
_____,「高麗後期 鄕吏層의 변동－世宗實錄 地理志 續姓 분석을 중심으로」『震檀學報』64, 1987.
朴鍾進,「高麗前期 義倉制度의 構造와 性格」『高麗史의 諸問題』, 삼영사, 1986.
朴鎭愚,「朝鮮初期 面里制와 村落支配의 강화」『韓國史論』20, 1988.
濱中陞,「麗末·鮮初の閑良について」『朝鮮學報』42, 1967.
宋俊浩,「朝鮮兩班考－朝鮮朝 社會의 階級構造에 관한 한 試論－」『韓國史學』4, 1983.
柳鐸一,「初刊 三綱行實圖에 對하여」『國語國文學』11, 부산대학교 국어국문학회, 1974.
柳昌圭,『李成桂勢力과 朝鮮建國』, 서강대학교 박사학위논문, 1995.
柳洪烈,「朝鮮에 있어서의 鄕約의 成立」『震檀學報』9, 1938 :『韓國社會思想史論攷』, 일조각, 1980.
이복규,『"묵재일기"에 나타난 조선전기의 민속』, 민속원, 1999.
李成茂,「朝鮮初期의 鄕吏」『韓國史硏究』5, 1970.
李成茂,「京在所와 留鄕所」『擇窩許善道博士停年紀念論叢』1992.
이성임,「16세기 이문건가의 수입과 경제생활」『국사관논총』97, 2001.
李熙德,「朝鮮初期 儒敎의 實踐倫理에 대한 一考察－倫理書의 普及을 중심으로－」『論文集』9, 서울산업대학교, 1975 :『高麗儒敎政治思想의 硏究』一潮閣, 1984.
張得振,「趙浚의 政治活動과 그 思想」『史學硏究』38, 1984.
張炳仁,「朝鮮初期의 觀察使」『韓國史論』4, 1978.
田川孝三,「李朝の鄕規について(一)」『朝鮮學報』76, 1975.
鄭杜熙,「朝鮮建國初期 統治體制의 成立過程과 그 歷史的 意味」『韓國史硏究』67, 1989.
_____,「三峰集에 나타난 鄭道傳의 兵制改革案의 性格」『震檀學報』50, 1980.
_____,「高麗末期의 添設職」『震檀學報』44, 1978 :「高麗末 新興武人勢力의 成長과 添設職의 設置」『李載龒博士還曆紀念韓國史學論叢』

1990.
鄭杜熙,「朝鮮前期 支配勢力의 形成과 變遷」『韓國社會發展史論』, 일조각, 1992.
鄭勝謨,「城隍祠의 민간화와 鄕村社會의 變動」『泰東古典硏究』 7, 1991.
曺永祿,「明太祖(재위 1368-1398)의 君主權 강화와 言路 개방책」『高柄翊先生回甲紀念史學論叢-歷史와 人間의 對應』, 1984.
曺佐鎬,「朝鮮時代 經學振興策의 一面-특히 科擧의 講經을 중심으로」『人文科學』 3·4집, 성균관대학교, 1974 :「朝鮮時代의 經學振興策」『韓國科擧制度史硏究』, 범우사, 1996.
周藤吉之,「鮮初におげる京在所ど留鄕所どに就いで」『加藤博士還曆記念東洋史集說』 1941.
中村榮孝,「朝鮮世祖の圓丘祭祀について(上)」『朝鮮學報』 54, 1970.
蔡雄錫,『高麗時期 '本貫制'의 施行과 地方支配秩序』, 서울대학교 박사학위논문, 1995.
千寬宇,「麗末·鮮初의 閑良」『李丙燾博士華甲紀念論叢』 1956 :『近世朝鮮史硏究』 1979.
崔先惠,「高麗末·朝鮮初 地方勢力의 動向과 觀察使의 派遣」『震檀學報』 78, 1994.
_____,「朝鮮初期 太宗代 藝文館의 設置와 그 歷史的 意義」『震檀學報』 80, 1995.
_____,「조선초기 태조 태종대 초제의 시행과 왕권강화」『한국사상사학』 17, 2001.
_____,「조선전기 유향소와 국가지배체제의 정비」『조선시대사학보』 22, 2002.
_____,「조선전기 지방의 산천제와 재지품관」『민속학연구』 13, 2003.
_____,「조선전기 재지품관의 제사와 기복 민속의식」『조선시대사학보』 28, 2004.
河宇鳳,「世宗代의 儒敎倫理普及에 대하여-<孝行錄>과 <三綱行實圖>를 중심으로」『全北史學』 7, 1983.
韓永愚,「麗末·鮮初의 閑良과 그 地位」『韓國史硏究』 4, 1969 :『朝鮮前期社會經濟硏究』, 乙酉文化社, 1983.
_____,「朝鮮前期의 國家觀·民族觀」『朝鮮前期 社會思想硏究』, 知識産業社, 1983.
韓㳓劤,「勳官 '檢校'考-그 淵源에서 起論하여 鮮初 整備過程에 미침-」

『震檀學報』 29·30 합병호, 1966.

韓㳓劤, 「朝鮮王朝初期에 있어서의 儒敎理念의 實踐과 信仰·宗敎」 『韓國史論』 3, 1976.

_____, 「朝鮮初期以後의 檢職과 影職 - '勳官 檢校考' 補遺 -」 『震檀學報』 71·72합병호, 1991.

洪承基, 「高麗後期 事審官制度의 運用과 鄕吏의 中央進出」 『東亞硏究』 17, 1989.

_____, 「신분제의 동요와 농민·천민의 봉기」 『한국사 20 - 고려 후기의 사회와 대외관계』, 국사편찬위원회, 1994.

Gernet, Jacques, *Daily Life in China on the Eve of the Mongol Invasion 1250-1276*, Stanford University Press, 1962.

Deucheler, Martina, *The Confucian Transformation of Korea — A Study of Society and Ideology*, Harvard University Press, 1995 : 마르티나 도이힐러 저, 이훈상 역, 한국사회의 유교적 변환, 아카넷, 2003.

Duncan, John B., *The Origins of the Choson Dynasty*, University of Washington, 2000.

ABSTRACT

The Local Literati (*Sadaebu*) and the Central Government in *Chosŏn* : 1392-1494

Choi, Seon-hye

As a way to understand the social structure of *Chosŏn* since her founding throughout 15th century, the present study is to shed light on the rising local *literati* (*sadaebu* 士大夫) class and their social foundation. Their cardinal elements were the local elite with official rank (*yuhyangpumkwan* 留鄉品官). During the transitional period from Koryŏ to Chosŏn there took place also transfer of regional leading groups from local functionaries (hyangni 鄉吏) to *yuhyangpumkwan* groups. Members of the latter were clearly distinguished from the former in the sense that their influences were not restricted within local society and beyond this reached the politics of the realm. They convey their own political opinions to the central government and in some cases were appointed to civil offices via qualifying examinations or recommendation. The local elite with official rank as well as the literati in the capital, thus, led the politics of literati-centered *Chosŏn* society together.

In this sense, it can be said, there were not a few common elements between bureaucrats of the central government and local literati in *Chosŏn* society. Both were of supreme social status and ideological adherents of

Neo-Confucianism. But bureaucrats in the center tended to put emphasis on the interests of the state over those of any county, while the local literati could not ignore regional interests. From this ensued sometimes conflicts. Both sides, however, tried to negotiate in order to settle disputes and in doing so led *Chosŏn* society together. Thus studies on the local elite with official rank are key to understand the regional power groups of *Chosŏn*, which were strikingly different from those of *Koryo*. This research is to analyse various aspects in relations between the local elite with official rank and the central government, and will lead us to in-depth understanding about literati-centered *Chosŏn* society.

For this purpose it was necessary to pay attention to tendency, role, status of the local elite with official rank. Taking count of standpoints from both sides, central government and *yuhyangpumkwan*, in particular, the present writer attached importance to products of their compromise and agreement. The position of the local elite with official rank was also considered within the context of consolidating provincial-local administration and of three concerned mutual relation among themselves-central government-local functionaries. Rituals and ceremonies in countryside, shared by the local elite with official rank and common people alike, were examined as well. The outline of this research from above mentioned points is as follows.

In the first chapter, the rise of the local elite with official rank is discussed in relation to the consolidation of regional administration. Toward the end of *Koryo* dynasty men with official rank, not to mention those with real office, in local society gradually emerged as magnates. In reality they were not sharply differentiated from central government bureaucrats in the sense that both were with official rank and of literati background. They were recognized as representing regional authority by newly rising group around Yi Sŏng-gye that had to consolidate provincial and local administration with them in mind. To this purpose the Yi Sŏng-gye faction made only literati gain appointment to public offices, and let local functionaries perform hereditarily their own routine duties of petty clerks, which were corresponding to their relatively lower status. Taking these measures, the supporters of Yi Sŏng-gye carried out reforms to enhance the authority of kingship and newly made posts for the local elite with official rank so that they could play proper role. In cases where the help from regional power needed for the effective local administration, the central government went hand in hand with the local elite with official rank rather than the local functionaries. Reform advocates intended to consolidate centralization by making literati with *yuhyangpumkwan* group as their corps d'elite represent regions, and by stabilizing officialdom.

Subsequently the ruling circle around Yi Sŏng-gye carried out consolidation of regional administration by encouraging active participation of the local elite with official rank. For them one official duty and another were set up in country districts. Supremacy of the local elite with official rank over the local functionaries in status was heavily due to such state policy. The state weakened power of the local functionaries for political centralism and secured cooperation from the local elite with official rank also.

As the local elite with official rank rose, the previous regional administration system with such offices like superintendent (*anch'alsa* 按察使) and magistrate did not work very well any more. Thus such an old office as superintendent was substituted by new one, governor (*kwanch'alsa* 觀察使). Provincial governors prudently carried out a two pronged policy of control and conciliation toward the local elite with official rank and led them to adapt themselves to the reformed regime. Besides reforming magistrate system was accompanied. It became clear that literati exclusively should gain appointment to public office of the county magistrates as starting point of career in officialdom. Members of the local elite with official rank were ardently encouraged to undertake many other offices in provinces as well. Recognizing their quality of bureaucrat, the state secured cooperation from them.

Chapter Two shows that members of the local elite with official rank kept a corner in regional administration, and along with this the various public posts of local administration (*hyangim* 鄉任) became more and more important. While the state hold the local elite with official rank under control on the one hand, it continuously relied on their political abilities on the other hand. The state policy to incorporate them into the regime met their requirements also. In this sense, it can be said, that the installation of such public posts as township-village officer (*myonriim* 面里任) and magistrate's consultant (*sinmyŏngsaek* 申明色) was an outcome of compromise between the state and the local elite with official rank: the former wished the efficiency in regional adminstration and the latter desired leading position in local society. Undertaking posts like township-village officer or magistrate's consultant, the local elite with official rank could take a share in ruling local inhabitants. At the same time this meant that members of *yuhyangpumkwan* adjusted themselves to the state regime.

It was through the Council of Local Literati (*Yuhyangso* 留鄉所) that the local elite with official rank exerted considerable influence with effect. The Council of Local Literati, by and large, maintained close cooperation with officials in the central government as well as magistrates dispatched into regions. Through this organ the central government bureaucrats could secure political stabilization in local administration along with economical gains from regions. At the same time, through this organ could the local elite with official rank have connections with bureaucrats in the central government, and thereby hold public office and request something. Also connections with the central government, which were formed through this organ, consolidated authority and power of the local elite with official rank. There were ups and downs, of course, in the central government policy toward this organ(The Council of Local Literati was closed twice). Taken as a whole, however, in the fifteenth century *Chosŏn* the state and the local elite with official rank that assembled in the Council of Local Literati reciprocally met requirements of the other party in the frame of close relationship. Harmony and solidarity, based on cooperations of both, contributed to stabilization and consolidation of *Chosŏn* regime.

This feeling of solidarity gave rise to new political development during the reign of Sŏngjong (成宗). Due to this solidarity, toward the opening of this era the central government bureaucrats began to be more keenly aware of local literati's public opinion. In this context began discussion over reopening of the Council of Local Literati, which was closed merely two years before Sŏngjong's enthronement. But it took long time until the restoration of this organ. Because the king himself was against it. With some of his followers in court Sŏngjong preferred direct royal rule through governors-magistrates, fearing that the Council of Local Literati might decentralize and weaken king's power. But those who wished to accept influence of literati sincerely through the Council of Local Literati with a Capital Liaison Office (*Kyŏngjaeso* 京在所) in Seoul for each county were for the restoration.

The Council of Local Literati was restored finally through a compromise plan suggested by Kim Chong-jik (金宗直), which strived to promote authority and participation of local literati and to reinforce power of governors-magistrates to oversee the former simultaneously. Such compromise witnessed that the relation between the state and local society during the reign of Sŏngjong was not that of one-sidedness accompanying conflicts, but that of mutual communication and harmony. Long duration of discussion about restoration of the Council of Local Literati shows us that the central government officials and the local literati were essentially one and same group based on solidarity rather than separation or confrontation. Both had a sense of shared commitment as members of the ruling class as well as Confucian literati. Due to such consciousness, the state listened attentively to voices of local literati here and there on one hand, also the latter felt identification with the former on the other hand. This was reflected on the relationship between governors-magistrates and the Council of Local Literati, too. The former had meetings with members of the latter and asked them for advices and assistances. Close relation with governors-magistrates was valuable for the local elite with official rank, too. Such harmony was due to common consent that both were leading affairs of the state along with local society alike as rulers and as literati.

The Council of Local Literati was instrumental in popularizing and

ABSTRACT 321

consolidating Confucian ideas in general and the Three Bonds (*Samgang* 三綱) in particular throughout countryside for the purpose of realizing Confucian ideal state. The Three Bonds meant the loyalty, filiality, and fidelity that ideally characterized proper relationships between ruler and official, father and son, and husband and wife. The Council of Local Literati recommended filial son and chaste woman for praise and reward, and along with this, inflicted a disciplinary punishment on offenders against public morals. Literati, not to mention king and bureaucrats, not merely preached Confucian ideas, but lived it as well, and further encouraged ordinary people to do so. In this sense The Council of Local Literati with task of enlightenment for ordinary people was an organ of great importance in realizing king's righteous and virtuous rule.

There are always conflicts and compromises between regime and subjects. Both seek after one's own aim and interests respectively. While state regime puts restrictions on subjects' activities to keep them within its own structure on one hand, the former consolidates itself also accepting demands of the latter on the other hand. In short, state regime is to be stabilized in so far as its organization ensures interests of the ruling groups and the ruled in harmony. In this sense, since the founding of *Chosŏn* both the central government bureaucrats and the local literati, by and large in concord rather than in discord, led administration of the state, although authority of governors-magistrates in local society were seldom challenged.

Chapter Three explores how the rites as well as the ideas of Confucianism were observed and popularized in regional society under the leadership of the local elite with official rank. To the diffusion of the Three Bonds (*Samgang* 三綱) idea was paid attention in present study with special regard to the role of the local elite with official rank. The state praised members of the local elite with official rank as living examples of this idea so that they could be respected in countryside. In order to arouse the Three Bonds idea more widely and effectively in local society their good conducts were announced and rewarded. Making them spearhead, the state set spurs to the prevalence of this idea in countryside, which laid stress on authority of monarch and of patriarch. It is true that in countryside they enjoyed superior social status, but their positions were further consolidated due to their role as agents realizing the Three Bonds idea.

The theme subsequently discussed is how the local elite with official rank responded to Confucian rituals as a part of ruling programs prescribed and performed by the state. For consolidation of political centralism a kind of worship along with morals and manners, corresponding to this, was to be followed. In this sense the present writer paid attention to the ceremony dedicated to mountain and river (*sanch'onje* 山川祭) with reference to local administration. Since the founding of Chosŏn this ceremony had to be reshaped and newly prescribed according to Confucian principles and to unequal diplomatic relation with *Ming* China. Theoretically, as in East Asia of Chinese world order *Ming* emperor was exclusively in charge of the ceremony dedicated to heaven (*ch'onje* 天祭), so in *Chosŏn* king was solely able to officiate the ceremony dedicated to mountain and river. In some cases governor or magistrate as a deputy of kingship in each local administrative unit was authorized for the ceremony. Thus it was clearly expressed that the ceremony dedicated to mountain and river was to fall within the jurisdiction of the central government. In reality, however, members of the local elite with official rank concerned themselves with this ceremony in countryside, since it had for long signified tradition and authority in each region.

As for the state, it did not firmly stick to regulations of that ceremony. The state took a somewhat flexible stand to this issue, as long as an evident deviation from fundamental principles was not found. Through carrying out this kind of ceremony with a certain religious character the members of the local elite with official rank played a major role in making close relations with ordinary inhabitants in countryside, and thereby succeeded in strengthening tie with them. For the state such a close relation between local elite and common people was vital in uniting them with governor or magistrate as the central figure, and furthermore in incorporating all of them into a hierarchial order, on the top of which resided king.

As the ceremony dedicated to mountain and river showed, Confucianism adjusted to the new order since founding of *Chosŏn* was of public nature (as a political ideology), not to mention private one (an expression of personal faith). It was connected to the sphere of political order as well as that of supernatural order. In case rituals were not approved by the state or were dissonant with the state prescriptions concerning formalities, they were denounced as impure ones (ŭmsa 淫祀) which were to be subjected to liquidation. This concerned the problem of political and administrative sphere rather than that of religious faith. As rigidity and tension accompanied with the establishment of political order for a newly founded dynasty gradually relaxed as a result of political stabilization, therefore, the state policy toward impure rituals (ŭmsa 淫祀) became less harsh. Traditional rituals for the purpose of curing a disease and the art of divination were tacitly approved. Impure rituals, thus, rarely became a subject of hot controversy. Traditional mode of prayer for blessings was hardly reproached, unless it menaced public order of the state.

It is significant that in fact traditional mode of prayer for blessings was prevalent despite of official ban on impure rituals. It means that such rituals were still appealing to ordinary people. What kind of role did play members of the elite with official rank in performing such rituals, then? What kind of meaning or interest did they find there? Even members of literati with their own stress on honor and authority as a Confucian scholar often called in a fortune-teller, a sibyl, the blind, a shaman or a Buddhist monk for the art of prognostication and casting out devil or reposing the deceased. Such rituals were performed usually in literati's house for personal affair, and occasionally with joint participation of literati and ordinary people alike. Although they officiated Confucian ceremonies and wished to be respected by ordinary people as agents realizing Confucianism, in non-official sphere of life they referred to traditional mode of prayer for blessings without psychological conflicts or hesitation. Different folklore rituals of prayer for blessings performed in countryside gave village residents feeling of connectedness to a certain extent. Even if these rituals were caused from personal motive, they were by and large shared by neighbors. In folklore rituals of prayer for blessings, unlike Confucian ceremonies, differences in social status rarely mattered. Through shamanist practices in countryside, thus, village inhabitants and members of the local elite with official rank were to be united. Through Confucian rituals members of the local elite with official rank enhanced their own authority as Confucian scholars, drawing up memorial writings and officiating ceremonies, on one hand. Risking impairment of prestige as a Confucian scholar, however, they also shared folklore rituals of prayer from personal or collective motives with ordinary people, on the other hand. It is very important for an understanding about *Chosŏn* society that there was such a point of contact between ordinary people and the local elite with official rank.

Two power groups representing the central government and region respectively maintained by and large relation of cooperation with a feeling of common membership rather than that of confrontation. As members of the local elite with official rank enjoyed supreme status and played leading role in political-social life of countryside, the state policies were carried out with due regard to their opinion. The local literati also took part in the politics of the central government directly or exerted considerable influences on this indirectly. Taken as a whole, those who took part in politics numerically increased to a great extent with coming of *Chosŏn*. This shows us that Confucian ideas were widespread in countryside as well as in the central government of *Chosŏn*.

찾아보기

ㄱ

감고監考 112
감무監務 58, 59, 70, 85
감사監司 48
감사론監司論 78
감사요약監司要略 80
강효문 151
강희맹 183
거경시위居京侍衛 77
검교檢校 33
검교관檢校官 5
검교장군檢校將軍 39
검교직檢校職 7
경국대전經國大典 122, 123
경력經歷 48
경재소 18, 148
경주인京主人 53, 54
경학經學 57
공양왕 198
공장工匠 50
과거제도科擧制度 122
관노비 143
관질官秩 51, 72
관찰사 13, 14, 25
관찰사 순행 94
관품 71
교생 131, 132, 274
군공軍功 51
궁성숙위사宮城宿衛事 9
권근權近 36, 37, 200, 201, 250
권농勸農 93
권농관勸農官 15, 113~115
권말용權末龍 272
권문세가權門勢家 101
권문세족權門世族 69
권응룡 273
권적權績 273
권진權軫 83
권집경權執經 110
기신재忌晨齋 259, 266
기우제 270
기인其人 53, 54
기인제도其人制度 53
길재吉再 73, 74, 220
김담수金聃壽 271, 274
김대金臺 159
김대金濧 81, 82
김독金篤 107~109
김미金楣 143, 177, 178
김서진 263
김석을산金石乙山 147
김설金楔 40
김일손 252
김자수 283
김조金稠 109
김종직 161, 165~167, 170, 172, 173, 178, 179, 187
김주金湊 38, 104, 106
김중광金仲光 38, 103
김척金滌 117

김초 198
김희선金希善 204

나계문羅季文 144, 147, 148
나진羅璡 38, 103
남은南誾 228
남지南智 134
남효온 251
노숭盧嵩 37, 103, 106
노원명盧元明 38, 103

답험踏驗 47
답험손실제도踏驗損實制度 47
대간 126
도교 264
도사都事 48
도평의사사 126
독법령讀法令 119
동국사략東國史略 200
동정직同正職 7, 33
두류산頭流山 251, 252

마현손 151

맹자孟子 230
맹희도孟希道 106
면리임面里任 15, 16, 135
면리제面里制 110
명明 27, 226, 229, 231
무녀 추월 283
무사巫事 257, 259, 266, 276, 282~283
무속의례 266
묵재일기默齋日記 180, 256, 269, 270, 275, 277
문려門閭 202, 204, 207

박경朴經 74
박란봉朴蘭鳳 248
박영규朴英規 248
박진朴晉 249
박천상朴天祥 78
박초朴礎 198
방별감方別監 119
백성百姓 12
별장別將 205
부사副使 46
부자사部刺史 79
불사佛事 39, 259, 276

사대부士大夫 3
사림士林 18, 85, 158

사마소 155
사심관事審官 31, 53
사인士人 6
사장詞章 57
사장社長 59
사전祀典 234, 237
사전私田 45, 66
사족士族 8, 11, 12
산관散官 7
산원동정散員同正 40
산제山祭 269
산직散職 33
산천단 252
산천신山川神 229, 237, 238, 248
산천제山川祭 20, 21, 225~227, 232, 233, 235, 239~244, 246, 251, 253, 271, 276
삼강三綱 185, 201, 202
삼강오상三綱五常 198
삼강이념三綱理念 19, 185, 195~197, 199, 204, 206~208, 211, 214~216
삼강행실도三綱行實圖 27, 196, 197, 215, 217, 219~222
삼봉집三峯集 199
삼정일자三丁一子 122
삼정일자제도三丁一子制度 51, 52
상인商人 50
상제上帝 229, 230
서견徐甄 73
서리胥吏 86
석전제釋奠祭 270~276
선공령 104
선공사繕工寺 38, 105
성종 157
성황신 238, 248
성황제 238, 239, 243, 259

세조 155, 263
세종 134
소격서 264
소경전所耕田 47
손광유孫光裕 78
손복경孫卜經 124
손실경차관損實敬差官 48
송귀성宋貴成의 아내 주이注伊 267
수령 10
수령관首領官 48
수령전최법 87
수령제도守令制度 25
신개 261
신면申㴐 151, 152
신명색申明色 17, 117~125, 135, 136

ㅇ

안찰사按察使(按廉使) 43, 68
야제野祭 244, 259, 264, 266~268, 283
약사사藥師寺 40
양반兩班 12
양전량전 45~47
역승驛丞 58, 85
영직影職 7
외관제外官制 23
외관제도 139
원구제圓丘祭 234
유두명柳斗明 107
유자광 186
유학교수儒學敎授 108
유학교수관儒學敎授官 56~58
유향소留鄕所 17~ 19, 137, 139, 140~ 149, 151~155, 157, 169, 179, 180,

188, 190
유향소 별감 181
유향소 복설 159~161, 164~166, 168, 170~173, 175, 182~184, 187~190
유향소 좌수 181
유향소작폐금방절목留鄕所作弊禁防節目 167
육조 126
윤극검尹克儉 152
윤덕영尹德寧 144, 147
윤상은尹尙殷 147
율학생도 119
음사淫祀 238, 257, 258, 264, 265, 276, 285, 286
의례 19
의정부 126
이계수 262
이국량李國良 181
이극배李克培 159
이무李茂 80
이문건李文楗 256, 270, 274, 283, 284, 285, 286
이선李瑄 273
이성계세력李成桂勢力 25
이수건 167
이승소 161
이시애 150, 151, 154
이용화李用和 109
이원손李元孫 181
이육李陸 236
이의사利義寺 39
이인박李仁博 274
이장里長 59, 115
이정里正 15, 119
이제李堤 205
이족吏族 8

이태진 157
인정人丁 44
임백령 268
임백령의 아내 268

ㅈ

자치적 137
잡과雜科 51
잡류雜類 50
재경관인在京官人 8
재지세력在地勢力 8
전서典書 82
전자충全子忠 78
전정田丁 46
점술 266, 276
점술인 김자수 283
정도전鄭道傳 78~80, 114, 199
정몽주 220
정문旌門 187, 203, 207, 210, 214
정분鄭芬 113
정사운鄭士雲 38, 103
정성근鄭誠謹 177, 183, 184, 188
정윤부鄭允孚 38, 103
정인생鄭麟生 38, 39, 104
정재 262
정종 129
정지鄭地 204
정탁鄭擢 198
정표 205, 206
제천의례祭天儀禮 232
조박趙璞 204
조운흘趙云仡 72
조위 182, 187

조유趙瑜　83
조인옥趙仁沃　228
조준趙浚　52, 84~92
좌수座首　270
중종　257
진제소賑濟所　112

창왕昌王　72
천명　231
천제天帝　229
첨설관添設官　5
첨설직添設職　6, 7, 33, 75~77
첨설직자添設職者　74
초제　264, 265
최기崔岐　134
최보崔溥　124
최숙생　266
최옥崔沃　82
최윤덕崔潤德　243, 244
최자원崔自源　38, 104
최저崔渚　134
최직지崔直之　249, 250
추월　283
충신도　220
칠성제　284, 285

태조太祖　102

태종　125
토관土官　153
토성土姓　8
토호　137

판관判官　46
품관군品官群　7

하과夏課　57
하륜　125
한량閑良　5, 8, 35
한량관　105
한직閑職　7
향교　57, 269~273
향교교도　58
향교훈도鄕校訓導　96
향리　3
향사례　180, 187, 188
향유사鄕有司　143
향음주례　180, 187, 188
향장鄕長　59
허응　141
허종許琮　152, 153
현령縣令　70, 85
호등제도戶等制度　44, 45
호등戶等　44
호부戶部　43

호장戶長 39
호적제도 43
호족豪族 80
홍무제 229~231
홍술지洪述之 181
홍술洪述 270

홍윤성洪允成 144, 147, 148
홍응 178
황거중黃居中 38, 39, 103
훈구 18, 158
훈도 58

최선혜

가톨릭대학교 국사학과 졸업
서강대학교 대학원 수료(문학박사)
고려대학교 BK21 한국학교육연구단 박사후연구원
한남대학교 역사교육과 박사후연구원
미국 캘리포니아 주립대학교 한국학연구소 객원연구원(UCLA의 Center for Korean Studies의 Visiting Scholar)
서강대학교·가톨릭대학교 강사
가톨릭대학교(성심교정) 인간학교육원 교육전담초빙교원
미국 미네소타 주립대학교 사학과 객원연구원
현재 한국교회사연구소 책임연구원

논저

『고교생이 알아야 할 한국사스페셜 1·2』(2002), 『장희빈, 사극의 배반』(2004) 『개화기 지방사람들 1 ─ 왕실·중인·천민』(2006) 이상 공저

『조선초기 유향품관연구』(박사논문, 1998)
「조선초기 태조·태종대 초제의 시행과 왕권강화」(2001), 「조선초기 유향소와 국가지배체제의 정비」(2002), 「조선전기 재지품관의 제사와 기복 민속의식」(2004), 「조선사회의 문화적 소수자, 향화인」(2007), 「조선전기 국왕의 점술맹인 활용과 그 의의」(2008) 외 다수

조선전기 지방사족과 국가　　　　　　　　　　　값 17,000원

2007년 6월 30일 초판 발행
2008년 10월 10일 재판 발행
　　　　　　　　　　저　　자 : 최 선 혜
　　　　　　　　　　발 행 인 : 한 정 희
　　　　　　　　　　발 행 처 : 경인문화사
　　　　　　　　　　편　　집 : 신 학 태
　　　　　　　　　　서울특별시 마포구 마포동 324-3
　　　　　　　　　　전화 : 718·4831~2, 팩스 : 703·9711
　　　　　　　　　　이메일 : kyunginp@chol.com
　　　　　　　　　　홈페이지 : 한국학서적.kr / www.kyunginp.co.kr
　　　　등록번호 : 제10·18호(1973. 11. 8)

ISBN : 978-89-499-0482-5　94910
ⓒ 2007, Kyung-in Publishing Co, Printed in Korea
* 파본 및 훼손된 책은 교환해 드립니다.